Jean Bollack

Paul Celan

Poetik der Fremdheit

Aus dem Französischen von
Werner Wögerbauer

Paul Zsolnay Verlag

Der Originaltitel lautet *L'Ecrit. Une poétique dans la poésie de Celan.*

Die Übersetzung wurde 1999 mit dem von der DVA-Stiftung (Stuttgart) verliehenen *Übersetzerpreis zur Förderung der deutsch-französischen Beziehungen* ausgezeichnet.

ISBN 3-552-04976-2

Satz: Filmsatz Schröter GmbH, München
Druck und Bindung: Friedrich Pustet, Regensburg
Printed in Germany

INHALT

Vorwort 11

I. ICH UND DU

Das Ich als Fundament 15
Verdoppelung des Subjekts 15
Pronomina 18
Im Spiel der Dissoziation 22
Die Begegnung mit sich selbst 24
Das Ich und sein Unbewußtes 27
Personen 29
Der Einschnitt des Partikularen 32
Das poetische Tagebuch 33
Privates und Öffentliches 36
Hermeneutik im Verruf 37
Biographisches 39
Der Stellenwert der Information 41

II. DER NAME

Das Du als Subjekt 44
Die Trennung 44
Radikale Neologie 46
Die Reflexivität der Dichtung 47
Der Antagonismus der Sprachen 52
Optische Projektionen 53
Das idiomatische Subjekt 54
Das Leben in den Wörtern 57
Das Wort für sich 57
Die Wahrheit in Worten 58
Wider die Metapher 58

Auf seiten des Todes 60
Das Leben 61
Blume gegen Blume 64
Die Verteidigung der Abstraktion 67
Die Vision der Wörter 72
Topographie des Abgrunds 73
Die Verankerung 73
Die Organisation eines Raums 74
Ein Ort in der Ferne 75
Die Achse der Vertikalität 76
Die Progression im Dreischritt 76
Erforschung der Leere 79
Spuren der Resemantisierung 81
Onomaturgie der Nacht 82
Länder und Reisen 87
Nächtliches Licht 88
Die Ekstase 89
Die Einmaligkeit des Augenblicks 90
Stagnation in der Sprache 91
Der einzige Augenblick 93
Eine stets andere Welt 96

III. DIE KUNST

Die Schrift als Form der modernen Kunst 100
Kritik in der Dichtung 102
Das Leben gegen das Wort 104
Erforschung des Unbewußten 105
Freier Rhythmus 107
Maestria 108
Fremdsprachige (Juden) 109
Abstammungslinien 111
Kritik der Poesie 114
Mysterium kontra Kunst 119
Kunstsprachen 125
»Ich las es in einem Buche« 127
Die reflexive Dimension 134

IV. WAHNGÄNGE

Studien des Scheiterns, gescheiterter Wahn ... 137
Analysen ... 138
Der verkannte Wahn ... 144
Zweisamkeiten ... 150
Die anderen im Andern ... 153
Maskenspiele ... 159

V. EINE GESCHICHTE SEINER ZEIT

Die Dichtung vor der nationalsozialistischen Gewalt ... 167
Der einzige, eigentliche Bezugspunkt ... 167
Celan im tragischen Geschehen ... 169
Die Heilsgeschichten ... 170
Das leidende Subjekt ... 173
In niemandes Sache ... 175
Kunst und Politik ... 180
Die wahre Utopie ... 184
Judaisierung der Sprache ... 191
Als Ostjude ... 191
Keine Theologie, auch keine jüdische ... 195
Ein Jude in Paris ... 197
Jude und Dichter ... 199
Jüdische Wörter ... 203

VI. REDEN OHNE VERSTEHEN

Bedeutungsabsenz ... 214
Die Nicht-Entscheidung ... 214
Die Blockade durch die Theorie ... 215
Abwege des Formalismus ... 217
Die vermeintliche Korruption der Sprache ... 218
Eine von der Geschichte verhängte Sinnlosigkeit ... 220
Vertraute Bedeutungen ... 222
Gegen die Geschichte ... 222

Verfehlte Referenzen 225
Integration der Tradition 228
Wahrnehmung des semantischen Horizonts 231
Depersonalisierung 233
Gebrochene Tradition 235
Aufhebung der partikularen Bedeutungen 236
Religionen 237
Die christlichen Reconquistadoren 237
Die jüdische Vereinnahmung 239
Prophetien 239
Die fortwuchernde Bedeutung 242
Die doktrinale Mehrdeutigkeit 242
Der Poststrukturalismus 244

VII. DIE ENTZIFFERUNG

Dunkelheit in der Dichtung 250
Die Neuheit 250
Die falsche Dunkelheit 252
Der dunkle Sinn 256
Die Lektüre 259
Die Struktur und das Anströmen 261
Fragen zur Hermeneutik 264
Eine Logik des Dichterischen 270
Trügerische Spuren 272
Am Beispiel der »Levkojen« 272
Zitat und Dissens 276
Der Signifikant der Willkür 278
Bestätigungen 281
Der Einstieg in die Materie 285
Der historische Neigungswinkel 285
Subtexte 288
Am Beispiel »Selbdritt, selbviert« 288
Eine gemeinsame Anstrengung 297
Die gewöhnliche Unentscheidbarkeit 298
Der Prozeß des Lernens 301
Der Wortschatz 305
Neologismen 309

Das Schweigen in den Worten 311
Übersetzen 314
Diskontinuität und Beständigkeit 319
Die um sich selbst besorgte Sprache 321
Das ganze Werk 322
Die programmatischen Texte 323
Perioden 324
Die Einheit des Gedichts 329
Eine Zukunft für das Œuvre 331

Anmerkungen 333
Literatur 361
Verzeichnis der zitierten Gedichte 372
Personenverzeichnis 374

VORWORT

Etwa zehn Jahre nach Celans Tod entschloß ich mich, eine auf anderen Gebieten und vor allem in der antiken Literatur erworbene hermeneutische Erfahrung an seinen Texten zu erproben. Ich war dem Autor während etwa zwölf Jahren freundschaftlich verbunden gewesen – soweit diese Bezeichnung die unvermeidliche Zusammengehörigkeit von großer Nähe und profunder Isolierung auszudrücken vermag. Ich bin ihm durch diesen nichts weniger als akademischen Entschluß in den frühen achtziger Jahren gleichsam ein zweites Mal in seinen Gedichten begegnet. Ich hatte sie zur Zeit ihrer Entstehung vielleicht intensiver als andere gelesen, aber nicht eigentlich verstanden. Von diesem Bewußtsein eines Ungenügens bin ich ausgegangen. Ich lebte weitgehend in anderen Welten und wäre wohl intellektuell vorher auch nicht imstande gewesen, meinen Plan zu verwirklichen. Etwas war ungetan geblieben.

Es ist vielleicht nicht nur für mich wichtig, die persönliche Situation festzuhalten, in der dieser breit angelegte Versuch entstanden ist, die Grundlagen eines künstlerischen Werks gleichzeitig als Analyse unserer eigenen Gegenwart zu verstehen. Lesend und reflektierend suchte ich weiterzukommen und in die so schwierige Sprache einzudringen; ich las auch manches, wenn nicht damals gar das meiste, was über Celan und seine Gedichte geschrieben wurde. Er war bekannt und anerkannt – und gleichzeitig ein Unverstandener. Tägliche Notizen, fast ein Journal, begleiteten die Interpretationsübungen, die ich mit mir selbst und im Laufe der Jahre auch mit anderen betrieb; es war wie ein Expeditionsbericht, in den ich meine Beobachtungen am Gegenstand eintrug und fortwährend korrigierte. Der Gegenstand zeigte sich und entzog sich immer wieder. Sie sind zum Logbuch dieser Erkundungsreisen geworden, in dem sich die praktischen Einsichten in die Komposition und die Reflexion über ihr Zustandekommen gegenseitig bedingten und kaum mehr unterscheiden ließen. Die Verbindung der beiden Elemente hat zu dem Versuch geführt, eine Poetik zu entwerfen, wie sie sich aus einem Werk extrapolieren läßt. Es sollte gezeigt werden, wie etwas überhaupt hatte geschrieben werden können. Die Frage führte deshalb auch über das Werk hinaus. Sie respektiert skrupulös seine Eigenheit und beansprucht trotzdem eine allgemeinere Gültigkeit, in der Überzeugung, daß das eine die Voraussetzung des anderen sei. So sind die Aufzeichnungen auch mit Absicht ganz unabhängig von Celans eigenen Notizen in den nun zugänglichen Materialien der *Meridian*-Rede entstanden; sie beruhen ausschließlich auf der Arbeit des Lesers, der ich war, an den Problemen, die das Verständnis der Texte aufwirft. Es kann aufschlußreich sein, später nachzuprüfen, wie weit ein von außen sich an die Entstehungsbedingungen haltender Blick sich mit den poetischen Definitionsversuchen Celans selbst deckt.

Im Vordergrund stehen das immense Sprachmaterial und die Kunst, das Boot der Dichtung in dessen gewaltigen Wogen zu steuern. Das *Womit* wird gestaltet von einem *Wozu*, das in höchstem Grad von der historischen Situation bestimmt wird. Vielleicht findet sich nicht leicht irgendeine vergleichbare, so konsequent durchgeführte Entromantisierung, jedenfalls keine, die so bewußt gegen den letzten Überrest einer Tradition die radikalste Form der Partikularisierung ausspielt und so das Gesetz einer poetischen Eigenmacht als Voraussetzung der noch auszuübenden Kunst unter Beweis stellt. Die Tendenz zur Reflexivität spricht aus jedem Wort.

Die Frage muß sich stellen, wie sie heute zu uns spricht oder noch morgen uns betreffen wird. Die Antwort kann sich nicht auf ein Allgemeingut dichterisch vermittelter Erkenntnisse berufen, ohne den speziellen Inhalt preiszugeben. Auch der künstlerische und kunstkritische Akt sammelte sich und sonderte sich ab. Erst die Absonderung begründet die Eigenartigkeit und Eigenwilligkeit des Ausgesagten und seiner in der Negation vom Gehalt nicht zu trennenden Gestaltung. Der kritische Betrachter, will er dem Gegenstand gerecht werden, hat sie mitzuvollziehen, bevor er zu einer Beurteilung gelangen kann. Es folgt daraus, daß auch die weite literarische Vergangenheit und alle linguistischen und kulturellen Daten und Fakten sich ihm weiterhin so darstellen, wie sie Celan zu sehen entschied, das heißt: *ein* Celan, er wie ein anderer – in der Situation, in der er sich befand, oder auch wiederum: in der er sich hatte befinden wollen.

Es ist jener Standpunkt, den wir selbst nur mit Mühe erfassen und von dem wir uns fragen, was er uns bedeuten mag und warum unendlich viel geschrieben wurde, was von ihm wegführt und den Sinn verdeckt. Die berechtigten Ansprüche des so verschrieenen Biographismus führen weit über die Lebensumstände hinaus; die Präzision der Informationen, die er vermittelte, vermengt sich unlöslich mit der Sinnsphäre und verliert sich in ihr. Man kann in dieser Hinsicht gar nicht »celanisch« genug sein. Für andere wird es ein Zuviel sein.

Die Polemik hat keinen Ort außerhalb der Dichtung, die sich hinreichend selbst als eine kämpferische einführte und als eine satirische und blasphemische kundtat. Der poetologische Diskurs, der sich mit diesem Kampf befaßt, kann seinerseits nicht darauf verzichten, sich mit den Anschauungen auseinanderzusetzen, die es verweigern, vom Standort des Autors selbst auszugehen. Es war für ihn in doppelter Hinsicht ein historischer: es geht um die Zeit, in der er schrieb, zwischen 1940 und 1970, und davor um die Geschichte, die diese Zeit hervorgebracht hat; für uns wird er notwendig die Beziehung einschließen, die wir zu diesem Horizont herzustellen vermögen oder gewillt sind.

Paris, am 17. Juni 2000 J. B.

I. ICH UND DU

Das Ich als Fundament

Verdoppelung des Subjekts

In der traditionellen, romantischen Auffassung sondern sich die Dichter ab, um so die Kraft zu erlangen, das zu sein, was die anderen auch sind, und um in der Einsamkeit desto einprägsamer das Schicksal einer Gemeinschaft auszusprechen, eine allgemeine Wahrheit, die in ihrer Stimme sich konzentriert. Die Trennung Paul Celans ist das genaue Gegenteil: er entfernt sich von den Menschen, jedoch um er selbst und so ein *anderer* zu sein.

Das historische Subjekt, das Ich der Gedichte, ist das vorgängige und schon vor der Schrift vorhandene. Es ist wie eine Rolle konzipiert. Sein Gegenstück und Partner, das lyrische Subjekt, hat darum noch keine beständige Existenz, es kann auch *nicht* sein. Es bildet sich in jedem Gedicht aufs neue heraus, sei es unter dem Namen des Du oder unter einem anderen Namen, im Wechselspiel von An- und Abwesenheit. »Sagen wir lieber: das lyrische Subjekt *dieses* Gedichts …«[1]

In einem 1958 erschienenen Text stellt Celan das Ich der Sprache entgegen, indem er eine der persönlichen Erfahrung vorbehaltene Sphäre aus der Sprache heraushält.[2] Er lehnt einen Gebrauch ab, der die spontanen Mechanismen in Gang setzen will, in denen »die Sprache selbst« agiert, als »Sprache schlechthin«. Hingegen wird von ihm das Individuum, die Person, in eine veränderte Sprache einbezogen, es spricht dort unter dem »Neigungswinkel seiner Existenz«. Die Neigung kann so einem Niedergang, einer »Neige« gerecht werden. In dieser Sprache

(»sie nennt und setzt«) setzt die »Wirklichkeit« sich durch; sie liegt nicht außerhalb der Sprache, will sie doch in ihr »gesucht und gewonnen« sein.

In einer umgekehrten Perspektive verlegte der Philosoph Otto Pöggeler 1975 die »Präzision«, von der Celan spricht, in die Gegenstände selbst, in die Glaubensinhalte und Ereignisse: »Gerade weil die Gedichte in höchst präziser Weise Wirkliches zu sagen versuchen, kann dieses Wirkliche dem Dichter den Atem verschlagen [...].«[3] Er werde zum Verstummen gebracht, müsse schweigen angesichts der Macht einer bedrohlich andringenden Wahrheit. Doch zeugt nicht das Schweigen in der Dichtung gerade von einer inneren Vollendung, von einer Intensivierung, die in der Sprache eigentlich sich auftut?

Die Gedichte erzählen von einer Suche; sie »suchen«, sie »gewinnen«. Ihre von der »Atemwende« bestimmte Struktur ist keine von außen herangetragene; sie ist der vom Dichter eingenommenen Position nicht fremd. In einer doktrinalen und tendenziösen Verallgemeinerung setzt der Schüler Heideggers an die Stelle der persönlichen Entscheidung eine »Offenheit«, die es ihm erlaubt, dem Text eine vom dichterischen Wort »angesprochene Lebensproblematik« zuzuordnen, als sei diese sein eigentlicher Gehalt.[4] In dieser überindividuellen Sicht der *Dinge* wird der Sinn so wenig von der Präzision der *Wörter* erhellt und eingegrenzt, daß man sich immer bemüßigt fühlen wird, diesen erst noch einen vom Horizont eines jeden Lesers abhängigen Gegenstand zuzuweisen.

Die »Wahrheit« hat so geräumig zu sein wie das Haus des Herrn. Jeder soll darin Nahrung für seine Zwecke finden. Was wird aber dann aus dem »besonderen Neigungswinkel« einer Existenz, der so wenig subsumierbar ist wie ein Individuum, das »ich« sagt?

»Wer nicht für mich ist, der ist gegen mich.«[5] Das Wort des Evangeliums dient dem unverstellten Ausdruck einer scharfen Trennung: der Andere steht auf dieser Seite, auf seiten des getrennten Ich, auf seiten der *Person*. Zusammen wahren sie die Unversehrtheit ihrer individuellen Erfahrung.

Eine fundamentale Beziehung entfaltet sich und nimmt im Bereich des Selbst ihre Konturen an. Sie findet ihre Pole in der Spannung zwischen dem Ich und einem *alter ego*, das sich auf ein Anderssein hin öffnet und dabei doch zur Gänze von den allerpersönlichsten Erfahrungen des Ich geprägt bleibt. Dieses erlebt sie seinerseits mehr und mehr so, als wären es die seines dichtenden Partners. Das Ich sieht alles, was auch die Wörter sehen.

Warum sträubt man sich dagegen, daß das Du in den meisten Fällen jener andere ist, an den das Ich sich wendet, wenn es mit sich selbst spricht? Der marxistische Kritiker Hans Mayer schrieb in seiner »Erinnerung an Paul Celan»: »Die meisten Gedichte [...] wenden sich an ein Du, das man keineswegs, wie oft behauptet wurde, als Anrede des poetischen *Ego* an sich selbst oder gar an Israel verstehen sollte. Celan liebte Genauigkeit.«[6] Wieso sollte der innere Dialog weniger »genau« sein als eine andere Form, die von einer »realen«, außersprachlichen Begegnung bestimmt wäre? In den Begegnungen, die es erst in seiner Sprache macht, begegnet sich das Ego selbst. Man postuliert dagegen, daß die Person des Empfängers *realiter* existieren und identifizierbar sein müsse, als ob die Distanz keine hervorgebrachte und fiktionelle sein dürfe, sondern nur eine konkret erfahrene.

Diese Behauptung gerät sogleich in Widerspruch zu mehr formalen Erwägungen: »Weil ihm monologische Dichtung tief zuwider war, findet sich so oft in seinen Texten die Anrede ›hörst du‹, ›weißt du‹«.[7] Dieses Du darf demnach nicht ihn selbst bezeichnen, sondern muß einen anonymen Gesprächspartner in den Text einbringen. Doch in Wahrheit ist der Leser nicht angesprochen, bevor nicht der Autor selbst einbezogen wurde. Der Leser ist es erst auf einer zweiten Ebene, er wohnt dem Dialog bei, einer Objektivierung des sprechenden Subjekts, ohne selbst daran teilzunehmen. Als Leser blicken wir dem lesenden Autor über die Schulter.

Die Person geht nicht in der Sprache auf, sondern sie steht im Zentrum der sprachlichen Organisation. Diese beruht auf dem historischen Standpunkt, den das Individuum einnimmt, wie auch immer die Mittel einer erweiterten Subjektivität eingesetzt werden, wie sie etwa vom Futurismus oder Surrealismus erschlossen wurden. Die Frage nach der Präsenz oder Absenz des lyrischen Ich in diesem oder jenem Gedicht ist nicht relevant; das lyrische Subjekt ist immer präsent, es bildet sich im poetischen Schreibakt heraus.

Wie alles übrige wird auch das Ich thematisiert. Was man im Modus des Schreibens auf Kundgebungen der Subjektivität reduziert und darum im Modus des Lesens den Variationen der rezipierenden Subjektivitäten ausliefert, ist in Wirklichkeit gerade ein Prinzip freier Autonomie, das noch den wildesten »Automatismen« ihre Bahn vorschreibt. Die Wörter tragen insgesamt ein Negationspotential in sich; jede einzelne sprachliche Negation gibt eine ursprüngliche Abgetrenntheit und einen persönlichen Widerstand wieder, die sich außerhalb der Sprache konstituiert haben.

Die Themen und Formen bleiben in ihrer großen Diversität dieser vom Subjekt beherrschten einheitlichen Struktur unterworfen. Die selbst nicht poetische Erfahrung der Person hat sich den Texten eingeprägt. Sie war in ihnen seit den Anfängen präsent, auch wenn sie sich erst später deutlicher zu erkennen gab; sie durchwirkt die Gedichte bis in ihr Innerstes und führt sie, durch ihre Dynamik, in ein Jenseits aller aktualisierten und nicht aktualisierten Möglichkeiten der Sprache. Noch deren kleinste Partikel sind davon gezeichnet.

Pronomina

Im Gedicht, in dessen sprachlichen und thematischen Elementen, gibt sich das Ich in der Gestalt eines Du zu erkennen, als ein im Verhältnis zum Individuum, das der Autor ist, sekundäres und abgeleitetes Subjekt. Seine Bedeutung wird nicht anders festgelegt als die der anderen Wörter auch: dieses so bestimmte »Ich«, dieses »Du«, dieses »Wir«.

Das Eigene ist nicht schon das dichterische Idiom, ein jeder hat schließlich, auch ohne zu schreiben, sein Ich. Die Trennung der Sphären, so liest man im *Meridian*, ist die Vorbedingung, die notwendige Voraussetzung einer Aneignung der Kunst: »er«, das meint Lenz als Person, die Gestalt, als die er in Büchners Erzählung auftritt, nicht der Künstler, der er auch war, sondern die in dieser Erzählung eines anderen Künstlers festgehaltene »Person«, »er als ein Ich« (III, 194).

Das Spiel der Pronomina, wohl eine der die Interpreten am meisten verwirrenden und irreführenden Schwierigkeiten, gehorcht einer strengen Logik, die sich darstellen läßt. Das Gedicht »Zu beiden Händen« (I, 219) in der *Niemandsrose* wäre ein Beispiel für eine geradezu schwindelerregende Spekulation. Doch fast alle Gedichte können als Einstieg dienen, wenn man einmal das Prinzip erkannt hat und dessen Variationen beachtet.

Die Pronomina im ersten Vers des programmatischen Gedichts »Kristall« von 1949 weisen auf die Unterscheidung zwischen den beiden Instanzen:

> Nicht an meinen Lippen suche deinen Mund,
> nicht vorm Tor den Fremdling,
> nicht im Aug die Träne.
>
> Sieben Nächte höher wandert Rot zu Rot,
> sieben Herzen tiefer pocht die Hand ans Tor,
> sieben Rosen später rauscht der Brunnen.
> (I, 52)

Der Mund gehört zum Du; er ist, wie an vielen anderen Stellen auch, gleichsam das Organ der Sprache, ähnlich der schreibenden Hand. Die Wörter sind der dichterischen Sprache zugeteilt worden, gerade weil der Dichter eng an die Person des Ich (das »Tor« des Hauses und das »Auge«) gebunden bleibt, die zurücktritt und sich ihre Integrität außerhalb der Sprache bewahrt, als eine Voraussetzung des Gelingens. Die Kunst vollendet sich an einem anderen Ort, auf der von der dreifachen Siebenzahl bezeichneten Ebene. Der Dichter soll zu sich finden: »Es ist dein Mund, er gehört zu dir, du sollst zu ihm stehen.« Zwischen »Lippen« und »Mund« festigt sich die Antithese und treibt die Aufspaltung in ein Ich und ein Du weiter voran.

»Ich«, »du«, »er« ... Die Pronomina wurden zu einem Problem. Gewiß handelt es sich um eine distinktive Stilfigur. Doch läßt sich dem Paradigma nicht mehr entnehmen als einer Wiederholungsfigur mit anderen Vokabeln. Sie geben dem Sprechen seine Richtung und zeigen eine innere Spannung an, die den Aussagemodus geradezu bestimmt. Es ist nicht möglich, aus ihnen eine dialogisierte oder dialogische Struktur in der Tiefe der poetischen Sprache herzuleiten.[8] Die Pole erscheinen zunächst unbesetzt; sie könnten sich auf diese oder auf jene Instanz beziehen. Man sucht nach der vollen Bedeutung und findet sie. Wer ist es, dieses Ich? Wer dieser Er? Der Kontext entscheidet je, er bestätigt.

Die so häufig gewählte Konstellation, in der zumindest eines dieser Personalpronomina an wenigstens einer Stelle auftritt, führt ganz offenkundig ein personalisierendes Moment ein und stellt eine Beziehung *ad me* (*ipsum* oder nicht) oder *ad te* (in Abwandlung des *ad me*) her. Sie trägt aber auch dazu bei, eine Distanz zu schaffen, die nicht mehr nur zwischen dem Ich oder dem lyrischen Subjekt und der Aussage sich ergibt, sondern auch zwischen einem sprachlichen Impuls und der Sache, die so nicht mehr bloß evoziert, sondern in Frage gestellt wird.

Aus geometrischen Punkten in einer Figur, aus zwar nicht leeren, aber zunächst vagen, ihrer Bestimmung harrenden Möglichkeiten entsteht die Sache, die sich in dem Maße zusammenfügt, als man sie festlegt – und nur unter dieser Voraussetzung. Der Akt der Fixierung schafft die nötige, virtuell unendliche Ferne. Die Herstellung einer Beziehung ist die Herstellung einer Distanz.

Früher, wie oft, blieben wir, Stern in Stern,
wenn aus dem Sternbild der freiste,
jener Sprechstern hervortrat und rief.
Stern in Stern staunten wir,
Er, der Sprecher des Stern-Bilds,
ich, meines Lebens Mund
Nebenstern meines Augs.
Und die Nacht, wie gewährte sie uns
die durchwachte Verständigung.[9]

Das Gedicht, eines der letzten, die Rilke in seinem Todesjahr 1926 schrieb, handelt von der dichterischen Sprache. Heidegger wurde 1995 *post mortem* als der berufene Interpret bemüht, um ein Deutungsmuster zu finden.[10] Der Dichter löse sich los, so heißt es, weil er sich von einem »Gerede« freimachen und zur Wahrheit einer kosmischen »Entsprechung« gelangen wolle. Die Beziehung zwischen dem einen, durch seine größere Freiheit unterschiedenen Stern, der als der Sprecher der anderen auftritt, und dem Mund eines Ich, das mit ihm in Kommunikation (»Verständigung«) tritt, ist aber vielleicht viel komplexer.

Man läßt das »Werk des Gesichts«[11] nicht hinter sich, sondern beiseite. Der Vorhang ist gefallen und der sprechende Stern von der Bühne abgetreten. In Kompensation nimmt der »Mund« seinen Platz daneben ein – wie ein Doppelgänger des Auges und so, als wäre er ein zweiter Stern. Es war somit nicht die Sprache der Menschen, die verabschiedet wurde; mit dem Auge befand man sich bereits in der Sphäre der Poesie. Es geht auch nicht um die Problematik einer Identifikation des Subjekts mit der Welt, mit dem Objekt, das es verherrlicht. Die Loslösung vollzieht sich auf beiden Seiten, in der Konstellation am Himmel und in dem – vielleicht singulären – Leben des Sängers. Die Begegnung findet an beiden Punkten statt, »Stern in Stern«. Als Sprechender fällt der Stern genausowenig mit der ihn umgebenden Gesellschaft zusammen wie der Mund mit dem Auge.

Nun versteht man die Momente in ihrer zeitlichen Abfolge. »Früher« (man versteht: vor der Erkrankung des Dichters) und wohl auch in anderen »Vorzeiten« blieben die beiden, »Er« und »Ich«, vereint. Die gleichen Geschäfte der Sprache brachten sie zusammen. Gemeinsam staunten sie, nicht über die Schönheiten der Welt, sondern über die Transaktionen, die in einem sprachlichen Bereich gelingen können. Es handelt sich nicht wirklich um die Welt der Dinge und noch weniger um das gelebte Leben, das sich Ausdruck verschafft, wie es eben kann. Man verständigt sich über eine Mittelposition in einer Vigilie, im Lauschen auf die Nacht, fern von allem Sichtbaren. Weder spricht ganz Er, der Stern, noch ganz das Ich; aber irgend etwas wird sich doch Ausdruck verschaffen.[12]

Es entspricht dies gewiß weder dem Ich noch dem Du Celans, aber immerhin ist es der Entwurf zu einem Ich – vorausgesetzt, man nimmt den inneren Konflikt wahr, der sich zum Teil in sein Gegenüber, in die Außenwelt, verlagert haben könnte.

Die sprachliche Potenz des Dichters ist im Psychischen verankert, in der psychologischen Struktur des Individuums. Es hat sie geformt, bevor es seinerseits von ihr her neu gestaltet wurde. Auch die durchlebte Geschichte taucht in diesen Ursprung ein und bildet sich neu. Eine prästrukturierte Anlage fügt sich in diesem Gewebe zusammen, im Hinblick auf eine Erfahrung und im Vertrauen auf die Fähigkeit, sie zu durchleben. Wer spricht, wenn *er* spricht? *Er*. Der Meister der Sprache.

Im Spiel der Dissoziation

Durch eine Entzweiung werden die Sphären der biographischen Erfahrung und der Sprache voneinander abgelöst. Die Dualität als solche ermöglicht ein sprachliches Experimentieren, das der Zustimmung der Person nicht bedarf und sich außerhalb der konstitutiven Konvention bewegt. Dies birgt aber die Gefahr in sich, daß die Trennung durch eine Störung der für gewöhnlich ausgewogenen produktiven Spannung überhandnimmt und eine Vielfalt von weiteren Brüchen, Umkehrungen und Verstellungen nach sich zieht. Deren präziser Analyse und der darin sich äußernden makabren Selbstironie wird im Werk ein breiter Raum gegeben:

> Auf überregneter Fährte
> die kleine Gauklerpredigt der Stille.
>
> Es ist, als könntest du hören,
> als liebt ich dich noch.
> (II, 145)

In der Überfülle des Regens begegnet man den Wörtern als einer reinen Virtualität. Die Stille, die seit jeher die Grundlage des Sprechens bildet, kennt alle möglichen Kunstgriffe. Hier ist es, als könnte das Schweigen sich selbst, auch ohne das Du, Gehör verschaffen. Die Illusion stellt für einen Augenblick die Verbindung wieder her. Das Ich ist wieder mit seinem *alter ego* zusammen, mit dem für dieses eigentümlichen Vermögen. Das Du vernimmt nichts mehr ohne die Hilfe des Ich. Man kann daraus folgern, daß sich das Schweigen auch auf persönliche und politische Ereignisse bezieht. Es geht bei ihnen nicht nur um eine innere Entfaltung der Kunst. Das Verhältnis zwischen den drei Polen: der Geschichte, dem Ich und dem Du, wird *ex negativo* an einem Punkt des Nichtfunktionierens deutlich; die Vermittlung stellt sich nicht mehr her. Das Schweigen herrscht auf beiden Seiten, doch das Du begreift nichts, und das Ich unterläßt es, seinen Partner aufzuklären.

> Du wirfst mir Ertrinkendem
> Gold nach:
> vielleicht läßt ein Fisch
> sich bestechen.
> (III, 82)

Es ist ein düsterer Aphorismus. Das Du ist am Ufer geblieben; es geht nicht mit dem Ich in den Tod. Und doch ist die Trennung nicht ganz vollzogen. Dem Ich wird ein Reisegeld mit auf den Weg gegeben – das Kostbarste, worüber das Du verfügt, kostbarer noch als das Spiegelsilber der Fischschuppen und der Glanz des Meeres[13]: das Gold seines Schweigens. Die Aufspaltung kulminiert in der ironischen Betrachtung einer Hinterlassenschaft. Die Hinweise auf die Toten werden den stummen Fischen nicht fehlen; die Texte bieten ihnen Nahrung genug.

»Du wirfst mir [...] Gold nach« (so wie man Krumen ins Wasser wirft) – wenn du mich vom Ufer aus siehst. Das Du wirft sein Schweigen ins Wasser. Die Sprache kommt nicht nach, sie ist aber im Augenblick des Sterbens zugegen und begleitet es mit einer rituellen Geste. Wie man Kiesel auf das Grab legt und Erde auf den Sarg streut, so wird hier das Schweigen für die Fische ins Wasser geworfen.

Es ist die Szene einer Verdoppelung. Das Du steht hinter dem Geländer der Brücke, wenn der andere, von dem es gewöhnlich sein Leben bezieht, ertrinkt. Eine solche Szene erscheint *a poste-*

riori als das Ende eines lebenswichtigen Prozesses, dessen Exploration bis an diese Grenze getrieben wurde. Anstatt sie so zu lesen, als würde sie ein Vorhaben ankündigen, könnte man sie als den Ausdruck einer tieferen Wahrheit verstehen, wie sie in physiologischen Vorahnungen enthalten sein kann. Die Zukunft ist da. Sie existiert, jedoch nicht als eine Zukunft, die vorwegnehmend der schreibenden Hand ihre Inhalte diktiert hätte. Man könnte es anders auffassen, als die Darstellung der gewöhnlichen Situation während der Textgestaltung. Sie kondensiert sich in einer wiederholt erlebten Szene, die sich ihre Form von der Schrift hat einprägen lassen. Celan hat nicht im voraus seinen Tod als ein schicksalhaftes, fatales Ende angesehen. Der Tod in der Schrift hat im vorhinein ein Sterben produziert. Man muß auf keine Hellseherei zurückgreifen, um das zu verstehen. Am Ende wird es zu einer Nachahmung der Kunst durch das Leben gekommen sein.

Das Schweigen der Dichtung, da es mit keinem Geld der Wörter mehr honoriert wird, kann jetzt als eine Art Nachlaß preisgegeben werden. In seiner betörenden Reinheit kann es sich in den Wellen der Sprache auflösen und wird nun im Wasser verlogene Stummheiten zergliedern. Es überlebt in dieser von der Ironie hinterlassenen Form. Was sollten die Fische denn dafür hergeben? Sie können das Gold annehmen und selber zu sprechen anheben. Der Spiegel des Absurden sendet aus dem Nichts ein Bild zurück, das magische Bild einer puren Kraft.

Die Begegnung mit sich selbst

»Und vor einem Jahr, in Erinnerung an eine versäumte Begegnung im Engadin, brachte ich eine kleine Geschichte zu Papier, in der ich einen Menschen ›wie Lenz‹ durchs Gebirg gehen ließ« (III, 201). Celan spricht 1960 im *Meridian* davon, daß das im Jahr zuvor entstandene *Gespräch im Gebirg* an den 20. Jänner 1942 anknüpft, an das Datum der Wannsee-Konferenz im ersten Winter des Rußlandfeldzugs, auf der die Ermordung der europäischen Juden beschlossen wurde. Celan definierte seine dichterische Identität in einer Relation zu diesem Ereignis; er konnte sich darin finden, konnte »er selbst« sein – sich selbst begegnen.

»Ich bin … mir selbst begegnet« – das besagt: Mein Ich hat zu seiner historischen, historisch begründeten Identität gefunden. Das Ich hat sich für sie entschieden, indem es ihr nicht auswich. Die Begegnung ist auf dem Umweg über eine andere erfolgt, über die zwischen Celan und Adorno, die vorgesehen war und dann aber durch eine vorzeitige Abreise verhindert wurde. Warum ist nun dieser Text von 1959 ebenfalls an eine historische Situation gebunden worden? Man muß daraus folgern, daß die Begegnung mit sich selbst an die Stelle einer anderen Beziehung trat, die sich ihm als eine Ich-Ferne darstellte. Die Nichtbegegnung, was immer auch ihre Gründe gewesen sein mögen, erhält *a posteriori* ihren Sinn. Der Rückzug zu sich selbst widersetzte sich der den Erklärungsmodellen[14] eigenen Entfremdung. Er führte zu ihrer Widerlegung.

Vielleicht sollte man dem Wort »Erinnerung« den mit Vorbedacht paradox gewählten Sinn eines nicht entfremdeten Sich-in-Erinnerung-Rufens dessen geben, was sich für »ihn selbst« in seinem »Innern« angesammelt hatte. Die Begegnung durfte nicht stattfinden, damit ein Gedenken sich an ihrer Stelle aufbauen konnte, ohne die Hindernisse, die sich ihm gemeinhin in den Weg legen.[15]

Celan hat vor einem Freund die Szene wiedergegeben, als Hans Werner Richter, der Initiator der Gruppe 47, ihn einem Journalisten vorstellen wollte. Es war auf der Zusammenkunft von 1952, das einzige Mal, daß er an den Lesungen der Gruppe teilnahm. »Und das ist Herr Celan, der macht Gedichte wie…« Er wendet sich an den Dichter: »Nun, sagen Sie schon, wie Sie dichten!« Celan, die Geste mimend: »Nun, doch hoffentlich wie ich.«[16]

BEI TAG

Hasenfell-Himmel. Noch immer
schreibt eine deutliche Schwinge.

Auch ich, erinnere dich,
Staub-
farbene, kam
als ein Kranich.
(I, 262)

Das Gedicht steht im Dialog mit Geschriebenem. Was einmal geschrieben wurde, taucht wieder auf und präsentiert sich von neuem. Was jetzt geschrieben wird, vor dem Auge der Wörter, ist als ein erkennbarer Text zu entziffern. Das erscheinende Zeichen, das Muster in den Wolken, zeichnet – »noch immer« – den Rauch der Verbrennungsöfen nach. Das angesprochene Du, in Gestalt einer staubfarbenen Wolke, weiblich wie eine Muse – soweit eine solche jetzt überhaupt noch denkbar ist –, nimmt in dieser Begegnung im grellen Licht des Tages die Rolle der Dichtung und des Dichters ein.

Das Ich bringt die Materie zur Umformung mit. Die Sprache ist sein ureigenster Besitz, wenn das Ereignis, um das es geht, mit den Worten derer gesagt werden muß, die es hervorgebracht haben. Eine ursprüngliche Instanz wird in Erinnerung gerufen. »Erinnere dich« – das Ich, die Person des Dichters, spricht zu seiner »Dichtung«, ins Innere dieses Gegenübers; es tritt ins Gespräch mit dem, was sie ihm zu sagen gebot – »auch ich kam als ein Kranich«, als ein kriegerischer Vogel, wie diejenigen, die sich im dritten Gesang der *Ilias* auf die Pygmäen stürzen. In der Endung des harten Maskulinums »Kranich« klingt das Pronomen »ich« wieder auf; seine Anfangslaute aber bilden eine Assonanz mit dem Krieg und mit anderen, vergleichbaren Wörtern der Gewalt.[17] Das historische Subjekt gibt sich so zu erkennen, es weist sich aus als eines, das jenem ihm von der Wolke zugewiesenen Gegenstand entsprechen kann. Endet doch bereits das wahrscheinlich vor der Abreise aus Czernowitz im April 1945 entstandene Gedicht »Am letzten Tor« mit dieser Anrede an das Du: »Laß den Stein die Wolke, mich den Kranich sein« (III, 27). Der Verweis ist explizit. Das Gedicht beschloß in *Der Sand aus den Urnen* (1948) den ersten Zyklus, der 1952 nicht in *Mohn und Gedächtnis* aufgenommen wurde.

Die Begegnung erscheint als eine Konfrontation, sie findet in weiter Ferne vom nächtlichen Raum und der verbündeten Melancholie statt. Im Augenblick einer jener Dissoziationen, die sich in den späteren Gedichtbänden noch verschärfen, tritt die Alterität selbst, in weiblicher Gestalt und als Muse, sichtbar vor das Subjekt und vergegenwärtigt die Begegnung. Die Distanz zwischen dem taghellen Zeichen, das sich zu erkennen und zu entziffern gibt, und dem gesonderten Bereich der Sprache ist unüberbrückbar. Auf die Herausforderung hin steht die Person des Dichters auf und verkündet: auch ich bin dieses Abenteuer eingegangen, auch ich habe mein Maß an Schrecklichem zu tragen bekommen.

Das Widerstehen gehört zur Grundbestimmung des *Selbst*. Es steht den anderen entgegen, den Menschen im allgemeinen Verstand. Mit der Kraft des Andersseins ausgerüstet, geht es auf sein *alter ego* zu, auf das Du, das seinen eigenen Horizont und seine eigenen Erwartungen hat. Durch den getrennten Bereich gestärkt, geht es mit seiner Schattensprache in diese Ferne. So findet es in sich den anderen, der es ist – der für das Ich ein anderer geworden ist. Es wurde durch ihn in die Alterität hineingezogen; es identifiziert sich im Text mit dem Du und widersteht ihm zugleich.

Das Ich und sein Unbewusstes

Die Stellungnahme zugunsten des Individuums schafft keine geheime Zone. Sie behauptet sich und ermöglicht eine Exploration psychischer Vorgänge. Der Raum einer neuen Innerlichkeit eröffnet sich im Wort, das sich an einer Stelle wie die Wohnhöhle eines prähistorischen Jägers darstellt.[18] Der Transfer wurde durch die prinzipielle Entscheidung ermöglicht, auch die Analyse der seelischen Regungen der singulären, mit allen Singularitäten in der Geschichte solidarischen Existenz unterzuordnen. Das Individuum definiert sich, in jeder konkreten Situation, immer wieder durch die Entscheidung zur Absonderung. Es bezieht einen Standpunkt und verfolgt von dort die Kraftlinien, denen es in der Sprache begegnet.

Celan war sich dessen bewußt, daß er sich seiner psychischen Konstitution auch bediente und aus ihr seine Widerstandskraft bezog. Er konnte sich deshalb mit den Ärzten auf keine therapeutische Konversation einlassen. Wie sollte man auch eine so belebende und wahrhaftige Wunde behandeln? Er hätte auf diese Weise sein Selbst zerstört.

Wenn sich, wie bei Derrida und anderen Autoren, das lyrische Ich von der Sprache oder von der Differenz der Zeichen tragen läßt und wenn das Subjekt mit dieser Produktion zusammenfällt, so wird die historische Erfahrung durch die dem Zeichen anhaftenden Bedeutungskategorien vermittelt. Dann wäre die sprachliche Materie nicht die Angelegenheit eines waltenden Subjekts. Nicht sie würde vom Subjekt beherrscht, sondern das Subjekt von ihr. Gerade weil die Sprache die Macht hat, ihren Sprecher mitzureißen und über seine Vermittlung selbst zu »sprechen«, hat Celan aber die Person von der Sprache abgelöst und diesem unabhängigen Subjekt eine stets vorgängige Existenz außerhalb des Gedichts zugestanden. Andernfalls würde die Erfahrung zu einer Angelegenheit des Gesangs und nicht der Gesang zu einer Angelegenheit der Erfahrung, was schlechthin inakzeptabel wäre. Die gemeinsame Erfahrung betrifft jedermann. Deshalb bleibt das lyrische Ich, so angemessen es auch der Situation des wirklichen und historischen Subjekts sein mag, stets ein solches »lyrisches« und experimentelles Subjekt, das gegen den Willen des Ich in jedem Gedicht als ein anderes auftritt.

Das Heranziehen allgemeiner theoretischer Positionen führt um so weniger zum Entziffern einer semantischen Kohärenz, als darin sogar der Gedanke eines einheitlichen sprachlichen Systems in Zweifel gezogen wird und der analysierte Text bloß vom Zerfall der bestehenden Strukturen zeugen soll. Das Interesse konzentriert sich auf den Sinnverlust, weil man so von der Kunstkritik zur Zivilisationskritik übergehen kann – wie etwa in Thomas Sparrs Dissertation über Celan, als er Fragmente des Werks von den damals verbreiteten Theorien Mukařovskýs her zu erhellen versuchte.[19]

Weder mit dem Kriterium der »Norm empirischer Bildhaftigkeit« (gibt es darin überhaupt Bilder?) noch mit dem des »diskursiven Zeichenstatus« kann auf sinnvolle Weise an den Text herangegangen werden.[20] Beide Begriffe sind verkürzend und unangemessen; sie verkennen sowohl die anfängliche Trennung des Individuums außerhalb der Sprache als auch die Autonomie seines Sprechens. Die Kritik schwankt so zwischen einem sich der Analyse entziehenden subjektiven Ausdruck, mit dem sie die idiomatische Sprache einfach gleichsetzt, und einem objektiven und mitteilbaren Ausdruck, der auf dem Umweg über eine pauschale Charakterisierung des Werks wiedereingeführt wird. Die Bedeutung dieser Unterscheidung wird nicht beachtet. »[...] die Einbuße an noetischer Verantwortung besagt zunächst nur, daß kein Individuum die Einheit des Werkes verbürgt«.[21] Die gebrochene Beziehung zur empirischen Welt soll von einer Krise der Individualität zeugen und so eine ganze Epoche kennzeichnen. Deswegen wird die Art des intellektuellen oder »noetischen« Engagements im voraus festgelegt und eingeschränkt. Da man davon ausgeht, daß in den Texten der Moderne die subjektiven Reaktionen in den Vordergrund treten, kann man sie in einer strukturalistischen Betrachtung auf Fragmente einer zerstörten Totalität reduzieren. Das Ich vermag dann die äußere Wirklichkeit der gesellschaftlichen Ordnung nicht mehr in sich aufzunehmen, obgleich die Aufnahme weiterhin von ihm gefordert wird.

Personen

Beda Allemann erwähnt 1968 das »bewegliche Ordnungsprinzip einer poetischen Erfahrung« und fügt mit einer gewissen Verlegenheit – wenn nicht gar peinlichen Berührtheit – hinzu, daß sich diesem »ausdrücklich auch noch des Dichters eigene Herkunft [eingliedert]« – ein solches Ärgernis lag damals in dieser Vorstellung.[22]

Die Beziehung wäre umzukehren. Der »im weitesten Sinne autobiographische« Gesichtspunkt ist der anfängliche und ursprüngliche. Er gibt den Anstoß zur Ordnung der sprachlichen Materie. Was aber die Herkunft betrifft – der Autor meint die jüdische, mehr noch: die ostjüdische –, so muß man sagen, daß Celans persönliche, osteuropäische Erfahrung oft gerade durch die unangemessene Anerkennung ihrer Fremdheit aufgelöst und entstellt wurde. Sie verlor dabei ihre auf einer partikularen Entscheidung beruhende Wahrheit.

»Antworten« setzt eine Stellungnahme voraus, eine Konfrontation, ähnlich wie »adressieren« auf eine auszeichnende Unterscheidung verweist. Celan schreibt am 25. April 1962, in einer schwierigen Periode seines Lebens, an Nina Cassian, die Freundin und Dichterin in Bukarest: »Ist nicht die Dichtung eine Bewegung auf die Wirklichkeit zu, die inmitten all dessen erfolgt, was uns umgibt und ergreift? Sich engagieren – bedeutet das nicht vor allem: antworten? [...] Im übrigen habe ich nie die Gabe der *Erfindung* besessen – alles was ich geschrieben habe, habe ich erhalten (und *vice versa*). Ich bin kein Freund der Metapher. Aber ich spreche gern, so gern, wie ich diese Zeilen an dich adressiere.«[23] Insofern sie vom Rückzug auf die »Person«, von einer aufnahmebereiten und erwartenden Haltung charakterisiert ist, wird die künstlerische Begabung dem Sich-treiben-Lassen der freien Erfindung entgegengesetzt. Die klassische, so oft bemühte Unterscheidung zwischen der »Natur« des Künstlers, die für wahrer galt als die »Kultur«, wurde neu gefaßt und umgekehrt. Die Treue zu sich selbst bedeutet, daß das Schreiben sich dem zugefügten Leid nicht entzogen hat. Denn es muß ja auch – *vice versa* – gelten: »Ich habe geschrieben, was ich erhielt.«

»Es gibt nur diese eine Welt, sie hat – auch wo ich hier lebe – ihre Nachtseite, wir brauchen nicht erst hinzufliegen, und sie zu photographieren. Nur die Hände haben es zu weit zueinander.« In einem Brief vom 24. November 1959 an den ostdeutschen Dichter Johannes Bobrowski (1917–1965) ist »diese eine Welt« jene der Dichtung; »wo ich hier lebe«: in Paris und in der Poesie.[24]

Die »Nachtseite«, um die es geht, ist nicht politischer Natur; sie ist mit dem Geschehen in den Todeslagern verknüpft, das hier wie dort, in der DDR nicht weniger als im Westen, vereinnahmt und eskamotiert wurde. Celan meint die Nacht, die er – und jeder, der ihm darin folgt – an seiner Seite weiß. Es ist gut möglich, daß er sich zugleich auch über den Ort äußert, den man ihm selbst in der Bundesrepublik zugedacht hatte. Doch der Adressat des Briefs, der Schriftsteller hinter dem Eisernen Vorhang, wird auf seine eigene Situation zurückverwiesen, so etwa im weiteren Verlauf auf die französischen Bücher, die ihm abgehen, und vor allem auf eine wesentliche und mehr persönliche Dualität, die zwar nicht a-politisch, aber trans-politisch ist und die Bobrowski, als Dichter, egal wo er sich befand, dazu zwingen hätte müssen, seine Bindungen und Unterwerfungen zu revidieren. Celan kannte zu diesem Zeitpunkt nicht Bobrowskis ebenso entschiedene wie bezeichnende Vorbehalte gegenüber seiner eigenen Dichtung.[25]

Der erste Brief in der Korrespondenz mit Gottfried und Brigitte Bermann-Fischer, den Leitern des S. Fischer Verlags, trägt das Datum des 22. November 1958. Celan entwirft, nach einem Besuch in Frankfurt, in der Art einer programmatischen Erklärung die Grundzüge einer in Entstehung befindlichen Poetik. Es ist, als hätte er in diesem Augenblick zeigen wollen, was er vorbereitete, als wüßte er schon lange vor der Vollendung der *Niemandsrose*, welche Richtung dieser neue Gedichtband nehmen werde. Das Programm enthält zugleich einen Vertrag und ein beiderseitiges politisches und poetisches Engagement. Auf diesem im Stil des *Meridian* geschriebenen Text gründet die Korrespondenz, die sich dann bis zu dem 1966 erfolgten Bruch hinzieht und in der immer wieder bekenntnishaft auf die Darmstädter Rede verwiesen wird. Die Briefe müssen unter diesem Blickwinkel gelesen werden. Die Beteuerungen der Verleger halten der Kraft und dem Gewicht der Literatur nicht stand. Die Begegnungen mit anderen Menschen finden ihren Ort im Bereich der poetischen Wahrheit seines selbstgeschaffenen Jenseits. »Es ist kein Brückenschlagen, gewiß; aber es versucht, indem es an die Abgründe herantritt, das hier noch Mögliche – möglich sein zu lassen.«[26]

In dieser über längere Zeit geführten Korrespondenz mit seinen aus dem Exil nach Deutschland zurückgekehrten Verlegern nimmt das Wort »persönlich« zwei verschiedene Bedeutungen an. Es betrifft zunächst die Beziehung selbst und somit die auf beiden Seiten je vorausgesetzte Wahrheit. In der zweiten Bedeutung wird dann ein starker Appell vernehmbar. Die Beziehung existiert nur durch diese Erwartung. Das Wort taucht auf diesen Seiten immer wieder auf, in Wendungen, in denen es zu natürlich erscheint, als daß diese Grenze nicht überschritten würde: »jenen persönlichen Ernst […], aus dem die Worte letzten Endes ja leben«[27], »von dem persönlichen Vertrauen«[28]. Weniger vertrauensvoll und offenbar nicht direkt auf den Empfänger gemünzt ist die für das Deutschland von 1964 geltende Diagnose des Verlusts alles »wirklich Persönliche[n] und Personhafte[n]«[29].

Der Einschnitt des Partikularen

Man lebt in seiner Zeit und lebt zugleich gegen sie, wenn man weder die Realität der historischen Ereignisse noch die Gründe akzeptiert, die sie herbeigeführt haben. Die Trennung steht am Anfang. Die Freiheit des Schreibens geht auf eine Absenz zurück; die Angemessenheit des Gehalts setzt den Pol einer immer wieder neu bekräftigten Ungebundenheit voraus. Alle Stellungnahmen zu geschichtlichen Ereignissen beruhen auf diesem Grund der Absenz, sie sind auf das Bekenntnis zum Ausgeschlossensein abgestimmt. Die Entscheidungen wurden von der *Person* getroffen. Eine dreigliedrige Struktur läßt sich so erkennen, in der die Brechung zwischen dem Ereignis und der Dichtung vermittelt.

Die Judenvernichtung ist nichts Schicksalhaftes. Die Opfer konnten auch der Versuchung erliegen, einen Sinn für das Ereignis zu konstruieren und ihm so aus dem Weg zu gehen. Celans Verzicht auf Erklärungsmodelle ist aber radikal. Die Welt der Morde ist jene, in der Celan lebt, seit sie geschehen sind. Alles in seiner Dichtung, selbst die rauschhafte Liebe, bezieht sich auf sie; nichts hält sich davon fern. Man könnte so weit gehen, zu sagen, daß ein Nachher, das Nachher der Lager, eine Welt geschaffen hat, die sich von allen anderen Welten unterscheidet und sie in sich aufnimmt.

Wenn Peter Szondi in seinem Aufsatz über »Engführung« einerseits den Akzent auf die Autonomie und die »Text-Realität« legte und andererseits die präzisen Bezüge auf die Vernichtungslager im Gedicht identifizierte,[30] so läßt sich daraus dennoch kein Widerspruch konstruieren. Allerdings hat er das so grundlegende Verhältnis zwischen den beiden Momenten in seiner damals neue Wege beschreitenden Studie nicht wirklich erörtert. Schon das Wort »Lektüre« im Titel des französischen Originals[31] zeigte an, daß Jacques Derrida um 1968 noch als ein Bundesgenosse angesehen werden konnte, im Zeichen eines neu bestimmten Begriffs der Schrift und im Streit gegen die hermeneutischen Positionen eines Hans-Georg Gadamer. Es ließ sich so eine Form von

Selbstreferentialität behaupten. Der externe, historische Bezugspunkt bleibt relevant; er wird in der Textualität rekonstruiert. Die Textrealität existiert nicht mehr an und für sich, sie ist auch nicht mehr von einer vordeterminierten Geschichtlichkeit geprägt. Szondi hat den Bruch ins Auge gefaßt, den Übergang zu einem äußeren Referenzsystem, das erst der Text herstellt. Die Unterscheidung ist verschiedentlich auf Kritik gestoßen; man wollte nicht zugeben, daß in dem für die Wörter geschaffenen semantischen Raum sich ganz eigene, noch nicht aktualisierte, dann aber aktualisierbare Möglichkeiten ergeben. Sie in einem autonomen Bezirk auf eine historische Situation zu beziehen leitet sich von keiner vorhandenen Struktur her, sondern beruht auf einem individuellen Akt. Die »Intention auf die Sprache«[32] geht dem tatsächlichen Eintreten in ihre bewegliche und flutende Materie, jedem effektiven Gebrauch voraus. Es wäre irrig, zu glauben, daß die Bezugnahme auf die Geschichte von vornherein in der Sprache angelegt sei, ganz so, als handle es sich um eine dem Zeichensystem noch vor jeder Verwendung innewohnende Qualität und eigentümliche Kraft. Schon vor Szondi hat auch Celan selbst davor gewarnt. Trotzdem wurde seit seinem Tod gerade dieser Gesichtspunkt immer wieder eingenommen, in einer Rückkehr zur traditionellen Position; es ist auch die der oft von Heidegger beeinflußten Interpreten.[33]

Die Veränderungen des Sinnstruktur gehen auf einen kontinuierlichen Prozeß interner Transfers zurück, den eine freie Entscheidung immer neu auslöst. Die Entfaltung, die der Autor den sprachlichen Formen aufzuzwingen vermag, verdankt sich dieser externen Stellungnahme. Diese ist es daher, die in letzter Instanz die künstlerischen Fügungen bestimmt.

Das poetische Tagebuch

Alle Gedichte Celans sind autobiographisch. Er steht mit seinem Innersten für sie ein. Ihrer Komposition nach sind sie jedesmal als eine Momentaufnahme des Schreibprozesses konzipiert, sei es nun eines Moments der Erfülltheit oder eines der Leere. Die einzige Parusie ist die des Wortes: des seinen. In dieser Weise geben sich die Texte zu lesen. Sie stellen sich in dieser Form dar, ohne daß man dies wirklich akzeptiert hätte – es schien auch nicht akzeptabel –, und zwar mehr und mehr, wie biographische Notizen in einem poetischen Skizzenbuch, das immer wieder neu aufgeschlagen wird und in seiner Diskontinuität fortgeführt wird. Diese Kontraktionen setzen jeweils etwas voraus, worauf man kommen muß; oft sind es andere Texte, bereits festgehaltene Erfahrungen. Sie beziehen sich darauf in einem ironischen Gespräch mit sich selbst, *cum se ipso* (»er selbst«, »er« und »selbst«), in der Beobachtung seiner selbst, des Ich, das er ist, und des Du, das seine Abenteuer erlebt: »so wie *ich* hier stehe«, »so wie ich *dich* dort sehe«.

Das unerbittliche Bestehen auf der partikularen Konstellation findet *in einem bestimmten Augenblick* zu einer Form und konsolidiert sich auf diese Art – in der Welt und vor den Büchern. Die Form übersetzt sich selbst, mit der Welt, mit den Büchern. Nichts bleibt von den vielfältigen Hinweisen und Beziehungen als das, was durch *diese* Sprache gefiltert und transzendiert wurde.

Manche Vorfälle, man mag sie intim oder anekdotisch nennen, sind in die Gedichte eingegangen. Sie zu ignorieren würde das Verständnis behindern. Der Text bezieht sich auf sie, er verwandelt sie und setzt sie um. Mit seiner Hilfe können sie, zumindest prinzipiell, identifiziert werden; bisweilen werden sie durch ihn bezeichnet. Es handelt sich um Ausgangspunkte, um Prätexte. Denselben Status haben auch die Passagen aus Büchern, seien es nun erwartete oder zufällige Lektüren. Celan verweist darauf, wie an anderer Stelle auf sein Leben, indem er sie in seinem Tagebuch notiert. Oft kostet es viel Mühe, sie zu finden; ein anderes Mal stößt man darauf. Manche sind für immer verloren, viele harren noch der Entdeckung.

Die den zur Signifikanz erhobenen persönlichen Begegnungen zuerkannte Rolle eröffnet der Literatur einen neuen, wahreren Raum. Ihre nicht auf sprachliche Gründe zurückzuführende Dunkelheit hat sowohl theoretisch als auch praktisch Ratlosigkeit ausgelöst. Es ist ganz gleichgültig, welcher Art die Bezüge sind. Keinem gebührt ein Vorrang; alle Bereiche der Existenz haben ihren Anteil an einem der Person zugehörigen Horizont.

Keine andere Universalie gibt es als eben diese partikulare Wahrheit, die sich bisweilen öffnet und öffentlich zu erkennen gibt und dann wieder für eine Zeit verschließt, oder verschlossen wird, so daß sie nur mehr sie selbst ist, eine private Wahrheit.

Die Information kann die Grundlage für die Lektüre bilden. Zwar wird sie nie das Verständnis selbst gewährleisten, sie kann aber immerhin dessen Vorbedingung erfüllen. Die Kenntnis irgendeiner Gegebenheit erweist sich oft als unerläßlich; durch sie lassen sich der Grad und der Modus der Umsetzung erfassen, die gewählte Distanz. Der Transfer verleiht der Sache diesen oder jenen Sinn. Zuweilen, wenn auch ungleich schwieriger, kann es gelingen, die transferierte Sache dank einer Analyse des Transfers ausfindig zu machen.

Das Allerprivateste wurde in den späten Gedichtbänden poetisch mitgeteilt; noch mehr trifft dies auf die posthum erschienenen Bände zu. »Glauben Sie wirklich, daß man das veröffentlichen kann?« Celan bezeichnete einen zuweilen grausigen Inhalt. Die Frage, die er mir mehr als einmal gestellt hat, war nicht ganz ernstgemeint, doch fehlte auch nicht ein wirkliches Moment des Zweifels angesichts der eigenen Kühnheit. Die Bezüge liegen vor, der Stoff des Persönlichen ist umgeformt worden; es sind realistische Transkriptionen einer finsteren, oft gräßlichen Wirklichkeit. Sie betreffen entweder ein biographisches Faktum oder einen Text – einen eigenen, sei er nun zur selben Zeit oder früher entstanden, oder einen fremden –, irgendeinen Stimulus, einen äußeren Anlaß. Die Wahrnehmung ist nur auf den ersten Blick zufällig; kaum eingefangen, verwandelt sie sich und wird sinnhaft.

Die Verrätselung klärt sich auf, indem man bis zur Bedeutung vordringt, die der Text dem Faktum zuweist. Im Rückbezug auf die Sache läßt sich die Umformung und also der Sinn bestimmen. Schwieriger ist die Lektüre, wenn der Ausgangspunkt noch nicht aufgefunden wurde. Man probiert dann alle möglichen Einfälle aus, geht den Weg zurück zu der Sache, der die zu lesenden Worte einen Sinn gegeben haben, und nähert sich ihr auf diese Weise Schritt für Schritt. Das Gedicht lebt nur von der Spannung, die die Begegnungen in der Außenwelt, durch die es mit hervorgebracht wurde, aufrechterhält; es bezieht seine Kohärenz aus einer

Intervention. Das sprachliche und interpretative Bezugssystem hingegen, in das die Dinge eingeordnet werden, ist nicht auswechselbar, es sei denn, man hält sich an die unverbindliche Hermeneutik Gadamers, die den Einschnitten und Brechungen zu begegnen versucht. Für ihn haben die Wörter einen geahnten und vorgeformten, für den Leser verbindlichen Sinn; da sie als spontan und fast unbesonnen ausgesprochen zu gelten haben, müssen sie sich auch der prägenden Neuakzentuierung und der ursprünglichen Entgegnung entziehen.[34]

Privates und Öffentliches

Auf der einen Seite steht das Lesepublikum, an das man sich wendet, und das ihm Bekannte; auf der anderen ein für sich selbst geschriebener, schwer verständlicher Text. Tatsächlich enthält das Werk alles, was zwischen diesen Polen existiert. Die chiffrierte Notiz ist ein Extremfall. Der ins Tagebuch eingetragene, auf die Person bezogene Satz weist auf eine experimentelle Analyse. Eine Zeichnung im Skizzenheft hält eine Pointe fest, den Ausdruck einer auf die Spitze getriebenen Moderne im Sinne Baudelaires.[35] Das gelebte Leben wird aufgenommen, fixiert und transferiert; es wird mit Hilfe der idiomatischen Rückbezüge gelesen und so für immer unauslöschlich gemacht. Versteht man sie, so lassen einen manche Gedichte schaudern; sie haben auch dem Dichter denselben Schauder eingejagt.

Das Private wird meist als zu partikular erachtet, als daß es den Status der Kunst beanspruchen könnte. So sind denn die Gedichte systematisch entprivatisiert worden, in Deutschland wie in Frankreich, und nicht nur bei den eingesessenen Heideggerianern.

Celan zwingt den Leser, sich in die allersubjektivste Sichtweise zu begeben. Die Stärkung des Personhaften erfolgt über eine absolute Individuation. Ein davon verschiedenes Interesse darf das nicht übergehen, um einen überindividuellen Standort zu wählen. Die gegenüber der Gemeinsprache bezogene Position nimmt eine Universalisierung im umgekehrten Sinn vor, auf dem

Weg einer Negation: es ist gerade die Negation des Universellen. Die prinzipielle Trennung wird nicht abgeschwächt. Die einzelnen Elemente gehören weiterhin zur Geschichte einer Person in ihrer Besonderheit.

Die Texte entziehen sich dadurch von vornherein jedweder Vereinnahmung. Sie sprechen zu sich selbst. Ein Subjekt wendet sich an den Sprechenden, das Ich an das Du; es spricht zu sich selbst unter der Maske des anderen, damit es um so mehr es selbst und das Individuelle am stärksten sei. Das idiomatische Prinzip wird in dem Augenblick am stärksten betont, in dem es in der Form der Schrift in die Sprache eindringt.

Manches als privat angesehene Gedicht ist eine regelrechte Abrechnung mit einem Gegner. Der Betroffene, sofern er lebte und las, wird es verstanden haben; andere werden es nach ihm verstehen. Archilochos spricht gegen Pindar, und sei es im Pindarischen selbst; Heine gegen Hölderlin.

Die Invektive, der Angriff *ad personam* und der aristophanische Spott sind zutiefst in der sprachschöpferischen Logik verankert; sie erscheinen als eine notwendige Ergänzung zu der den poetischen Rhythmus tragenden Intention. Der Haß, den man thematisch nennen könnte – das Thema ist von der Inspiration nicht zu trennen –, versammelt in sich die Weigerung, in der das Eigene erstarkt.

Hermeneutik im Verruf

Die Gedichte wurden geschrieben, damit sie entziffert werden. Sonst wäre es auch gar nicht möglich, sie zu entziffern. Es gelingt aber. Es ist jenes »Versteh was ich sage«, der von Plato zitierte Vers des Pindar,[36] der auf eine Grenzüberschreitung in der Sprache weist.

Die Anspielung auf eine private Erfahrung wird grundsätzlich in dieselben Bahnen der Chiffrierung und Dechiffrierung gelenkt wie die Umsetzung im sprachlichen Bereich. Wäre sie sonst von dem Leser gelesen worden, der der Dichter selbst war? Angesichts der Welt zeugt er für sich selbst, nicht anders, als wenn er für einen anderen Menschen Zeugnis ablegte.

Stellt sich die hermetische Dimension zwischen die von einem Versprechen geschaffene Erwartung und seine Einlösung, wie dies Bernhard Böschenstein einmal behauptet hat?[37] Die Hermetik aber ist den Wörtern eingeschrieben und kann nicht vom poetischen Projekt abgesondert werden. Was die biographischen Fakten betrifft, so haben sie an und für sich nichts Hermetisches und unterscheiden sich, wenn man den allgemeinen Umformungsprozeß der vorliegenden Materie in den Blick nimmt, nur unwesentlich von andersgearteten Bezügen. Man stößt darin auf die Wahrheit eines von außen her gesehen Unbedeutenden in der individuellen Erfahrung, das nun nicht weniger Anspruch auf Bedeutung erhebt als alles übrige. Die Wahrheit hat eben diese Eigenschaft des Partikularen. Die Negation einer Form von Allgemeinheit, sei sie nun metaphorisch oder funktional, kann im übrigen auf eine Geschichte zurückblicken, in der manchmal verzweifelte Manifeste zugunsten des unverbrüchlich Personhaften laut wurden. Das hat nicht viel mit einer doktrinalen Hermetik zu tun. Die Sprache ist nicht versiegelt; sie ist idiomatisch und entzifferbar. In die noch nicht umgeformte Materie kann alles mögliche eingehen.

Von Gadamer wurde Celan die Formel einer »Allgemeinheit der Okkasionalität« entgegengehalten, jenem Celan, dessen Existenz er vage ahnt und bestreitet; er versucht auf diese Weise, durch ein genau umgekehrtes Postulat, ihn seiner Weltanschauung anzugliedern.[38] Das Verständnis des Textes verlange, daß sich »die Besonderheit der Okkasion« in dieser Allgemeinheit aufhebe. Was der Leser wahrnehme, müsse aus seiner eigenen Erfahrung »aufgefüllt« (sic!) werden, die er einbringt und hinzufügt. Er verbietet sich also, sich selbst und anderen Lesern, den Sinn der Texte zu entdecken. Es wäre dies für ihn weder akzeptabel noch mit seinem Denken vereinbar. Die dem Verstehen zugeschriebenen Prämissen werden von vornherein auf die zu erkennenden Inhalte angewendet.

Der Leser macht seine Entdeckungen, sofern er nur anerkennt, daß der Schreibakt singulär ist und einer einzigartigen

Sprache eingeschrieben wird. Das Singuläre hat diese Universalität: es läßt sich von neuem erkennen, ohne daß es in eine klarere Sprache übersetzt werden muß, die in Wahrheit bloß das Mysterium perpetuiert. Eine andere Frage ist es, welchen Wissens und welcher Lektüreerfahrungen es bedarf, um zu seiner Erkenntnis zu gelangen; sie hat nichts zu tun mit der gewaltsamen Rückübersetzung in die eigene Vorstellungswelt, wie sie Gadamer in *Wer bin Ich und wer bist Du?* betreibt. Er depersonalisiert nach Kräften und setzt wieder einen verbindlichen Konsens ein. So hebt er alle Unterscheidungen auf, die gegen diese Tradition gerichtet sind.

Biographisches

In *Eden*, seinem letzten, unvollendet gebliebenen Essay, hat Peter Szondi das Verhältnis zwischen der »Fremdbestimmtheit« durch das biographisch-historische Material und der »eigenen Logik« des Gedichts »Du liegst« erörtert und dabei den selektiven Prozeß während der Textgenese hervorgehoben.[39] Er unterscheidet zunächst eine dem Schreiben vorausliegende Phase im Bereich des Erlebten, deren Zeuge er im Dezember 1967 in Berlin wurde; sodann bildet sich eine Interdependenz der realen Bezüge aus, die als die Folge ihrer visuellen und literarischen Verwandlung erscheint. Gewiß hätte er dabei auf die internen Elemente der von Celan neu geschaffenen Sprache rekurrieren müssen, da sie der Integration der äußeren Materie zugrunde liegen. Die Struktur hat sich schon bald in den Text eingezeichnet und mit immer größerer Bestimmtheit behauptet. Szondi war aber nicht, wie dies Gadamers Perspektive unterstellt, der Meinung, daß ein Verständnis des Gedichts die Kenntnis aller in seinem Aufsatz mitgeteilten Bezüge voraussetze.

Die Frage nach den Bezugsmomenten im Erfahrungshorizont wird gerade von innen her, vom Text selbst, in seiner Sprache aufgeworfen. So wie man das Problem im allgemeinen stellt, resultiert es aus einer heideggerschen Position, die die Notwendigkeit des Vorwissens bestreitet. Szondi schließt nicht unmittelbar daran an. Sein Interesse galt vor allem der Beziehung zwischen dem

Material und seiner Integration. Die Frage nach der Struktur und dem Sinn konnte ohne die entsprechende Information nicht beantwortet werden. Gadamer hingegen hielt dafür, daß der Text sich selbst genügen müsse. Die beiden Standpunkte lassen sich deshalb nicht aneinander angleichen.[40] Gadamer ging davon aus, daß der Text interpretiert werden könne, ohne daß man sich dabei auf etwas anderes beziehe als auf die Sprache der Dichtung – in ihren herkömmlichsten Formen, denn auch die lexikalischen Besonderheiten beachtet er nur nebenher; ganz so, als bildete diese, so wie sie in einer bestimmten kulturellen Tradition allen zugänglich ist, eine gegebene Struktur. Die Umformungen der realen Dinge in der Sprache, die dem Text sein einzigartiges Gepräge verleihen, sind Szondi jedoch nicht entgangen. Das Mißverständnis beruht auf einer grundsätzlichen Ablehnung.

Im übrigen scheuen andere Kritiker nicht davor zurück, einerseits die biographischen Informationen in ihrer Bedeutung herabzusetzen und auf der anderen Seite nicht ohne Selbstgefälligkeit das anekdotische Wissen mitzuteilen, über das sie verfügen. Man unterscheidet eben immer mit einer gewissen Willkür zwischen den einzelnen Ebenen. Jean Daive,[41] einer der ersten französischen Übersetzer Celans, fand – wie schon Gadamer –, daß die biographische Interpretation reduzierend wirke. Das Vorurteil war eben in Paris nicht weniger verbreitet. Hatte die moderne Ästhetik nicht den Rekurs auf das Leben abgeschafft? War Celan als Dichter nicht moderner als sein Interpret Szondi? Man klammerte also alles aus, was als nicht »poetisch« galt. Daives Haltung geht in dieselbe Richtung wie die Obstruktion Allemanns, der lange Zeit mit der posthumen Edition des Werks betraut war. In Übereinstimmung mit seinen von Heidegger her sanktionierten Überzeugungen vernachlässigte er es, nach dem Tod Celans die Dokumente zu sichern, um sie der philologischen Forschung zur Verfügung zu stellen.

Um die realen Tatsachen, die in Wirklichkeit änigmatisiert waren, besser evakuieren zu können, glaubte man, daß Szondi in seinem oft mißverstandenen Essay noch vage einer materialistischen Theorie verpflichtet gewesen sei, um so mehr, als darin von marxistischen Opfern die Rede war, von Rosa Luxemburg und Karl Liebknecht. Die Art und Weise, wie die Diskussion geführt wurde, hatte zur Folge, daß man damals weder die Autonomie des Zeichensystems noch die Bedeutung der zufälligen Begegnung anerkannt hat.

Der Stellenwert der Information

Während eines Kolloquiums an der Universität Bochum 1985 zeigte sich der Autor einer der ersten wichtigen Monographien über Celan[42] verwundert über den Unterschied, den ich zwischen den mir bekannten Informationen und dem Ergebnis der interpretatorischen Arbeit aufrechterhielt. Er dachte, nicht zu Unrecht, daß ein Vorwissen bei der Entzifferung einen entscheidenden Vorteil gebracht habe. Ich traf die Unterscheidung aber nur, weil man von anderer Seite die Information, um sie so besser in Mißkredit bringen zu können, zur Bedingung des Verständnisses erhob, während ihr doch, sofern man vom Text ausgeht, trotz allem nur eine eingeschränkte Bedeutung zukommt. Das Umgesetzte läßt sich oft dem Wortlaut entnehmen.

1984 hatte auf einem amerikanischen Kolloquium in Seattle einer der jüngeren Germanisten bemerkt, daß alle, die dort Wort und Stimme hätten, mehr oder weniger mit Celan befreundet gewesen und also in seine Geheimnisse eingeweiht seien (Allemann, Böschenstein und ich selbst). So wird die Interpretation, auf deren Ausübung man in Wirklichkeit schon verzichtet hat, in einem zweiten Schritt als eine private und esoterische Kunst hingestellt. Nur den wenigen Personen sei sie vorbehalten, die über gewisse Informationen verfügten. In einer anderen Intervention erinnerte derselbe Teilnehmer an die Vielzahl der Veröffentlichungen, die zu den von mir behandelten Gedichten existierten,[43] als ob das Wissen auf dieser wissenschaftlichen Grundlage zu erreichen sei. Der Stand der Forschung wurde beschworen, um so gerade eine kritische Analyse der interpretativen Positionen und den Stellenwert der Realien abzuwerten.

Im Grunde spricht man sich so gegen die Berechtigung der hermeneutischen Arbeit aus. Hält man sich an das Dechiffrieren einer Sinnstruktur, so wird man auch dazu gebracht, das vorgegebene Material aufzuspüren. Die Lektüre führt zur Information; mag sie nun schon zu Beginn darüber verfügen oder diese erst am Ende eines verschlungenen und verdunkelten Weges entdecken, sie steht in dieser Abhängigkeit. Der Anteil des Privaten, Vertraulichen und Anekdotischen kann nicht bestritten werden, doch wären die Lücken weniger groß, wenn das Problem vor dreißig Jahren richtig gestellt worden wäre. Vieles, ja fast alles ist öffentlich – verrätselt zwar, aber immerhin zugänglich; der weitaus größte Teil könnte also aufgefunden werden. In Frage gestellt wurde nichts weniger als die Legitimität eines so weitgehend individualisierten dichterischen Sprechens.

Während desselben Kolloquiums in Seattle wurde Allemann von einem amerikanischen Celan-Forscher danach gefragt, was man denn nun wissen müsse, um die Gedichte zu verstehen. Er gab ein Beispiel, um zu zeigen, daß die Identifikation der Bezüge nicht gelingen könne und auch nicht dürfe. Da der Leser sie nicht auffinden könne, müsse er sie aber auch nicht ernst nehmen. Celan habe ihm mitgeteilt, daß »hier« in einem bestimmten Gedicht auf »Hiroshima« verweise.[44] Die semantische Funktion einzelner Silben hat sich mir inzwischen immer wieder bestätigt.

Ist man in diesem Gedicht auf die Entschlüsselung durch die überlieferte Information angewiesen oder führt nicht auch das Nachdenken fast notwendig an dasselbe Ziel, etwa die Interpretation von »Kirschblüte«[45] oder »diese Stadt, die von [...] der Wolke regiert wird«? Noch eindringlicher ist das Problem für die Gedichte der letzten Jahre formuliert worden. Von einem gewissen Zeitpunkt an war Celan eher bereit, Erklärungen zu geben als früher. Er dekodierte dann selbst, als wäre auch das seine Aufgabe, als habe er die Seiten gewechselt. Die Gedichte leben von einem Oszillieren zwischen den Chiffren und ihrer Entzifferung.

Das Problem erregte geradezu leidenschaftliche Diskussionen. Gadamer etwa hat vielfach Warnungen ausgesprochen. Er bestreitet die Relevanz des erforderlichen Wissens.[46] Wovon will er sich freimachen, und mit welchem Ziel? Er erwidert, daß man Kenntnisse aufbieten könnte, die der Dichter selbst gar nicht besessen habe. »Celan hat gelegentlich vor solchem Wissenseifer gewarnt.«[47] Die Befürchtung ist gerechtfertigt, solange sie willkürliche Assimilationen betrifft – es gibt deren unzählige –, die ihren Stoff dem kulturellen Horizont des jeweiligen Interpreten entlehnen und auf diese Weise eine Barriere bilden. Wollte man aber daran erinnern, daß das Wissen für das Gedicht ein Material bildet, daß es von ihm als bekannt vorausgesetzt und konstruiert wird, so würde Gadamer dagegen einen nicht daran gebundenen, für die Dichtung eigentümlichen Wissensmodus ins Treffen führen. Das Gedicht wisse auch mehr, als der Dichter hineingelegt habe. Die Information, so meint er, sei wertlos, wenn »die Dichtung sie nicht voll einlöst«[48]. Doch handelt es sich nicht um einen beliebigen Rückgriff. Die Information kann nicht aufgefunden werden, solange der Interpret, der sich ihr zuwendet, nicht auch sein eigenes Bezugssystem überprüft.

Ein Zeugnis kann zu Unrecht herangezogen werden; eine Interpretation kann irreführend oder tendenziös sein. Sie werden aber nicht etwa deswegen verworfen, weil sie falsch sind; sie werden von vornherein abgelehnt, da der Text, so wie er gelesen wird, sich selbst genügen soll. Und zwar nicht, damit er seine Autonomie und Fremdheit behaupte, die nicht in Frage stehen. Das Zeugnis findet keine Beachtung, weder das eine, vom Text in seiner Immanenz geforderte, noch jenes andere, von außen herangetragene, das er nicht weniger reklamiert. So mancher hat die Informationen, die er besaß, unter dem Vorwand nicht mitgeteilt, daß der Dichter selbst es ja auch nicht getan habe und daß die wahre Dichtung darauf verzichten könne. Man will nicht, daß er sagt, was er sagt; man will auch nicht, daß es bekannt werde, damit man ihn etwas anderes sagen lassen kann, und manchmal blanken Unsinn. Man will weder von dem einen, internen, noch von dem anderen, externen Zeugnis gebunden sein. Der Text muß darüber hinausgehen, er muß seinen Prätext und den Sinn übersteigen.

II. DER NAME

Das Du als Subjekt

Die Trennung

Der Umstand, daß nicht unmittelbar auf die konstituierte empirische Wirklichkeit verwiesen wird, hat zu dem Postulat eines internen, »selbstreferentiellen« Verweisungszusammenhangs geführt.[1] Dagegen wäre festzuhalten, daß eine Referentialität aufgehoben und von einer anderen abgelöst wird, die sich als eine autonome durch die Trennung neu konstituiert.

Die Schatten sprechen wahr, wie es in einem der Gedichte heißt, indem sie den Gegenstand nicht aussprechen, sondern schaffen – und indem sie ihn eigentlich *benennen*, ihm einen »Namen« geben.[2] Die für den Akt des Namengebens so wesentliche Kraft der Negation fällt dem tragischen Ereignis zu. Es versteht sich dies nicht von selbst. Das Wort, das sich als solches von den Dingen ablöst, zeugt in seiner sprachlichen Verfaßtheit und antithetischen Konstitution von der Unmenschlichkeit.

Manche Besonderheiten, die den Leser fremd anmuten, fanden in der Kritischen Theorie Adornos eine Erklärung. In ihr ließ sich die Fremdheit als der ästhetische Widerschein einer pervertierten, durch den Mechanismus der gesellschaftlichen Tauschbeziehungen entstellten Gemeinsprache darstellen. Das Ungewöhnliche der Brechungen erschien so als eine im Bereich der Kunst reproduzierte Sinnlosigkeit. Die Kunstmittel waren der umfassenden Entfremdung zugleich entzogen und unterworfen, wenn man davon ausgeht, daß die ästhetischen Produktionen auf dialektische Weise die Spuren der allgemeinen, die Gesellschaft durchziehenden Bewegungen tragen. Auch diese Art zu lesen führt im Grunde zur Verweigerung einer Lektüre; indem sie die Unverständlichkeit als solche akzeptierte und akkreditierte, hat sie die Entzifferung behindert. Der Zugang zu den Texten wurde durch die objektive Begründung einer zumindest teilweisen Sinnlosigkeit, den die Kunst mitzuteilen habe, verstellt.[3]

Die Abweichung, die vom Individuum im Akt seiner Absonderung gesetzt wird, ließe sich auf den ersten Blick mit den Prinzipien der Kritischen Theorie in Einklang bringen, doch bleiben die Unterschiede dennoch beträchtlich. Der Gegensatz ist sogar radikal, da bei Celan der künstlerische Schaffensprozeß zunächst die uneingeschränkte Hinnahme der bestehenden sprachlichen und intellektuellen Verhältnisse voraussetzt. Das Spektrum der anfänglichen Virtualität vorhandener Anschauungen wird überwunden; die Bewegung der Neuschaffung widersetzt sich ihnen. Die andere Sprache bildet sich als eine intakte Gegen-Rede aus; sie bezieht ihr Vermögen ausdrücklich aus dem Akt der kontradiktorischen Wiederaufnahme. Eine analytische Kraft etabliert sich auf diese Weise in den sprachlichen Gebilden. Das dichterische Idiom entsteht nicht direkt als eine Reaktion auf in der Sprache abgelagerte Deformationen. Die Negation gehört zu den *gemeinsamen* Möglichkeiten der Sprache; die Erneuerungskraft teilt sie mit dem denaturierten Zustand, den sie in seiner ganzen Tiefe durchkämmt, so lange, bis er sich auflöst.

In der theoretischen Analyse Adornos, die den Prozeß der künstlerischen Produktion und die Innovation aus einem Scheitern ableitet, das schon vorher stattgefunden hat, wird der Überwindung ein Ort in der kollektiven Kontinuität einer Entwicklung der künstlerischen Formen zugewiesen. Sie läßt sich nur schwer mit der personhaften Brechung Celans vereinbaren, die selbst analytisch ist und die nicht aus einer gesellschaftlichen Krisensituation, sondern vielmehr aus einer Weigerung und Unterscheidung hervorgeht.

Die Überwindung einer Position wird immer einer gewaltsamen Aneignung durch die Kritik ausgesetzt bleiben. Die Entscheidung ist souverän; die Trennung schafft eine neue Situation, die, obzwar historisch, deswegen nicht weniger absolut gesetzt ist. Keine Vergangenheit kann davor bestehen, und sei es eine bereits gebrochene. Derselbe Schnitt bewahrt Celans Werk vor allen zukünftigen Nachahmungen; er entlarvt sie als solche und macht sie damit sogleich wieder zunichte. Der Akt der Trennung läßt sich nicht auf andere Zwecke übertragen. Er geht über die vorhandenen Dichtersprachen hinaus, verwirft alle Ursprungsparolen, jegliche Herleitung und jegliches Bündnis. Er stellt sich an einen Anfang, an dem alles in Frage gestellt wird.

Gegen Derrida, der den Sinn als eine Fortwirkung der griechischen Metaphysik ansieht, verteidigt Gadamer eine Präsenz und Ko-Präsenz der Dinge in der Gegenwart der Rede.[4] Mit Sicherheit wird bei Celan eine Bewegung zum Stillstand gebracht. Auch der für Gadamer durch das Wort erweckte »innere Sinn« und die (ebenfalls Goethe entlehnte) »Gesamtanschauung« transzendieren freilich die zeitliche Abfolge, in der die Dinge sich ablösen und verlorengehen. Nun ist der Stillstand, wenn er auch ganz allgemein als eine Möglichkeit in der Sprache angelegt ist, darum aber nicht weniger imstande, etwas Neues sichtbar zu machen und eine besondere Art der Vision hervorzubringen. Die Sprache wird an einer Bruchlinie zur Autonomie gebracht. Gadamer hat dies in seinem Kommentar von Celans Dichtung nicht zugestanden. Man kann, indem man den Weg der Abtrennung zu Ende geht, der von Gadamer extrapolierten Konzentrationsbewegung folgen und muß dabei aber das Konzept der »Anschaulichkeit« hinter sich lassen. Nur so dringt man bis zu jenem entscheidenden Punkt vor, den er nicht anerkennt, an dem sich das Negationspotential und die Kraft der Innovation entfalten.

Radikale Neologie

Wenn man das evokative Vermögen außer acht läßt, das jedem dichterischen Gebrauch anhaftet, so bietet sich die Fülle der Wörter als eine unbesetzte und unversehrte Materie dar, mit allen ihren wirklichen oder möglichen Inhalten. Sie bietet sich zugleich auch zu ihrer semantischen Neugestaltung an. Seit jeher ist die Namenschöpfung oder Onomaturgie mit dem dichterischen Schaffen untrennbar verbunden. Die Neuverwendung der tausendfältigen Möglichkeiten gehört zur *Inventio*; diese Bezüge steuern den Prozeß der Ausrichtung und Korrektur in der ungeheuren Masse sämtlicher überkommener Sprachen. Auch wenn man vom Sonderfall der kodifizierten lexikalischen Neuschöpfung absieht, beruht die Verwandlung auf einem neologischen Prinzip.

Durch die Wiederaufbereitung wird nicht einfach alles getilgt; der Bruch mit den verfestigten Sinnelementen bringt etwas Neues hervor. Die Aufhebung der vertrauten evokativen Kraft setzt die Bedeutungen frei; sie führt an den Ursprung allen Bedeutens heran. Eine Sprache wird in der Dichtung neu geschaffen und damit eine im Innern der Sprachen wohnende primordiale Energie wieder erfaßbar.

Der schöpferische Akt wird von der Willkür geleitet, er gehorcht dem Prinzip der freien Wahl. Im Umfeld des Surrealismus bildeten die eigenmächtigen Setzungen des Imaginären die Grundlage für die Autonomie, da sie die Ordnung der literarischen Traditionen mitsamt ihrem Gefühlskatalog ins Wanken brachten. Schon Celans frühe Gedichtbände verwenden mit immer größerer Freiheit auch die einfachsten Wörter: »links« oder »drei« oder »blau«. Eine Bedeutung tritt zutage und läßt sich erkennen: sie zeigt, daß sie einem thetischen Akt entspringt. Eine Notiz lädt sich mit einem neuen, sogleich notierten Sinn auf.

Im Ungeschiedenen verfügt man über einen Ozean möglicher Bedeutungen. Alles kann gesagt werden, bis ins Unendliche; und noch ist nichts gesagt worden.

Die Reflexivität der Dichtung

Die »surrealistisch anmutenden Züge der Celanschen Lyrik«, die von den einen hervorgehoben und von den anderen bestritten werden, hat Allemann, ohne dies näher zu belegen, mit der »mystischen Tradition der Chassidim« in Verbindung gebracht.[5] Die religiöse Tradition mochte als eine noblere und weniger spielerische auch in einem anderen kulturellen Feld mehr Anerkennung finden.

Es kann nicht schaden, hier an die künstlerischen Erfahrungen und Experimente der Nachkriegsjahre in Bukarest zu erinnern, wie dies mit großer Genauigkeit Petre Solomon getan hat.[6] Man kann wohl nicht leugnen, daß die Explorationen der surrealistischen Bewegung in die Sprache von Celans Dichtung integriert wurden. Die Erfahrung mit den automatischen Vorgängen hat im Rahmen einer besonderen und geschlossenen Struktur eine präzise Funktion erhalten. Das macht aus Celan beileibe noch keinen Surrealisten. Er hätte sich – und hat sich – energisch dagegen verwahrt. Wenn er den Theorien André Bretons nicht in jedem Punkt folgte, so verkannte er aber doch nicht die wichtige Rolle, die der surrealistischen Bewegung in der Freisetzung der dichterischen Ausdrucksmittel zukam, und hätte nicht weniger energisch als das Vorbild auch das Vorurteil bekämpft, das dies in Abrede stellt.[7]

Die Wörter der Celanschen Sprache gewinnen ihre Bedeutungskraft in der Entgegensetzung zu den für gewöhnlich mit den Lexemen verbundenen Vorstellungen. Die Ablehnung geht voraus. Potentiell ist die Differenz eine absolute, bis zum offenen Widerspruch gehende; sie kann darum eine neue Sprache und mit ihr eine neue dichterische Hermetik begründen. Die Neufixierungen beruhen auf diesem Bruch mit dem Sprachgebrauch. Aus der Trennung beziehen die Wörter ihre verneinende Kraft und ihre Freiheit. Der Sinn der Wörter wird durch die von ihnen negierten Bedeutungen fixiert.

Man sollte den Begriff des »Hermetischen« von jeder Vorstellung einer initiatorischen Exklusivität befreien und an ihrer Stelle eine Selbstbestimmung (ohne jede Selbstgenügsamkeit) einsetzen, eine Autonomie, die als ein zwar nicht abgeschlossener, jedoch abgetrennter Raum konzipiert ist. Alle Sprachen, nicht nur die deutsche, werden *per viam negationis* darin aufgenommen, in einem freien Spiel von Spruch und Widerspruch, vor dem Hintergrund des unausgesprochen Bezeichneten. Das Gedicht verdichtet sich zu einem Schweigen. Es strebt darauf zu und wird von ihm angezogen. Wenn das Absolute darin besteht, daß es in der Distanz verharrt, die es eingenommen hat und von der es nicht abrückt, so besitzt es auch dieses Verneinungsvermögen, sich von dem, was es aufnimmt, zu entfernen.

Die Sprache »spricht« in keiner Weise in Celans Gedichten, weder als eine übernommene und weitertradierte noch als eine beschädigte, wie immer es den Auffassungen und den prosaischen, poetischen oder funktionellen Interessen der Interpreten entsprechen mag. Die Sprache ist von Anfang an gebrochen und zersplittert. Gefiltert wäre noch ein zu schwacher Ausdruck. Zerschlagen. Selbst der Ursprung ist gebrochen. Der »Gegenstand« der Gedichte ist nichts anderes als die Sprache; sie wird thematisiert und ständig befragt, und zwar mehr und mehr – nicht nur die Sprache, auch die Spekulation über sie und die lyrische Tradition. Je mehr Fortschritte man in der Lektüre des Werks macht, desto deutlicher wird es, daß es kein Verstehen geben kann, solange man die Texte nicht als etwas »Gesprochenes« liest und solange man nicht erkennt, daß die den Sprachgebrauch umformenden Mechanismen im Produktionsprozeß einer konstitutiven und kontinuierlichen Überprüfung unterzogen werden. Weder in der sich weitenden *Inventio* noch in den Kontraktionen der *Compositio* werden der Schwierigkeitsgrad, ja sogar die Unmöglichkeit oder ein Verbot, unterschlagen oder unterdrückt. Das Affirmative jeder einzelnen Affirmation besteht einzig darin, daß sie sich gegen eine andere behauptet, von der sie an der Entfaltung gehindert wird. Es kommt so, in der eng umgrenzten Domäne der hohen Dichtung, zu einem Aufstand der Wörter.

Im Kontext läßt sich die Negationsbewegung erfassen, die den Sinn fixiert: sie bringt den Sinn herbei, um ihn zu verneinen, und inthronisiert ihn nur, um ihn zu entthronen – in ein und demselben Impuls. Ein Augenblick der Rede verbindet sich, in dieser vollendeten Überwindung, mit einem anderen. Es sind diese Rückbezüge und ihre Verkettung, die bewirken, daß die Gedichte in der diskontinuierlichen Textualität so eng aneinander anschließen. Das Zeichen dafür sind die internen Verweise und Zitate, in denen sich die Thematik klärend entfaltet.

Die Sprache der Gedichte ist nie naiv und ursprünglich, sondern stets eine sekundäre; sie geht zu allem, was früher gesagt wurde, auf Distanz. Jede Unmittelbarkeit ist außer Kraft gesetzt; und doch steht sie virtuell am Anfang. Es gibt eine früheste Regung, doch wurde sie unterdrückt.

Die in ihrem Wesen so kontradiktorischen Gedichte lassen in der Herausbildung des Sinns wenig Platz für die hermeneutische Erfahrung des Lesers. Er wird auf sie zurückgreifen, doch ist sie durch eine andere Erfahrung in Frage gestellt. Diese andere, primordiale Erfahrung ist zunächst sprachlicher Natur, an die Sprache gebunden; sie entfaltet sich in dem besonderen Horizont, den ein jedes der Gedichte eröffnet.

Celans Dichtung ist eher kritisch als lyrisch; sie übt Kritik an der Lyrik. Noch bevor sie sich auf etwas bezieht, analysiert sie die Sprachen; sie analysiert auch ihre eigene, noch vor jeder effektiven Verwendung. Die Komposition wirkt zergliedernd, sie scheut vor keiner Brechung zurück.

Das Gedicht hat, in dem Raum, in dem es sich entfaltet, sein eigenes Sprechen zum Gegenstand. Das Gedicht »Psalm« in der *Niemandsrose* wird dann verständlich, wenn man erkennt, daß das unbestimmte »niemand« in der Anrufung der ersten Verse die Verwandlung des möglichen Subjekts in eine reine Absenz notiert, die als solche erkennbar ist und in größtmöglicher Konformität zur Aussage bleibt.[8]

Die Konzentration der Entgegnung erreicht den Punkt, an dem sie sich zu einer erfüllten Negation verdichtet, aufgrund derer dann von einem »wir« und dessen gemeinsamem Schicksal gesprochen werden kann. Es handelt sich um wiederverwendete, dem Bezug einer Bezugslosigkeit angepaßte, ihres eigenen oder ursprünglichen Inhalts entleerte sprachliche Formeln; sie überleben als solche, als übertragbare Materialien, die auf nichts anderes übertragen werden als auf das »Nichts«, das sie hier wirklich aussagen und von dem sie gesprochen werden. Die Akzente einer mystischen Tradition, wie sie in der Reprise von Zitaten verschiedenster Herkunft vernehmbar sind, entstammen einem Geflecht klassischer Spekulationen. Der Gegenstand, den sie nicht zu erfassen vermochten, überträgt nun seinen in der Geschichte gereiften und von der Geschichte gebotenen Sinn auf das von ihnen Ausgesagte – und somit auch auf das von ihnen Verschwiegene. Die im Text neu gezogene Grenze geht in diesem Entgegnen so weit, daß die Gegenrede als die Bedingung des Sprechens zu ihrer einzigen Aussage wird.

Nichts kann auf diese Weise für irgendeine Tradition des Denkens oder Dichtens, für irgendeinen etablierten Glaubensinhalt vereinnahmt werden; die Sätze wurden der ihnen anhaftenden Bedeutungen und Werte entkleidet und in andere Bahnen gelenkt. Aus dieser Umlenkung besteht der Sinn.

So sehr das immer betont wurde, die Lesegewohnheiten erwiesen sich als stärker. Die Entgegnung wurde wieder umgewendet und in die vertrauten Kategorien der Negativität gefaßt. Noch den eigensinnigsten Stellungnahmen wird so ihre Eigenart genommen.

Das absolute Paradoxon verwirklicht sich jetzt, in der Stunde dieses Gedichts. »Niemand knetet uns wieder [...]«, das bezieht sich genau auf den Augenblick, in dem das Gedicht entstand, und auf die Stunde, in der es gelesen wird. Er ist »wieder« – das heißt: aufs neue – zugegen, um knetend ein »wir« zu formen: das Ich und das Du, die zusammen für die Toten sprechen.

Der Inhalt der Gedichte ist die Form, die sie ermöglicht: die Entstehung des Gedichts, das Gedicht, wie es immer aufs neue und auf je andere Weise entsteht, wie es nicht entsteht, wie es hätte entstehen können und nun nicht mehr entsteht, im Wechsel der Umstände und Situationen zwischen Präsenz und Absenz. Es bleibt oft in dieser gleichsam vorbereitenden Phase, auf die dann keine andere mehr folgt, stecken, um seine eigenen Bedingungen und Möglichkeitsbedingungen zu definieren und zu ergründen, so daß es in immer größerer Reinheit diesem analytischen Rahmen entspricht. Soll man sie darum »metapoetisch« nennen? Es ist jedenfalls eine Dichtung, die sich, etwa in »Mit Brief und Uhr« (I, 154), vor allem vorgenommen hat, zu sagen, was sie ist, mehr noch: woher sie kommt, welchen Auftrag sie übernommen hat und wie sie ihn erfüllt.

Der Gegenstand, der in den Gedichten zu sich selbst finden will, ist die Sprache. In diesem Sinne ist die Selbstreflexivität ihre einzige Figur. Wo die Sprache nicht selbst im Vordergrund steht, verweisen die übrigen, im selben Netz einer dichterischen Analyse verfangenen Dinge einer anderen Welt auf sie: Erkenntnis der dichterischen Erkenntnis, »Poesie über Poesie«.

Warum kann in einer unveränderten Sprache das Andere nicht gesagt werden? Nicht die Wörter geben sich her, sondern man ist selbst den Wörtern anheimgegeben. Man könnte auch sagen, sie geben sich nur zum Teil her. Es läßt sich nicht vermeiden, daß die Sprache von sich aus noch etwas anderes sagt. Die der Neuschöpfung innewohnende Macht erweist sich aber als stärker; sie entfaltet sich als Innovation und Negation in den freigesetzten Elementen der Sprache.

Der Antagonismus der Sprachen

Die Diskussion zwischen den verschiedenen Sprachschichten kommt zu keinem Ende. Das selbstreflexive Idiom hat sich gegen die Sprache herausgebildet, die vielleicht weniger eine gemeinsame als eine herkömmliche und schlicht vorliegende ist. Die andere, die sich davon abtrennt, hat sich damit nicht schon endgültig losgelöst. So radikal der Durchgang durch den Abgrund auch sein mag, der Vorgang wird doch unaufhörlich erneuert. Manche Gedichte nehmen mit ihren Wörtern andere Wörter auf, die nicht zum Idiom zählen, und durchdringen sie. Sprache steht gegen Sprache, die Gegensprache grenzt sich neu ab.

In den Reprisen zeigt sich die Verwobenheit der Sprachen. Die eine wird vor das Gericht der anderen, der sich neu bildenden aufgerufen. Mit den Wörtern, über die sie verfügt, vermag sie die neuen Fragmente wiederaufzunehmen. Eine der beiden Schichten, wird von der anderen, der zweiten, absorbiert. So ist ihr Impuls sowohl ein anfänglicher als auch ein sekundärer.

Durch die Verwandlung der ursprünglichen Bedeutungen hat sich ein Netz über die Materie gelegt; es durchwirkt und analysiert sie. Das Herangetragene wird zergliedert, so daß sich die Gegen-Sprache die Brechungen zu eigen machen kann. Bedeutungen, die sich schon früher etabliert hatten, finden im Vorgang der Anreicherung eine Bestätigung.

Insofern es der Situation einer Person entspricht, bildet sich das Idiom als ein System aus, in Analogie zu jenem anderen, dem es in seiner Differenz, in seiner Offenheit und zugleich Besonderung eingeschrieben bleibt. Die Summe der Abweichungen wird zu einer Sprache in der Sprache, die in ihren Eigenraum verbracht wurde, und folgt darin denselben Gesetzen, nur daß sich der Akt der Bedeutungsfixierung derart vollzieht, daß auf die vorgängigen Fixierungen kaum Rücksicht genommen wird. Die Freiheit der Übertragung und die semantische Umwandlung machen das Wesen des Namengebens aus: Sprache als Sprache, die eine neben der andern und neben allen anderen. Celan setzt sie entgegen: »Sprache, Sprache« (»Was geschah?«, I, 269). Die Entgegnung, mit der die Übertragung begründenden Negation, vermag eine wahrere, gestaltete, erneuerte und persönliche Sprache hervorzubringen.

Walter Benjamin kommentiert in seinem Aufsatz »Über Sprache überhaupt und über die Sprache des Menschen« (1916) die Schöpfungsgeschichte und unterscheidet darin das Wort Gottes, das die Schöpfung hervorbringt, und die Namensprache des erkennenden Menschen, der die namenlose Sprache der geschaffenen Dinge empfängt.[9] Der Name ist, in diesem Zusammenhang, »dasjenige, *durch* das sich nichts mehr, und *in* dem die Sprache selbst und absolut sich mitteilt"[10]. Benjamin macht daraus eine »intensive Totalität«, die das geistige Wesen des Menschen und sein Mitteilungsvermögen umfaßt. Der Gebrauch des Wortes »Name« weist auf die autonome demiurgische Macht und konnte über den von ihm abgesteckten anthropologischen Bereich hinaus auf das System einer uneingeschränkten Resemantisierung übertragen werden, ohne daß die Kommunikation der Worte mehr ins Auge gefaßt wurde.

Optische Projektionen

Hellflüglig hingst du, früh,
zwischen Ginster und Stein,
kleine Phaläne.

Schwarz, phylakterien-
farben, so wart ihr,

ihr mit-
betenden Schoten.
(»Le Menhir«, I, 260)

Der Dichter wird in der ›kleinen Phaläne‹ angeredet. Man hat es mit keiner Identifikation zu tun, nur mit Äquivalenzen und – auf einer sinnhaften Ebene – mit einer Interpretation, die sich aufgrund des sprachlichen Transfers durchsetzt. Die schwarzen Schoten in der letzten Strophe werden zu Phylakterien. Die jüdische Vision legt sich über die der Natur entnommene; diese baut sich ihrerseits neu auf und verbleibt im Menschlichen, in dem die Sterblichkeit erst bedeutsam wird. Das Gelingen ist in allen Texten dort am eindrucksvollsten, wo die Wirklichkeiten einander so sehr entsprechen, daß man sie austauschen und die Bewegung der Negation für die Metapher halten könnte, die sie verneint.

Man darf weder die nie aufgelöste Spannung aus dem Blick verlieren, die im Gedicht zwischen der Erfahrung der äußeren Wirklichkeit und ihrer individualisierten poetischen Wahrnehmung fortbesteht, noch in der von der Kunst neu geschaffenen Wirklichkeit einen Endzweck erblicken. Die Kunst geht stets auch über sich selbst hinaus, sie tendiert zu ihrer eigenen, befreienden Aufhebung. Nur wenn man der Dualität ihre volle Bedeutung und utopische Verlängerung zuerkennt, läßt sich schreiben: »So waren auch für Celan Sprache und Gedicht ein ›exploratives Instrument‹, um Wirklichkeit zu erkunden und herzustellen als Kunstwirklichkeit.«[11] Der Versuch, selbst noch die anfängliche Trennung zu überwinden, äußert sich schon im kompositionellen Impuls.

Das idiomatische Subjekt

In der Nachkriegszeit war im Kontext der Diskussionen über die engagierte Literatur dem Dichter die Rolle eines »Untertanen« übertragen worden, der vor dem »Herrscher« auszusprechen habe, was uns von der Utopie trennt – nach der Formulierung Pierre

Morhanges: »alles was uns ermangelt«; dies hat verhindert, daß man ihm die freie Verwendung einer sprachlichen Realität zugestand. Solche Bestrebungen wurden in den Bereich der Magie verbannt, »nach der Art der Surrealisten oder eines André Rolland de Renéville«[12]. Die Positionen konnten zu Recht unvereinbar erscheinen, schon wegen der Art der Diskurse. Der Gegensatz erhellt das Mißverständnis. Der Mangel mußte in der Sprache der vielen gesagt werden, da der Dichter »im Namen aller« sprach. »In seinem Innersten« und »in der Treue zu seinem Empfinden« findet er diese »gemeinsame Stimme«. Das Subjekt bleibt so als Wortführer und Delegierter der Gemeinschaft in dem Auftrag befangen, der schon dem romantischen Magier erteilt worden war; eine Differenz des Sprechens oder der Erfahrung, so befürchtete man, hätte ihn vielleicht davon abtrünnig werden lassen. In jedem Vers triumphiert die Konvention. Auch wo sie zurückgewiesen wird, erweist sie sich als stärker. Das Subjekt konnte die Wörter nicht in seine Verfügungsgewalt bringen. Der Dichter ist er selbst und zugleich noch ein anderer. Das »Gefühl« muß verallgemeinerbar sein, so erklärte man. Die traditionelle, subjektive Begeisterung hat ihr Beruhigendes; sie durfte nicht verloren gehen, damit man sie mit der konformen und nationalen, volksverbundenen und auftragsgemäßen Schwingung verbinden konnte. Sie stützen sich gegenseitig ab.

Eine wirklich partikulare dichterische Sprache, so reich sie auch sein mag, wird niemals Anspruch auf Universalität erheben. Und eine andere, dichterische oder undichterische, die diesen universellen Charakter aufwiese, wird wiederum nie hinreichend partikular sein. Sie bliebe unfähig, die Rechte des Individuums zu garantieren, wenn dieses sich so begreift, wie dies einem jeden einzelnen möglich ist. Sie wäre weder die einzige Sprache noch verwiese sie auf ein einheitliches Prinzip; sie wäre bestenfalls auf universelle Weise vielfältig, verschieden und partikular nur in der allgemeinen Indifferenz.

Als die individuellste aller Ausdrucksweisen bewahrt das eigentliche Idiom vor der Entfremdung und entleert die Sprache von den Schichten, die sich in ihr abgelagert haben. Ein Element, was immer es sei, findet *in dieser Gestalt* zu seiner Autonomie und zu seiner unverkennbaren Tonalität.

Nach ihrer Arbeit als Übersetzerin befragt, unterscheidet Silvia Baron-Supervielle mit einer fast unüberbietbaren Einfachheit die beiden Sphären: »Das zu Übersetzende ist nicht die Sprache, sondern der Autor. Die Schriftsteller verwenden eine Sprache und erfinden dabei ihre eigene. Diese zweite Sprache gilt es wiederzugeben – was viel Geduld und Mühe erfordert.«[13]

Die zunächst am meisten unverständliche Aussage wird zu der am besten verständlichen. Das Paradox ist ein rein formelles. Je mehr sich ein Satz vom geläufigen Ausdruck entfernt und auf sich selbst bezogen ist, desto weniger läuft er Gefahr, mißverstanden zu werden. Die Lizenz in der Abweichung bleibt nicht bei der willkürlichen Setzung und ihren mannigfachen Möglichkeiten stehen. Sie ist in erster Linie negativ, vom historischen Bezugspunkt bestimmt, doch zeugt sie auch vom Überströmen des Unbewußten und von einer entfesselten semantischen Produktivität. Keines dieser fundamentalen Vermögen kann jemals ausbleiben. Sie wirken im Feld einer magnetischen Anziehungskraft zusammen, die Materie folgt den Kraftlinien der neuen, freien Sinnkonstellation, die keinem vorgegebenen System untersteht und keinen Regeln gehorcht. Das Spiel der Assoziationen vollzieht sich aufgrund einer eigenen semantischen Notwendigkeit.

Die Texte, die Celan gegen eine andere Dichtung entworfen hat und die sich somit einer anderen Weise des Sagens und Denkens widersetzen, sind auch von einer Selbstzerstörung bedroht, die die Form der Imitation annahm. Die Angst vor der Imitation und Verfälschung seiner eigenen Sprache bildet den Inhalt so mancher Gedichte. Das Räderwerk kann leerlaufen und von seinem Erfinder verhöhnt werden. Modellhaft kann dafür »Einiges Handähnliche« (I, 236) in der *Niemandsrose* stehen. Die Vernichtung des Idiomatischen durch seine Ausweitung und ein nur gemimtes kontradiktorisches Sprechen stärken die gegnerischen Reihen; so dreht man sich im Kreis und wird von nunmehr zwei Feinden in die Enge getrieben, nämlich vom Gegenstand des Kampfes und von der auf andere Weise entstellenden Spiegelung seiner selbst. Man wird sich selbst zum Gegner. Nichts ist schrecklicher, als in der Hand des andern die Waffen zu sehen, die man selbst geschmiedet hat.

Das Leben in den Wörtern

Das Wort für sich

Die Möglichkeit einer semantischen Grenzüberschreitung ist in allen Kunstsprachen gegeben, selbst in denen, die nicht ausdrücklich vom gewöhnlichen Wortgebrauch abgehoben sind.

In aller großen Dichtung tendieren die Wörter zu ihrer Autonomie. Von Mallarmé wurden sie verabsolutiert; sie sprechen auch von sich selbst und für sich selbst. Der Unterschied besteht in der künstlerischen Konvention, in der Art, die poetischen Bedeutungen mit den Dingen zu verbinden, mag es sich nun um eine »Lilie« handeln oder um den »Azur«. Das Band konnte dann durchschnitten, die semantischen Relationen konnten so mit größerer Freiheit verteilt werden.

Die Dichtung reißt sich stets von der Sprache los, selbst wenn die Kraft, mit der sie es tut, recht verschieden ist.

Die »Verkürzung« des Abstands zwischen den Worten und den Dingen oder ein Begriff wie »verkürzte Metapher« bleiben unklar.[14] Das Wort wird von der sinnlichen, körperhaften Realität geschieden; es bezeichnet ein Ding, dessen Existenz abgesondert ist. Auch der Rückgriff auf eine »Verschränkung zwischen ›verdinglichter Sprache‹ und sprachlich evozierten Dingen« hebt die Trennung wieder auf. Die Definition geht von einer Verkommenheit der herkömmlichen Sprache aus, die gar nicht zu den Voraussetzungen dieser Dichtung gehört. Das Gras, das auf den Wiesen wächst, wird negiert, während das Wort »Gras« ein anderes Gras hervorbringt; und nur als solches existiert es.

In der Ablösung von seinem rhetorischen Gebrauch findet das Wort zu einer *Existenz*. Kein Sinn geht an ihm vorbei, keinen läßt es außer acht.

Die Wahrheit in Worten

Die Präzision ist seit jeher an den Übergang zum sprachlichen Bereich gebunden, an die sinngebende Kraft dieser Materie und an die Rückkehr an einen Anfang, an dem alles noch unbestimmt ist. In einem Akt der Entscheidung wird der Stellenwert eines neuen semantischen Gehalts präzisiert.

Das Wort macht die von ihm bewirkte Verwandlung transparent. Es gibt eine Wahrheit, die etwas mit seiner Worthaftigkeit zu tun hat und aber nicht nur dem Wort innewohnt oder von ihm hervorgebracht wird, sondern die davon sich ableitet, daß es dieses Wort gibt, dieses eine Wort, das etwas Eigenes aussagt und dessen Aussage sich nicht aus der gewohnten Bedeutung ergibt.

»Wahr spricht, wer Schatten spricht« (»Sprich auch du«, I, 135) und also auch: Wer wahr spricht, spricht mit Schatten. Der Schatten ist der obligate Widerpart, der Modus eines angemesseneren Sprechens, der das Nichtsein einschließende Seinsmodus der Worte mit seinen eigenen Gesetzen. Er hat seine Unabhängigkeit und entzieht sich so einem metaphorischen Verständnis. Wovon sollte der Schatten auch die Metapher sein? Das Schattenreich gehört zur »Nacht«; die Wörter sind durch sie hindurchgegangen.

Wider die Metapher

Der eigentliche Sinn der Wörter in der Sprache wird als ein uneigentlicher oder unzutreffender umgangen. Nichts nimmt in dieser Ordnung Gestalt an. Der »figürliche«, umgeleitete Wortgebrauch bildet dann erst im strengen Sinne »eigentliche« Bedeutungen, anstatt im Bereich des Transfers immer neue »Metaphern« hervorzubringen. Die Metapher wird verworfen, weil sie an die ursprünglich eigentlichen, der Dichtung nicht angemessenen Bedeutungen gebunden bleibt.

Celan hat immer wieder betont, daß es für ihn keine »Metaphern« gebe. Das ist bekannt und von mehr als einer Person vermerkt worden – etwa von Dietlind Meinecke[15] –, ohne daß es die

Kritik wesentlich beeinflußt hätte. Unerschütterlich hat man trotz aller Warnungen weiterhin von »metaphorischen« Bedeutungen gesprochen.[16] Man hätte die Tragweite und die Konsequenzen von Celans Reflexion in Betracht ziehen müssen, was aber freilich zu einer antithetischen Definition des Wortgebrauchs geführt hätte.

Wenn der »Stein«, der in einem Verhältnis zu den Kristallen, zur Schwere und zu den (nicht »existierenden«) Grabstätten steht, an einer bestimmten Stelle den »Stern« vertreten kann, ein Wort, das seinerseits durch diese Vertauschung umgedeutet wurde, so ist dies keine metaphorische Verschiebung.[17] Das Wort verweist auf sich selbst. Das eine wird nicht anstelle des anderen gesagt, sondern mit ihm und gegen es.

Der Sinn geht auf eine Entscheidung zurück, er wird gefunden. Er triumphiert über das Bild, das sich immer aufdrängt und alle Freiheit erstickt.

Die beiden Pole der »besonderen Okkasion« des Gedichts und seiner »Transfiguration«[18] könnten miteinander in Einklang stehen, wenn sie auf die Sprache und ihre neuen Verbindungen bezogen würden. Man könnte sie nicht mehr unterscheiden. Die Übertragung ist eine umfassende und vorgängige; sie ist nicht an die Okkasion geknüpft; alle Wörter wurden in die Schwärze eingetaucht und entfärbt.

Das »Metapherngestöber« in einem Gedicht (»Ein Dröhnen«, II, 89) läßt sich nicht gegen eine traditionelle, rhetorische und aristotelische Konzeption der Metapher ins Treffen führen, »zugunsten der Wahrheit«[19] – welche metaphorische Wahrheit wäre denn überhaupt denkbar? Das Prädikat »wahr« kann sinnvoll nur auf die angemessene Aussage bezogen werden.

Die Verwerfung des Metaphorischen besagt, wenn man sie ernst nimmt, daß die Sprache, die kommunikative so gut wie die dichterische, sich in ihm travestiert, um die Dinge nicht benennen zu müssen.

Die Sprache, die von den Kritikern als ein metaphorisches Universum aufgefaßt wird, setzt sich erbittert – das Wort ist nicht übertrieben – gerade von dieser Figur ab, als wäre sie ein Symbol der Falschheit. Für Celan kämpft die dichterische Sprache, die Anspruch auf Wahrheit erhebt, gegen eine »Lüge«; eine eigentlichere Sprache verwirft die Metapher; diese ist das Falschgeld, mit dem die Menschen in der Dichtung umgehen.

Die Vorstellung eines Bruchs zwischen den Kategorien des »Eigentlichen« und des »Uneigentlichen« (der bildlichen Verwendung) als eines Charakteristikums der modernen, hermetischen Dichtung hält der Prüfung nicht stand. Man will damit die »Metapher« befreien, die – wie Derrida es vorexerziert hat – »sich disseminiert«.[20] Ihr Abgleiten kann aber der einer neugebildeten Sprache aufgeprägten Struktur nicht gerecht werden, obwohl diese mit ihm operiert. Es bestimmt nicht die dem System inhärente Intention, sondern weist nur, noch vor jeder Festlegung, auf die Beschaffenheit seiner gleitenden Infrastruktur, die in der Tat von einer flutenden Bewegung und den darin liegenden unendlichen Möglichkeiten belebt wird; sie geht so jeder Festlegung voraus. Doch gilt die metaphorische Verschiebung in der offenen Differenz nicht für den ursprünglichen und radikalen Transfer; wenn überhaupt, dann betrifft sie die Dynamik, die ihn ermöglicht hat. Die Umsetzung lenkt die immer schon von partiellen Übertragungen durchlaufene anströmende Materie auf eine neue, bestimmte Bedeutung hin. Die Differenz entspricht dem Unterschied zwischen der Beschaffenheit der materialen Bedeutungselemente und ihrem neuen, autonomen semantischen Gebrauch. Es ist eine andere Ebene des Sagens, auf der dem Wort »eigentlich« dann nicht mehr dieselbe Bedeutung zukommt: es bezeichnet nun den Bereich eines »eigenen« Sprechens.

Auf seiten des Todes

Der Tod ist kein Gegenpol; er ist die Schnittlinie, aufgrund derer das Sprechen ermöglicht wird. Man hat sich vom Leben abgelöst; es wird bei Celan nicht großgeschrieben und als Parole ausgegeben. Die Ferne ist sein Lehen und Erbteil, seine Waffe gegen Bedeutungsverlust und Bedeutungslosigkeit. Alle Gedichte sind auf seiten des Todes geschrieben.

Auf seiten des Todes hat das Wort die Kraft, von der Natur abzurücken und sich von den anderen Worten loszusagen. Die Toten sprechen in der Stunde der Umarmung. Das Herz hat sich in ihre Welt verlagert, in der die Gedichte entstehen:

WER sein Herz aus der Brust reißt zur Nacht,
der langt nach der Rose.
Sein ist ihr Blatt und ihr Dorn,
ihm legt sie das Licht auf den Teller,
ihm füllt sie die Gläser mit Hauch,
ihm rauschen die Schatten der Liebe.
(I, 51)

Der Tote hat in dieser Sache ein Wort mitzureden. Er ist anwesend.

Das Leben

Das Leben des Wortes ist nicht das Leben der Kreaturen; es bringt das Leben der Welt nicht zum Ausdruck, sondern verleugnet es in der ein anderes Leben erweckenden Negation. Aus ihrem Zusammenhang gelöst, eignet den Wörtern die Qualität von lebendigen Wesen, eine Präsenz, mit der man sich konfrontiert sieht. Sie werden wieder ihrer Materie zugeführt; sich selbst anheimgegeben und neu belebt, beginnen sie zu sprechen.

Mit dem Tod als Waffe leben die Wörter ihr Leben, sie kämpfen im Tod gegen den Tod. Das Leben geht von ihnen aus, es entsteht erst auf diese Weise aus ihrer unbelebten Materie.

HALBE NACHT

Halbe Nacht. Mit den Dolchen des Traumes geheftet
in sprühende Augen.
Schrei nicht vor Schmerz: wie Tücher flattern die Wolken.
Ein seidener Teppich, so ward sie gespannt zwischen uns,
daß getanzt sei von Dunkel zu Dunkel.
Die schwarze Flöte schnitzten sie uns aus lebendigem Holz,
und die Tänzerin kommt nun.

Aus Meerschaum gesponnene Finger taucht sie ins Aug uns:
eines will hier noch weinen?
Keines. So wirbelt sie selig dahin, und die feurige Pauke
wird laut.
Ringe wirft sie uns zu, wir fangen sie auf mit den Dolchen.
Vermählt sie uns so? Wie Scherben erklingts, und ich weiß
es nun wieder:

du starbst nicht
den malvenfarbenen Tod.
(I, 17)

Dies ist die Macht des Gesangs. Das in der Nachkriegszeit in Bukarest entstandene Gedicht lotet die Gefahren des Übergangs zur Sprache aus und vertraut auf sein Vermögen, sie zu beherrschen.

Die Nacht verteidigt sich, sie legitimiert sich gegen eine andere. Die Dichtung legt dar, daß sie keinen Verrat begeht, sie erinnert an ihren Status, weist darauf hin, daß sie nur die eine »Hälfte« ist, die andere Hälfte eines gleich gebildeten Ganzen. Die Dunkelheit des gelebten Lebens aber findet sich nicht weniger auch in jenem Leben, das im Buchstaben wiederaufersteht und sich unter das Zeichen der Rache stellt und so dem Ausmaß der Vernichtung gerecht wird. Die Strukturen der Auseinandersetzung sind bereits angelegt, vom Ich, das mit seiner historischen Erfahrung außerhalb der Sprache steht, bis zum Du, das mit seinen Dolchen bewaffnet in die Sprache eindringt, um den Tod zum Leben zu bringen. Es bringt den Toten als Opfer alle die Gesänge dar, die sie umgebracht haben. Eine Tänzerin steht emblematisch für die Mittel und die Magie der Kunst; ein »seidener Teppich«, von einer Schwärze zur andern gespannt, bringt die Entsprechung zu einer radikalen Virtuosität zum Ausdruck. Das Nichts wird dort aufgenommen, wo es gesagt wurde, damit ihm widersprochen werden kann. Die Dolche liegen bereit; das Ich und das Du verbünden sich in der Stunde, in der es gilt, die erhabenen Formen gegen die Verherrlichung selbst zu wenden. Sie werden in der Parodie weiterleben, die den Beweis für ihr fatales Wirken erbringt. Da ist kein Ort mehr für ein *Dies irae*; das Einander-Entsprechen der Nächte, auf das man sich beruft, duldet nicht länger die Akzente der rituellen, nunmehr unpassenden Klagelieder.

Die Bücher und das Leben gegeneinander auszuspielen hat keinen Sinn, wenn das Buch selbst das Leben ist. In einem Essay von Nadine Gordimer über das Verhältnis von Autor und Leser findet sich eine Passage, in der sie über die kulturellen Voraussetzungen nachdenkt, die noch für diejenigen ihre Geltung behalten, »who believe that books are not made out of other books, but of life«[21]. Das Leben wird in den Büchern gelebt, durch die einzige und einzig »wahre« Vermittlung der Wörter. Die Bezüge à la Roland Barthes werden im Rahmen eines »Lektüre«-Programms aufgefüllt, dessen Präzision rein persönlich ist; es sind dies alle »Lesbarkeiten«, denen man in den Gedichten Celans begegnet.

Es wurde schon vereinzelt wahrgenommen, daß die Gedichte in ihrer sprachlichen Materie nicht auf die äußere Welt verweisen: »Sie können nicht welthaltig sein, weil sie worthaltig sein wollen.«[22] In einer konträren Sicht hat man versucht, zu zeigen, daß die dichterische Sprache die Wirklichkeit des »Lebens« zu erfassen vermag, und ist dabei von einer Passage des Gedichts »Oben, geräuschlos« ausgegangen:

> Wasser: welch
> ein Wort! Wir verstehen dich, Leben.[23]

Es gehört zu den ersten Dingen, die man als Leser Celans lernt, daß das Wasser für das Anströmen der Wortmaterie steht, aus der dann im kompositionellen Akt eine Auswahl getroffen wird. Im Gedicht trieft das »Kleid« des Fremden – des Dichters – von Nässe. Der Ausruf: »welch ein Wort!« hebt das Wort hervor, das alle anderen in sich trägt.[24] Die Wörter geben keine wie immer geartete Wahrnehmung wieder; sie erschaffen die Wirklichkeit als eine rein sprachliche, verschiedene und kontradiktorische. In der Perspektive dieses Überströmens läßt sich die Identität des Pronomens in der zweiten Person bestimmen: »wir verstehen dich, Leben«. In der Komposition des Gedichts kann es sich nur auf das Leben beziehen, das die »Stunde« und der »Sand« erzeugen. Das Ich und das Du – das Ich und das Du zusammen – werden in die Geheimnisse dieses besonderen, wahreren Lebens eingeweiht.

Die These einer semantischen Autonomie war bereits aufgestellt worden, als Georg-Michael Schulz sein Buch über die »Negativität« verfaßte.[25] In Celans Todesjahr hatte Silvio Vietta geschrieben: »Die Sprache scheidet mit einem totalen Schnitt ihre Semantik von der Erscheinungswelt, sie wird ›weltblind‹.«[26] Der Gedanke wurde also nicht aufgrund einer Diskussion verworfen. Man hat ihn wahrscheinlich, nicht nur unter den Celan-Interpreten, als Phantasterei angesehen, weil er die Lesegewohnheiten und die mit ihnen verbundenen hermeneutischen Voraussetzungen zu sehr in Frage stellte. Man hätte sich mit den von Vietta vorgelegten Argumenten auseinandersetzen und sich gleichzeitig freilich von seinen eigenen ontologisierenden Deutungsmustern entfernen müssen, führten sie ihn doch zu der seltsam anmutenden Annahme einer übersinnlichen Wirklichkeit, die die erlangte Freiheit wieder zunichte machte.[27]

Diese Sprache, daran läßt sich nicht zweifeln, gibt nichts wieder. Die Wörter verweisen auf keine unmittelbare Wahrnehmung. Die Wirklichkeit ist eine interne und sprachliche. Es gibt wohl eine Hermeneutik des Lebens, aber nirgends als im Wort.

Blume gegen Blume

Aus der Entscheidung, das historische Ereignis zum Kriterium des wahren Sprechens zu machen, folgt unausweichlich ein Hinausgehen über das Werden. Jegliche Unmittelbarkeit ist verbannt: läßt doch das blühende Leben alles untergehen und nie etwas anderes aufkommen als nur die Verleugnung dessen, was geschah. Einem anderen, aus der Nacht hervorgegangenen Blühen kommt dafür mehr Wahrheit zu. Das auf Mallarmé weisende Wort »Blume« in dem gleichnamigen Gedicht steht auf einer dritten Stufe; es zielt auf die Umsetzung der sinnlichen Wahrnehmung in die Negation. Der Verfallsprozeß weicht einer Totenstarre.

Die Suche nach dem Sinn eines Satzes oder eines Textes muß auf die Suche nach dem »Sinn oder dem Wesen des Lebens« verzichtet haben.

Im Blühen liegt eine Gewalt; es ist immer schon unmenschlich gewesen – oder ist es geworden. Die Bäume, von denen Sokrates meinte, sie würden ihn nichts lehren, haben inzwischen zu sprechen gelernt.[28]

Die »Septemberrosen«[29] blühen auf diese Weise; sie leben im Wort wieder auf, nachdem sie von der bezeichneten Wirklichkeit abgelöst wurden. Das erste Glied des Kompositums (»September«) bestimmt das zweite; es vertieft den Abstand zwischen dem Wort und dem Ding, auf einem Weg, der über Verlaine[30] bis zu seiner absoluten Negation, bis zu jener Freiheit führt, in der die Sache ganz neu gesagt und im Wort neu geschaffen wird – in einer genauen Entsprechung zu der Realität, die die Worte ohne den Transfer bezeichnen würden.

In einem Gegensatzpaar resultiert die Opposition nicht aus der Umkehrung oder Verdoppelung einer in unserer Erfahrungswelt bestehenden Relation, wie manche Kritiker das annehmen.[31] Es wäre auch nicht richtig, die beiden Pole aus der Abstraktion, außerhalb des vorgegebenen Rahmens, zu verstehen, so als bildeten sie zusammen eine spekulative Einheit.[32] Der erste Akt ist der einer Negation, nicht so sehr der einer werdenden Welt als des Werdens selbst, das alles ungeschehen macht, indem es die Welt immer wieder mit neuem Leben erfüllt. Die Entscheidung für den Tod hält dagegen an der Vernichtung fest und bewahrt sie so intakt, wie sie im Augenblick der Vernichtung war. Die Summe des Vernichteten erzeugt die Schwärze und, auf einen Punkt konzentriert, den Abgrund. Es ist der abyssale Ort, am Ende eines Übergangs, an den alle Dinge mit den Wörtern verbracht werden. Einer der Pole ist hier verankert, so tief wie nur denkbar; es vollzieht sich dort die Neubestimmung der Formen unserer gewohnten Vision, in einer nicht rückgängig zu machenden Versenkung. Da sie aus keiner räumlichen Umkehrung hervorgegangen ist, hat sie auch kein Gegenstück. Wenn die Dunkelheit sich selbst genügt, kann das Schweigen in ihr ruhen; doch kann, durch sie ermöglicht, aus ihm auch eine neue Form und eine den Wörtern innewohnende Kraft wieder heraustreten. Das Gedicht »Blume« benennt diesen Prozeß, in dem die Hände die Wörter gestalten:

Wir waren
Hände,
wir schöpften die Finsternis leer, wir fanden
das Wort, das den Sommer heraufkam:
Blume.
(I, 164)

Die Wahl des Worts ist kontrastiv. Ein Wachstum wird zum Stocken gebracht, ein Blühen markiert den Kulminationspunkt im natürlichen Reich, das zurückgelassen wurde. Die Sprache findet keineswegs dazu zurück oder gibt es wieder, sie hat sich davon abgeschnitten und bringt es auf andere Weise hervor; sie läßt es aus der Finsternis hervortreten, bringt in ihm die Fülle der Tränen zum Glänzen und durchtränkt es mit ihrer Schwärze.

Es ist weder das Replikat der Welt noch ihr Widerschein. Auch wenn dieser reproduziert scheint, erhebt doch die Umsetzung vehement Einspruch gegen die verlassene Welt. Die sichtbaren Formen blockieren; sie sind tödlich, da sie den im Bereich des Todes erlebten Sinn verwischen. Alles Gefundene wurde in dem auf die Sprache hin offenen Bezirk aufgegriffen; es sind rivalisierende Konfigurationen, deren oberstes Ziel es ist, ihre eigene Möglichkeit zu begründen, die Bedingung ihrer Existenz. »Es ist möglich, dies zu leisten, und zwar ohne jede Idolatrie, mit *wahr* sagenden Wörtern.« Die Revolte hat ihr Berauschendes: »Man kommt auch ohne Bilder aus« – ohne Reproduktion. »Geht es so nicht tausendmal besser?« Die anfängliche Brechung findet sich im Tonfall wieder, in allen Momenten einer ununterbrochenen Parodie – die Finsternis findet ihre Bestätigung: Blume steht gegen Blume.

Zwei vierzeilige Strophen, die in einem geradezu triumphierenden Stil geschrieben sind, nicht ohne Schwung und Leichtigkeit, zeichnen ein Porträt; es gibt weniger die Züge des Dichters wieder als vielmehr die seiner Sprache, ja selbst die seines Werks, das sich im Schreiten eines Gottes – vielleicht gar des Dionysos – darstellt: was aus der Poesie geworden ist, wie sie bis in die feinste ihrer Fasern analysiert, zurückgewiesen und als Ganzes, nun aber dem Intellekt unterworfen, wiederaufgenommen wird, in ihm allein sich begeisternd und ihren Enthusiasmus bis zum Exzeß unter Kontrolle haltend. Es ist nicht die Wahrheit als solche, sondern ein Wort, das in die Dunkelheit eindringt. Es wird gesprochen, um etwas hörbar und sichtbar zu machen. Die zurückgelassene Vision rekonstituiert sich auf der Nachtseite.

Seelenblind, hinter den Aschen,
im heilig-sinnlosen Wort,
kommt der Entreimte geschritten,
den Hirnmantel leicht um die Schultern,

den Gehörgang beschallt
mit vernetzten Vokalen,
baut er den Sehpurpur ab,
baut ihn auf.
(II, 183)

»Auf« und »ab« bezeichnen keine einfach gegenläufigen Bewegungen, so daß B und A einander aufheben würden. Der Purpur (A) wird abgebaut; nach einem Durchgang durch die Schwärze (B) kommt er an anderem Ort wieder hervor (C), er ist kein natürlicher mehr und doch sichtbar, eine aus dem Nichts entstandene Figur. Die Negation der Unmittelbarkeit schafft die Bedingungen der zweiten, nachfolgenden Vision.

Die Verteidigung der Abstraktion

Ein nach Celans Tod erschienener Aufsatz rief in Erinnerung, wie sehr die Ermordung der Juden die Voraussetzung seiner Dichtung bilde.[33] Ein anderer Kritiker folgerte daraus, daß »solche Wirklichkeitseindrücke [...] angesichts der Besetzung gewisser Worte eine Trennung von Zeichen und Bezeichnetem kaum mehr zulassen«[34]. Gerade das Gegenteil trifft zu. (Es ist gewiß eine Eigenheit der Kulturwissenschaften, daß sie derartige Ungenauigkeiten zulassen.) Richtig müßte es heißen: die Trennung der Zeichen von den Bedeutungen ist notwendig geworden, *weil* der Bezug auf den Tod für sie zu einer vom Geschehen unumgänglich gemachten Wahrheit wurde. Der Rekurs auf ein

System neuer Verbindungen zwischen den Zeichen und ihren Bedeutungen sowie auf einen autonomen Bestand an Wörtern leitet sich gerade aus der semantischen Belastetheit des verworfenen Vokabulars ab. Wie sollte man sonst, ohne eine solche Loslösung, einer Sprache entrinnen, die, wenn man die früheren Bedeutungen beibehielte, sich nicht so sehr als eine korrupte denn als eine korrumpierende darstellen würde?

Die Formulierung im erstgenannten Artikel war wohl auch mißverständlich: »Derjenige, der es fast als Schuld empfand, diesem Tod entgangen zu sein, konnte die Welt nur noch als ein auf ihn hin gerichtetes Zeichensystem wahrnehmen.«[35] Doch die vorgenommene Ablösung versenkt die Wörter der Sprache in einen Schlund, in dem sie umgeformt werden. Aus diesem Abgrundsort ersteht ein autonomer Raum neu ausgerichteter, angemessenerer Bezeichnungen. Die »Welt des Todes«, deren Erfahrung die Menschen gemacht haben, wird neu wahrgenommen; die Kunst selbst wird widerlegt und widerrufen, weil auch sie naturgemäß zu einer unangemessenen wurde, durch die aus der Natur stammende Gewalt. In der natürlichen Welt, die es hervorgebracht hat, kann das Mordgeschehen nicht bewahrt werden, es geht darin unter. Nur deswegen bleibt es »wahrnehmbar«, weil die Geschichte sich seiner bemächtigte und weil sie die Bedeutung der unmittelbaren Wahrnehmungen an einen anderen Ort transferiert hat.

Man empfand das Bedürfnis nach einer Versöhnung: »Es ist eine Sprechweise, die sich ihrer eigenen Sprachlichkeit bewußt ist, die ihr Gesprochensein immer wieder thematisiert, nicht um sich in einen selbstgeschaffenen Sprachkosmos zurückzuziehen, sondern vielmehr in der Absicht, den sprachlichen mit dem natürlichen Kosmos ausdrücklich zu verschwistern.«[36] Der Bruch, aus dem der eigene sprachliche Raum hervorging, wird auf diese Weise rückgängig gemacht und in eine Kontinuität eingebunden. Der Gang in die Ferne soll in der Seinsnähe eine Entsprechung finden. Die Thematisierung der Sprache und der »metapoetische« Aspekt sind freilich, man könnte sagen, *per definitionem*, stets präsent; die beiden Thesen jedoch, die darauf aufbauen, sind mit den grundlegenden, der Sprache eingeprägten Strukturen unvereinbar.

Der »Kosmos« ist gewiß ein von einem Selbst hergestellter, »selbstgeschaffener« – innerhalb des sprachlichen Bezirks, der durch die allerpersönlichste Perspektive abgesteckt wird. Darin liegt kein »Sich-Zurückziehen«, sondern ein gegen alle Ausgrenzungen gerichtetes Verdikt. Die Trennung ist doch gerade die Bedingung des Schaffens, sie begründet den *modus loquendi*, die Sprechweise. Mit noch weniger Recht läßt sich eine Versöhnung oder Verschwisterung zwischen der Natur und der Welt der Sprache behaupten. Es mangelt nicht an Zeugnissen – Stellungnahmen und Gedichten –, aus denen ganz im Gegenteil eindeutig hervorgeht, daß die Trennung, zumindest in der Theorie, eine radikale ist und daß das natürliche Werden negiert wird.

Das Sein der Heideggerianer soll eben in der vom Dichter entworfenen Lichtung wieder zu sich finden. Die solchermaßen vorausgesetzte Nähe steht im Widerspruch zum Werk und leugnet die Distanz, in der es zu diesen Thesen steht.

Nicht weniger sinnverkehrend ist die mit einer gewissen Naivität vorgebrachte These, daß sich in der Sprache des Dichters der Schmerz über die beeinträchtigte Wahrnehmungsfähigkeit in der nationalsozialistischen Gesellschaft spiegle (in universalistischer oder materialistischer Sicht nennt man sie »faschistisch« oder »industriell«).[37] Dahinter steht der Gedanke, daß wegen der pervertierten Sprache der direkte Bezug auf die sinnlich wahrnehmbare Wirklichkeit vereitelt wurde. Der Landschaft, die sich im Sprachlichen jenseits einer Schnittlinie wieder aufbaut, käme es dann nicht zu, die Todverbundenheit auszusagen, sondern – ähnlich wie bei Heidegger – eine Entfremdung bloßzulegen. Die Misere des Menschen im Zeitalter der Technik hat bei den Linken diese Erscheinungsform angenommen; man liest in die Gedichte eine Revolte gegen die Vereinsamung der denaturierten Subjekte hinein – dagegen, daß sie des ihnen zukommenden Lebens beraubt wurden. Dem historischen Geschehen wird auf beiden Seiten des politischen Spektrums ausgewichen. Und doch ist ohne die Einsicht in dessen Bedeutung ein Kampf gegen die soziale Repression nicht möglich.

Die Definition der Kunst in gewissen Mallarmé-Lektüren ist von Heidegger her bestimmt, zum Teil auch indirekt von Derrida vermittelt. Um eine Brücke zwischen doch so unvereinbaren Positionen zu schlagen, ließ man sich sogar verleiten, die Prinzipien der Umsetzung durcheinanderzubringen; man ersetzte die persönliche Brechung durch die »Ferne eines Vergessens«.[38] Dementsprechend wurde das Ich (»das erlebende Ich« – schon die Formulierung mutet seltsam an) »in eine ursprüngliche Realität, in eine Realität des Ursprungs« gestellt, in einen »neuen Lebensraum« [sic!], in dem sich ein »Weg zu einer verlorenen Authentizität« zeigt. So »erneuert« sich das dichtende Subjekt; es geht seines wirklichen Ursprungs und seiner Differenz verlustig, die nichts Ursprüngliches an sich haben. Die Darstellung leistet einer mörderischen Amalgamierung Vorschub.

Vorschnell mit der »Schicksalsgestalt« identifiziert, steht das »Weiße« – das Schweigen, aus dem das Wort hervortritt – sowohl als ein obligates »Mahnmal der schuldlos Umgebrachten« als auch, aus heideggerscher Perspektive gesehen, für die »Überwindung einer unerträglichen Faktizität«. Dem Dogma einer allgemeinen Verkommenheit zufolge, die als eine Folge der von der Technik verursachten Seinsferne ausgegeben wird, setzt man das historische Geschehen der Judenvernichtung durch die Nationalsozialisten mit dem existentiellen Unbehagen gleich, dem der Dichter zu entgehen trachtet. Beides soll untrennbar im Celanschen Sprechen verbunden sein. Die Morde werden im allgemeinen Unbehagen aufgelöst. Verworrener geht es nicht. Man bringt es über sich, zu sagen, daß in den Vernichtungslagern »sich die Realität verfestigt hat und das Leben als ein bewegtes Ganzes abgestorben ist«, als ob das Leben, das nicht abgestorbene, im Rhythmus der Natur pulsierende und von zahlreichen »dichterischen« Stimmen gefeierte, nicht in vollem Einklang mit den Gewaltausbrüchen stünde. Man hätte eben genau das Gegenteil sagen müssen. Der für Celans Dichtung konstitutive Bruch ist die Negation des naturhaften Lebens, dessen Absterben die Interpretin beklagt und dem aber in seiner Sprache kein Raum und kein Überleben gewährt wird.

Eine Trennung wird damit wieder aufgehoben. Deutlich zeigt sich das im Gebrauch desselben Begriffs der »Realität« einerseits für die uns umgebende, vom dichterischen Wort »reduzierte« Faktizität und andererseits für die Aufhebung der Schranken im »Vergessen«, das im Bereich der Sprache angesiedelt wird. Da sich in der sprachlichen Materie die »Reduktion« einer bereits reduzierten Faktizität zu erkennen gibt, wird das Wort einer anderen, diesmal heilsamen Reduktion der unseligen Reduktion gleichgesetzt; man schreibt ihm die Kraft zu, einen ursprünglichen, authentischen Zustand wiederherzustellen: »Es eröffnet die begrenzte Faktizität einer neuen Realität [...]«. So bleibt der Ursprung im dichterischen Wort bewahrt, das – wie jedermann weiß – ein »ursprüngliches« zu sein hat.

Das Vergessen kann am Anfang einer Renaissance und einer Erneuerung stehen,[39] und es gibt bei Celan in der Tat so etwas wie die Vorbedingung einer Neubelebung: das Schweigen der Umgekommenen.[40] In der heideggerisierenden Perspektive allerdings tendiert die Vergessenheit stark zur Auslöschung des Geschehenen. Die Versenkung in den Ursprung läßt die Vorstellung einer befreienden Flucht vor den Konkretisierungen aufkommen, eine Rückkehr ins Ungeschiedene. Positiv bewertet, steht die Vergessenheit für ein Leben in der Unschuld, in das die Dinge aufgehen und aus dem sie geläutert wieder hervortreten. Die Grenze ist nicht einfach zu ziehen, aber sie ist von entscheidender Bedeutung. Die Schlußfolgerungen sind in der Tat genau entgegengesetzt: entweder entspricht das Vergessen der Welt einer Phase der Entfernung, und die Konzentration im Verlust führt zu einem intensiveren, angemessenen Gedächtnis – oder es drückt eine einfache Hoffnung auf eine Erneuerung aus, die man in der Wahrheit des natürlichen und psychischen Werdens wiederzufinden verspricht.

Die Absonderung bei Celan bewahrt stets ihre historische Dimension. Doch sieht man, wie selbst diese von einer Dichtung gegen jede Form von Unmittelbarkeit, als eine Bedingung ihrer Möglichkeit behauptete Trennung auf dem Umweg über eine formale Analogie wieder in die Einheit des Ungeschiedenen zurückverwandelt und mit dem gewöhnlichen Geschick alles Seienden in Einklang gebracht werden kann.

Das Gedicht »Les Globes« entwirft eine Szene: »In den verfahrenen Augen – lies da« (I, 274). In einem solchen »lies!«, »ich lese« oder »lies auch du« tritt das Ich als ein Zuschauer auf, der den Dichter bei der Hand nimmt und ihm zeigt, was er sieht: »Schau, siehst du nicht, was die Wörter sichtbar machen?«

Der Leser verfolgt als ein Dritter die beschriebene Vision. Die Wahrnehmung entstand über das Wort; sie wird von ihm vorbereitet. Die Wörter werden sehend.

Das visionäre Vermögen der sprachlichen Materie bewirkt, daß das Wort-Bild seine eigene, losgelöste Produktivität im Bezirk eines freien Gebrauchs entfaltet; die Produktion ist an die Mobilität der Bilder gebunden. Ein »Ding« wird auf der Ebene einer imaginären Visualisierung mit einem Wort verknüpft. Was sich an Sinneswahrnehmungen abgelagert hat, wird den Kraftlinien eines gesteuerten demiurgischen Schöpfungsvorgangs entlang verteilt, in dem sich feste semantische Relationen herausbilden. Als ein Artefakt gelangt das Bild zu einer viel stärkeren und freien Beweglichkeit.

Das sekundäre Wort-Bild hebt sich von einem eingeschwärzten Grund ab. Es ist dem Totenreich zugeordnet. Der Übergang zur Vision wird durch die Negation eröffnet; er setzt eine eigene ikonopoetische Kraft ein, die auf dem Ikonoklasmus des Worts beruht. Das Wort läßt sichtbar werden, was es *namengebend* erschafft. Der Übergang zur sekundären Ordnung ist im eigentlichen Sinn ein Akt der Reflexion. Das transzendierte Wort spiegelt sich in seiner Transzendenz. Das »Auge«, als das Prinzip der sprachlichen Umschöpfung, weicht nicht von den Bahnen des visionären Auges ab. Das Bild verdeckt ein anderes und bewirkt so eine Fixierung, die die Sache gegenwärtiger macht, als sie je war. Dadurch, daß die Realität opak wird, setzt sich ein Bild in den Grenzen der Worthaftigkeit frei; je größer die Abstraktheit, desto größer ist seine Sichtbarkeit.

Manche Gedichte, wie etwa »Kristall«[41], sind programmatischer als andere; dies bedeutet jedoch nicht, daß sie einen später ausgeführten Plan entwerfen. Sie steuern die Kreativität in stärkerem Maße, zeigen deutlicher, was überall vor sich geht. Ein Zeichen dafür ist die Wiederaufnahme der letzten Worte des Gedichts »... rauscht der Brunnen« in der *Niemandsrose* (I, 237); sie bilden dort die Überschrift eines neuen Gedichts. Dieser Titel allein weist darauf hin, daß die Reflexion im Werk sich immer weiter entwickelt und dabei den im ersten, fundamentalen Gedicht von den Komparativen eingeführten Antithesen folgt, die in Analogie zur Anisotropie einer kristallinen Formation zum Strukturprinzip erhoben wurden. Der Übergang zum Reich der verbalen Visionen wird bis zur äußersten Grenze getrieben.

Kein einziges Wort deckt sich mit einer schon vorher festgelegten Bedeutung. Weder »Welt« noch »Weg«. Eine »Welt« wird vom Gedicht hervorgebracht, in jedem Gedicht eine andere; die »Wege« sind die von den Worten vorgezeichneten Bahnen. Es sind Versuche, die »Namen«, denen ihr früherer poetischer Gebrauch anhaftet, darauf zu wenden, was sie zu sehen versuchten und sichtbar zu machen vermochten.

Topographie des Abgrunds

Die Verankerung

Das allgemeine Schema der Dissoziation läßt sich räumlich darstellen. Ihr selektives Verfahren wird von einem Punkt aus, an dem sie verankert ist, gesteuert. Ein grundsätzliches Nein regelt die Aneignung in der psychischen Trennung. Diese Bewegung kann ihre eigenen Voraussetzungen überprüfen; sie könnte sich auch auf die andere Seite schlagen und sich gegen die allein durch die Trennung begründete schöpferische Kraft richten.

Die Konzentration mitten im Abgrund erfolgt aufgrund der Zweiteilung; der Bruch, der sich vollzieht, leitet sich von der ursprünglichen Verlagerung her. Das Hinübergebrachte ballt sich und verdichtet sich: alles wird in einem einzigen Brennpunkt zusammengeführt. Das Gleichgewicht bleibt gefährdet; die Teilung muß sich neu behaupten. Die Masse des Abgelehnten schwingt zurück und nimmt das Gesicht des Bekämpften an; die Ablehnung gestaltet sich dadurch aktiver und wird substantieller. So nimmt die Refektion ihre Gestalt an.

Die Organisation eines Raums

Eine Kritik, die der Texthermeneutik feindlich gegenübersteht, betont im Namen der Unbestimmtheit die Grenzen der Autorintention. Die Intention ist weder unmittelbar noch in Relation mit einem Gegenstand gegeben, der dem sprachlichen Ausdruck seine Ausrichtung verliehe. Sie fehlt deswegen aber nicht, sondern ist in der Struktur der sich ausbildenden idiomatischen Sprache angelegt, von der das Gedicht in seinem Entstehungsprozeß ausgeht. Jeder bestimmte Entwurf schreibt sich ihr ein, er entfaltet sich in ihr, geht in ihr über sich hinaus; er schränkt sich auch ein, indem er auf sich selbst zurückkommt und sich innerhalb der Grenzen des ihm beschiedenen Raums abschließt. Die Pole des Gegensatzes können in diesem der sprachlichen *Inventio* zugewiesenen Rahmen ausgemacht werden. Einerseits wird die anströmende Materie von einem Rhythmus durchschnitten, der eine Auswahl trifft und sie, die anfänglich unbestimmte, nun trägt. Der besondere Entwurf fügt sich darin ein. Andererseits beherrscht die Struktur die Potentialitäten, die sie erfaßt; sie trifft nicht nur eine Auswahl unter ihnen, sondern nimmt sie auch in sich auf. So entsteht ein Projekt, ohne sich seiner vollständig bewußt zu sein, und ignoriert doch auch nicht sein Ziel. Die Ansätze zum Gedicht zeichnen sich zunächst in der Befragung der Ellipsen und Aporien ab. Es geht aus einer Kohärenz hervor, die es entdeckt. Eine Semantik läßt sich entziffern oder dekodieren, sie ist in der Abfolge der Zeichen und Leerstellen abzulesen.

Man sucht nach dem Unergründlichen auf vertrautem Gelände. Als ob nicht auch das Fremde, die Verfremdung und das Spiel mit dem Unerwarteten voller – freilich andersgearteter – *Geheimnisse* wären. Die spielende Hand zieht aus dem Unerforschten hervor, was sie dort findet: sie kann es erkennen.

Ursprünglich oder adamitisch ist die Sprache nur im Augenblick des Gedichts und in dem von ihm eröffneten Raum. Sie tritt an die Stelle des schaffenden Künstlers, sie befreit sich in der jeweiligen Inskription, wie es sich gerade findet. Ihr Ursprüngliches liegt in der Neuheit. Der Ursprung beruht wie alle Innovationen auf einer Willkür und ist nicht mit einem mythischen Anfang zu verwechseln; er ist weder verloren noch wird er wieder aufgesucht: vielmehr ist er neu geschaffen. Nichts kommt »vom Ursprung her«, nichts geht auf einen »Ursprung« zurück.

Ursprünglich ist die Sprache durch die Kraft ihrer kleinsten Teilchen. Noch die geringsten Phoneme nehmen als mikroskopisch kleine Potentialitäten am Rande des Abgrunds eine neue Bedeutung an. Sie führen zu keiner Sprache des Ursprungs zurück, sondern setzen eine demiurgische Macht frei.

Mallarmé stellte, als eine Grundvoraussetzung, die inzwischen vielleicht unmöglich geworden ist, einen »sakralen Anfangssinn«[42] vor jede Neuverwendung, sei sie nun angemessen oder unangemessen. Es zeigt, daß eine Dichtung wie die seine in der ständigen und notwendigen Beugung eines vorhandenen Impulses besteht.

Ein Ort in der Ferne

Das Wort trägt einen weiter fort als jeder Gegenstand, es trägt auch ihn an einen anderen Ort; die Kontradiktion liegt in seinem Wesen.

Rimbaud bezeichnet in seinem Seher-Brief einen Ort des Unbekannten, aus dem der Dichter seine Visionen hervorholt: »[...] wenn das, was er von *dort* zurückbringt, Form hat, so wird er Form geben; ist es gestaltlos, gibt er Gestaltloses.«[43] Einem anderen »dort«, einem Ort im Osten, kommt schon in den ersten Gedichten Celans eine entscheidende strukturbildende Funktion zu, zumindest seit jenem Versprechen, das er 1942, nach dem Tod seiner Eltern, abgelegt hatte. Die Distanz wird dadurch geschaffen, für immer; am stärksten aber vielleicht und am deutlichsten in dem gegen eine deutsche religiöse und dichterische Tradition gerichteten Bekenntnis. Ein Gedicht aus *Mohn und Gedächtnis* mit dem Titel »Die feste Burg« subvertiert das lutherische Kirchenlied und seine glaubensfesten Akzente: »Und jenes tiefre Aug, es trinkt dein tiefes Auge« (I, 60). Die Tradition steht zu Gebote. Die dunklen Gaben des Dichters, der wie Orpheus die Finsternis zu lesen vermag, versinken in der noch ungekannten Schwärze, die von den Morden in Galizien und in der Ukraine ausgeht. Die Sprache als Ganzes ist verloren, ausgelöscht und versperrt; doch taucht sie als eine durch das Ereignis umgeformte wieder auf. Vorgeformt und umgeformt, schöpft sie die Macht des Abgrunds aus und re-interpretiert die alten liturgischen Formen.

Man hat die Existenz eben dieses Raums geleugnet, in dem sich die Wahrheit mit einem geschaffenen, die esoterische Wirklichkeit in der Sprache begründenden Wortgefüge verbindet. Zu Unrecht: das Sprechen ist gerade darum angemessen, weil es individualisiert ist. Es wurde dies mit einer Flucht aus der Wirklichkeit dieser Welt gleichgesetzt, was es in der Tat auch ist – und aber nicht sein darf. So verwirft Pöggeler, nicht ohne Arroganz, den Gedanken: man habe Celan »eine Flucht in den Elfenbeinturm ›esoterischer‹ Dichtung unterstellt«[44]. Der Dichter ist aufgefordert, zu sprechen wie jedermann. Will man ihn nicht verstehen und – vor allem – umdeuten können?

Die Achse der Vertikalität

Die Progression im Dreischritt

Da die Gegensätze in den Zeichen nicht zusammenfallen,[45] kann kein Paradoxon zu einer »Art von *ultima ratio*« werden.[46] Die Negation der Wirklichkeit, noch vor ihrer Umformung, ist radikal, sie ist die *prima ratio*, ein alles entscheidender Schritt. Das Nein hat den einen Pol besetzt. Daher ist die Nacht nicht das Gegenteil des Tages in der natürlichen Welt, sondern die Voraussetzung einer Neuschöpfung des Lichts. Die Schatten, als eine von der physischen Finsternis gesonderte Dimension, stehen für die anders ausgerichtete Gegenposition in der Umkehrung. Das Weiße erblüht in der Intensivierung und Aufspaltung der Schwärze.

Die »Krücke« in einem Gedicht der *Niemandsrose* ist die Negation der »Schwinge«, bevor sie *per viam negationis* aufs neue zur Schwinge wird, trotz allem; so bringt die Schwinge die Kraft der Negation zum Ausdruck (»...rauscht der Brunnen«, I, 237).

Ein Gegensatzpaar käme einer trügerischen Harmonisierung gleich.[47] Der zweite Pol hat seine Autonomie. Er ist selbständig dagegengesetzt und begibt sich so in die Ferne. Es gibt bei Celan keine *coincidentia oppositorum*. Auch in den Aphorismen Heraklits wurden die Antithesen nur in dem falschen Bestreben eingeführt, ein System zu konstruieren. Systeme gab es schon vor ihm; er hat sie eben gerade auseinandergenommen.[48]

Der Widerspruch führt zur Brechung. So sind die Gegensätze voneinander abgelöst und getrennt. Die kontradiktorische Struktur muß jedesmal für sich gelesen und interpretiert werden.

Wohin gings? Gen Unverklungen.
Mit dem Stein gings, mit uns zwein.
Herz und Herz. Zu schwer befunden.
Schwerer werden. Leichter sein.
(»Was geschah?« I, 269)

Etwas, was anderswo kein Gewicht hat, wiegt schwer. Das Verhältnis der Gegenteile ist äußerst präzis: die Schwere bekräftigt sich, auf demselben Grund, und gelangt so über sich selbst hinaus ins Leichte. Es kam dazu in der sprachlichen Verwandlung, in der die getragene Bürde noch weiter beschwert wurde.

Die Schrift ist an eine Datierung gebunden. Nichts hat mehr Wahrheit als der eine festgehaltene Augenblick. In ihm ersteht die Vertikale; sie bildet sich in der Tiefe des Abgrunds und ist unter allen Formen diejenige, die sich am meisten der Wiederholung im Werden entzieht. Der Buchstabe zieht sich in sich selbst zurück, will ganz er selbst sein und nur seinen Eigensinn als Gesetz gelten lassen. Die Sonde des besonderen Augenblicks heißt jeweils »jetzt«: ihre Wahrheit wird im Text wiedergegeben, unter Ausschluß aller anderen, die ihr im Weg stehen könnten.

Die Befreiung von den Fesseln nimmt kein Ende, die Leichtigkeit wird immer größer, sie reicht ins Unendliche. Sie kommt nur dem zu, der sich zunächst aus der Sprache entfernt hat. Die Vertikale ist fest in der Zäsur verankert. Die Wörter steigen aus dem Grund des Vergessens auf, als ein konzentriertes Gedächtnis. Zwei verschiedene Wege bieten sich an, will man aus dem Fluß des Schwindenden heraustreten: die Zeitlichkeit verlassen, indem man sich an die noetischen Objekte, das Wesen einer unveränderlichen Wirklichkeit hält; oder aber, auf eine entsprechende und doch entgegengesetzte Weise, sich in den Augenblick versenken, der sich dem Ablauf der Zeit entzieht. Die Vertikale führt zu einem Umschlag, sie hält die Fluchtbewegung auf und erschließt sich ein festes, erstarrtes Gelände, vor ihr und hinter ihr, bis hin zu den abgelegensten Zonen des Gedächtnisses und bis hin in die unbegrenzte Weite der Utopien.

Wenn das »Gitter« der Sprache weiß übertüncht wurde, so schalten sich alle Wortkompositionen aus; sie entstehen nun in dieser Gestalt und streben unterschiedslos einem zentralen Punkt zu. Es ist wie im Kabarett. Der Tonfall ist ironisch: die Studie analysiert das Kompositionsprinzip und zeigt, wie es seiner eigenen Kraft zum Opfer fällt. Die magnetische Anziehung der Involution geht von jenem Punkt aus, auf den sich die Freiheit der Vertikale stützt:

> WEISS, weiß, weiß
> wie Gittertünche,
> reihn die Gesetze sich ein
> und marschieren
> einwärts.
> (II, 217)

In einem der ersten Gedichte Celans steht der Vers: »Ins Naß ihres Auges tauchst du das Schwert« – in ein streitbares Auge (»Dunkles Aug im September«, I, 26). Unfehlbar erscheinen die Nächte »am östlichen Fenster«. Es ist dies, schon in Bukarest, unmittelbar nach dem Krieg, der Pol, auf dem die Meridiane errichtet werden; eine ursprüngliche Linie, nach der sich alle anderen richten werden: ein Todeslager, der Abgrund seiner Wahrheit. Einer der beiden Pole vertieft sich. Die Vertikale vereint alle die Momente; ein Ursprung entstand in der Geschichte, eine Präsenz aus Entfernung. In dieser Nacht erschien die »schmale Wandergestalt des Gefühls«. Die Träne wanderte überallhin mit – und mit ihr die Waffe: der Bund war besiegelt.

Die Tropen, die am Ende des *Meridian* durchkreuzt werden, meinen nicht die rhetorischen Figuren (wie sollte uns das »erheitern«?), sondern die Breitengrade zwischen den Wendekreisen.[49]

Für ein wörtliches Verständnis muß man zu der abstrakten (»immateriellen«) Bedeutung übergehen, doch wie immer auch die Übertragung einer vertrauten Vorstellung nachvollziehen. Der Mittagskreis entfaltet sich um eine in der Nacht verankerte Vertikale. Der Kreis rundet sich um diese Linie herum und taucht so mit ihr in die Tiefe hinab. Auf beiden Seiten seines Zenits hat er das Licht durchlaufen, die sonnenbestrahlten Zonen des sprachlichen Erdballs.

Erforschung der Leere

Nur wenn man das System der sprachlichen Produktion mit seinen drei Takten umrissen hat, von der Erbeutung zur Verneinung und zur Neuschöpfung der Elemente, lassen sich auch die Fragmente der zitierten Diskurse oder Gedichte in der Form erkennen, in der sie diesem System noch nicht entsprachen. Weder das Prinzip noch seine Anwendung sind mechanisch. Es gilt auch, die signifikanten Abweichungen von der Distanzierung einzubeziehen. Es gibt Grenzfälle, in denen eine Erfahrung der Schwäche als solche in den Wörtern festgehalten wurde. Man kann außerdem in ironischer Distanz auch einer nicht umgebildeten Materie begegnen, die als solche aufgenommen wird, ohne jede Umsetzung.

Die Trennung gestaltet sich jedoch immer intensiver: sie kann sich nicht von sich selbst trennen. Würde sie aufgehoben, dann würde nichts mehr bestehen, kein »Nichts« und kein »Niemand«.

Die Verrätselung ist eng mit der Fallbewegung verbunden; das Hinabsteigen steht am Anfang, es schließt den Abgrund auf. Umgekehrt läßt sich der Abgrund auch als eine ursprüngliche Kluft auffassen, als die klaffende Ursache aller Brechungen.

> WIRK NICHT VORAUS,
> sende nicht aus,
> steh
> herein:
>
> durchgründet vom Nichts,
> ledig allen
> Gebets,
> feinfügig, nach
> der Vor-Schrift,
> unüberholbar,
>
> nehm ich dich auf,
> statt aller
> Ruhe.
> (II, 328)

In den letzten Versen des letzten Gedichts von *Lichtzwang* gewährt das historische Subjekt dem Du Aufnahme, in der Gestalt, die es am Ende angenommen hat – so wie es ist. Eine Neubegründung der Identität kann versucht werden; das dichtende Subjekt wird sich seine vollkommene Ruhe nicht wieder nehmen lassen.

Ein altes, die Technik des Dichtens betreffendes Treuebekenntnis wird erneuert. Es zieht einen schützenden Zaun um die poetische Erforschung der Hindernisse. Das Nichts bildet den bleibenden *Grund*. Das Material konstituiert sich in seiner Durchdringung durch unermeßlich kleine Teilchen, durch sprachliche Atome, etwas in eleatischer Sichtweise »Unüberholbares«: sie fahren dank der Feinheit ihres Gewebes, in großer Nähe zur Leere, mit einer durch das Vakuum beschleunigten Geschwindigkeit. Mit ihren kaum wahrnehmbaren Verbindungen, den »feinen Fugen« (»feinfügig« steht gegen »feinfühlig«, das zarte Fühlen) schafft die Technik des Nichts einen Hohlraum; sie entleeren die Geschichte jeglicher Empfindung.

Wörtlich verstanden kommt die »Vor-Schrift« vor der Schrift. Die veränderte Schreibung des Worts scheint nur so erklärbar zu sein. Der Bindestrich zeigt an, daß das zweite Glied des Kompositums, »Schrift«, den konkreten Schreibprozeß bezeichnet (»Vor-«, wie »Nach-« oder »Um-«). Wie im Gedicht »Sprachgitter« (I, 167), auf das hier wohl verwiesen wird, nisten sich in Übereinstimmung mit den »feinen Fugen« die Mikro- und Protoelemente der Sprache als noch vor jeder Spur auftretende Spurenelemente in einem Gewirr möglicher Um-Schreibungen ein.

Der Augenblick einer zunächst temporalen, dann räumlichen Konzentration (in der ersten Strophe) schafft die Bedingungen der Fusion. Die dichterische Kraft genügt sich selbst, sie kann sich daher sogar zurückziehen und in aller Reinheit im Ich überleben. Als rein überlebende verzichtet sie auf ihre Autonomie, die sie sonst vom Ich unterscheidet.

Spuren der Resemantisierung

Entweder hält sich der Dichter schreibend an die allgemeine Bedeutung der Wörter, oder er legt mit letzter Konsequenz in jedem Wort, das er wählt, auch den Sinn fest, den er ihm geben will. Ein System baut sich auf, schon in den ersten Gedichten, schon in *Mohn und Gedächtnis*. Es wird unbeirrbar weiterentwickelt und kann so der Sprache ihre Resemantisierung eingravieren. Die Invention wird auf dieser Grundlage faßbar. Durch die Innovationen, die sie hervorbringt, wird sie fortwährend verstärkt. Eine Form schreibt sich dem Lautmaterial ein. Dessen feine Regungen werden zu Morphemen; sie gehen im Schreibprozeß aus den Partikeln hervor.

Die Reduktion auf die Klanggebilde erzeugt ein feines Gewebe, das Bild eines dünnen spachlichen Fadens; man erkennt nun schon das sich fixierende Wort und nicht mehr nur die Phoneme. Sie spiegeln sich in ihrem Bedeutungsgehalt, der in diesem

Stadium leicht auch zerfließen und mit einem anderen verschmelzen kann; daraus bilden sich dann stabile Konkretionen.

Die Wellen schlagen immer höher; die Sprache wird von ihnen getragen. Aus Zwang oder Gewöhnung bleibt unser Körper seit alters davon durchdrungen; ein Automatismus reproduziert die Figuren, die sich in ihn eingelassen und eingeschrieben haben. Eine anfänglich ungestaltete Sprache wurde in Formen gebracht; sie hat sich unterweisen lassen, wurde konfiguriert, mit Wundmalen gezeichnet und hat sich solcherart intellektualisiert.

Die wirkenden Kräfte der Kosmogonien, die Luft, der Wind, der Sturm, verlieren in der Abstraktion nichts von ihrer elementaren Gewalt. Die Umsetzung macht sie in der Tat zu Abstrakta und prägt sie neu, sie ordnet ihnen eine neue Bedeutung zu. Ein Sturm. Wovon? Von Sprachpartikeln.

Onomaturgie der Nacht

Fast alle Gedichte – wahrscheinlich alle – haben mit der Konstitution der Gegen-Sprache zu tun; die Bewegung der Aneignung kennt kein Ende. Freilich setzen die Gedichte sie als eine konstituierte voraus, doch die Art, wie sich die Innovation in den Text einschreibt, bleibt von der Kraft des Transfers abhängig. Eine beliebige Wendung wird in ihre kleinsten Teile zerlegt, die Partikel werden neu verteilt. In der Leere schimmern sie mehr oder weniger hell. Und wenn der Dichter auch zumeist das Gespräch mit der Sprache im Gelände des kontradiktorischen Idioms anzusiedeln vermag, so verteidigt doch, ohne daß das Kontern ein Ende nähme, an gewissen anderen Stellen eine kleine gebrauchsfertige Wendung einen Flecken ihres alten, verlorenen Territoriums.

Durch die Trennung wird eine neue Innerlichkeit eingerichtet; je radikaler sie war, desto härter und reiner wird der Innenraum sein. Wie sehr auch die Spuren sich darin aus den Brüchen formen, mit dem *Nein*, das gegen jeden Konsens steht und das den Wörtern ihre Schatten gibt, so haben sie doch ihren Anteil am kompositionellen Prozeß: sie fügen eine quasi kontinuierliche Folge von Diskontinuitäten zusammen.

Schwarz,
wie die Erinnerungswunde,
wühlen die Augen nach dir
in dem von Herzzähnen hell-
gebissenen Kronland,
das unser Bett bleibt:

durch diesen Schacht mußt du kommen –
du kommst.

Im Samen-
sinn
sternt dich das Meer aus, zuinnerst, für immer.

Das Namengeben hat ein Ende,
über dich werf ich mein Schicksal.
(II, 57)

»Unser«: im Pronomen erneuert sich die Solidarität zwischen dem Ich und dem Du; unter diesem Aspekt bezeichnet das Bett die Zone in dem vom Tod gezeichneten Land, das sie gemeinsam »für immer« erobert haben. Das »Bett« ist, wie man weiß, buchstäblich ihr »Haus« – nach dem hebräischen »Beth« (»Hüttenfenster«, I, 278–279). Doch stehen ganz offenbar die sexuellen Konnotationen im Vordergrund. Der weibliche Körper, der gewiß nicht mit dem Du gleichzusetzen ist, ist darum nicht weniger der Ort, an dem sie einander begegnen, ihr gemeinsames Lehen. Die Lust treibt sie bis an diesen Mittelpunkt, auf den Grund aller toten sprachlichen Erfindungen. Das Spiel wird dann zu dritt gespielt. Der andere wird hier in großer Erregung erwartet; wenn die Lust triumphiert, ist sein Kommen gewiß. Die Epiphanie findet an diesem Ort statt. Die Liebe hat ihre Affinitäten, sie werden durch die Pulsionen in der Sprache an den Tag gebracht; sie versteht es, die höchsten Kunstmittel der lyrischen Tradition in ihren Bann zu ziehen. Sie halten nach dem Dichter Ausschau, wie die Sirenen, die das Schiff des Odysseus erwarten. Das Ich weiß, daß es sein Du in diesen ekstatischen Gefilden finden wird. Die Augen, die die semantische Einheit der poetischen Systeme bilden, »wühlen« dort. Auch dasjenige Celans, sein eigenes »Auge«. Dem Plural kann nur diese Funktion eignen: sie beide zusammenzubringen, den einen und einen anderen, mit allen dichterischen Sprachen. Das Spiel wird so im Endeffekt zu viert gespielt. Die hymnischen Traditionen treten auf, um sich umbringen zu lassen. Auf den Attentäter ist Verlaß. Ist es nicht die Funktion des Ich, mehr noch, liegt darin nicht seine Existenzberechtigung? Mit seiner Ankunft verwandelt sich das Geschlecht in einen Schacht, der sich zu einem Schlund vertieft: es nimmt diese obligate vertikale Konfiguration an.

Ein deutscher Leser vernimmt hier ein Zitat, den Bezug auf den allgemein bekannten, häufig zitierten Satz: »Durch diese hohle Gasse muß er kommen«, in Schillers *Wilhelm Tell* (4. Akt, 3. Szene). Der Weg und seine Enge werden in der Wiederaufnahme in die Lotrechte gebracht; sie öffnen sich auf den Grund hin, werden zur »Engführung«. Der Schütze lauert im Gebüsch. Die Wörter, besonders das »mußt du«, geben die Szene des Tyrannenmords wieder. Die tyrannischen Wörter werden durch diese Öffnung kommen; der Schütze, selbst ein »Durchbohrter« (»Ich kenne dich«, II, 30), wird sie nicht verfehlen.

Die nachdrückliche phonetische Beziehung zwischen »Namen« und »Samen« verweist, wie so oft, auf die Entgegensetzung. Sie steht hier im Rahmen eines tödlichen Ringens. Der »Sinn«, den man vom Samen her und von seiner dichterischen Potenz bezieht, betrifft die Neuverwendung der umgebrachten lyrischen Parzellen, den Prozeß, in dem sie zuerst abgesetzt und dann wieder eingesetzt werden. In dem Wort »Sinn« – Bedeutung und Richtung – ist die Bewegung der Involution, die zu einem Punkt der absoluten Verinnerlichung führt, phonetisch vorgegeben: »zuinnerst«. Ein Wort muß auf das andere bezogen werden, »Sinn« auf »zuinnerst«. In dieser Mitte gibt es keinen Platz mehr für irgendeine Anleihe bei einer Alterität.

Was zunächst nur als Hypothese gelten kann, bestätigt sich im dadurch erschlossenen Zugang zu einer Lektüre des Satzes; handelt sich es sich doch in der Folge gerade um den Sinn, der den Sprachsplittern eingeprägt wurde. Alle Sterne, die aus dem »Meer« der anströmenden Sprache herauftauchen, sind gegenwärtig, und zwar als tote, vernichtete. Das dichtende Du wird mit ihnen ausgerüstet, doch vor allem verjagt und ausgestoßen (»ausgesternt«, im einen oder anderen Sinn, mit Sternen versehen und der Sterne beraubt; ein Sinn ergibt sich aus dem andern). Das hat nun, von dem zentralen Verankerungspunkt aus gesehen, in der Diskontinuität der Vernichtungsmomente »für immer« Gültigkeit.

Man würde die letzte Strophe nicht richtig lesen, wenn man daraus schlösse, daß das Namengeben, das die Ewigkeit verleiht, durch den Tod ein Ende findet. Im Gegenteil, es ist der Tod, der es, als eine Negation der Ewigkeit, ermöglicht. Es handelt sich also um eine Antiphrase, um die gegenstrebige Lektüre eines Satzes, der das Gegenteil bedeutet. Nein, heißt es in der Strophe, das Gelingen hat gerade zur Voraussetzung, daß das Namengeben, das ständig von neuem beginnt, nicht »ohne Ende« ist. Es »hat« seine Endlichkeit. Darum kann auch die Figur des Ich, das als wachsamer und bewundernder Gefährte zugegen ist, ihre Reverenz erweisen und den Mantel ihres jüdischen, nichtdeutschen »Schicksals« über den toten Körper der Poesie werfen, über eine so perfekte Umkehrung im Zeichen des Todes.

Das Schreiben unterscheidet sich in manchen Texten nicht von der sinnlichen Liebe, von einer befreienden Kopulation. Die Relation erscheint in aller Deutlichkeit, vorausgesetzt, man hält die Bereiche auseinander, so etwa in »Wirf das Sonnenjahr« (II, 203).

Ein letzter Augenblick, der noch poetisch ist, präfiguriert den Tod des Dichters. Es ist vorbei mit seiner Liebe, die er vom Grund der Nacht aus dem Licht entgegenbrachte. Nun ist er ins Meer geworfen und den reinen Strömungen und den unerfüllten Begierden ausgeliefert, fern jeder Kunst:

> WIRF DAS SONNENJAHR, an dem du hängst,
> über den Herzbord
> und rudere zu, hungre dich fort, kopulierend:

Das biologische Leben lebt sich zu zweit. Das Du hat es nicht nötig, jemandem zu begegnen, es ist für sich allein schon eine Dualität von Männlichem und Weiblichem. Durch eine Involution wird es zum Dualis eines »Ihr«:

> zwei Keimzellen, zwei Metazoen,
> das wart ihr,

Immerhin war man ja zunächst einem kreatürlichen Leben ausgesetzt – und nicht dem »Leben« der Literatur, in dem die »Wahrheit« liegt. Man kehrt dorthin zurück, zu zweit:

das Unbelebte, die Heimat,
fordert jetzt Rückkehr –:

In diesem anderen Eintauchen dominiert noch die Rivalität. Eines der Prinzipien triumphiert über das andere. Man könnte wetten, daß es das Männliche ist; seine Taten als Seeheld werden ein beredtes Zeugnis ablegen. Man versteht sonst nicht die Härte der Replik, in der Ordnung des Sprachlichen, auf das vorhergehende Stadium, das verlassen wurde. Die biologische Resurrektion kann davon zeugen. Es führt sein männliches Emblem im Wappen :

später, wer weiß,
kommt eins von euch zwein
gewandelt wieder herauf,
ein Pantoffeltierchen,
bewimpert,
im Wappen.

Ingeborg Bachmann, die Celan 1948 kennengelernt und geliebt hat, beschließt eines ihrer schönsten Gedichte mit einem Bekenntnis zur Liebe, in dem sie gleichsam eine Evidenz festhält. Die Dichterin spricht sich darin aber nicht gegen andere Erfahrungen aus, so konfliktuell oder widersprüchlich sie auch sein mögen.

RÖMISCHES NACHTBILD

Wenn das Schaukelbrett die sieben Hügel
nach oben entführt, gleitet es auch,
von uns beschwert und umschlungen,
ins finstere Wasser,

taucht in den Flußschlamm, bis in unsrem Schoß
die Fische sich sammeln.

Ist die Reihe an uns,
stoßen wir ab.

Es sinken die Hügel,
wir steigen und teilen
jeden Fisch mit der Nacht.

Keiner springt ab.
So gewiß ist's, daß nur die Liebe
und einer den andern erhöht.[50]

Eine Leserin, auch sie Autorin von Gedichten, besteht trotzdem darauf, sie überschreitet die Schwelle und stillt ihr Bedürfnis nach moralisierender Revanche: »Hier hat sie erfaßt, was Liebe von selbstzerstörerischer Leidenschaft und demütigender Hörigkeit trennt.«[51] Aber gehören denn nicht auch die Selbstvergessenheit und die Abhängigkeit zur Liebe, das eine wie das andere, ohne jede Distanziertheit? Das Gedicht widerlegt genau diesen Haß, der der Liebe entgegengebracht wird, oder diesen Unwillen, den man um jeden Preis in ihm ausgedrückt wissen will. Ist es nicht gar zu diesem Zweck *umgedeutet* worden?

Länder und Reisen

Im Transfer zeichnen sich neue Landschaften ab. Die schreibende Hand umreißt ein »Handgelände«. Der Würfel verteilt die Bäume: eine einzige Chance für die Toten. Sodann nimmt das Muster die Gestalt an, die durch ein Wort entstand: »Quincunx« (»Riesiges«, II, 157).

Das Gedicht war darin angelegt, es ist nun vorhanden und bietet sich mit all seinen Elementen dar. Sie treten zusammen und brechen sogleich auseinander, entziehen sich wieder. Die Schatten haben diese Ambivalenz, sie entwerfen eine Anordnung, die sich in dem Maße, als sie Gestalt annimmt, wieder auflöst. Dunkel und Dunkel berühren sich, ähnlich wie Wahn und Wahn. Die Angst überwältigt hier die Erfindungsgabe, die anderswo von ihr zehrt.

»Seelenschwarz«, das Attribut des Griffels der Rose in den ersten Versen der letzten Strophe des Gedichts »Psalm«, ist in der handschriftlichen Vorstufe zu »seelenhell« abgeändert worden.[52] In formaler Hinsicht handelt es sich um eine der kontradiktorischen Varianten, wie sie verschiedentlich und namentlich bei Celan vorkommen. Aus »schwarz« wird »hell«. Es könnte überraschen oder falsch interpretiert werden, wenn man nicht gleich hinzufügte, daß innerhalb des poetischen Systems die beiden Wörter, trotz des Übergangs zum Leuchten, der sie voneinander scheidet, ein und denselben Punkt besetzen. Die Schwärze erglänzt. Der bezeichnete Gegenstand bleibt derselbe. Die Beziehung läßt sich so beschreiben: Weiß entsteht aus einer Intensivierung von Schwarz.

In einem anderen Gedicht konnten die braunen Rückstände aus den Zeiten des organisierten Mordens so weit gebracht werden, daß sie weiß erglänzen, bis zum reinen *Nein* einer Weigerung: »[...] ein brauner / Seelenfortsatz erreicht / das hellgeatmete Nein« (»Schuttkahn«, I, 173).

Weiß: der Glanz der Schwärze, seine Wahrheit, die sich zu erkennen gibt, eine mehr produktive Absenz, die nicht länger allein an die Negation des Bildhaften gekettet bleibt.

Auf dem Grund der Schwärze gibt es schon eine Weiße, die sich von ihr nicht unterscheidet. Eine andere bricht nun aber auf und öffnet sich dem Licht; sie ist die nächtliche Rivalin des Tages. Die gesteigerte Intensität führt zu dieser Umkehrung, von der schon Nerval sprach: »die Nacht wird schwarz und weiß sein«[53].

Die Nacht deckt alles zu, sie verbirgt und schützt, sammelt und bewahrt. Ihr Auseinanderbrechen setzt die fraktionierten Elemente frei, die wie Blitze in den diskontinuierlichen Raum versandt werden; so entziehen sie sich dem Schatten, der vollkommenen Opazität einer nächtlichen Wahrheit. Die Helligkeiten zeugen von einer Verwandlung. Der verdunkelte Grund, aus dem sie hervorgegangen sind, vermochte das Leuchten zu produzieren.

Die Ekstase

Jenseits des von der onomaturgischen Trennung erschlossenen Bereichs erstreckt sich noch ein anderes, bloßes oder absolutes »Draußen«. Es wäre, in einer noch größeren Entfernung, als ein Raum der bedingungslosen Freiheit zu denken, außerhalb der Sprache, ein Draußen der Sprache. Eine große Leere zieht *von weitem* an, sie übt ihre Wirkung von diesem schöpferischen Raum her auf die Wörter aus, die – immer auf dem Grund eines vorgängigen Schweigens – untereinander Bedeutungsrelationen eingehen; diese ferne Leere und ihre Attraktionskraft bleiben von der sich stets bereichernden Resemantisierung geschieden. Die sinnlich wahrnehmbare Wirklichkeit selbst wird nicht weniger von dieser Leere durchquert als die Sprache, die sich von ihr abhebt.

Dem Augenblick schließt sich eine besondere Realität auf, deren Erfülltheit von größerer Dauer ist. Die Zeit wird aufgerissen; was sichtbar wird, ist aber nicht schon, wie bei Heidegger, das »Licht eines Bleibenden und Ständigen«, in dessen »Gegenwart sich der Mensch stellte«[54]; es ist immer derselbe Grund mit seiner Schwärze. Das Individuum richtet sich auf; es widersteht, steht aufrecht und für sich allein.

Die Öffnung im Riß durch die Zeit weist auf die Geschichte, auf das »Schicksalhafte«. Dessen Natur ist politisch. Das Ereignis wird wieder gegenwärtig, es ist so dem Vergessen entrissen. Die Differenz verdankt sich der vollständigen Loslösung von allen erdenklichen Formen des Umgangs mit Sprache, seien sie nun dichterisch oder einfach kommunikativ. Es geht vor allem um ein *Nicht-sagen-Wollen*. Einzig die Ekstase schafft die Bedingungen wahrer Aussagen. Die Frage der Angemessenheit findet ihre Lösung darin, daß die Sprache sich einer vollkommenen Ungebundenheit hingibt und diese sich den Wörtern mitteilt.

Das Draußen hat sich an die Stelle der seelischen Verzückung und des Außer-sich-Seins gesetzt. So fliegen die Wörter auf eigenen Flügeln. Das große »Rauschen« der Sprache geht in die Trunkenheit des »Rausches« über (»Und Kraft und Schmerz«, II, 398). Er begegnet »allem Geweinten«; der »Wein ihrer Augen« wird aus Tränen gekeltert (»Die Winzer«, I, 140).

Die Einmaligkeit des Augenblicks

Die Temporalität der Wörter stemmt sich dem Verrinnen entgegen – und so auch der zukünftigen Zeit. Der Widerstand, den die Wörter in den Sprachkunstwerken leisten, leitet sich von der Negation herkömmlicher Vorstellungen ab, die sehr unterschiedlich ausgeprägt ist, je nach dem Grad des differenzierenden Vermögens.

Der Bereich, in dem sich die eigentümliche Zeitlichkeit der Namen behauptet, ist anderer Art: eine dem Werden abgetrotzte »Stunde«. Das Fließen wurde zum Stocken gebracht; es verlagert sich und betrifft nun die Wörter und ihre Seinsweise. Wollte man einen Vergleich mit der Ontologie anstellen, so wäre man in der Wortmaterie auf den von allem »Seienden« abgetrennten Raum verwiesen, auf eine radikale Alterität. Nichts wird zurückgetragen, nichts bleibt mehr auf etwas in erster Linie Konkretes bezogen. Eine »Welt« in ihrer Besonderheit, die schon als eine andere entstanden ist, baut sich aus reinen Bedeutungsstrukturen auf, ohne daß an eine Rückkehr zu denken wäre.

Eine Schöpfung ohne Dauer existiert nur *in actu*; sie hat als Dauer bloß die Aura dieses Augenblicks, in dem ihre Kraft nicht erlahmt.

Der Bruch, der dem Augenblick des Schreibens vorausging, hat einen Augenblick verdrängt, den eine andere Dichtung auf falsche Weise zu beleben versuchte. Er umschreibt zugleich, was in eben dieser früheren Dichtung das Sich-nicht-Verflüchtigen zu sagen vermochte, das ja auch zum Ausdruck kam.

Die visuellen Bilder passen sich an. Sie suchen den Formen des Werdens zu entsprechen; eines folgt auf das andere und löscht es aus. Kein Augenblick kann sich solcherart isolieren. Das Bild seiner Flucht vermag nichts anderes, als seine Inkonsistenz aufzuzeigen.

Ein anderes Bild jedoch reißt sich so stark los, daß es fortgerissen wird. Es bereitet der Reproduktion ein Ende und findet zu sich selbst:

Was zu dir stand
auf jedem der Ufer
es tritt
gemäht in ein anderes Bild.
(»Stimmen«, I, 147)

Das Gedicht entfaltet sich in einer eigenen Gegenwart – es ist die der Negation, der Verweigerung aller Theorien des Werdens, die es seiner selbst entfremden und wieder dem Werden ausliefern. Seine Parusie ist die des Individuums, das von ihm Besitz ergreift, zu seiner »Stunde«.

Das Auslöschen ist das Werk der Natur. Das Nichtauslöschen setzt voraus, daß man sich ihr widersetzt, es muß erkämpft werden.

Sobald man sich der Geschichte nicht mehr nach dem Vorbild der Natur als eines Herrschaftsinstruments bedient, wird sie zu einer strikt partikularen Angelegenheit. Das Gedächtnis betrifft einzig die solidarischen Bindungen, die eine Person für sich anerkannt und auf sich genommen hat; es baut sich allein nach diesem Kriterium auf.

Auch die Zukunft liegt nicht in einem angrenzenden Raum, sie ist in derselben Weise gegenwärtig wie die Vergangenheit. Sie wird dem Augenblick abgewonnen, als ein ihm zugehöriger Bereich.

Stagnation in der Sprache

Die Wörter »spät« und »später« in so vielen Gedichten werden nicht in der Linearität einer zeitlichen Sukzession verständlich. Es handelt sich um idiomatische Bedeutungen. Es sind auch dies neue Wörter, die nichts Zukünftiges anvisieren.[55] Ihr Gebrauch beruht auf einer Bedeutungsverschiebung. Er verweist auf den Übergang zu einer neuen Zeitdimension, zu einer unverrückbaren, auf die Wahrheit des Abgrunds abgestimmten Tiefe.[56] Sie kommt fast einem Verschollensein gleich, in der Intensivierung des Gedächtnisses.

In »leb dich / querdurch, ohne Uhr« aus dem Gedicht »Die fleißigen« (II, 151) ist »ohne Uhr« nicht eine chronologische

Angabe, die – aus Treue zum Geschehen – die seit dem Moment der Vernichtungslager vergangene Zeit negiert. Es handelt sich dabei auch nicht um eine »Obsession« Celans.[57] »Uhr« ist ein Wort, das einen qualitativen Aspekt der Zeit wiedergibt und mit der Erfahrung des entstehenden Gedichts zu tun hat. Die Konfrontation der Texte führt zu diesem Verständnis. »Ohne Uhr« hieße demnach: »außerhalb jeder poetischen Dimension«. Das Geheiß gilt dem Du; es wird aufgefordert, sich des Schreibens zu enthalten.

Die Zeit der Uhren paßt sich der Zeit der Gedichte an. Zum Stillstand gebracht und in einen anderen Bereich verlegt, stimmt die Uhr mit der sprachlichen Invention überein. Die »Luft-Uhr« (»Die Rauchschwalbe«, II, 216) steht in diesem Atemrhythmus auf der »Eins« (bringt man die Ziffer mit »ein-wärts« im unmittelbar danach folgenden Gedicht »Weiß« in Verbindung, so weist sie den Weg einer Involution). Von dort fliegt die Eins dem »Stundenzeiger« entgegen, in aller Freiheit, bis in die Tiefen der aufrauschenden Sprache: »tief hinein ins Geläut« – in ein Draußen, wie schon am Ende des Gedichts »Blume«.

Diese eine Stunde, unter Ausschluß aller anderen: es gibt in der Tat keine andere mehr. Nicht alle Stunden sind »Stunden«. Die Zeit ist von der Qualität her unterschieden, wie alles, was man mit ihrer Hilfe in der anders gearteten, abgehobenen Zeit zu erkennen vermag. Das Individuum hat seine eigene, den Rhythmus seines Lebens bestimmende Zeit. Bei einem Dichter skandiert sie die Wörter im Raum der Dichtung.

Man könnte in der Lektüre zu einer unvergleichlich größeren Präzision gelangen, wenn der Lesende sich nicht nach allen Seiten gegen die Infragestellung seiner Legitimität zu behaupten hätte.

Die Wörter wurden in Stücke geschlagen; sie lehnen sich auf. Ihre Kraft liegt in ihrem Widerstandswillen begründet. In der irreduziblen Zeit einer schriftlichen Fixierung erneuern sich jedes Mal die Konfrontation mit der Geschichte und der Aufstand gegen die Weigerung, einen Sinn zu erfassen. Der in der Analyse herausgestellte Moment wird bedeutsam, er lebt von der Überprüfung eines Zustands und bezieht von ihr sein Datum. Schon der Entschluß, durch die Enge zu gehen, schreibt sich von einem

Datum her. Die gegen die Geschichtstilgung bezogene Stellungnahme bleibt stets aufrechterhalten. Die Herstellung einer vorgängigen Leere war die *conditio sine qua non*. Der Augenblick festigt sich; er lebt in der zurückströmenden idiomatischen Sprache fort. Die Zeit entzieht sich wieder, doch wird die Schrift nicht davongetragen wie das übrige. Sie hat sich in einer anderen Zeit aufgerichtet, gegen die sich entziehende Zeit. Die Linien stehen: sie widerstehen. Es sind die aufrechten Stäbe im Werk, die geraden »Buch-Staben«, die Vertikalität im Buch. Das Datum schreibt, es gräbt sich ein, höhlt und durchquert den Raum, der sich vor ihm erschließt. Es verstand, indem es jedes empirische Bild hinter sich ließ, zu einer anderen Visualisierung vorzudringen. Der getrennte Raum hat sich im Stillstand an jenem Punkt eines Augenblicks aufgetan.

Der einzige Augenblick

Die Zeit ist eine der Dimensionen der sprachlichen Materie: »nördlich der Zukunft«, wo das Ich sein Netz ausgeworfen hat, für die Arbeit des Du, entgegen jeder südlichen Positivität. Die Befragung des eigenen Tuns wiederholt sich im Bezirk der unausgetilgten Vergangenheit.

> In den Flüssen nördlich der Zukunft
> werf ich das Netz aus, das du
> zögernd beschwerst
> mit von Steinen geschriebenen
> Schatten.
> (II, 14)

Die Zukunft hat unwiderruflich stattgefunden; sie fand in einer eisigen Zone ihre neue Stätte. Das historische Subjekt erinnert an seine Prärogativen, aus denen sich die Dissoziation und die Arbeitsteilung ergeben. Die Zeitlichkeit, in der es lebt, definiert den von der Geschichte bestimmten Ort der Absenz. Der Weg in die Zukunft ist versperrt, die Utopien wurden in den Vernichtungslagern zerschlagen.[58] Die Wasser, in denen die Wörter schwimmen und in die das Ich das Netz seines wundersamen Fischzugs wirft, befinden sich im Norden aller menschlichen Erwartungen – in der Wahrheit des Nichtseins. Alles, bis hin zu den geringsten Schriftelementen, wurde in diesen Abgrund getragen; es erstarrte dort zu toten Buchstaben.

Die Spielregeln werden vom Ich festgelegt. Das Du muß die Folgen auf sich nehmen. Wie oft in diesen Szenen kommt es zu einer Auseinandersetzung der zwei Akteure, die sich Masken aufsetzen und wieder herunterreißen. Celans Tonfall ist voll beißender Ironie. Was macht er denn, im Grunde genommen, was konnte er denn anderes tun, als die großen Dichter zu lesen? Er bezieht daraus die »Schatten«, mit denen er schreibt; sie sind in die Sprache der Dichtungen eingelassen, denen er entgegentritt und widerspricht. Die Schatten sind seit jeher schon von den »Steinen« geschrieben worden, von den noch vor jeder Umformung präsenten Steinen eines Hölderlin, eines Rilke oder eines anderen. In der Kunst dieser parodisch werkinternen Gegenrede ist er Meister.

Doch tut er recht daran? Die Frage bleibt offen. Auch der Widerspruch in den Texten, die er selbst schreibt, bleibt noch irgendwie dem Geschehen ausgeliefert; seine Härte wird an diesen Stellen erfahren und muß geradezu abgemildert werden. Vermögen die Wörter den Dienst zu leisten? Das Zögern ist wohl verständlich. Ähnlich verhält es sich in den letzten Versen von »Du liegst« (II, 334). Im Bunde mit Karl Liebknecht und Rosa Luxemburg konnte man es allerdings wagen, ein Gedicht in Celanscher Manier zu schreiben; doch kann das Schreckliche auch überhandnehmen, und keinerlei »Rauschen«, weder eines Rhythmus noch eines Verses, wird sich dann im Landwehrkanal erheben. Die Pointe des Texts weist auf ein Mißlingen.

Der Augenblick, der sich in der Sprache öffnet, ist kein Punkt in der fliehenden Zeit. Gerade die Flucht aus der Welt selbst ermöglicht die Sammlung und Konzentration. Dem Vergehen entrissen, neu geschaffen und einander verwandt, finden sich die Augenblicke und lösen einander ab.

Die Spannung zwischen der autonomen und der mitteilenden Funktion des Zeichens kann nicht innerhalb der Doktrin einer »Rezeption« des ästhetischen Gegenstands aufgelöst oder begriffen werden.[59] Daß ein Status gegen den anderen steht, ermöglicht die Sinnkonstitution. Das Arrangement der politischen Daten am Beginn von »In eins«, die in einer strikten und dechiffrierbaren Logik aufeinander bezogen werden, ist als solches, in seiner Komposition, ein nach Lektüre verlangendes semantisches Objekt:

> Dreizehnter Feber. Im Herzmund
> erwachtes Schibboleth. Mit dir,
> Peuple
> de Paris. *No pasarán.*
> (I, 270)

Was hier geschrieben wurde, ist als Stellungnahme deutlich und klar verständlich; sie wurde aber durch die Verbindung der Wörter und ihre Neuverteilung produziert. Der Text will zunächst in seiner vordergründigen, ausgeprägt referentiellen Bedeutung verstanden werden. Das von ihm Wahrgenommene und nicht Wahrgenommene läßt sich in keine andere Geschichte einschreiben als die seine. Das geschriebene Wort hat ein Datum, zu dem es sich bekennt. Der Gegenstand, der seinen Augenblick, und von daher auch seine eigene ästhetische Qualität, definiert, bekämpft eine falsche Fluidität der Tradition, und sei sie eine poetische. Das Datum ist nicht das unsere, es wird zu dem unseren durch ein Sich-in-Beziehung-Setzen; noch bevor er von uns gelesen wird, liest der Text sich selbst und kann daher in seinem Kern, von seinem Prinzip her, entschlüsselt werden.

»Rauchschwalbe«, der deutsche Name der *hirundo rustica,* ermöglicht die Assoziation des Vogels mit dem Aufstieg von Wörtern im Rauch der Vernichtungslager (»Die Rauchschwalbe«, II, 216). Die *Schwalbe des Rauchs,* der Aufschwung der Sprache, stellt eine Welt zwischen »eins« und »tausend« vor, eine der vielen zwischen dem Partikularen und den unendlichen Möglichkeiten existierenden. Sie ist hier mehr als anderswo zu einer Einheit gebracht – von der strikten, verdichteten und alles beherrschenden Vertikale, die in der Stunde Aufnahme findet. Alle Augenblicke werden durch die Kraft einer Oszillation in der Umkehrung zusammengebracht. Es ist die Stunde eines Wundergeschehens, eines *adynaton*, das eine Bewegung und ihre Gegenbewegung ermöglicht. Der Hai wird zum Walfisch, er speit den lebenden Inka aus, den er verschlungen hatte. Die Zeit der Utopie, der Landnahme und der neugewonnenen Territorien des Menschlichen kennt eine solche Übereinstimmung in einer Parusie des Unerhofften:

alles
ging um,
entsiegelt wie wir.

Es ist das Sich-Treibenlassen des *Trunkenen Schiffs*, im Zenit einer saturnischen Stunde; die Verweiflung reißt sich los und kulminiert in ihr.

Beim Lesen der Pointe: »entsiegelt wie wir«, stellt sich die Frage nach der Identität des »wir«. Ein semantisches Netz, bestehend aus »Rauch«, »Schwester« und »Mensch« (in »Menschland«), legt eine Erweiterung des Ich nahe: wir, die Juden.[60] »Alles war da und ging seinem Untergang entgegen«, wenn man in »umgehen« neben der Bedeutung des »Spukens« auch noch das »um« des »Umkommens« einbezieht. »Alles ging um«: es ging zugrunde.

Eine stets andere Welt

Eine Poesie, in ihrer Progression, schreibt sich selbsttätig weiter, in einer spontanen Bewegung; der Schreibprozeß setzt sich fort. Die Kontinuität läßt die Ordnung sichtbar werden, nach der die Spontaneität geregelt ist; die Ordnung selbst produziert nicht, sie folgt aber den geringsten Bewegungen der Produktion so dicht, daß diese fast auf das Fehlen eines Ordnungsprinzips zu weisen scheint.

Die Erkundung der »Welten« geschieht auf unerforschten »Wegen«. In ihnen manifestiert sich aber weniger die Suche nach etwas Verheißenem als vielmehr die Macht der Wörter, die sie hervorbringen und die *zusehen*, wie sie entstehen.

Eine Welt, die sich neu aufbaut, ist allen anderen überlegen. Ihr Sinn ist nicht eigentlich zu entziffern. Man wohnt dem Vorgang bei, wie eine singuläre Welt sich durch die Macht des Sinns konstituiert, und wird so in den Stand gesetzt, ihre Linien nachzuzeichnen. Die Freiheit der Resemantisierung hat sich der Sprache bemächtigt.

Alle »noch« und »immer« und »wieder« konsolidieren von einem Text zum anderen, in einer Vernetzung von Aktualisierungen, die Struktur einer Welt, die *allen* Welten zugrunde liegt – so verschieden diese auch sind. Auf die Beobachtung und Untersuchung des so Entstehenden wird ständig reflektiert. Die unaufhörliche Erforschung des Funktionierens der dichterischen Sprache als Zwiesprache mit den Mechanismen setzt sich im Innern einer Produktion fort, die kritisch genannt werden kann.

Die »Welt« ist jedesmal eine andere, eine wirklich neue Welt, die sich von unseren Vorstellungen ablöst, die entdeckt und als eine *unbekannte* erforscht wird, nach den Worten Rimbauds in seinem Brief.[61] Es ist ein anderer Ort, der nun sichtbar wird, ein Ort, wo es sich leben läßt, zu dem der Dichter sich hat forttragen lassen und an den der Schwung eines – und zwar jeweils »dieses« – Gedichts ihn immer wieder – also »jetzt« – transportiert.

Die Welten existieren nicht schon im voraus, das Gedicht hebt sie als jeweils unterschiedene ins Leben. Die Wörter gruppieren sich »im Welttakt«. Irrlichter befehligen den Hammer, der die Glocke zum Läuten bringt. Die Wörter, aus denen eine Welt sich bildet, gehen aus diesem Gehämmer hervor:

> DIE ZAHLEN, im Bund
> mit der Bilder Verhängnis
> und Gegen-
> verhängnis.
>
> Der drübergestülpte
> Schädel, an dessen
> schlafloser Schläfe ein irr-
> lichternder Hammer

all das im Welttakt
besingt.
(II, 17)

Die »Zahlen« sind nicht die Ziffern, die – wie auch die Farben – im übrigen ein System bilden. Die Bedeutung des Wortes ist weiter gefaßt, sie betrifft ein Organisationsprinzip der Sprache. Die Ordnung entspringt dem Rhythmus, der die Abfolge der sprachlichen Elemente beherrscht. Sie hängt zunächst von einer metrischen Anordnung der Buchstaben und Silben ab; ein Kernprinzip der Kunst liegt in der *Dispositio*. Das Gedicht stellt dieses Prinzip zusammen mit der Welt der Bilder zur Schau, deren Neuverwendung freilich nicht denselben Grad an Autonomie besitzt.

Bei den Bildern vermag die Kunst der Neuschöpfung nicht mit derselben Direktheit vorzugehen. Die Umschrift absorbiert sie nicht in dem Maße, daß sie in einem Bedeutungsnetz neu verteilt werden könnten. So stellt sich gezwungenermaßen ein Gleichgewicht auf beiden Seiten einer Scheidelinie her. Das schicksalhafte Verhängnis, das an das Bild geknüpft ist, verschwindet nicht, es ist in der neu formierten Struktur wieder zu erkennen. Die Verwendung desselben doppeldeutigen Worts »Verhängnis«, das die Verdunkelung mit einschließt, entspricht der besonderen Beziehung, die eine primäre, schon gegebene Visualisierung mit ihrem Übergang in die Ordnung der allegorischen, veränderten Einheiten eingeht. Es besteht etwas weiter. Als solches drückt das Bild keinen Widerspruch aus, es wird in der es aufnehmenden, sprachlich kontradiktorischen Struktur dagegengestellt. »Gegen-« markiert dann den Akt einer bloßen Korrespondenz; die ursprüngliche empirische Wirklichkeit kann in der Umsetzung als solche nicht überwunden werden.

Die zweite Strophe stellt das Prinzip in einer makabren Inszenierung dar. Der Regisseur braucht die vertikale Linie und ein Darüber, einen Kopf, einen klingenden: so wird es eine Hammerglocke sein. Man nimmt, was eben vorhanden ist. Die Konstellation greift tote Elemente auf: ein Schädel ist es, der darübergestülpt wird; er hat nun die Funktion des Kopfes und der Glocke zu erfüllen. Er wurde aus dem Beinhaus geholt und zum Klingen gebracht. Ist es der Traum eines Toten, so wird er auch alle Träume negieren und einen steigenden Rhythmus vorgeben, den die Irrlichter im Takt eines aus dem Wahn sich erhebenden Sterns skandieren.

Wie sollte man diesen Inhalt anders bezeichnen als mit der neutralsten aller möglichen Bezeichnungen, mit einem: »all das«? Er ist etwas Deutsches (»all«, die erste Silbe von »allemand«), und man weiß aus Erfahrung, was es ist und was »das« bewirkt. Die »Welt« schließt sich ab, als eine jedesmal neue, als ein jeweils neu angeordnetes und dargestelltes Nichts. Die toten Elemente lassen sich in ihrem Wahn von den Gesängen zu einem Gegengesang zurechtbeugen.

Das Wort »Verhängnis« bietet ein gutes Beispiel dafür, wie Celan die sprachliche Polysemie in seiner Kunst einsetzt. Die neue Lektüre schreibt sich der Logik der dem Text eingezeichneten Lektüre ein. Das Bild schafft eine Barriere, es widerspricht dem Widerspruch. Das ist das Verhängnisvolle an ihm. Doch bleibt dabei die Analyse der Silben unberücksichtigt. Sie hätte den Wortlaut auf die »Enge« des Durchgangs zu beziehen. Die quasi unumgängliche Umdeutung weist auf eine Verschleierung. Die Zahlen müssen sich damit abfinden; das ist der *Bund*, den sie eingegangen sind: bevor sie noch unter den Schädel kommen, wurden sie bereits »verhängt«.

III. DIE KUNST

Die Schrift als Form der modernen Kunst

Im Unterschied zu anderen Künsten ist es möglich, einen durch neue ästhetische Prinzipien bedingten Bruch in der poetischen Technik nicht wahrzunehmen. Die sprachliche Materie kann im ästhetischen Genuß mit den Verlockungen der früheren Dichtung behaftet bleiben und die Spuren der Tradition bewahren. Sie ist solchermaßen allen erdenklichen Vereinnahmungen ausgesetzt; die Wörter können erneut in ihre alten Bahnen gebracht werden. Sie werden ihrer Blöße wieder entkleidet; eine ursprüngliche Umlenkung wird verkannt.

Es gibt wohl keinen Text Celans, der sich für irgendeine poetologische These oder ästhetische Theorie ausschlachten ließe und nie wird ein Text von einer solchen erhellt werden. (Er kannte sie nahezu alle.) Im Gegenteil, die Sprachform der Gedichte experimentiert gerade mit ihnen und zerschlägt sie. Da ist kein Gedicht, das nicht einen Vorstoß und eine Exploration im Bereich der Kunst reproduzierte und wiedergäbe. Ein jeweils neuer Versuch bringt zum Ausdruck, wohin man mit der sprachlichen Erfahrung gelangen kann; er geht aus dem »Nichts« hervor und ist mit einem »Nirgendwo« bewaffnet.

Celan ist widerfahren, was sich schon so oft ereignet hat: das Erreichte wurde rückgängig gemacht, sein Werk wieder auf den Punkt zurückgeführt, von dem es sich losgelöst hatte. Es wurde, was vielleicht immer weniger der Fall sein wird, nach den vorherrschenden ästhetischen Kriterien beurteilt. Sie verfallen von selbst, denn sie entsprechen einer Ordnung, die er in seiner Existenz, als Individuum, und in seinem Werk, als Künstler, abgelehnt hat – freilich nicht ohne sich zuvor in ihr sein Rüstzeug angeeignet zu haben. Er war in einer Welt groß geworden, er hatte sie durchquert, bekämpft und war aus ihr hinausgetreten.

Celans Dichtung ist von ihren ästhetischen Kategorien her modern. Seine Erforschung der Sprache gehört einer Avantgarde an: sie ist kritisch, abstrakt und ikonoklastisch. Sie schreibt sich in die literarische Tradition als etwas Fremdes ein und gestaltet sich als Kunst in einem Stoff, der darin keine angestammten Rechte genoß, als Provokation und – über weite Strecken – als Protest, indem sie auf die herrschenden, feindlichen Mächte der Kulturgeschichte weist. Ein Können ermöglichte diese Herausforderung, es zeugt von einem Nicht-dazugehören-Wollen. Die Parodie bleibt ein markantes Zeichen der Überwindung.

»Das Gedicht nach Auschwitz, auch daran läßt sich seine [das heißt Celans, J. B.] Distanz zur Moderne des neunzehnten Jahrhunderts ablesen, ist ein ›Gang‹. Es ist unterwegs [das Wort gemahnt an Heidegger], es hält auf das ›ganz Andere‹ [eine Umschreibung des Numinosen] zu.«[1] Vielleicht sollte man endlich aufhören, von dieser Zeit »nach Auschwitz« zu reden; ist es doch die Negation einer Poesie, die das Geschehen in sich aufgenommen hat, ohne sich deswegen als von ihm determiniert zu verstehen, und die, indem sie die Kunst mit der Geschichte konfrontiert, in dieser neuen Spannung die von Baudelaire initiierte »Modernität« bewahrt.

Die Öffnung auf ein »unterwegs«, auf dessen oft so verdunkelte Wege, ist der modernen Poesie eigentümlich, die von einem stets noch unerforschten Rhythmus getragen wird. Jedenfalls kann man das »ganz Andere« weder als ein den Weg vorzeichnendes Ziel beschwören noch es aus der methodischen Reflexion ausnehmen; die zögernde und vorsichtig tastende Weise, mit der Celan diese Formulierungen gebraucht, läßt es nicht zu. *Der Meridian* ist eine Rede und eine Poetik, in der in einzelnen Etappen die Erforschung der Alterität bezeichnet wird.

Das gesamte Werk erscheint als eine beharrliche Stellungnahme gegen die Vorherrschaft der Bilder und für eine Form der Abstraktion, für die Nacktheit der Wörter. Dahinter steht ein grundlegendes Engagement auf seiten der Schrift und des Schreibakts, dem sich die Präzision verdankt, die sich der Sprache einprägende Inskription. Die Gedichte sprechen eine freie, durch die Schrift erst freigesetzte *geschriebene* Sprache. Der Übergang zur Sprachordnung und der mit ihr verbundene personelle Abstand werden von der Gewißheit dieses in der Poesie vollzogenen Bruchs getragen.

So werden auch die Bilder, die bei einem anderen Dichter schon in die Richtung einer Onomaturgie weisen, in eine Autonomie versetzt, die über das Abgebildete hinausgeht, sich ihm entzieht und abstrakt wird, wie in einem Spiegel, der das Gespiegelte absorbiert.

Den Wörtern ist die Fähigkeit eigen, sowohl zu zeigen, *welchen* Gegenstand sie zerlegen, als auch, *wie* sie ihn zerlegen. Sie bleiben auf diese Weise referentiell und analytisch; sie bestimmen ihren eigenen Ort. Manchmal überläßt der Schreibakt sich der Bewegung des Zerlegens und restrukturiert sich in ihr ungebunden aus der Fragmentierung heraus. In einem ersten Schritt wurde die Verbindung mit dem Motiv gelöst und die Trennung als solche sichtbar gemacht; der folgende vermag die Kräfte einer freieren Integration beim Anströmen und Aufsteigen der sprachlichen Elemente gezielt einzusetzen. Man befreit sich nicht nach Belieben, sondern von etwas Bestimmtem. Der Abstand, aus dem sich die Abstraktion ableitet, ist bei Celan deshalb so groß, weil er das Schreckensgelände des Geschehenen nie verläßt, weder die direkten Bezüge zum Gegenstand noch die Vermittlung zu den Gesängen, die vor ihm gesungen wurden.

Kritik in der Dichtung

Für Nietzsche war das Talent zur Nachahmung eine jüdische Besonderheit, die bei Heine hervortrat. In einem seiner Fragmente macht er daraus eine aus der Not eines sozialen Außenseitertums erwachsene Tugend:

> »Stil«. Nachahmung – als Talent des *Juden*. »Sich anpassen an Formen« – daher Schauspieler, daher Dichter wie Heine und Lipiner.[2]

Etwas Angepaßtes ist sekundär. Abhängig zu sein ist in der Kunst für Nietzsche ein Vorzug; er sagt es auch an anderer Stelle. Und doch konstruiert er einen Gegensatz zu einer ursprünglichen, mehr spontanen und eigenständigen Form. Wenn Heine in seinen Augen dennoch denselben Rang einnimmt wie Goethe, so nur deshalb, weil er es verstanden hatte, einen Aspekt seines Genies weiterzuentwickeln.

Wenn man den sekundären Charakter der Produktion in den Hintergrund rückt, so reduziert sich die Imitation auf eine Dualität. Die Faktur spiegelt sich in ihrer Kontrafaktur. Die eine bringt die andere hervor. Die Erfindung ist eine Vervollkommnung des Bestehenden; sie beruht auf der Erneuerung des Gesangs, die schon immer eine kritische ist. Gestaltet er sich lyrisch, so doch aus einer Distanz heraus; er setzt sich frei und nimmt parodische und satirische Züge an. Die Kunst wäre so in ihrem Wesen etwas Sekundäres, da sie von Anfang an außerhalb ihrer selbst stünde. Das Genie eines Heine liegt darin, daß er das Talent zu seinem Talent besaß und sich seiner in größter Ungebundenheit bedient hat. Eben darin könnte das Jüdische liegen, in dieser Kunst, sich der Kunst zu bemächtigen und die Distanz zu erfassen, die sie zu allen Inhalten herstellt.

In dem Maße, als die Lyrik sich ihres kritischen Vermögens bewußt wird, ist sie imstande, die Literatur zu transzendieren. Sie meidet jede Bindung und will nirgends anknüpfen. Die Sprache löst ihre Fesseln, indem sie sich ausschließt und zurückzieht; aus der Isolation ergeht unablässig ein Aufruf an das literarische Schaffen, sich von der Literatur zu trennen.

Adornos »Doppelcharakter der Kunst«[3], in dem sich ihre Autonomie mit dem *fait social* verbindet, kann auch für Celan gelten, vorausgesetzt, man unterschlägt den Schritt nicht, der kontradiktorisch die objektive Sprache aufgreift, noch bevor es zu einer Parzellisierung der Sprache im lyrischen »Prozeß der Individuation«[4] und zu ihrer Umformung in ein neugeschaffenes persönliches Idiom kommt. Die allgemeine Definition, die in der Tiefenstruktur die Präsenz eines »kollektiven Untertons« annimmt,[5] läßt sich für den Grenzfall einer Überlagerung von verneinendem und verneintem Wort aufrechterhalten. Zwar gibt sich ein Subjekt noch in der Abtrennung der allgemeinen Sprache anheim, doch unterwirft es sich dieser darum nicht.[6] Der Unterschied – von einer Kunst zu einer anderen Kunst – besteht in der Distanz zwischen einer unbewußten Beherrschung durch die das Subjekt überwältigende Stimme der Gemeinschaft und einer befreienden, kritischen Hingabe, die von einem fernen Standort aus gesteuert wird.[7]

Es ist wohl kaum denkbar, daß eine Dichtung »in ihrer Individuation auf die Vermittlung objektiver Inhalte verzichtet«[8]. Es hieße dies ja, die Differenz aufzuheben, die das hermetische Sprechen in der Konfrontation mit den abgelehnten Inhalten nicht zu benennen aufhört, in seinem Wortlaut und in seiner Sinnstruktur.

Das Leben gegen das Wort

Der Literatur hat die Kritik das »Leben« als einen höheren Wert entgegengehalten. Celan habe »aus dem Leben heraus, in das Leben hinein sprechen«[9] wollen. Wenn aber nun das Leben in den Buchstaben des Wortes zu suchen wäre? »Es ist nicht angemessen, seine Bemühungen dadurch zu vereiteln, daß man seine Gedichte wiederum nur erklärt als Literatur, die aus Literatur entstand.«[10] Doch genau darum handelt es sich: um eine »Literatur, die aus Literatur entstand«, indem sie aus einer anderen in die eigene umgewandelt wurde.

Die Voraussetzungen dieser Ansicht werden deutlich. Das literarhistorische Interesse der Interpreten führte zu einer Zuordnung, die dem Anspruch der Werke nicht gerecht würde: »Celan hätte die Weise, wie wir seine Gedichte in eine ästhetische und literarhistorische Diskussion eingespannt haben, als ungemäß empfunden; er wollte keinen Beitrag zur Literatur geben [...].«[11] Eine inspirierte Dichtung läßt sich schlecht mit der Kunst vereinen. Die theologische Bevorzugung der prophetischen Stimme vor dem glossierenden Interpreten verstellt den Zugang zum Referenzrahmen der Gedichte. Dieser setzt sich weitgehend aus Büchern, aus Prosa und Lyrik, zusammen und hilft den Sinn zu definieren. Er führt zur Entzifferung, und umgekehrt. Es ist ein anderer Gesichtspunkt als der Ästhetizismus André Gides, der sein Leben dem von einer Idee von Leben überhaupt getragenen ästhetischen Modell hatte angleichen wollen. Das Gedicht gestaltet sich in zweifacher Entsprechung zur Wahrheit. Sie erstreckt sich sowohl auf die literarische als auch auf die täglich erlebte Erfahrung; beide gehen ineinander auf.

Celans eigene Zeit setzt sich zunächst aus den Daten zusammen; sie halten fest, was ihm an diesem Tag oder in jener Stunde widerfuhr. Diese Schrift wird zu seinem Leben in der Dichtung – eher so als umgekehrt. Am Ende lebt man nur noch für den Buchstaben, so sehr ist er mit dem geringsten Hauch von Energie eins geworden.

Erforschung des Unbewussten

Die Rekonstitutionen der Traumwanderungen durch die Landschaft einer Vision sind bewußt gesetzte Markierungen ihrer methodisch vorbereiteten Erforschung. Wird der Traum beherrscht? Sein Bereich gehört zum nächtlichen Bewußtsein. Die Reise wird zum Gegenstand poetischer Experimente.

Die Wahrheit, angeseilt an
die entäußerten Traumrelikte,
kommt als ein Kind
über den Grat.

Die Krücke im Tal,
von Erdklumpen umschwirrt,
von Geröll, von
Augensamen,
blättert im hoch
oben erblühenden Nein – in der
Krone.
(II, 138)

Die Relikte könnten das bezeichnen, was nach dem Durchlaufen einer schmerzhaften psychischen Erfahrung von einer sonst verlorenen Fähigkeit noch geblieben ist – die Reste einer ursprünglichen Traumfülle. Die Epiphanie würde so als Maskerade gespielt. Vermindert oder kleiner geworden kommt die Wahrheit und entdeckt staunend, was alles geschaffen wurde: der Künstler blättert in seinem Buch, er zeigt es dem verblüfften Betrachter. Doch durch den Bezug auf das Gedicht »Ein Dröhnen« in *Atemwende* wird an die Identität der Wahrheit erinnert, die da erscheint: sie steht für das im Einklang mit dem Geschehen Geschriebene, das in keine der metaphorischen Ordnungen übertragen wurde. Man könnte sich also sagen, daß hier im Anschluß an »Frankfurt, September«[12] eine Unterscheidung getroffen wird, die die Arbeit an den Traumfragmenten negiert, und daß man hier, anstelle der Kindheit als eines Gegenstands psychoanalytischer Seancen, in einer scharfen Umkehrung eine neue kindliche Erscheinung auftreten sieht, an der die unzerstörbaren »Reliquien« einer Ermordung haften.

Die Poesie, wie sie der Sprache eingeschrieben und geschrieben wurde, ist durch das Emblem einer Krücke dargestellt, die hier den Platz des Schreibinstruments einnimmt.[13] Sie weist auf das Werk, als ein Zeugnis für das Geleistete. Es genügt, eine Seite des Buchs nach der anderen zu betrachten. Alle Wörter beziehen sich ausnahmslos auf dieselbe Bekämpfung des Vergessens. Darum ist dieses Gedicht wie eine Demonstration des Triumphs über die metaphorische Sprache konstruiert. Das Ich hat der Wahrheit seinen Platz eingeräumt, und das Du, das mit ihm geht, steht Rede und Antwort; es trägt mit seiner Kunst das auszeichnende Attribut der Invalidität zur Schau. Die Tradition insgesamt, die weite sprachliche Materie, war ihm zur Umformung überlassen. So wurden die »Erdklumpen« im Zeichen der Resemantisierung zu »Geröll« (vgl. »Nacht«, I, 170), zu rollenden Steinen. Die Geste weist auf das, was eine nie ablassende Entgegnung vollbringen konnte: von dem Talgrund einer Erzählung[14] bis zu dem Höhepunkt, an dem die Verweigerung der Geschichtstilgung gipfelt, läßt sich eine gerade Gratlinie ziehen.

Der Traum wird bei Heine, für den er ein häufiges Thema ist, als eine Allegorie auf das gelebte Leben bezogen. Seine Phantasiebilder deuten es aus; sie sind allegorisch. Er öffnet nicht den Zugang auf irgendein verheißenes wahreres Leben, sondern durchwirkt die lyrische Rede und forciert die Grenzen der Märchenerzählung. Der Vorstellung, wonach die Überwindung der Subjektivität es erlauben solle, »aus dem Bewußtsein des in sich geschlossenen Individuums auszubrechen« und den Zugang zu jenen Regionen zu eröffnen, »in denen der Mystiker endlich zur einzig wahren Realität vordringt«[15], hat Heine entschieden widersprochen.

Freier Rhythmus

Die Unabhängigkeit des Dichters ist seit Homer an die Kunstfertigkeit gebunden. Die Freiheit verdankt sich der Kunstausübung und gehört, ohne mit ihr zusammenzufallen, in den Bereich der Technik. Bei Heine macht sie vor nichts halt, stets wird noch ein letztes Lachen laut, das sich sogar über den Tod mokiert, bis in den Kampf im Bunde mit den Toten. Bis zum Ende ergießt die Parodie ihren Spott und ihren Hohn. Gewiß wird in der Fragmentierung des Materials diese äußerste Grenze nicht oft erreicht.

Jede Welle seines Rhythmus findet bei Heine eine semantische Entsprechung in einem erwarteten und zugleich unerwarteten Finale, das den einzig richtigen Ton anschlägt. Die Freiheit kulminiert im zweiten Reim am Strophenende mit dem befreienden Wort. Es hat sich losgerissen, ist nun frei und feiert seinen Triumph.

Nichts kann in der aristophanischen Lizenz dem Rythmus des flammenden Übermuts Einhalt gebieten.[16] In verschwenderischer Fülle strömen die Wörter und die Wortneubildungen an, ein unerschöpfliches Füllhorn schüttet sie aus:

Mein Kopf ist ein zwitscherndes Vogelnest
Von konfiszierlichen Büchern.[17]

Die Neuen essen Schweinefleisch,
Zeigen sich widersetzig,

Sind Demokraten; die Alten sind
vielmehr aristokrätzig.[18]

Heine bereichert die Sprache um der Bereicherung willen, ohne die Bindungen mit zu übernehmen, die in der Materie angelegt sind. Von ihr getragen, tritt er zugleich auch aus ihr hinaus und überwindet sie. Zwei Bewegungen bedingen einander: der Rhythmus, mit dem er die Grenzen eines Aufnahmevermögens erprobt, reißt ihn auch mit und trägt ihn fort. Überall haben sich kraft der Genauigkeit und Vollendung des Ausdrucks die Ansätze zur Überwindung durchgesetzt.

Maestria

Die Meisterschaft, die Heine in der klassischen wie in der romantischen Dichtung entfaltet, ist zu offenkundig und zu autochthon, als daß sie nicht Anerkennung gefunden hätte. Man hat so für ihn innerhalb der hohen Dichtung eine eigene, eigentlich nicht vorgesehene Rubrik eröffnet, um sein destruktives Genie doch aufnehmen zu können – unfreiwillig und ausnahmsweise, da er allem Erhabenen so fern steht. Er beherrschte nämlich auch dieses Genre zu gut, um es nicht ebenfalls zu parodieren. Er hatte das Naturhafte in seiner Dichtung akkreditiert, bevor er Verbotenes in sie einschmuggelte – und dies in einer Sprache von solcher Autorität, daß man auch die Abweichungen akzeptierte, ohne der Diskordanzen und Transgressionen noch gewahr zu werden.

Auch er hatte eine personhafte Gegen-Sprache, die ihn vor Mißbrauch und Entstellung bewahrte. Es war zugleich eine *andere* Sprache, die aufnehmen konnte, was damals gelesen wurde, und das kraft einer vollständigen Durchdringung aller Ideen und Formen, auf die sich seine Meisterschaft stützte. Sein Können erlaubte es ihm, auf ein übliches Machen zu verzichten und alles anders zu machen.

Die *Maestria* hat ihre Willkür; es ist die Freiheit, aus der Heines Virtuosität ihre kritische Potenz bezieht. Seine Gegner bemerkten die »Anleihen«, sie sahen, daß alles sekundär und aus »zweiter« Hand war, wie dann auch bei Celan.

Die Beherrschung der traditionellen Formen begründet ein Prestige. Trotz seiner Erfindungen und der Freiheiten, die er sich herausnimmt, bewegt sich ein Autor innerhalb der überkommenen Sprache. Die Brechung spricht selbst eine nicht weniger deutliche Sprache als die in der Sprache bewirkten Denaturierungen. Celan hat versucht, die größtmögliche Differenz in die Gemeinsprache einzutragen. Er hatte sie sich aneignen müssen, um ihr dann nicht mehr unterworfen zu sein. So konnte er ihre Wege und Umwege vermeiden und jene Mächte umgehen, deren Assimilation für unumgänglich gehalten wird.

Fremdsprachige (Juden)

In einer eher parodisch als satirisch zu nennenden Persiflage wird das Vertraute auf Abwege geführt. Es ist die Sache des Rhythmus; er bestimmt einen Gegenstand und eine Differenz, die selbst auch zum Gegenstand werden kann. Die schlagfertige »Witzreißerei«[19] entfaltet sich außerhalb jeden Dialogs; der Dialog lebt sich in der Sprache aus, in der rasanten Geschwindigkeit, mit der in ihr die Substitutionen aufeinander folgen: jedes Wort anstelle eines anderen. Dem einen, das man erwarten konnte und befürchten mußte, wurde zuvorgekommen – es wurde vereitelt. Es ist jedesmal ein neuer Triumph über etwas, was sich fest etabliert hatte und dessen Kontinuität nun ein Ende bereitet wird. Die Subversion wirkt in doppelter Weise parodisch: in der ungezügelten Wiederholung, den Kavalkaden und in allen anderen, ausgereiften Mitteln der Abschweifung.

Die vorgeformte Struktur einer »Intention auf die Sprache«, von der Walter Benjamin spricht,[20] könnte auf die expressiven Bestandteile eines anfänglichen Zustroms Anwendung finden, den man für spontan und mehr oder minder automatisch hält, von keiner Intention getragen und insofern semantisch unbestimmt. Und doch folgt er einem Rhythmus und unterwirft sich einer von innen her aufgeprägten Form. Die Verbindung nimmt Konturen an. Die beiden Momente lassen sich nicht eindeutig unterscheiden: ein anströmendes Element geht über in ein durch ein »dies hier« bezeichnetes, das nichts Beliebiges mehr an sich hat. Die Aufnahmemöglichkeiten sind quasi unbegrenzt, die Erfindungsgabe duldet keine Einschränkung. Und doch strukturieren sich die Teilchen und fügen sich zu einem *Sinn* zusammen, indem sie einer bestimmten, ungekannten und noch unbenannten Richtung folgen.

Die Negationskraft steht in enger Korrelation mit dem Vorhandenen. Die Sprache war immer schon vorgegeben. Die Kunst pflegt die Negation zu handhaben, indem sie sich eines vorgeformten und umgeformten Sprechens bedient. Dieser Zug gehört wesentlich zu ihr: die Virtuosität beruht darauf, sie ist Meister im Überwinden und übt sich weiter darin. Celan konnte nur deshalb aus der Sprache hinausgehen, weil er voll und ganz in sie eingetreten war. Ein Talent pflegte immer schon in den Dienst einer Tradition zu treten; es unterwirft sich und tut sich hervor. Noch größer wird es, wenn es sich hervortut, ohne sich länger zu unterwerfen. Heiter und ausgelassen trägt die Hand den Sieg davon. Die Erfindungsgabe hebt jedes Gewicht. Ohne die Respektlosigkeit des Talents gäbe es keinen Ungehorsam, keine Replik, keine Freiheit und kein kritisches Vermögen. Die Kühnheit stellt den Hebel bereit, der die Tradition aus dem Punkt hebt, in dem sie ruht. Der Prätext hat sein Eigengewicht, er lastet schwer und lichtet doch auch den Anker.

Es geht nicht so sehr darum, daß Celan Jude war und als Jude abgelehnt wurde. Jude ist er in dem, was er nebenher sagt, wenn er seine Freiheit im Tonfall und im Rhythmus bekundet, *a partibus infidelium*, in der offenen, franken Rede der Virtuosität.

Celan hat Heidegger gründlich gelesen, er hat erkannt, wie dessen Sprache beschaffen war und wie er mit den Wörtern verfuhr. Er war im Gebrauch des Deutschen versierter als er, bevor er ihn gelesen hatte, und danach nicht minder. Es ist mehr als nur eine Rivalität von einem Berg zu einem andern. Wie in die übrigen Sprachen ist er auch in diese mit der seinen eingedrungen. Es galt, sie auf die Probe zu stellen; er hat sie durchwandert.

Das Prinzip, daß alles in allem enthalten sei, kann in seiner Geltung anerkannt und zugleich auf den Status einer reinen Möglichkeit relegiert werden. Es bezeichnet den Fundus *ante distinctionem*, noch bevor darin eine Auswahl getroffen wird. Andere haben ihn seither destrukturiert und restrukturiert, haben daraus eine polymorphe und alles verschlingende Materie gemacht, welche selbsttätig die Bewegungen erzeugt, die sie durchziehen und so das produzierende Subjekt beherrschen. Der Widerstand gegen die Destitution des Sinns hat sich nun aber auf ein Gelände begeben, das durch eine willkürliche, doch außerhalb der sprachlichen und kulturellen Zwänge stehende Anordnung erschlossen wurde. Das jetzt beherrschte Spiel mit den nicht minder freien Assoziationen macht die Zwänge sichtbar, die destruktiven Wirkungen einer unkontrollierten Emanzipierung und die Begleiteffekte der den Zeichen zugeschriebenen Eigendynamik und Eigenlogik.

Abstammungslinien

Auch bei Baudelaire und Rimbaud steht ein Abstieg in die Unterwelt im Mittelpunkt; er wurde als das Grundthema einer wesentlichen Kunsttradition übernommen. Die Freiheit, zu der man im Todesreich wieder gelangt, mit dem gegen »den blauen Himmel und das blumige Bebauen des Landes« errichteten Wall[21], bleibt ungebrochen – trotz der Rolle, die bei Celan nun, ein Jahrhundert später, der Bezug auf das historische Ereignis spielt, das die grundierende Schwärze neu definiert.

Rimbauds Bedeutung könnte für Celan in der Freiheit seiner Auseinandersetzung mit den verbindlichen Formen der Kunst liegen; nicht minder aber in der Einbeziehung des gesellschaftlichen und historischen Moments und eines besonderen Verhältnisses zur Wirklichkeit als Voraussetzung der poetischen Distanzierung.

»Sieben Rosen später«[22] kann zum Verständnis der »Septemberrosen« führen.[23] Ihre Bedeutung ergibt sich aus einem Bezug, der schon in einem früheren Gedicht hergestellt wurde. Im Namen des von Celan bevorzugten Monats verbindet sich die jüdische Siebenzahl mit dem Verfallsprozeß der späten Jahreszeit.

Die Umwandlung eines Verses von Verlaine: »Ah! quand

refleuriront les roses de septembre!« zu: »Oh quand refleuriront, oh roses, vos septembres« verschiebt nicht nur den Akzent. Die Variation weist darauf, daß die Blume in die Ordnung der Sprache verlegt wurde. Er gilt dies für das ganze Werk und insbesondere für den Titel *Die Niemandsrose*, der ein Gedicht bezeichnet. Der Tonfall kommt hinzu, in dem sich eine Umkehrung und radikale Bedeutungsverlagerung der zitierten Wörter vollzieht. Ein Ort, der sich von allem Blühen weit entfernt hält, besitzt einen anderen Glanz. Die »September« in Celans Gedichten werden der Wahrheit zugeführt, die dem Abgrund der Jahre des Mordens entspringt.

Mallarmé hatte sich fast allen künstlerischen Produktionen seiner Zeit gegenüber offen gezeigt, von Jarry bis Strindberg, auch dann, wenn sie dem Anschein nach von seinen eigenen Anschauungen weit entfernt lagen; zumeist hat er sie, auf die eine oder andere Weise, in seine kontinuierliche poetische und literarische Reflexion einbezogen.

Seine Person kann nicht von den traditionalistischen Bewegungen vereinnahmt werden. Wie zahlreiche seiner Freunde gehörte er der Avantgarde an; er ergriff auch Partei und hat beispielsweise in der Dreyfus-Affäre Stellung bezogen.

Von Mallarmés Konzeption einer gesellschaftlich und sprachlich autonomen Dichtkunst wird nicht selten ein tendenziöses Bild gezeichnet.

Es ging ihm darum, in einen Bereich der Kunst vorzudringen und die ihr eigentümlichen Möglichkeiten bloßzulegen; diesen Gegenstand wollte er gegen alle äußeren Vermittlungen verteidigen. Sein Unternehmen muß in den historischen Kontext des *Second Empire* und der Dritten Republik gestellt werden, sofern man seinen Versuchen in ihrer Einzigartigkeit gerecht werden will, auch im Verhältnis zu seinen Vorläufern und zu den Nachfolgern, die ihm nach seinem Tod oft nicht treu geblieben sind, selbst wenn sie sich auf ihn beriefen. Um ihn zu verstehen, muß man die Poesie im Rahmen ihrer widerstreitenden offiziellen und privaten Funktionen sehen, in ihrem Kampf gegen Entfremdung und Unfreiheit. Dieser Einsatz für die Integrität der Literatur und für die Anerkennung einer rein im Buch existierenden Welt wurde dann später meist in einer Weise dargestellt, die seine Position verfälschte und mit Auseinandersetzungen verquickte, in denen es um ganz andere Dinge ging.

Wozu die Genealogien? Welche Funktion erfüllen Stammbäume von der Art: Mallarmé – Benn – Celan,[24] selbst wenn sie nicht eigentlich böswillig gemeint sind? Man notiert die Unterschiede, freilich eher, um ihre Tragweite herabzumindern. Wozu braucht man die Vermittler? Eine Sensibilität wird mit einer anderen verglichen. Sie hebt sich von ihr als eine besondere ab, weist sie zurück und deutet sie um.

Man hat behauptet, daß in Übereinstimmung mit dem Dichter selbst eine Linie von Rilke bis Celan gezogen werden könne: »das weiß die Forschung seit Jahren und hat es auch wissenschaftlich aufgearbeitet«[25]. Dem kann man nur entgegnen, daß die umfassende Neuverwendung von Rilkes poetischem Duktus, seiner Inventionen und Inflexionen, klar auf der Hand liegt, daß aber keine wie immer geartete Verwandtschaft den radikalen Bruch in Frage stellen kann, der sowohl den weltanschaulichen und künstlerischen Bezugsrahmen als auch die grundsätzliche Relation zur Sprache betrifft.

Die Abstammungslinie mußte aufrechterhalten werden, damit der ästhetische Schnitt nicht als eine Überwindung und Berichtigung angesehen werden konnte. Man suchte nach einer Nachfolge; die Geschichte hat sie freilich vereitelt. Die Absonderung betrifft in dieser Sicht, als eine Nachwirkung des historischen Ereignisses, ein Opfer. Immerhin ist es noch die traditionelle poetische Sprache, die aufbegehrt und sich verteidigt, »bei aller Hermetisierung,[26] Hebräisierung, Rückführung auf Sicheltexte und Dekontextualisierung«[27]. Das Verdikt wurde von einem Germanisten gefällt. Die Sprache allein zählt, sie wird den Sieg davontragen, sie erweist sich als stärker: »unausrottbar« – das Adjektiv spricht für sich. Hier wird klar und deutlich behauptet, daß es keine Sprache geben kann, die der Vernichtung entgegentritt, höchstens ein totgeborenes Gestammel.

Das Gedicht »Ein Dröhnen« (II, 89) nimmt das Ende der Terzinen im Gedicht »Entrückung« aus Stefan Georges *Der siebente*

Ring wieder auf: »Ich bin ein dröhnen nur der heilgen stimme«[28]. Pöggeler stellt die Beziehung her; es bleibt jedoch unklar, wie die beiden – gewiß »antagonistischen« – Momente der »Lyrik des zwanzigsten Jahrhunderts« in einer verwandten Eschatologie zusammengeführt werden können. Etwa durch den Versuch, »die Spur zu einer anderen Zukunft zu finden«[29]? Die Angleichung ist erschreckend. Sie hebt alle Unterschiede auf: Hauptsache, man stiftet eine Einheit.

Der Dichter weiß, daß er auf Hilfe vertrauen kann: er ist mit der Welt der Metaphern fertiggeworden. Die Wahrheit »selbst« ist aufgetreten, mitten im Metapherngestöber, allein in dem hämmernden Lärm, in dem sich die Zertrümmerung der Sprache ankündigte. Die Menschen an ihrer Seite haben hier, an diesem Wendepunkt, den der Gedichtband festhält, wie durch ein Wunder wieder eine Sprache gewonnen.

»Wahr« ist das Prädikat einer menschlichen und persönlichen, das heißt: abgesonderten und neugeschaffenen Sprache, welche die vertraute Metaphorik hinter sich gelassen hat. Die emphatische Epiphanie am Ort dieser Metaphorik ist weder ein Paradox noch ein phantastischer Einfall. Sie bezeichnet das Gelingen.

Der Text gibt, nach dem Doppelpunkt, eine Erklärung für das wieder ursprünglich gewordene Geräusch. In dieser Verwirrung geschieht ein neuer Aufbruch. Eine Erscheinung wird durch das »Dröhnen« angekündigt: das Chaos in seiner Unterschiedslosigkeit schmilzt zu etwas Distinktem, zu einer kompakten Lautmasse zusammen.

Kritik der Poesie

Celan zerschlägt den mythischen Grund der hohen Dichtung, der ihm wesentlich mit Archaismen verbunden erscheint, die man immer von neuem beleben will. Er führt die Geste des Zerschlagens auch vor; er verzichtet eben nicht einfach, wie dies aus verschiedenen anderen Perspektiven denkbar wäre, auf eine unmöglich gewordene Lyrik, die ihn nicht mehr trägt und die er nicht mehr ertragen kann. Dieser selbe, vom Dichter bekämpfte und verleugnete Grund wird von den Lesern regelmäßig wieder in seine Rechte eingesetzt, in Paris nicht weniger als in Deutschland oder anderswo, unter Mißachtung aller lesbaren Zeichen. Die Gattung der Lyrik und ihre traditionelle Funktion haben sich als stärker erwiesen als das der Dichtkunst innewohnende kritische Potential. Es konnte dafür keinen Raum geben, gerade angesichts einer so vollkommenen sprachlichen Meisterschaft; sie wies in die Gegenrichtung.

Auf die Haltung eines Hölderlin, der sich sagte: Nichts hindert mich, das Spiel mitzuspielen – mit meinen Figuren, so wie ich bin, in meiner Verlorenheit – antwortet ein Heinrich Heine: Auch mein Spott kann auf seine Bürgerrechte pochen, ohne daß ich den Preis des Erhabenen zu zollen hätte. Die Nähe ist größer, als man glaubt: sie ist in der Persiflage dauernd gegeben, weil sie eine Gehorsamsverweigerung ermöglicht. Das persiflierte Erhabene ist eine erhabene Persiflage. Diese Ausrichtung wird heute nicht mehr erkannt. Noch vor vierzig oder fünfzig Jahren ergossen die Germanisten, nicht nur in Deutschland, sondern auch in der Schweiz und anderswo, ungezügelt ihren Schimpf über Heine. Nicht über »ihn« freilich, sondern über die Auflösung von Welten, die man in der Demystifikation wahrnahm, über seine ungebundene und daher nicht als verbindlich geltende Dichtung. Über wen also?

Eine literarische Tradition, deren affirmative Werteskala mit seinen Gedichten unvereinbar war und so den von ihnen als unmöglich erwiesenen Anschauungen entsprach, konnte zuweilen – im Spiel und wie durch eine Art von Höflichkeit – von Celan wieder aufgegriffen werden, mit großer Geschicklichkeit in der Handhabung, ganz so, als wollte er damit zeigen, daß es ihm auch möglich war, in die Kulissen vorzudringen, mitzuspielen und eine Vergangenheit aufzusuchen, die weiter zurücklag als die furchtbaren Ereignisse und nichtsdestoweniger auch schon von dieser Zukunft gezeichnet war; diese gleichsam rivalisierende Vorwelt ist so ausgeprägt, daß manche sich davon haben blenden lassen oder, noch schlimmer, ganz bewußt den Irrweg gegangen sind.

Die Originalität ist eine Eigenschaft, die sich an die Erwartungen einer künstlerischen Meisterschaft bindet; sie ist daher zwangsweise mehr spontan als kritisch. Der poetische Diskurs wird um so natürlicher und spontaner scheinen, je mehr er abhängig und prädeterminiert ist. Die Sätze, die er reproduziert, wurden ihm eingeschärft, gar eingehämmert; sie sind erkennbar, sind benützbar und verwertbar. Der Widerstand, den die Kritik den Zitaten und der Wiederaufnahme interner und externer Elemente entgegenbrachte, leitet sich von eben dieser Furcht vor einer Abhängigkeit und Wertminderung her. Die in stärkerem Maße kritischen dichterischen Modelle der Parodie, der Satire und der Polemik erheben keinen Anspruch auf dieses Siegel der Originalität. Sie enthüllen keine ursprüngliche Wahrheit. Als erster Gegenstand der kritischen Auseinandersetzung, die sich – nicht nur bei Celan – in der Lyrik selbst etabliert hat, bietet sich deren Originalitätsbegriff an.

Alles kann in der Lyrik wieder mythisch werden; die Refektion, die einen Gegen-Sinn begründet, läßt sich nicht erkennen, wenn man den Kampf gegen die Erwartungen unterschlägt, die von eben jener Gattung geweckt werden, in der er sich entfaltet.

Ein Produkt, das existiert, soll sich, so wie es existiert, immer überlegen zeigen. Kommt nicht die Reflexion über seine Produktion erst an zweiter Stelle? Was über Werke gesagt wird, sei stets »schwächer als die Werke«, meint Ingeborg Bachmann am Beginn ihrer *Frankfurter Vorlesungen*.[30] Das Urteil treffe selbst »die höchsten Erzeugnisse der Kritik«. Die Dichterin zieht daraus den logischen Schluß, daß man sich besser an die eigene Erfahrung des Dichters hält, der, wenn er sich – freilich nur widerstrebend – äußert, wenigstens weiß, wovon er spricht. Der Kritiker weiß es demnach nicht. Die Arbeitsteilung reproduziert ein geläufiges Vorurteil; sie ist mit dem Datum ihres Entstehungsjahrs (1959) versehen. War denn die Dichtung nicht selbst kritisch geworden?

Daß die kritische Wissenschaft von der schöpferischen Erfahrung getrennt ist, muß nicht unbedingt auf eine Unterlegenheit schließen lassen. Der Akt der Produktion kann zum Gegenstand einer Analyse werden, die mit ihm dieselben Anliegen und vielleicht auch dieselben Erfahrungen teilt; sie wird ebenso instruiert wie unabhängig, so autonom wie respektvoll sein. Die Scheidung der beiden Sphären wird aber von den einen um so mehr betont und von den anderen um so mehr akzeptiert, als viele Kritiker, die sich zunächst als Ästheten und dann in einem allgemeineren Sinn als Essayisten verstehen, selbst Anspruch auf eine Form von Kreativität erheben. Man könnte sich immerhin vorstellen, daß es in Zukunft zu einer engen Konvergenz und wechselseitigen Anerkennung der beiden getrennten Produktionsformen kommen wird. Es fehlt nicht an Ansätzen dazu. Die Voraussetzung dafür wäre, daß man das dichterische Wort nicht in einer Offenbarungsfunktion hypostasiert und daß man auf seiten der Kritik jenem empathischen Mitschwingen ein Ende setzt, das nichts als eine dubiose Rivalität zur Folge hat.

Auch die Analyse begründet, wenn sie sich ihrem Gegenstand zuwendet, eine Erfahrung. Ein gewisser Scharfsinn vorausgesetzt, wird sie nicht weniger ursprünglich sein als jene andere Erfahrung, die man für unmittelbar hält. In einer Literatur, die noch freier wäre als die, die seit einigen Generationen sprachliche Traditionen unvoreingenommen integriert und sich so auch von ihnen befreit hat, könnte die Abgrenzung noch weiter zurücktreten und vielleicht sogar, als Ergebnis einer angemessenen theoretischen Reflexion, völlig verschwinden. In Symmetrie dazu ließe sich eine Sphäre der Kreativität denken, die in gesteigertem Maße reflexiv und kontrolliert wäre.

Man hat Celans Œeuvre oft als eine Widerlegung von Adornos berühmter Infragestellung der Kunst aus dem Jahr 1949 verstanden, die man wörtlich zitieren muß, da sie meist auf ein apophtegmatisches Verdikt reduziert wird: »Kulturkritik findet sich der letzten Stufe der Dialektik von Kultur und Barbarei gegenüber: nach Auschwitz ein Gedicht zu schreiben, ist barbarisch, und das frißt auch die Erkenntnis an, die ausspricht, warum es unmöglich ward, heute Gedichte zu schreiben.«[31] Das darin enthaltene Element eines reflexiven Rückbezugs auf die eigene Doktrin wird meist unterschlagen. Einerseits führte die Dialektik der Aufklärung zur Konzeption einer Krise in der Zeit vor dem Ersten Weltkrieg, in der die Künste in einer Katastrophenvision die Erfahrung ihres eigenen Endes machten. Die Lager von Auschwitz wären demnach gleichsam durch die Logik einer historischen Analyse präfiguriert worden. Doch angesichts der Schrecken beschlich die Urheber der Theorie ein Zweifel, der die Stichhaltigkeit der eigenen Erklärungssysteme betraf. Die Dialektik schließt auch diese Freiheit ein, sich von ihrem eigenen Funktionieren distanzieren zu können. Man kann jedenfalls die Reflexion nicht von dem System trennen, das sie hervorbringt, noch auch den Zusatz verschweigen, in dem sich eine Überwindung andeutet. Adorno selbst, der mehr als fünfmal auf diesen so erfolgreichen Satz zurückgekommen ist, wurde schließlich selbst von dem Gebrauch beeinflußt, der davon gemacht wurde.[32] So sehr, daß die Kritik, wenn sie ihm gerecht werden will, zugleich die vom Autor intendierte Bedeutung berücksichtigen muß, die ja veränderlich sein konnte, und seine Verwendung in einem zunächst deutschen Kontext der Nachkriegszeit.[33] Man war vor allem darauf bedacht, an den kulturellen Verhältnissen nichts zu ändern und sich den Auswirkungen des Ereignisses zu entziehen. Man muß sagen, daß Adorno in einem gewissen Sinn nicht anders agierte; der Widerspruch zeigte sich in der Aporie seines eigenen Dilemmas. Doch in der ihn umgebenden Kultur durfte die Lyrik – sie vor allem, doch gilt dies nicht weniger von der Musik und den Religionen – von den verübten Verbrechen nicht betroffen sein. Der Dichtung kam die Mission zu, eine transzendente Zone der Reinheit unberührt zu wahren.

Celan wurde paradoxerweise aufgerufen, um das Verdikt Adornos zu entkräften.[34] Die Dichtung schien durch ihn gerettet; es war eine Hommage an ihre Kraft. Sie fand in ihm, vielleicht sogar trotz ihm, eine Bestätigung. Man kümmerte sich nicht um ihren Inhalt, doch hätte man selbst diesen akzeptiert – wenn nur die traditionelle Sprache der Lyrik dabei nicht in Gefahr gebracht wurde. Wird die Dichtung aber vor das Tribunal der Dialektik selbst zitiert, so lehnt sie dessen Kompetenz ab; sie akzeptiert es nicht, als ein Produkt der kulturellen Situation betrachtet zu werden, der sie sich entzieht. Adornos Begriff der Kunst, in dem diese mehr unbewußt als organisiert erscheint, kann ihre kritische Potenz nicht anerkennen, die an die Verweigerung des Universellen gebunden ist. Sonst hätte er sich sagen können, daß eine analytische Dichtung vielleicht die einzige war, die dem Grauenhaften auf den Grund gehen konnte. Die Frage war, wie politisch auch immer sie sein mochte, eine Frage der Ästhetik.

Die Gegen-Kultur hat deswegen einen privaten Charakter, weil sie eine Replik des Individuums ist.

Es gibt in der Poesie poesiefremde Momente, aus denen sich der Haß erklärt, den ihr manche Autoren entgegenbringen; er bedeutet nichts anderes als die Ablehnung der von ihr beförderten Ideologien. Von Charles Bukowski heißt es: »er liebt die klassische Musik [...]. Und Camus –, usw. Andererseits haßt er eine Menge Leute: seinen Vater, die Poeten, die Christen [...]«[35]; eine so hartnäckig vertretene Distanz zielt auf ein Pathos. Celan hat die Dichtung ganz energisch ihrer Emphase entkleidet, was immer man behaupten mag – man kann sich darin leicht täuschen lassen. Dies zu leisten war ihm nur durch eine profunde Kenntnis aller ideologisierten und ideologisierbaren Dichtersprachen möglich, von denen ihm die Lyrikzeitschriften ein breitgefächertes Spektrum boten.

Mysterium kontra Kunst

Da er die Quintessenz und Schönheit des Unsagbaren in Heines Lyrik erfassen will, beginnt Max Brod, der Freund Kafkas und Herausgeber seines Nachlasses, im Jahr 1934 zunächst damit, ihre »Gefahrenzonen« zu umschreiben. Heines Dichtung ist in seinen Augen durch das Witzige, die Wortspiele und Calembours bedroht[36] sowie durch den Grundwortschatz des romantischen Lieds mit seinen Lilien, Elfen und Nachtigallen.[37] Für Brod ist einzig der Eindruck einer gesteigerten Wahrheit der geistigen Wirklichkeiten von bleibender Gültigkeit: »Hier ist mehr Wirklichkeit als in manchem langen Roman und mehr Beschwörung der himmlischen Mächte, von denen nicht ein Wort gesagt ist, als in mancher Gebetsliturgie.«[38] Auch für ihn mußte Heine erst eingebürgert und gegen sich selbst verteidigt, nämlich in die Nähe der Assimilation gerückt werden.

Die Mäßigung im Umgang mit den Worten führt nach Brod zu dem glücklichen Ergebnis, ein »Naturbild«[39] zu schaffen. Mit der »Natur« einher geht das »Leben«. Die Gefahr liege in der »Sprachbeherrschung«, sie sei ein Zeichen der »Unsicherheit gerade auf dem Sprachgebiet«[40]. Jede intellektuelle Virtuosität erscheint ihm suspekt: sie erlegt sich keine Zügel auf.

Die Hypothese einer Interpretation kann als eine theoretische Möglichkeit erwogen werden, nachdem eine Reihe anderer Beobachtungen am Text schon eine bestimmte Erwartung geschaffen hat. Diese Vorentscheidung wird sich oft stärker zeigen als die genaueste Arbeit des Interpreten, die nichts ausrichten kann, weil sie gleichsam mit einem Tabu belegt wird.

So hat man über »Psalm« geschrieben: »Ein letzter Schritt bliebe [...] zu versuchen: in dem Gedicht nämlich das Gedicht selbst sprechen zu lassen. Das hieße: *wir* [...], die Geschöpfe des poetischen Demiurgen, [...] blühen ihm entgegen und (was leider unannehmbar ist!) loben ihn.«[41] Die Hypothese, die dem Sinn in der Tat sehr nahe kommt, wird zwar für kohärent erklärt, doch sei sie »eine völlig in sich geschlossene artifizielle oder artistische Interpretation«; es ist der ewige Vorwurf, die ewige Gefahr. Gegen diese allzu freie Erfindung wird daher wiederum die orthodoxe Instanz des »Texts« ausgespielt: »er schließt sie aus«[42]. Warum eigentlich? Aus Prinzip. Eine Bedeutung wird halb wahrgenommen und sogleich verworfen. Dieselben Verdikte des »Artistischen« und des »Artifiziellen« liest man regelmäßig aus der Feder Pöggelers – nicht nur aus der seinen: sie richten sich gegen ein Verständnis, welches die gewohnten Sichtweisen bedroht. Zur Kunst gehört wesentlich das Spiel, die Freiheit, und also die Willkür, in weiter Ferne von jeder Ordnung der Welt. Es darf aber nicht sein, daß ein Künstler, wie Celan dies tut, die Sprache zum Sprechen bringt; im Gegenteil: »die Sprache spricht« – von selbst, selbstherrlich und gravitätisch.

Oft wird mit *Atemwende* oder innerhalb dieses Bandes eine Grenze gezogen, jenseits derer man einen fortschreitenden Bedeutungsverlust zu erkennen meint, eine ins »Unverstehbare« führende Entfernung.[43] Der verlorene Sinn werde durch Künstliches und durch Spitzfindigkeiten ersetzt, mit einem Wort: durch »Sprachmanipulation«[44]. Was nach dem Verlust noch bleibt, sind die Arabesken einer formalen Virtuosität. Der Gedanke hat seine Kohärenz. Die Kunst tötet den Sinn in seinen akkreditierten Formen.

»Celans Dichtung ist aber keine moderne Lyrik, wo vieles im Undeutlichen bleiben mag und das vielleicht auch soll.«[45] So fand sie Aufnahme, so wurde sie von der dekadenten künstlerischen Moderne ausgenommen und unterschieden, die in Freiburg noch nach dem Zusammenbruch der NS-Ideologie als zwar nicht entartet, aber doch abwegig verdammt wurde. Die moderne Kunst wird darin umgewertet, sie wird zu etwas Unauslotbarem. Celan bleibt in dem Bezirk eingeschlossen, den die Namen der von Heidegger kommentierten Dichter abgesteckt haben. Celans Wahrheit habe sich nur verschleiert, um auf diese Weise künftige, rituelle Entschleierungen in die Wege zu leiten.

Die Differenz wird nie akzeptiert, im Kanon der Antike ebensowenig wie in der Moderne. Es ist eine unerbittliche Auseinandersetzung. Je bedeutender das Werk ist, desto mehr wird man es in die Zugehörigkeit und das kulturelle Erbe eingemeinden und seine Präzision, seinen ganz offen zur Schau getragenen Widerspruch zu den Thesen, die man selbst vertritt, wieder aufheben wollen.

In dieser Auffassung ist die moderne Kunst von der Dekadenz gezeichnet. Ein ganzer Bilderbogen ersteht aus Heideggers Diskursen über die Verderbtheit der Metropolen, in erster Linie Paris, bei gleichzeitiger Verherrlichung der urwüchsigen Kräfte des Schwarzwalds, für ihn der wahre Ort der Apokalypse. Als hätte er nie Rimbaud oder Apollinaire übersetzt, will man nicht wahrhaben, daß Celan sich von jener Stadt herschreibt.

> Fadensonnen
> über der grauschwarzen Ödnis.
> Ein baum-
> hoher Gedanke
> greift sich den Lichtton: es sind
> noch Lieder zu singen jenseits
> der Menschen.
> (II, 26)

Man hat das »Jenseits« jenseits der Kunst angesiedelt. Es wurde so wieder einer theologischen »Welterfahrung« zugeführt, als käme dieser ein größerer Ernst und eine größere Wahrheit zu als

»der Kunst und alle[m] Machenkönnen«[46]. Die »Erfahrung« wird aufgewertet und als ein entscheidender Faktor gegen das ästhetische Urteil ausgespielt: »So führt das Gelesene das Leben zur Ausrichtung auf das Wahre zurück. Im Gelesenen [...] wird aber nur das eigene Erfahren formuliert.«[47] Das teleologische Denken kann weder mit der Person noch mit der Kunst etwas anfangen. Und vernimmt man die Stimme einer »persönlichen« Erfahrung, so sieht man in ihr nur die Heilsbotschaft des unglücklichen Schicksals verkörpert, das als ein Weg zum Licht gedacht wird, auf den Spuren eines Kreuzwegs.

Das genaue Gegenteil trifft zu: die Kunst hat sich jenseits der Menschen, die umgekommen sind, angesiedelt. In dieser Entsprechung gilt ein Prinzip der vollständigen Ungebundenheit. Das Machenkönnen schließt die Aufhebung der gewöhnlichen Sprache in sich ein. Die Sprache ist durch die Welt der Toten gegangen. Kein Du ist in diesem Gedicht am Werk. Doch ein mit dem Gedenken verklammerter Gedanke erwächst in einer Autonomie; er tritt an die Stelle des Du und mißt sich an einem »Baum« einer Dichtung, wenn man so will, einer absoluten Dichtung – warum nicht. Der sie belebende Gedanke besitzt die Kraft, wie ein abyssaler Harfenspieler weit genug in die Tiefe des Abgrunds vorzudringen, um daraus lichtvolle Figuren entstehen zu lassen. Das Gedicht nimmt dieses sichtbare Zeichen wahr und deduziert daraus die Gewißheit eines Gesangs, der ihm wahrhaftig erschienen ist. Das Nicht-Sein erstreckt sich weit in die Ferne, es konzentriert sich in der Fülle von toten Punkten und bringt sie dazu, sich oben in helle und hohe Töne zu verwandeln.

Was für ein Jenseits also? Es steht für die Macht der Kunst, die in der Spannung um ihrer selbst willen agiert. Sie hat sich geschichtstreu von allem früher Geschriebenen und seiner Gegensätzlichkeit losgesagt. Eine Skizze entwirft das Modell einer freien Wahl, eines willkürlichen, mutwilligen *acte gratuit*.

»Die Menschheit hat sich fast immer nur solchen Werken der Kunst oder der Dichtung mit Leidenschaft zugewendet, die in manchen ihrer Teile obskur sind oder gelten und unterschiedliche Interpretationen hervorrufen.« Der Satz stammt von Anatole France;[48] er definiert nicht die Klarheit, er hält ihr rationalistisch das Antlitz des Geheimnisvollen entgegen.

Die »Wahrheit« wird als eine mythische und undechiffrierbare konzipiert, die das individuelle Bewußtsein übersteigt; wäre sie doch sonst weder höheren Ursprungs noch Gegenstand einer Offenbarung. An den Vorurteilen der Interpretation treten ihre religiösen Voraussetzungen zutage. Man findet sie mit großer Deutlichkeit bei einem so kompromißlosen Verteidiger der Poesie wie Albert Béguin, dem Autor von *L'âme romantique et le rêve*,[49] wenn er die Magie eines Sonetts von Nerval evoziert. Das Ungefähre und Unfaßbare gelten als Zeichen der Echtheit: »der authentische Symbolismus [...] weckt in uns ein unendliches Echo«[50]. Die hermeneutische Theorie ist davon nachhaltig geprägt worden.

Weder der Rekurs auf die Person und auf die biographischen Elemente noch die Lektüre und die Entzifferung des Textes schließen den Sinn auf und schon gar nicht »die Versuche eines logischen Durchdringens«. All dies führt nicht zum Verständnis dessen, »was jedes dieser Elemente unersetzlich machte. Selbst Nerval hätte es nicht sagen können.«[51]

Alle Elemente einer philologischen Lektüre werden ausgeschaltet, eines nach dem anderen: der Bezug auf die Person oder auf ein Wissen, auf die Organisation des Textes, die den Leser zum Erfassen einer zunächst rätselhaften Kohärenz führen könnte. Die Alternative tritt deutlich hervor: entweder kann das Rätsel entziffert werden und verweist auf einen Sinn, oder ein anderer »Sinn« bildet, als ein Synonym für das Mysterium, die Chiffre für das Undurchdringliche. Die Inspiration leitet den Dichter; sie macht die Dichtung und ihr Geheimnis aus, nicht nur damals für den Linkskatholiken Béguin, sondern heute noch für so viele andere. Sie hat ihr Wesen im Geist, der in der Ferne weht, und nicht in der formenden Hand, in der besonderen Sprechweise oder im Kompositionellen, und also auch nicht in den semantischen Mitteln der Textmaterie, die der Gestaltung unterworfen werden.

Nerval soll gesagt haben, seine Sonette »verlören ihren Zauber, wenn man sie erklärte, *sofern das überhaupt möglich sei*«.[52] Um zu verstehen, was er mit »möglich« meint, müßte man zunächst definiert haben, was man unter »erklären« versteht. Weil es ein rationales Unternehmen war, schien es aussichtslos zu sein. Doch Nerval lädt den Leser nicht dazu ein, auf das Identifizieren der Bezüge zu verzichten. Sie werden zu Elementen seiner Sprache; er singt nicht ins Leere hinein. Eine Präzision besonderer Art bildet einen Mittelpunkt im Esoterismus der Sonette.

Die Entzifferung führt nicht zur Entdeckung geheimer Operationen. Die Anspielung auf ein bestimmtes kulturelles Element erhellt nicht den Sinn, auch wenn es existiert und auf seine Kenntnis nicht verzichtet werden kann. Doch steht kein Text, weder an sich noch unmittelbar, in völliger Abhängigkeit von einem anderen Text oder von einem äußeren Gegenstand. Die Analyse des Bezugs bleibt an die Identifikation eines internen semantischen Netzes gebunden, das sich mit Hilfe der Wörter finden läßt. Durch keine Exteriorität, die ja immer vorgegeben und abgetrennt ist, kann man bis auf die Ebene der Interiorität geleitetet werden, die sich jeweils neu und neu entzifferbar konstituiert.

Das Geheimnis verliert durch ein hermeneutisches Verfahren, das mit den internen Bezügen umzugehen weiß, seine Undurchdringlichkeit. Es wird der präzisen Wahrnehmung eines Spiels weichen, das aus der Distanz und nicht ohne Ironie mit dem »Geheimnis« gespielt wird – ganz offen *gegen* das Geheimnis.

Das Mysterium wirkt anziehend, solange man nichts versteht. Dazu ist es schließlich da. Man wird zu keinem Verständnis gelangen, wenn man will, daß es sich nicht auflöst.

In dem Satz: »Ich glaube, daß er ist« ist das »er«, das für Gott steht, nach Martin Buber noch eine Metapher im Gegensatz zu einem »du«.[53] Darin, daß Celan die Differenz nicht anerkennt, zeigt sich seine Ablehnung des Unaussprechlichen, und sei es auch über ein »du« auf eine »wesentliche« Begegnung gegründet, die das Unsägliche transzendiert. Der Künstler ist ein Demiurg. Er stellt sich über die Geschichte, um auf sie eingehen zu können. Das Du versteht es, sich dem Dialog zu entziehen – auch dem intimen, innerhalb der Person geführten, wie bei Mallarmé (»wir waren unser zwei, ich halte daran fest«[54]); es kann sich selbständig machen, um nicht unterzugehen. Man kann dabei an die Verwandlung denken, die sich am Beginn von *Lichtzwang* vollzieht: »du wirst wieder/er« (»Hörreste, Sehreste«, II, 233).

Nichts hindert das Ich und Du daran, Gegenstand der »Erfahrung« zu sein, von der Buber sie ausnahm; sie können allein oder zu zweit sich in alle erdenklichen Wechselfälle einer Relation einlassen.

Kunstsprachen

Wie alle Kunstsprachen beruht auch Celans Sprache auf Konventionen, nicht anders als in den verschiedenen Gattungen der griechischen, vor allem epischen Dichtung, im Petrarkismus oder anderswo. Interne Regeln bilden die Voraussetzung des Sprechens. Doch die Manier, der Manierismus gar, denen Celan sich verschrieben hatte, sind von besonderer Art. Er hat seine eigene Konvention; es ist eine persönliche, konstruierte und rekonstruierte. Sie stützt sich auf eine immense dichterische und auch nichtdichterische Tradition, auf andere althergebrachte Konventionen. Die Gegenrede widerspricht allen Konventionen; aber die Neuschöpfung setzt diese als intern vorhandene voraus, die durch eine andere Materie umgeformt werden. Die Konvention steht gegen Konventionen. Alle Wörter sind »Glossen« – sie sind Kunstwörter wie die *glossai* der frühen griechischen Dichter.

Die Bereicherung des Vokabulars durch die Verwendung der verschiedensten Sprachen – der Geologie, der Gletscherkunde, der Anatomie, der Entomologie und anderer Fachbereiche – führt zu einer beträchtlichen Erweiterung der üblichen Wortfelder. Die Neuinterpretation des Wortes ist die Regel, vor allem bei den Komposita. Sie gibt den Bezeichnungen, mögen sie nun selten oder gebräuchlich sein, eine neue Bedeutung. Was unterscheidet sie von Neologismen? Im Unterschied zu anderen Reprisen wird im Fall der präzisen und umgedeuteten technischen Ausdrücke dem ursprünglichen Sinn nicht wirklich widersprochen. Die Bedeutungswerte überlagern sich einfach. Es sind Wörter ohne jede affektive oder ideologische Belastung.[55] Praktisch unberührt, in ihrer Aura neutral und frei von Konnotationen, bieten sie sich zur Neuverwendung an. Vor ihrer Neudefinition besteht durch sie die Möglichkeit einer präzisen Notierung. Eine abstrakte Struktur wird in die andere übergeführt.

Die Wortzusammensetzung, deren Möglichkeiten so vielfach genutzt werden, ist weitgehend ein Instrument der Negation. Die zusammengesetzten Wörter werden so ausgerichtet, daß sie der Dualität der ursprünglichen Trennung entsprechen. Die Zerlegung einer Zusammensetzung löst einen schon fixierten Sinn auf, sie führt zum Zerfall von gewohnten Bedeutungen.

Einerseits hatte man behauptet, daß Celans Kenntnis der Pflanzenwelt aus Büchern stammte.[56] Es stimmt: er hatte sie aus Botanikhandbüchern bezogen. Andererseits sagt man nun, mit nicht weniger Recht: nein, er wußte alle Pflanzen in der Natur und in den Gärten zu benennen.[57] In Wirklichkeit trifft weder das eine noch das andere den Kern der Sache: »Tausendgüldenkraut«, »Erle«, »Buche«, »Farn«, »Kirschlorbeer«, »Palme« – die Pflanzen im Gedicht »Kermorvan« (I, 263) bilden das Buch.

Der Name geht durch das Bezeichnete hindurch, er sagt mit ihm etwas anderes. Er nimmt das eine auf, um dieses andere zu sagen, sowohl die Umformung als auch das andere, das, was zurückbleibt, zusammen mit dem in der Umformung hervorgebrachten Sinn.

Eine Blume ist in das blinde Blickfeld der Wörter getreten: sie wird von einer Ferne aus gesehen, aus jenem »Exil«, in dem die Hand des Dichters am Werk ist. Sie empfängt, gibt sich »gastlich«: sie nimmt die kleinen Ansätze einer silbenhaften Konkretion auf, die in diesem späten, 1970 entstandenen Gedicht mit dem Titel »Krokus« durch die Verbindung zweier besonders wirksamer Silben vertreten ist, durch ein »kro-« und ein »-kus«. Wofür stehen sie? Der Doppelpunkt im Text definiert die Beschaffenheit der sprachlichen Vision, die so entsteht. Die Entfernung wurde von den Mikroelementen der Sprache erzeugt. Ihre perfekte Reduktion schafft einen Ort für eine ungemein feine Konzentration, mit der die Zeichen, alle Zeichen wahrscheinlich, eingefangen werden. »Zeichenfühlig« ist einem anderen Wort nachgebildet, nämlich »feinfügig«, das in dem deutlich programmatischen Schlußgedicht von *Lichtzwang* (II, 328) das Zusammenfügen der Teile und das Ineinandergreifen der Bindeglieder bezeichnet. Die Wahrheit dieses Anordnens vereint das Ich und das Du; gemeinsam sind sie, auch in dieser Stunde noch, zu einer

Kollaboration gelangt, besser noch: zu einer vollendeten Koinzidenz und Gemeinsamkeit der Sicht. Der glückliche Fund der Silben bringt die verschiedenen Phasen einer Kreativität wieder in Bewegung: das »du« wird, um zu schreiben, alle Schreibimpulse benötigen, alle »Halme« oder *calami*. Indem es sich auf den winzigen Punkt einer Konzentration stützt, erweitert sich das Gedicht und erschließt in seiner Pointe die Möglichkeit einer unendlichen Dichtung, die stärker und reiner wäre als alle Wirklichkeit gewordenen poetischen Verwirklichungen. Was ließe sich denn über die Laute hinaus sagen, wenn diese schon alles enthalten, was sich aus ihnen gestalten läßt?

> KROKUS, vom gastlichen
> Tisch aus gesehn:
> zeichenfühliges
> kleines Exil
> einer gemeinsamen
> Wahrheit,
> du brauchst
> jeden Halm.
> (III, 122)

Das Wort ist distinktiv; die Situation quasi experimentell. Die Blume sagt, was sie ist, im Eisland und in den »gastlichen« Höhlen (vgl. »Weggebeizt«, II, 31).

»Ich las es in einem Buche«

Was Szondi, die selektive Wahrnehmung betreffend, in *Eden* gezeigt hat, gilt allgemein, besonders aber für die Gedichte, die selbst Lektüren sind. Der Dichter stößt in ihnen auf etwas, was er noch brauchte und was er doch auch bereits besaß. Die Lektüren verlangen nicht weniger nach einer Lektüre als alle übrigen Texte, ist doch Celans Dichtung ein geschlossenes Buch. Es wird wieder geöffnet und neu geschrieben; ein Buch überläßt sich nicht einfach der Sprache.

Alles was in den Gedichten steht, wird im Buch gelesen, ob ein Satz nun einen anderen, vorgefundenen umformt oder ob er neu entsteht. Es eignet ihnen derselbe Grad an Neuheit; sie blicken auch auf dieselbe Geschichte zurück und haben so dasselbe Alter. Der Inhalt nimmt in der Gegenrede Form an:

> Ein Spruch spricht – zu wem? Zu sich selber:
> *Servir Dieu est régner*, – ich kann
> ihn lesen, ich kann, es wird heller,
> fort aus Kannitverstan.
> (»Kermorvan«, I, 263)

»Lesen« heißt: die französische Devise auf der Fassade des bretonischen Schlosses[58] entziffern, die in der dritten Strophe von »Kermorvan« zitiert wird, nicht den ursprünglichen Sinn jedoch, der als bekannt vorausgesetzt wird, sondern den Sinn, den sie jetzt annimmt, den sie in ihrer »Heimat« hat, das heißt in der »Ferne«. Sie wurde dorthin verbracht, um neu gesagt zu werden, wie auch die Blume und die Bäume in den beiden ersten Strophen einbezogen wurden; sie wird so »lesbar«. Das Wort steht auch an anderer Stelle für diese transzendierende Entzifferung, als Zeichen der Umschrift, wie das Gewölk im Gedicht »La Contrescarpe«[59]. »Dienen« und »herrschen« werden zu Synonymen, weil der Gottes-Dienst dem dienenden Herrscher das Regiment über die Menschen ermöglicht. Doch ist der Spruch nicht einfach nur durch die ernüchternde und emanzipierende Säkularisierung einer religiösen Haltung in ein neues Licht getaucht.

»Ein Spruch spricht«, wie eine Devise oder ein biblischer Vers spricht, nämlich durch die ihm innewohnende Kraft. Die Sprache konstituiert sich nach ihren Gesetzen und wendet sich so an sich selbst, »spricht zu sich selber«. Die Lektüre wird komplexer, die Distanz zwischen dem Ich, das außerhalb der Sprache steht, und dem »Spruch« wird nun bedeutsam.[60] Die Wortgruppe »*servir Dieu*« (»Gott dienen«) wird aus der politischen Ordnung der Herrschaft über die Menschen auf das dichterische Wort übertragen. Die durch den Bezug auf das traditionelle, göttliche Objekt sakralisierte Verwendung ist aufgehoben. Dem Ritus und der Integration entrissen, bezeichnet »herrschen« im Gegenteil die Verlegung des Göttlichen aus den Hymnen in eine

Souveränität und innere Autonomie des Subjekts (»zu sich selber«, das heißt: zur Person).[61] Der Dichter nähert sich seiner Sprache wie ein Leser seinem Text.

Die Sprache ist eine zu lesende. Die Praxis, eine erst vom Autor, dann vom Leser zu lernende: »ich kann [...] lesen«. Die verlorengegangene Helligkeit der Welt ersteht in den entzifferten Buchstaben wieder. Das Schreiben ist nichts anderes als die Entzifferung einer »Schrift« – sie beschreitet denselben Weg, folgt derselben Logik und gehorcht derselben Präzision.

Ein anderes Zitatwort am Ende der dritten Strophe ist der sehr verbreiteten, in allen Lesebüchern abgedruckten Erzählung des alemannischen Dichters Johann Peter Hebel[62] entnommen; auch hier geht es um die Sprache. Das Ausgeschlossensein aus ihr ist der grundlegende Aspekt. Er kann nicht eliminiert werden, wie es geschieht, wenn man das Nichtverstehen auf das Fortleben religiöser Einflüsse reduziert.[63] Doch kann sie auch nicht auf die psychologische Individuation bezogen werden, auf eine passende Intuition oder ein Verständnis, das im Gedicht gewonnen wurde.[64] Das Nichtverstandene strukturiert sich nach eigenen Gesetzen, die das lesende Subjekt entziffert. Das Ich findet einen Sinn, den seinen: er ist auch der des Lesers, der außerhalb des Textes und der Begegnung steht. Die Distanz zwischen dem Individuum und dem in ein Exil verbrachten, objektivierten Idiom läßt sich nicht aufheben. Die Wahrheit der Ausgeschlossenen ist eine ausschließliche; sie kann eine höhere Notwendigkeit für sich in Anspruch nehmen; die Verwerfung läßt sich von der verneinenden Relation im Innern der Sprache nicht trennen; die Devise und die Sprache sprechen beide zu sich selber, *ad se ipsam*, aus der Negation; »régner« nimmt die kontradiktorische Korrektur vor. Genau gesagt: Die Individuation schreibt sich der Negationsbewegung zu, sie findet sich in ihr wieder. »Ich kann« und »ich kann [...] fort« zeigen, daß der Spruch ein Text ist, den ein *Ego* zu »lesen« imstande war.

Die Entfernung (»fort aus...«) hebt ein Nichtverstehen in der Praxis der herrschenden Diskurse auf; sie werden durch das lyrische Wissen demystifiziert, durch die analytische Kraft der sprachlichen Umschöpfung.

Gewisse Zitate sind als solche gekennzeichnet. Andere nicht. Man hält diese eher künstliche Unterscheidung aufrecht, um nur an die ersteren gebunden zu sein. Es läßt sich aber keine klare Trennung ziehen, man müßte eher eine subtile Typologie der expliziten oder verhüllten Bezüge aufstellen. In einem tieferen Sinn ist fast alles Zitat oder Reprise und nimmt seinem Wesen nach den Platz eines »Gesagten« – schon Gesagten – ein. Das eigentliche, so gekennzeichnete Zitat wird zur rhetorischen Figur.

Die kontextuelle Einheit wird entweder aufgrund eines Vorurteils oder auch, ohne ideologische Hintergründe, einfach aus Bequemlichkeit bezweifelt. Man hat die Präzision des Beziehungshorizonts als einen mechanischen Schlüssel dargestellt, der zu einem seichten, unmittelbaren Verständnis führe. Ein rein zufälliges Wissen ermöglichte es, andere Lektüren zurückzuweisen. Nun setzt aber die Integration eines Zitats eine sehr strenge Unterscheidung von den fremden Texten voraus. Da dieser referentielle Bezug nicht in den Blick genommen wird, ersetzt man ihn zuerst durch ein Bündel von Möglichkeiten und in einem zweiten Schritt durch eine Reihe möglicher Substitutionen zugunsten des Unverstehbaren, anstelle der Sinneruierung, deren Berechtigung man abstreitet.

Wenn nun im Gegenteil der Gegenstand reintegriert und der zitierte Satz als ein Element des Textes rekonstituiert wird, so muß der Interpret zwangsläufig auf die Kohärenz achten. Ein Bezugspunkt wartet jeweils darauf, am Ort seiner Integration *gelesen* zu werden. Er wird zugleich maskiert und markiert; er bewegt sich im Spannungsfeld zwischen seinem Ursprung und dessen radikaler Umsetzung.

Jeder integrierte Bezug ist ein *Interpretandum*, ein Element der Lektüre, die sich im Text vollzieht. Die Materie verwandelt sich. Die Lektüre auf die im Horizont des Zitats vorgegebenen Bedeutungen festzulegen, würde die Interpretation blockieren. Das Verfahren desintellektualisiert, es behindert den Akt der Lektüre und die Befreiung durch eine sich ausrichtende und berichtigende Sprache. Man kann nicht Meister Eckhart lesen, wie man das tut, um bei ihm, ohne die nötige Vermittlung, den Sinn eines

Celan-Gedichts zu entdecken.[65] Man kann nur seine Lektüre entziffern und zeigen, wie er den Mystiker gelesen hat.

Das Schreiben kann vom Akt des Lesens nicht dissoziiert werden. Auch das gemeinsame Kulturgut der Menschheit wird in neue, identifizierbare Inhalte umgeformt. Die bekannten Wörter werden ihres eigentlichen Sinns entblößt und enteignet. Nichts bleibt vom gemeinsamen Schatz. Alles wird verwandelt und in eine andere Sphäre verbracht. Die Sprache assimiliert von selbst, sie verwandelt sich das Fremde an und entzieht es seinem angestammten Bereich.

Jedes Gedicht ist darum, so wie es dasteht, eine Interpretation. Sie ist es, zu der man findet, wenn man versteht, was man liest.

Man darf wohl davon ausgehen, daß sich Celan mit der Ästhetik Nietzsches in den ersten Kapiteln der *Geburt der Tragödie* auseinandergesetzt hat. Dafür spricht schon die Übernahme der in den Pronomina verkörperten Instanzen, das »Ich« oder das »Er selbst«. Auch diese Seiten lassen sich von Celan her in einer stark kritischen Perspektive lesen. Die Umsetzung wird deutlich. Nietzsche stellt den lyrischen Dichter Archilochos und dem Ausdruck einer ungebundenen Leidenschaft, die der Iambendichter in seiner Konstruktion vertritt, der apollinisch objektivierten Welt Homers gegenüber. Er bringt so die Freiheit der lyrischen Diktion mit dem metaphysischen Grund in Verbindung, der sich in der Musik kundtut, sich aber in Analogie zu ihr als Spiegelung des Ur-Einen in den gegenstrebigen Bewegungen der Individuation wiederfindet. Die in der artistischen Reflexion problematische Rolle des für die Lyrik als Gattung charakteristischen Ichs wird neu bedeutsam, weil sich in dieser Subjektivität und ihrer Widersprüchlichkeit ein ursprünglicher Lebensrhythmus gleichsam gegen die Sprache und ihre Ordnungsprinzipien durchsetzt. In der Regellosigkeit drückt sich eine Freiheit aus, in der ein höheres Selbst zu sich findet und eine Verfremdung aufhebt. So läßt sich verstehen, daß in Nietzsches Formulierung der lyrische Dichter, als ein »er selbst«, spricht und sich die Macht des Dionysischen durch ihn hindurch, wenn auch im Spiegel des Taumels, zu erkennen gibt. Es ist nun der Grund selbst, der sich im freien, sich hingebenden Selbst des Dichters äußert. »Insofern aber das Subject Künstler ist, ist es […] gleichsam Medium geworden, durch das hindurch das eine wahrhaft seiende Subject seine Erlösung im Scheine feiert.«[66]

Celan hat in seiner Büchnerpreisrede den bei Nietzsche rekurrierenden Ausdruck wohl in direkter Anspielung wiederaufgenommen und betont auf die historische Existenz der Person des Künstlers beschränkt. Das singuläre Ich allein ist ein Selbst, mit allem, was ihm widerfuhr. Im Gedicht steht es dem Du gegenüber, das die Sprache handhabt, welche bei Nietzsche in der Lyrik keine wirkliche Geltung beanspruchen kann; »[…] als Organ und Symbol der Erscheinungen […] bleibt sie in einer äußerlichen Berührung mit der Musik«; ihren »tiefsten Sinn« bringt uns keine »lyrische Beredsamkeit« näher.[67] Über die Bedeutung, die der Sprache bei Celan zukommt, ist das Ich ein zweites Mal von jenem unbegrenzten, metaphysischen Grund getrennt. Der Grund wirkt sich in verwandelter Gestalt bei Celan in der abyssalen Tiefe aus und gibt sich in der poetischen Formung, die auf ihn als unendlichen Vorrat im Unbewußten zurückgreift, zu erkennen. Der Mensch wird »er selbst« in der eigenen Erfahrung; er trifft auf den Grund als sprechendes Subjekt im Bereich der Wörter, denen er sich anvertraut und in denen er sich wiederfindet.

Aus einer gewissen Entfernung gesehen, verblassen alle Unterschiede. Alles Jüdische wird in einen Topf geworfen. Spricht nicht einer für den anderen? »Es ist bekannt, daß Celan während seiner Pariser Zeit persönliche Beziehungen zu Nelly Sachs, Martin Buber und Gershom Scholem geknüpft hat.«[68] Das ist aber eher falsch als richtig. Was soll man unter »persönlich« verstehen? Die Beziehung zu Nelly Sachs war voller Risiken und Konflikte, als Celan beschloß, oder beschließen mußte, den Fragen auf den Grund zu gehen.[69] Was Buber angeht, den Protagonisten der jüdischen Kultur im Deutschland der Zwischenkriegszeit, so hat er ihn nur einmal getroffen. Buber war 1960 zu einer Konferenz nach Paris gekommen, bei der es darum ging, die Hilfe für die in der Sowjetunion verfolgten Juden zu organisieren. Celan hatte erfahren, daß er sich in der Stadt aufhielt, und hatte ihn gebeten, uns in seinem Hotel in der Rue des Saints-Pères zu empfangen. Er rief bei mir an und schlug mir vor, ihn zu begleiten. Der Besuch hatte etwas von einer Audienz, die ein Magier zwei Jüngern gewährt. Die erwiesene Hommage entsprach der von Celan in einem tiefen Sinn vorbereiteten Inszenierung; sie mußte zu einer Beschuldigung Bubers führen. Seine Schuld bestand in Celans Augen in den Kompromissen einer »Wiederversöhnung«, die die Wahrheit des jüdischen Schicksals auslöschten. Das Gespräch hatte in einer gewissen Ergriffenheit begonnen und eine Hoffnung erweckt; es nahm ein schlimmes Ende, ein schreckliches sogar. Hat Buber die Tragik der Geschichten, die er in Deutschland erzählte, begriffen? Hat er begriffen, daß sein widerspruchsvolles und für Celan theologisches Wirken darauf hinauslief, alles, sogar seine eigene Sprache zu verleugnen? Celan wies Buber auf seine Widersprüche hin, indem er von den seinen sprach. Seine Solidarität und seine Fragen verwandelten sich in Anschuldigungen.

Scholem, den bedeutenden Historiker der Kabbala, hat er ein- oder zweimal bei mir in Paris getroffen; die Begegnung hatte 1969 ein kurzes Nachspiel, glaube ich, während Celans Israel-Reise.[70] Man kann keinesfalls von einer Beziehung sprechen, die zu einem intellektuellen Austausch geführt hätte. Scholem, obwohl er von Szondi und mir und wohl auch von dem mit ihm befreundeten Adorno dazu eingeladen wurde, war weit davon entfernt, ihn zu wünschen. Er hat es vermieden, in einen Dialog einzutreten und sich um eine eingehende Lektüre der Gedichte zu bemühen – aus Gründen, die darzulegen nicht unmöglich wäre. Er fühlte, daß er weder die Zeit noch die Mittel hatte und daß sie nicht zu seiner Welt gehörten.

Celan hatte Buber, der in der Bukowina aufgewachsen war, schon als Jugendlicher intensiv gelesen. Später hatte er sich in Paris, wann immer es ihm möglich war, eine große Zahl von Bubers Büchern in alten Ausgaben besorgt, die er ihm bei unserem Besuch zeigte und von ihm signieren ließ. Die Lektüre von Scholems Büchern spielte erst in seinen letzten Lebensjahren eine wirkliche Rolle für die Entstehung der Gedichte.[71] Die präzisen Bezüge lassen sich angeben.

Jede Teleologie kann irreführend sein. Man ist bereits von Anbeginn, was man schließlich später geworden sein wird. Doch die gegensätzliche Perspektive ist nicht weniger wahr: man konnte nicht schon immer alles vorausgesehen und im vorhinein erkannt haben.

Die reflexive Dimension

Es trifft zwar allgemein zu, daß ein Text die Bedingungen seiner eigenen Produktion mitreflektiert, doch ist dies bei verschiedenen Autoren mehr oder weniger der Fall. Die Absicht, dieses Feld der Untersuchung nicht zu verlassen, wird bei Celan so nachhaltig bekräftigt, daß dem Leser dadurch ein Faden zur Orientierung im Labyrinth an die Hand gegeben ist. Er sieht zu, wie sich die den Sinn konstituierenden Elemente *in actu* verteilen, und wird so die Kunst bei ihrem Zustandekommen überraschen – den künstlerischen Akt in Aktion, den Zufall und seine Notwendigkeit.

Wenn Celan sich bei Gelegenheit als »Altmetaphernhändler«[72] bezeichnet hat, so hat dies nicht direkt mit den wirklichen und scheinbaren Formen seiner Dichtung zu tun, sondern mit gewissen Transfers, für die er sich eines unbrauchbar gewordenen und verworfenen Ausschußmaterials bedient.

Das ästhetische Objekt wurde gemacht. Daß es sich um etwas Konstruiertes handelt, wird oft nur widerstrebend akzeptiert. Man will, daß es etwas Natürliches und *Gewordenes* sei. Nun ist es aber ein Hervorbringen und Zusammenfügen. Das Leben wird von seiner Nachahmung eingeholt. Die Natur steht ihr nicht Modell. Die Erscheinungen werden am entgegengesetzten Pol von einer Abstraktion zurückgedrängt.

Je mehr eine Kunst Kunst ist, desto esoterischer ist sie. Ihre hermetische Orientierung bestimmt jedoch keinen bekannten Inhalt; sie hat nichts von einer Initiation und ist also nicht hermetisch in dem Sinn einer religiösen oder auch künstlerischen Konvention. Sie ist es auf andere Weise. Die Esoterik kann und wird sich in der Tat mit den unbeugsamen Impulsen des Emanzipatorischen verbinden; sie wird *im gleichen Atemzug* auf das Recht zur Erfindung und zur Kühnheit der sprachlichen Entdeckung pochen und so ein auf persönliche Weise präzisiertes Zeugnis erbringen. Die beiden miteinander vereinten Aspekte machen auch die Schwierigkeit aus. Sie ist groß; für den, der nicht bereit ist, die Spielregeln zu akzeptieren, bildet sie eine quasi unüberwindliche Barriere. Dadurch, daß sie die Neudefinition der Kunst ignorierte und sich mit den vorgegebenen Erwartungen zufriedengab, hat die Celan-Kritik die Prinzipien abgelehnt, die eine bestimmte Form dem Leser als technische Voraussetzung der Entzifferung an die Hand gegeben hat. Man hat nach Hitler, und sei es auf linker Seite, die Vorurteile gegen eine je nach dem jeweiligen Moment oder Klima »formalistisch« oder »entartet« genannte Kunst wieder eingebürgert und ihr den Mangel an unmittelbarer Verstehbarkeit vorgeworfen. Die Freiheit der Erfindung konnte auch anderswo bekämpft werden, in beträchtlicher Distanz zu den nationalsozialistischen Gewaltausbrüchen. Celans Gedichte sind *abstrakte Kunst*; seine Dichtung konstituiert sich durch Abstraktion, in gleicher Ferne von der gewöhnlich bezeichneten Welt und von den sie bezeichnenden Worten. Der Dialog etabliert sich in der Spannung zwischen einem abgelegenen Ort, der wahrer und wirklicher ist, weil er neu geschaffen wurde, und der allgemeinen »Wirklichkeit«, die auch dort, wo sie als solche kenntlich gemacht ist und also identifizierbar bleibt, von einem externen, durch einen unüberwindlichen Graben abgetrennten Standpunkt aus in den Blick genommen wird.

Was die Kunst erst eigentlich ausmacht, ist in der Nachkriegszeit, als Celan seine ersten Gedichtbände veröffentlichte, als der objektive Widerschein einer sozialen Auflösung und als die dichterische Reproduktion eines Verkümmerungsprozesses aufgefaßt worden. Die Sprache wies ihre Entstelltheit und die Wunden vor, die ihr die Technik geschlagen hatte. Der Verlust ihrer Reinheit wurde eher der Maschinenwelt zugeschrieben als den Kriegsereignissen.

Die Kritiker bezeichnen mit dem Namen Mallarmés nicht immer denselben Sachverhalt, sie mögen diese Vorgängerschaft nun anzweifeln oder anerkennen. Es hängt davon ab, ob sie ihn »gelesen« haben oder nicht und über welche prägende kulturelle Vermittlung sich ihre Vorstellung gebildet hat – etwa, bei einer älteren Generation in Deutschland, über Stefan George oder, bei neueren »Theoretikern« in aller Herren Länder bei Julia Kristeva oder Jacques Derrida. Es handelt sich um Lektüren von Lektüren und von Nichtlektüren.

Celan wollte keinen Ezra Pound in seiner Bibliothek. Er besaß aber mehrere Bücher von Gottfried Benn und auch Ernst Jünger. Keiner hatte vor und während der NS-Zeit dieselbe Position bezogen. Sie haben der Bewegung ihre Sympathien in sehr unterschiedlicher Weise bezeugt. Die Grenzen, die man zieht, sind immer mehr oder minder willkürlich.

Selbst wenn man die alles beherrschende Bedrohung der Todeslager wahrnahm und auch darauf verzichtete, sie in eine heilsgeschichtliche Doktrin einzubauen, erkannte man zumeist nicht die Rolle, die eine hohe hymnische Sprache, auch die der Oden Hölderlins, in der nahen und fernen Vorbereitung des Geschehens gespielt hat, im selben Maße wie die religiösen Glaubensinhalte.

Der vom Ereignis, so wie es geschehen ist, eingeführte Bruch hat alle positiven Formen, auch die theologische Deutung der Negativität, schlechthin unmöglich gemacht – und damit auch jede unkritische Verwendung, die nicht von der negativen Erfahrung und von der konkreten Situation ausginge, die zur Vernichtung der Ermordeten geführt hat.

IV. WAHNGÄNGE

Studien des Scheiterns, gescheiterter Wahn

Welcher Wahn dominiert in den Gedichten Celans, das klinische Delirium oder die dichterische Begeisterung, der *Furor*, die Plato an klassischer Stelle im *Phaidros* unterscheidet?[1] Herrscht in ihnen das Du des Dichters, das Celan vom Ich ablöst, oder eben dieses Ich, das sich für gewöhnlich nicht selbst in der dichterischen Sprache äußert? Das Du spielt sein Spiel in aller Offenheit, es folgt seiner eigenen Logik und schafft sich ein lückenloses System, und dies seit den Anfängen, seit *Der Sand aus den Urnen*, als die grundlegenden Orientierungen sich ausgebildet hatten. Nach seinem Vorbild tritt auch das Ich nicht weniger unverhüllt auf den Plan, schon lange vor den Gedichten der *Niemandsrose*. Die zwei Instanzen stehen in einer engen Wechselbeziehung, sie können sich derart vertreten und verdoppeln, daß sich bei manchen Texten die Frage stellt, mit welcher von beiden man es denn nun zu tun hat. Freilich sind die Analysen des Ich von größerer Schärfe und Bitterkeit. Die Distanz, welche beide sowohl trennt als auch vereint, wird dort erkennbar, wo der Gegenpol versagt. Dann ist die Ironie des beobachtenden Ich als ein Gegengift zum hymnischen Stil auf das höchste gesteigert, auch wo dieser parodiert wird, am virulentesten in den späten Gedichtbänden. In ihnen dominiert der quasi klinische Blick, der Blick des luziden Forschers und Experimentators. Die Erfahrung des tragischsten aller Brüche hebt die Verbindung zwischen den Partnern auf. So wird die Trennung zu einer neuen Triebkraft der Inventio, sie spielt mit den Elementen, travestiert sie und vertauscht ihre Rollen.

Landschaft mit Urnenwesen.
Gespräche
von Rauchmund zu Rauchmund.

Sie essen:
die Tollhäusler-Trüffel, ein Stück
unvergrabner Poesie,
fand Zunge und Zahn.

Eine Träne rollt in ihr Auge zurück.

Die linke, verwaiste
Hälfte der Pilger-
muschel – sie schenkten sie dir,
dann banden sie dich –
leuchtet lauschend den Raum aus:

das Klinkerspiel gegen den Tod
kann beginnen.
(II, 59)

Ein Märchen- oder Traumland, bevölkert von todverhafteten Kreaturen, die weniger der dichterischen Einbildungskraft schlechthin als vielmehr den eigenen Gedichten entsprungen sind: was einmal hervorgebracht wurde, lebt sein Leben, kehrt nun zurück und tritt wieder auf. Ein Gespräch knüpft sich an zwischen ihnen, ähnlich jenem, das in einem »Gebirg« stattfand.[2] Sie gleichen einander alle und sind doch auch verschieden. Der Rauch der Todeslager hat sich ihrer Sprache eingeprägt. Wie manche sprechenden Namen in der Komödie ist das Wort »Rauchmund« gebildet, und sie treiben es jetzt auch wie Narren in einer burlesken Szene. Der eine verkörpert eher die Sprache, wie sie im Mund der Folterknechte zu vernehmen war, der andere eher die Replik darauf, durch eine Umformung dieser Sprache. Zwischen diesen Polen geht die Rede, vom einen zum anderen. Es ist dies ohnehin ihr einziges Thema, ihr einziger Gegenstand.

In dieser verkehrten Welt gehen sie zu Tisch, um eine höchst unwirkliche Speise zu kosten, die in einem Irrenhaus bereitet wurde – genauer: in einem »Tollhaus«, das man auch als ein »Haus der Extravaganzen« verstehen könnte, wie denn andererseits ihre Speise, die »Trüffel«, an derbe, aristophaneske Späße denken läßt. Vor dieser sich selbst überlassenen, ausufernden Phantasie schwindet das kontradiktorische Vermögen; wie ein Wunder ist es darum, daß trotzdem eine Poesie gefunden wird – keine »Dichtung«, nein: eine »Po-es-sie«: der Hintern, das Unbewußte, die Geliebte. »Poesie«: das Wort mag ferner auf die französische Tradition verweisen, auf etwas Undeutsches, auf Apollinaire und andere Dichter, die Celan sich zu eigen gemacht hatte.

Sie ist nicht vergraben und also auch nicht durch ein Wühlen in der Erde[3], durch ein Schürfen ans Licht gefördert worden. Ganz im Gegenteil, aus eigenem Antrieb kommt sie und legt sich von selbst unter den unerbittlichen Zahn und die erfindungsreiche Zunge, bietet sich an zum freien dichterischen Gebrauch. Ihre Wirkung ist stärkend und läuternd. Sogleich kehrt auch die »Träne« zu ihrem Quellpunkt zurück, an jenen festen Ort im »Auge«, von dem die semantische Erneuerung ausgeht.

Aus einer neugewonnenen Perspektive legt das Gedicht noch einmal die Mittel bloß, die sein Entstehen ermöglichen, immer nach demselben analytischen Schema. Die transzendentale Überprüfung der verwendeten Sprache ist sein einziger Inhalt. Die Jakobs- oder auch Pilgermuschel wird als Organ der Rede eingesetzt, nicht ohne eine Pointe jüdischer Ironie, da sich im Kompositum zwei gegensätzliche Pole verbinden, eine kritische Haltung auf der einen Seite, ein Murmeln und Flüstern (»muscheln«, »mauscheln«, das jüdische Gemauschel[4]), und auf der anderen Seite das Kultische und Sakrale der Pilgerschaft. Das Du erhält seine Hälfte, die »linke«, »verwaiste« (und »verweißte«, weiß gefärbte). Der eingeschobene Satz stellt die Beziehung her zu der bereits in einem programmatischen Gedicht aus *Mohn und Gedächtnis* beschriebenen Erfahrung (»Dein Haar überm Meer«, I, 18). Der hier mehr als zwanzig Jahre überbrückende Selbstkommentar handelt von der Verteilung der Materie und der Rollen. Dem Dichter wurde die große lyrische Tradition von Kindheit an mitgegeben; an sie war er gebunden, ehe es zum

Bruch kam. Der Akzent verlagert sich von einer Instanz auf die andere: »diese Muschelhälfte ist es, die sie dir zu deinem Unglück gaben«, und dann: »du warst es, der in die Fesseln dieser Sprache gelegt wurde«. Nachdem er sich davon freigemacht hat, kann er nun darangehen, den poetischen Raum mit all den monströsen Dingen, die er in ihm wahrnimmt, auszuleuchten und zu vernichten, ihn durch das Ausleuchten zu vernichten (»aus-«, das heißt: bis in den letzten Winkel, aber auch: bis zur Auslöschung).

Das Spiel des Widerspruchs kann jetzt auch anders gespielt werden. Im Klinkerspiel vernimmt man das Klingen des gebrannten Tons, die poröse Beschaffenheit der Ziegel.[5] Das Lauschen war erfolgreich. So lassen sich in der deutschen Sprache Schläge »gegen den Tod« führen, mit der toten Hälfte der Muschel – tot angesichts all der Tode, die sie zur Sprache bringt.

Üppige Durchsage
in einer Gruft, wo
wir mit unsern
Gasfahnen flattern,

wir stehn hier
im Geruch
der Heiligkeit, ja.

Brenzlige
Jenseitsschwaden
treten uns dick aus den Poren,

in jeder zweiten
Zahn-
karies erwacht
eine unverwüstliche Hymne.

Den Batzen Zwielicht, den du uns reinwarfst,
komm, schluck ihn mit runter.
(II, 192)

Ein sarkastischer oder auch makabrer Gesichtsausdruck zeigt an, daß dem Ich die Erfahrung des Scheiterns vertraut ist. »Wir«, im

Gedicht »Üppige Durchsage« aus *Fadensonnen*, das ist noch einmal die Schar der nächtlichen Kreaturen. Der Chronist beschreibt nicht ihr Tun, vielmehr wird er von ihnen angeredet: »hier sind wir«, in dieser Gruft, mit unseren Gasfahnen (von Auschwitz her), wir flattern mit ihnen, im liturgischen Wind dieser Krypta. Worauf ein Pronomen wie hier das »wir« verweist, muß für jede Textstelle gesondert bestimmt werden. Das Heilige, das sie getötet hat, triumphiert und überlebt (»ja« – das Kreuz der Karmeliterinnen vor den Baracken von Auschwitz entspricht dem genau). Die Inbrunst zeigt ihre Überlegenheit. Grundfiguren der Dichtung Celans, die Gegenrede mit ihrer je »zweiten« Wahrheit, alles wird ins Lächerliche gezogen: die Kreaturen singen und »in jeder zweiten / Zahn- / karies erwacht / eine unverwüstliche Hymne«. Der Hohlzahn aus einem anderen parodistischen Gedicht im selben Band wird nun seinerseits parodiert (»Bei Glüh- und Mühwein«, II, 172).

Der Dichter, der sich ebenfalls in der Gruft aufhält, hat, um den Apparat in Gang zu bringen, seine Münze, eine Art Dämmerungsgroschen, eingeworfen, einen Batzen »Zwielicht«, dem Wortsinn gemäß: Nacht und Tag, das geteilte Licht seiner eigenen Welt. »Komm, schluck es mit uns!« Die Kreaturen sind die seinen, sie leben unter der Erde, wie es ihnen zukommt, doch wurden sie in eine Krypta aufgenommen und durch die hymnische Aufnahme denaturiert. Die Macht der bekämpften lyrischen Materie drängt ihre kunstvolle (später wird es in der Kritik heißen: »artistische«) Kontrafaktur in den Hintergrund. Der naturhafte hymnische Gesang mit seinem Jenseitskapital überrumpelt die Kunst, die ihn hervorbringt; diese demonstriert ihrerseits, daß er durchaus ein Gemachtes ist, einzig und allein, damit in der Nachbildung gezeigt werde, was es mit dieser zweiten Natur auf sich hat. Das Eingeständnis der Schwäche ist, auch hier, bestürzend. Die Choristen, die er in seinem Werk versammelt hatte, singen jetzt Choräle und Kantaten, sie führen ihm seine Ohnmacht vor Augen, das Schwinden seiner Widerspruchskraft.

In der Erfahrung des Scheiterns begegnet man, einem nach dem anderen, allen Elementen der poetischen Produktion *ex absentia*; durch die Störung eines Ungleichgewichts wurden sie auseinandergenommen. Die sprachliche Materie belebt sich und ist auf der Suche nach sich selbst, sie möchte ins Dasein treten. Doch es fehlt der »Schlaf«, es fehlt die »Schläfe«, der zerebrale Schlaf, es fehlt die Fülle, das Schweigen der Pausen. Nichts als prasselnde Geräusche (»Als Farben«, II, 215).

Sein Innerstes, all die Elemente, die sich in seinem Entstehungsprozeß zusammenfügen, enthüllt das Gedicht dort am besten, wo es nicht zustande kommt. Ein Elan bricht ab, ein Räderwerk dreht sich im Leerlauf. Der Künstler in seinem Atelier macht die Erfahrung des Ausbleibens, er steht hilflos und ohnmächtig vor seinem sich in seine Teile auflösenden Material. So werden auch im Gedicht »Muschelhaufen« die kreativen Bewegungen angedeutet, jedoch nur dadurch, daß sie nicht in Gang kommen (II, 235). Im Scheitern noch skizzieren die Ansätze einen Entwurf – eine umrissene Vakanz. Darin besteht das ganze Gedicht, es ist nichts weiter als das, oder vielmehr das alles: das, womit es gemacht wird, das, was übrigbleibt in einer reinen Virtualität, ohne daß es zu irgendeiner effektiveren Anwendung oder Begegnung käme. Die konstitutiven Elemente sind in ihrer ganzen Machtfülle auch dort vorhanden, wo sie keinerlei Inhalt herausbilden, da sie ihn gleichsam schon vertreten.

> Das Stundenglas, tief
> im Päonienschatten vergraben :
>
> Wenn das Denken die Pfingst-
> schneise herabkommt, endlich,
> fällt ihm das Reich zu,
> wo du versandend verhoffst.
> (II, 50)

Ein Leser, der die vielfach verwobenen werkinternen Bezüge zu erkennen weiß, kann an ihnen das Umkippen ablesen, das die fragmentarische und geschlossene Form vieler Gedichte ausmacht. Mit Hilfe der tragischen Dissoziationen zergliedert der Aphorismus die Dialektik einer Dichtung, in der das vom Gedenken sich nährende »Denken« (der Gebrauch des Worts ist emphatisch) in die Tiefe eines Schachts hinabsteigt und dort erscheint wie der Heilige Geist. In den »Stunden« – sie sind die Zeit der Gedichte – rinnt der Sand der Sprache in ein ihn aufnehmendes Gefäß. Man könnte sagen, daß die Form ihn aufnimmt und daß er in ihr zu Staub wird. Im Wort »Glas« klingt die französische Bedeutung des »glas«, der Totenglocke, mit. Um ihnen diesen Glockenton zu verleihen, wurden die Wörter im Schattenbezirk einer Staude vergraben, deren deutsche Bezeichnung als »Pfingstrose« in Celans Idiom ein pentekostales oder utopisches Gedicht, ein Gedicht der Ankunft, bedeuten könnte. Nicht von ungefähr tritt hier an die Stelle des geläufigeren botanischen Namens das lateinische *pae(v)onia*, wodurch die Pflanze in die Sphäre des heilkräftigen Päan (griechisch *paiōn* oder *paiān*) gerückt ist. Im Kompositum läßt sich das deutsche »Päonien« zudem als der Name eines Landes auffassen, in dem ein Echo auf »Pannonien« laut wird, auf eine der Landschaften des Mordens, mit Wien, der früheren Hauptstadt für die Menschen der Bukowina, das dann 1948 zu einer Station auf Celans Weg nach dem Westen wurde.

So ist der Schatten im allerpersönlichsten Bereich des Dichters angesiedelt. Es handelt sich nicht um ein »Engagement«, wie es damals auch unter Celans Freunden von der Dichtung gefordert wurde, sondern um anderes, um einen Durchgang durch die Gräber. Er hatte seine Sprache gelehrt, sich ihre Wege durch diese Finsternis hindurch zu bahnen.

In einem Augenblick der Konzentration wird die »Rose« geschnitten. Das Gedächtnis bewirkt diesen Übergang von der »Pfingstrose« zur »Pfingstschneise«; der Weg der Epiphanie ist versperrt. Jenes »Kommende«, das die Glaubenslehren in eine heilsgeschichtliche Zukunft verlegen, hat sich schon ereignet, es liegt hinter uns und kommt nur insofern wieder, als es im Gedächtnis weiterlebt. Das Kommen wurde in ein Hinabsteigen an einer Schnittlinie entlang umgelenkt, in den Abgrund der Katabase.

Man läßt dabei sein Leben und fällt dem Tod anheim, vor lauter Anhäufen toten Sandes. Man verliert sich, so liest man, indem man in diesem Sand aufgeht: indem man »ver-sandet«. Zugunsten des radikalen Bruchs und der Negation aller Unendlichkeiten, die er nach sich zieht, geht das Leben samt aller Hoffnung dahin, es »verhofft«, wie ein im Dickicht verendendes weidwundes Wild. Man lebt in der Endlichkeit und bezahlt mit der Endlichkeit. Die ironische Pointe weist auf die Überwindung und Aufhebung, in der die sich distanzierende poetische Reflexion kulminiert; im vorliegenden Gedicht gilt sie der subversiven Umformung einer Tradition. Die Rollen sind vertauscht worden. Das Gedächtnis befiehlt nicht länger. Es entdeckt in seinem Innersten das andere Reich, das von all dem erfüllt ist, was die Dichtung ihm hinterlassen hat.

Der verkannte Wahn

Man hat nach der Ursache für die »Spurentilgung«[6] gesucht und meinte sie aus einem Zwang ableiten zu können, wobei man ausschloß, daß die Komposition das Ergebnis einer künstlerischen Konzentrationsbewegung sein könnte. Die Indizien, die auf den Anlaß oder den Vorwand zurückführen, sind bisweilen gestrichen worden. So trug etwa das Gedicht »Unter ein Bild« (I, 155) zunächst die Überschrift »Unter ein Bild von Vincent van Gogh«, in der das »Bild« als Gemälde verstanden werden konnte.[7] Die Weglassung des Namens macht das Gemälde aber zu einem Bild, das im Celanschen Sinne aus dem Gedicht hervorgeht.[8]

Diese Ellipse hat man in die Nähe einer morbiden »Neigung zum Verstummen«[9] gerückt, ohne an die schon in den ersten Gedichtbänden manifeste Bedeutung des Schweigens in der Sprache oder an die innere Notwendigkeit der kompositionellen Arbeit an einem Entwurf zu denken. Diese »Neigung zum Verstummen« wurde als der Effekt einer psychischen, klinisch feststellbaren Verstörung angesehen. Von da ist es nur noch ein Schritt zu der häufig gegebenen Interpretation des Selbstmords: die »Ellipsen«, die Unverstehbarkeit und zunehmende Dunkelheit rührten von der Krankheit her.[10] Diese schaffe so eine doppelt pathologische Situation, in der sich die Leidenssymptome gegen den Dichter wendeten. Angesichts des Unverständlichen, das er nicht anders als reproduzieren konnte, habe er dann endgültig verzweifelt.

In vergleichbarer Weise wurden in der letzten Fassung des Gedichts »Huhediblu« die Vornamen Ossip Mandelstams und

Arnold Zweigs gestrichen, die in den ersten Vorstufen noch aufscheinen.[11] Die Ironie macht Arnold, den kompromißlosen Ankläger, den Autor des *Beils von Wandsbek*, der auch ein Bruder im Wahnsinn ist, zu einem »Bruder Geblendet«, der unter sowjetischer Herrschaft von seiner Verblendung zur inspirierten Blindheit des hölderlinischen Sängers findet. Der »Wahn« im vorangehenden Vers steht in Zusammenhang mit der Guillotine, mit dem Fallbeil der Wörter in den folgenden Strophen und dem darin ausgeführten Thema. Aus diesem Bruder wird dann in Sibirien, dem Bezirk der Verschollenen, ein »Bruder Erloschen«, der wie Mandelstam in dieser schneeigen Ferne die Welt der mediterranen Kultur, der er verhaftet war, hat untergehen sehen. Die beiden jüdischen Kameraden haben die Erfahrung einer Blindheit gemacht, die sie nicht gesucht hatten. Sie brauchen nicht beim Namen genannt zu werden, da es genügt, den Weg zu bezeichnen, der sie dorthin geführt hat.

Die Auslassung ist eines der wichtigsten Merkmale der Kunst. Die Ellipse spricht ihre eigene Sprache. So hatte Celan in einer ersten Fassung von »Oben, geräuschlos« geschrieben: »Paris, eine Sandstadt«[12]. Der Name der Stadt wurde später fallengelassen. Ein Verständnis war auch ohne ihn möglich. Das Wort »Sandstadt«, für sich genommen, bezeichnete bereits die Poesie, die »Sandkunst«[13]; man konnte also wissen, an welchem Ort sie nun, nach anderen Dichtern, nach Baudelaire und Apollinaire, zu Hause war – und zugleich eben nicht »zu Hause«.

Wenn man 1978 zur Erklärung der »Dunkelheit« dieser Dichtung schrieb, daß »Celans Selbstmord sich im übrigen nicht völlig von diesen Verständnisschwierigkeiten trennen [läßt], die der dem Werk immanenten Logik entsprechen und zugleich dessen Lesbarkeit zu beeinträchtigen drohten«[14], war das so zu verstehen, daß die Schwierigkeit nicht den Gesetzen der künstlerischen Gestaltung entsprach? Sie zeugte, so meinte man, von einem Mangel oder einer Ohnmacht, die der Verbreitung des Werks abträglich waren. So der Gedanke. Der frühe Tod sei demnach der Preis gewesen, den er für die Unzulänglichkeiten seines Werks zu zollen hatte. Auch das Ausbleiben der Anerkennung ließ sich durch sie erklären – dieses war aber sehr relativ und wog sicherlich nicht so schwer wie das oft beharrliche Unverständnis, das man ihm damals entgegenbrachte.

Das Leiden schien allzu gravierend. Doch läßt es sich vom Gelingen der Dichtung trennen?

Der Selbstmord, mit dem das Leben des Dichters endete, kann auf eine Pathologie zurückgeführt werden, er kann aber auch mehr indirekt dem freien – zumindest weniger unfreiwilligen – Entschluß entsprungen sein, den unerträglichen und zyklisch wiederkehrenden Krankheitseffekten auszuweichen. Liefert die Krankheit, an der er litt, nicht eine hinreichende ätiologische Erklärung? Warum bemüht man sich, nur weil das Opfer ein Dichter ist, den Grund für diesen Schritt in der Eigenart seines Werks zu finden, als sei er die Strafe für einen übermäßigen Anspruch, der sich am Ende gegen ihn gewendet hat? Mag der Selbstmord auch in manchen Gedichten vorweggenommen sein, so doch nur, weil er den Gedanken dazu in sich trug.

Die Krankheit gehörte zu seiner Person. Ihre Krisen und ihr zeitweiliges Abklingen spiegeln sich auf sehr verschiedene Weise in den Gedichten, in deren Form sowohl wie in deren Inhalt. Sie schließen weder die pathologische Beobachtung noch die klinische Erfahrung aus. Eine nähere Betrachtung der psychischen Dissoziationen läßt eine große Meisterschaft in der Analyse erkennen. Es fehlt nicht an Gedichten, die von dem Kampf handeln, den der Dichter zuweilen gegen die Krankheit geführt hat. Dies ist eine jener partikularen Wahrheiten, die im Zentrum seiner Dichtung stehen. Seine Kraft erprobte sich noch in den Phasen der Schwäche; durch nichts gerechtfertigt ist es, eine angesichts des Schwindens oder Ausbleibens der Kreativität getroffene Entscheidung als ein Zeichen für eine Selbstbestrafung oder für eine Bewußtseinstrübung zu interpretieren.

Da sie in der unerhörten Radikalität der Dissoziation nicht den Ursprung und die Voraussetzung der poetischen Trennung erkannte und im analytischen Potential der Kunst nicht den Rückbezug auf die vorgängigen psychischen Prozesse, hat die Kritik die Sachlage umgekehrt. In einer negativen Perspektive mußte sie im Rückzug auf die Person und in der Loslösung einen unverzeihlichen Fehltritt erblicken, für den der Autor zu büßen hatte;

oder aber es wurde der hohe Status dieser Dichtung, der sich in ihrer Schwierigkeit manifestierte, aus einer Unfähigkeit abgeleitet, aus einem Sich-nicht-verständlich-machen-Können.

Es wäre gewiß lohnend, eine kritische Geschichte dieser Zuschreibung eines Schuldgefühls zu verfassen. Oft wurde das Abweichende der Schreibweise auf die *Kunstform* zurückgeführt, auf einen Verstoß des Künstlers zunächst gegen die Gesetze der Natur und dann gegen die Verpflichtungen, die ihm aus der Zugehörigkeit zu einer wohl notwendig nationalen oder religiösen Gemeinschaft erwuchsen. Die verschiedensten Interpretationen schließen sich daran an. Celan, so meint man, habe den Preis für seine Vermessenheit bezahlen müssen, dafür, daß er die Übermacht des nationalsozialistischen Widerparts nicht anerkannt habe, oder dafür, daß er sich nicht genug mit seinem eigenen Volk solidarisch verbunden zeigte und zu sehr mit den Opfern, im Zeichen des Todes. Beide Gesichtspunkte konvergieren, so überraschend das auch scheinen mag. Die Verfehlung wird jeweils in der partikularen, unabhängigen Stellungnahme erblickt, als manifestiere sie sich im Scheitern des literarischen Versuchs, als sei die Individualität, als ein von Natur aus nicht Mitteilbares, letztlich pathologisch. Der Selbstmord wird herangezogen, weil er in dieser Sicht die psychischen Kausalitäten einer Verirrung und deren soziale Auswirkungen enthüllt oder aber, weil er in gesteigertem Ausmaß vom Bewußtwerden des Scheiterns zeugt und damit von einer Hellsichtigkeit, die noch schwerer zu ertragen ist als das Scheitern selbst.

So sind in der Tat der Rückzug und das Beharren auf einer persönlichen Position aus einem Schuldbewußtsein des Künstlers abgeleitet worden. Durch die Loslösung und Individualisierung habe er sich auch von seinen Religionsbrüdern getrennt: ein »unlösbares Dilemma«[15]. Die Gemeinschaft rief nach ihm, er aber konnte ihr seine Stimme nicht leihen.

Wie groß auch immer die Enttäuschungen gewesen sein mögen, die Reise nach Israel im Jahre 1969 hatte als Geste für Celan ein großes Gewicht; sie bildete eine Ergänzung zu der tiefen Identifizierung mit dem Krieg von 1967 und bezeugte die Solidarität, die er, an diesem Punkt seines Lebens, oder: noch zu Lebzeiten, seinen israelischen Freunden bekunden wollte. Das Datum markiert den Ort, den er, zu diesem Zeitpunkt, der jüdischen Geschichte in seiner persönlichen Existenz zuweist.

Die Bedeutung dieses Aktes verliert sich ins Vage, wenn man ihn mit ausgelaugten theologischen Glaubenssätzen unterlegt und sich, nicht anders, als handle es sich um eine Pilgerfahrt ins Heilige Land oder nach Lourdes, zu Behauptungen versteigt wie: »Doch diese erlösende Reise war zu spät gekommen.«[16] Das Leiden war unheilbar, und daran konnte auch die Heimkehr ins Land der Väter nichts mehr ändern: »als er sich [...] das Leben nahm, hatte er *einfach* den Kummer und das *Schuldbewußtsein* ob der unwiederbringlichen Verluste des Holocausts ausgeschöpft« [ich unterstreiche mit roter Tinte].[17] Die These eines Schuldgefühls gegenüber der Religion, das von jüdischer Seite für eine Ursache des Selbstmords gehalten wird, ist nicht weniger unerträglich als andere, verwandte Konstruktionen, mit denen man Celan von christlicher oder heideggerianischer Seite hat beladen wollen.

Seine Sprache wird abgelehnt, da man ihre Eigenart verkennt. Man ist darin so weit gegangen, zu sagen, daß Celans »Sprechen und Schreiben« in den Tod geführt habe.[18] Der Tod wäre demnach gerade nicht, wie Celan es voraussetzt, die Konsequenz einer Sprache, die das Leben verherrlicht und die das Morden mit vorbereitet hat; im Gegenteil, es soll die Sprache eines Celan zugeschriebenen pathologischen Leidens sein, die sich unverstanden gegen das ohnmächtige Opfer wendet. Das tragische Schicksal der vereinsamten Dichter, eines Kleist und eines Hölderlin, muß Gewähr bieten. Man exorzisiert nicht ungestraft die überlegenen Dämonen des Nationalsozialismus. Sie wenden sich gegen den Exorzisten. Das Gedächtnis sei sein persönliches Problem,[19] die Vergangenheit sei die seine. Von dort her ereile ihn ein »Tod«, mag es nun einer sein, den er gesucht hatte und der nur ihn betraf, oder einer, den er in seinem Unglück, aus Ohmacht, erleiden mußte.

Wer Celan auf diesem Weg folge, gehe selbst in den Tod. Hat nicht Peter Szondi das bewiesen, indem er sich nach ihm umbrachte? Das christliche Modell der Nachfolge, der *imitatio*, habe für ihn nicht gelten können – zu groß sei seine Einsamkeit gewesen. In der Konstruktion einer Nachfolge, die unmöglich ist, gibt sich lediglich die Verweigerung einer singulären Position zu erkennen. Indem man die prinzipielle Absonderung zum Symptom einer fragwürdigen Pathologie macht, erscheint sie als ein Versagen, das sich in der Unfähigkeit zu dem geforderten allgemeinverständlichen Sprachausdruck kundtut.

Das Persönliche ist für Celan das zentrale Moment aller Kunst und auch der Sprache eines jeden wirklichen Dichters. Er hat von niemandem verlangt, daß er ihm folge; wollte man ihm folgen, so käme dies der Forderung gleich, daß jeder sich selbst zu folgen habe. Aus einer großen Distanz aber nötigt man Celan die Rolle des Opfers auf und schreibt ihm schlechterdings die Aufgabe zu, »eine Sprache zu finden, ja Sprache überhaupt zu finden für das neue geschichtliche Ereignis und zugleich das persönliche, seine poetische Entwicklung schneidende, wenn nicht gar provozierende Erlebnis des Holocaust«[20]. Das Opfer soll eine Sprache finden, die dem Geschehen gerecht wird (es ist ja seine Angelegenheit) und zugleich auch die Erfahrung bewältigen, die diese Sprache zugrunde richtet. Unangemessen und schockierend ist die Wortwahl mit ihren vitalistischen Untertönen. Weiß man nicht mehr, wozu in Deutschland der literarhistorische Begriff »Erlebnis« herhalten mußte? Szondi war selbst im Lager von Bergen-Belsen interniert gewesen. Welches Beispiel sollte er benötigt haben, um Celan »folgen« zu können?

Die Tatsache, daß Szondi sich in den letzten Jahren seines Lebens intensiv, wenn nicht sogar vornehmlich mit den Texten Celans beschäftigt hat, zeugt von dem besonderen Interesse, das er seit dem Ende der fünfziger Jahre für dieses Werk bewies. Er hat mir damals erstmals die Gedichte zu lesen gegeben. Sein Interesse galt ihrer Form und der in ihnen fixierten Stellungnahme, aber auch den philologischen Problemen, die ihr Verständnis aufwirft. Während er die Essays der *Celan-Studien* schrieb, machte er Fortschritte in der Lektüre. Wenn es sich so verhält, wie man unterstellt, daß er sich nämlich getötet hat, um ihrem Inhalt zu entsprechen, ihrer Verzweiflungsbotschaft, so wäre zu fragen, was ihn plötzlich daran gehindert haben sollte, das Projekt der Entzifferung zu Ende zu führen. Die Gründe für das, was ihm widerfuhr, sind seine eigene Sache, mag auch sein Freitod akzidentell gewesen sein. Niemand kann sie ihm entziehen, wie das geschieht, wenn man die Tragweite eines dichterischen Werks durch das Fehlen einer Nachfolge einschränken will. War Szondi denn ein Dichter? Er vertrat die Kritik im vollen Wortsinn, er lehrte an der Universität und war darum bemüht, eine Wissenschaft zu legitimieren, die dann ein sich auf Szondis tragisches Schicksal berufender Germanist für unzuständig erklärte, um auf diese Weise die Bereiche der Kreativität und der Kritik besser vermengen zu können. Dieser will nämlich von einem internen Standpunkt aus sprechen, ohne jede Analyse, und nimmt zugleich, ohne jeden Anspruch auf Genauigkeit, eine Außenperspektive ein, die keinen Raum läßt für eine sachgerechte ästhetische Betrachtung.[21]

Zweisamkeiten

»Das Namengeben hat ein Ende«, es findet das Ende der endlichen Gebilde, die es dem Unendlichen widersprechend erschafft. Das Gedicht »Schwarz« (II, 57) zeugt von einem Scheitern am Ende des reinsten und höchsten Schöpfungsakts, dem nichts mehr nachfolgt. »[...] über dich [das heißt über das Du, den Dichter] werf ich mein Schicksal«, wie einen Mantel, der den Abgrund zudeckt, um ihn in Ruhe und für sich sein zu lassen. Die Dissoziation läßt sich entziffern, sie durchläuft alle möglichen Konstellationen einer Liebesbeziehung und nimmt immer eine je andere Gestalt an. Der Mann, die Person des Ich, beherbergt sein Du. Er hatte dem Gast seine eigene Existenz geborgt, und dieser verlangt von ihm den Preis für das Obdach, das der andere ihm gewährt hatte.

Wahngänger-Augen: in euch
münden die übrigen Blicke.

Eine einzige
Flut
schwillt an.

Bald glänzt ihr
den Felsen zutode, auf den sie
gesetzt
haben, wider
sich selbst.
(II, 319)

Das Wort »Augenblick« wird zergliedert, es wird daraus ein »Blick der Augen«. Die umformende Kraft des Idioms zeigt sich in der Evidenz solcher Neuzusammensetzungen. Die beiden Pole des fast synonymen Wortpaars werden gegeneinander abgewogen (»Augen«, »Blicke«), sie treten auseinander und wieder zusammen, magnetisch angezogen von einem dichterischen Wahn, der stärker ist als der andere: »in euch«, das heißt in die Augen des Wahns; »sie«, das sind die Blicke der Poesie.

Dem Wahn entsprungene Blicke hatten sich in die wahnhaften Augen der semantischen Neubildung verlagert und – »wider sich selbst« – den »Felsen«, den Stein der Poesie, zu ihrem Ziel gewählt. Nun werden sie aufs neue vom machtvollen Augenglanz des reinen Deliriums geschluckt; sie werden an ihren Ausgangspunkt zurückgeführt. Das Gedicht erhellt die Stufen dieses unausweichlichen Prozesses und sein fatales Ende. Muß man es nicht so verstehen, daß am Anfang der klinische Wahn gestanden hat und daß er nun sein Erstlingsrecht beansprucht? Er hat sich in den Wörtern eingenistet, indem er in den anderen *Furor*, in den dichterischen Wahn eindrang, er hat sich verlagert, hat versucht, sich dort in einem prekären Machtbereich zu behaupten. Der zweite, abgeleitete Gebrauch mußte am Ende den ursprünglichen Wahn wiedereinsetzen, der wahrer ist, näher beim Ich, weniger durch die Poesie verfremdet. Eines dieser Delirien stand also doch im Dienste des anderen, das zweite im Dienste des ersteren, von dem es beherrscht wird. Man kann Partei für die Poesie ergreifen und sich sagen, daß der Tribut zu hoch war, wenn es denn ein so gebieterischer Wahn war, den sie in sich aufzunehmen hatte.

Die Poesie des beginnenden Jahrs tritt am 2. Jänner 1968 vor die Person des Ich – nicht vor den Dichter. Wahn steht gegen Wahn. Die Rollen sind vertauscht:

Das angebrochene Jahr
mit dem modernden Kanten
Wahnbrot.

Trink
aus meinem Mund.
(II, 337)

Bevor sie in einem Text gestaltet und verdichtet wird, trägt schon die gelebte Zeit, und zwar mit größerer Härte, die Merkmale der Dichtung. Die Brechung hat sich eingefunden, sie ist unerschöpflich; und nahe bei den Tränen finden sich auch die verletzenden Kanten, deren »Modern« auf das »Morden« verweist. Der »Stein«[22] der Poesie, dieser so oft gerettete, ist denn auch im vorhinein verwest, als entspräche dies seiner eigentlichen Natur, seiner Physis. Der Wahn wird nicht länger dem Du übertragen, er hat sich unter der Haut und im Leben festgesetzt. Das Ich spricht zum trinkenden Dichter: nimm doch meinen Mund, das wird nicht weniger stark sein als die Dichtung.

Die Analyse der komplexen Relation, die methodische Selbstreflexion, kommt zu keinem Ende. Die Möglichkeiten gehen von der Auflösung des Haushalts bis zur unauflöslichen Verbindung, wie gefährdet oder fest diese auch jeweils sein mag. Sowohl vereint als auch getrennt sind Ich und Du in dem Gedicht »Auch mich« (das heißt: mich ebenso wie dich), wo sie sich am Ende in einer gemeinsamen Virilität zusammenschließen:

und die Mandelhode
gewittert
und blüht.
(II, 311)

Die Virilität ist als Attribut sowohl der Person als auch dem Dichter zu eigen. Sie stehen in der »Mandel« wie zwei Freunde oder Verbündete. »Auch mich, den wie du Geborenen [...]«, das heißt: den unter demselben Zeichen Geborenen, und: du bist nicht allein auf der Welt. Zwei Juden begegnen einander hier, am Ort einer Verdoppelung, in der zugleich überkommenen und überwundenen Sprache, und bleiben beisammen, ganz wie am ersten Tag, bevor noch der erste Vers geschrieben wurde.

Das Ich hat sein *alter ego*. Entweder wird das Du immer mehr zu dem, was seine Identität und somit seine Differenz ausmacht, zu einem Pol der Alterität, oder aber es schließt das Ich in sich ein, wird selbst mit eingeschlossen, und beide verlieren sich spurlos.

Die Sprache trägt uns fort; der Dichter kann sich von ihr in seine Domäne forttragen lassen, in ein von ihm abgestecktes *wahreres* Gelände, dessen Wahrheit auf der Ablehnung aller fremden Gesetze beruht. Die Dissoziation ist im Grunde sprachlicher Natur, so persönlich sie auch sein mag und gerade weil sie an die Person gebunden ist. Sie wird in der Sprache vollzogen, behauptet sich in ihr, bezieht aus der Sprache ihre Kraft. Der Augenblick höhlt sich, er öffnet und dehnt sich in der Höhlung des Andersseins. Es gibt auch Momente, wenn selbst die höchste Konzentration des Schweigens sich verflüchtigt hat, in denen sich eine reine Dissoziation einstellt; nichts kommt hinzu, alles verstummt in der stimmlosen Leere der bloßen Entfernung.

Die anderen im Andern

Die Ausrichtung auf ein anderes Du außerhalb der Gedichte ist nur möglich aufgrund der Trennung, die das Du zunächst im sprachlichen Kunstwerk vom Ich unterscheidet. Es hat sich im Bereich der Poesie herausgebildet. Als solches erst besitzt es die Fähigkeit zur Integration.

Um der Entscheidung auszuweichen, sprechen viele Kommentatoren vom »Du des Gedichts« oder vom »Du, an das sich das Gedicht wendet« und lassen dabei, vor lauter Vorsicht oder Unschlüssigkeit, die Frage des Adressaten offen. Welches Du? Das Du ist vielleicht nicht in jedem Fall mit dem *alter ego* gleichzusetzen, aber doch fast immer und mit der Zeit immer mehr, so sehr, daß dann auch sein Platz von dem Du eines andern eingenommen werden kann. Eine andere Person wird auf diese Weise einbezogen und aus größter Nähe oder größter Distanz mit der internen Alterität konfrontiert, wie sie schon vor jeder Erfahrung einer Begegnung besteht.

Weiß und Rot oder Blau. Im Gedicht »Dein Haar überm Meer« läßt sich ein Moment in der Herausbildung des Du erfassen, das zunächst durch das Haar der toten Mutter eingeführt wird, welches wie ein Leitstern über dem Meer der Wörter schwebt (I, 18). Eine Erfahrung wird in ihren Schichtungen analysiert, sie bestimmt die Klangfarbe des an Berenikes Haupthaar erinnernden funkelnden Sternbilds. Die verführerische deutsche Tradition bildet die Basis; sie wurde als Aggression begriffen und auch so erlebt. Man hätte vor ihr fliehen sollen. Der Dichter hält sich aber an eine bereits in ihr angelegte Flucht, die die nördliche Dichtung in fremde, nebelferne Gefilde trägt. Sie ist zunächst mythisch mediterran, wie bei Benn,[23] doch entdeckt sie sich darin als fremde und wesentlich widersprechende. Die Verführung ist ein fester Bestandteil der Tradition und also noch deren nostalgischer Überwindung.

Diese Negation im Bereich der Dichtung, die bis ins Azurblaue gesteigert ist, geht – zumindest in einer logischen Abfolge – den Mordtaten voran. Die Greuel hätten, wenn sie den Sieg davongetragen hätten, der Sprache eine andersgeartete sprachliche Gewalt eingeprägt. Sie hätte sich expressionistisch gebärdet, wer weiß, und wäre noch identifizierbar und assimilierbar geblieben, als eine blutrünstige, dem Geschehen angeglichene, in falscher Weise adäquate Evokation. Statt dessen ermöglicht die zugrunde liegende nostalgische Überwindung, die dem Dichter von seiner Mutter und ihrer Sprache vererbt wurde, eine wirksamere Replik in den Schritten einer steinblauen Wiederholung. Er fixiert den Elan nicht in seinem unmittelbaren Ausdruck, sondern vereint sich eher mit dem Bekenntnis zu einem noch elementareren, aus dem Nichts gebildeten Widerspruch. Hinter dem Rot der Morde zeichnet sich ein Wille zur Negation ab, der nächtlich bestimmt ist und in großer Nähe zu dem Nichts steht, in das der Dichter sich zurückgezogen hat.

»Das Blutsegel hält auf dich zu«, heißt es in »Matière de Bretagne«; es handelt sich um eine Reprise von »Dein Haar überm

Meer«, mit dem zweiten, gegensätzlichen Sinn einer Überfahrt zum Du.

Die Poesie befragt ihr eigenes Gelingen; dieses stößt auf schier unüberwindliche Hindernisse, so daß eher ihr Nichtgelingen befragt wird. »Matière de Bretagne« spielt, was immer man darüber geschrieben haben mag, sehr wohl auf Tristan und Isolde an, vor allem in der Szene, in der das nunmehr rote Segel gezeigt wird, vor dem gelben Hintergrund der bretonischen Küste.

Eine erste Fassung enthielt nur den Anfang und den Schluß. Die erste und die letzte Strophe umrahmen später dann den kunstreichen Rhythmus einer komplexen Komposition:[24]

MATIERE DE BRETAGNE

Ginsterlicht, gelb, die Hänge
eitern gen Himmel, der Dorn
wirbt um die Wunde, es läutet
darin, es ist Abend, das Nichts
rollt seine Meere zur Andacht,
das Blutsegel hält auf dich zu.
[…]

Du
du lehrst
du lehrst deine Hände
du lehrst deine Hände du lehrst
du lehrst deine Hände
                                        schlafen
(I, 171–172)

Vorhanden war die »Materie«, der aus der Bretagne bezogene epische »Stoff«, eine Landschaft, die quasi vorbereitet war und die nach ihrer Übertragung in die Ordnung einer genauen Bedeutung rief, mit dem Ginstergelb des Judensterns und dem blutroten Segel, das auf die Küste zuhält, an der das Du steht (Strophe 1). Am Ende (Strophe 5), im Crescendo eines Finales, kann das Du die Hände, denen es befiehlt, den angemessenen »Schlaf« lehren, der dem Ruf gerecht zu werden vermag. Ein Subjekt hat sich damit den vollkommenen Künstler erschaffen.

Zwischen diesen beiden Polen wird eine aus der Bahn gelenkte Bewegung nachgezeichnet. Aus deren schrägem Winkel läßt sich besser als aus einem geraden, geglückten Unternehmen erkennen, auf welchen Voraussetzungen das Gedicht beruht. Es hält inne und gelangt in der Aufzählung von internen Zwischenfällen zu sich selbst (Strophe 2). Eines nach dem andern werden die Elemente, die für gewöhnlich ein Gedicht ausmachen, in einer Art Pathographie hervorgehoben, als gefielen sie sich in ihrer Verlassenheit und indifferenten Vereinzelung.

Bietet da nicht, aus den Kulissen dringend, die Stimme des Ich sich als Vorbild an? Es ist bemüht, in seiner Sprache dem von den Händen gewiesenen gegabelten Weg zu folgen (Strophe 3). Der Konflikt verschärft sich: die schaffenden Hände erwachen und geraten in Bewegung, sie stürzen sich auf die sich in synkopierten Fragmenten darbietende Materie. Der anfängliche Appell verstärkt sich in der erregt drängenden Wiederaufnahme (Strophe 4). Dreimal wenden sich die Verse an die Hände, bevor sie auch hier wieder (wie in der Strophe 1) auf das Du zustreben, das die Zügel handhabt und die Dualität zu bemeistern versteht, das hier wie dort zu schöpfen weiß und die stürmischen Impulse in die Säle des Traumes lenkt. An der Anatomie des Schreibprozesses läßt sich die ständig neu sich konstituierende Struktur ablesen:

[...]
Trocken, verlandet
das Bett hinter dir, verschilft
seine Stunde, oben,
beim Stern, die milchigen
Priele schwatzen im Schlamm, Steindattel,
unten, gebuscht, klafft ins Gebläu, eine Staude
Vergänglichkeit, schön,
grüßt dein Gedächtnis.

(Kanntet ihr mich,
Hände? Ich ging
den gegabelten Weg, den ihr wiest, mein Mund
spie seinen Schotter, ich ging, meine Zeit,
wandernde Wächte, warf ihren Schatten – kanntet ihr mich?)

Hände, die dorn-
umworbene Wunde, es läutet,
Hände, das Nichts, seine Meere,
Hände, im Ginsterlicht, das
Blutsegel
hält auf dich zu.
[...]

In einer früheren Fassung – sie ist auf den 17. Mai 1957 datiert, während die endgültige vom 10. August stammt – nahm das Segel bereits Richtung auf das Du (»auf dich zu«). Die Passage ist aber dann in einem bestimmten Stadium in ein (sogleich wieder aufgegebenes) »auf uns zu« geändert worden, was mit einer Variante am Ende in Verbindung zu stehen scheint, wo es hieß: »es ist Abend, / du findest zu dir – zu mir«. Die beiden Instanzen wurden einen Augenblick lang vereint, um dann wieder dissoziiert zu werden. Es sind dies zwei äquivalente und komplementäre Möglichkeiten.

In der härtesten Angleichung führt das Bündnis zwischen Ich und Du an einen Punkt, an dem das Du sich in ein reineres und vollkommeneres Du verwandelt und so auf noch andere Weise ein anderer wird, um die »Person« seines Gegenübers in sich aufzunehmen. Die Identität, die ihr in dieser Stunde angeboten wurde oder die sie sich selbst verfertigt hat, erweist sich dann als so gut angemessen, daß das Ich, seiner selbst entledigt und durch einen Ortswechsel im interaktiven Spiel neu gestaltet, in der Dichtung seine eigene außerdichterische Identität entdeckt.

Hat man es mit der Alterität einer Liebesbeziehung zu tun, so spielt in ihr das Du des Dichters die Rolle des Ich. Wie gestaltet sich die Beziehung zwischen diesem Gegenüber, dem Du einer Geliebten, und jenem anderen, internen Du des Dichters, das dem Ich der Person entgegengesetzt ist und sich der Sprache überlassend vor ihr bewahrt? In dem Band *Atemwende* steht das vorletzte Gedicht des Zyklus *Atemkristall* in Klammern – nicht jedoch in der 1965 erschienenen bibliophilen Ausgabe mit den Graphiken von Gisèle Celan-Lestrange. Man könnte das so verstehen, daß es sich um ein *à part*, gleichsam in den Kulissen gesprochenes Gedicht handelt, das die Herausbildung der Sprache betrifft. Man ist unter sich und kann über Dinge sprechen, die nicht für die Öffentlichkeit bestimmt sind.

(Ich kenne dich, du bist die tief Gebeugte,
ich, der Durchbohrte, bin dir untertan.
Wo flammt ein Wort, das für uns beide zeugte?
Du – ganz, ganz wirklich. Ich – ganz Wahn.)
(II, 30)

Es ist, als wäre das Ich an der allzu massiven Ganzheit seines Gegenübers zerbrochen. Die biblische Ausdrucksweise, das »Ich kenne dich«, situiert die Akteure und konstruiert ihren Gegensatz in der Sprache der Liebe. Von den anderen Gedichten des Bandes unterscheiden sich die Verse durch den Rhythmus und durch die Verwendung des Reims. Sie knüpfen in ihrer Manier an die orientalisierende Liebeslyrik von Goethes *Divan* an, mit einem leicht persischen Tonfall. Auch diese Sprache der Klassik, die hier die Grundlage bildet, gehört zu Celans Repertoire, zumal wenn von der Liebe die Rede ist, noch dazu in deutscher Sprache: ist es doch die Sprache, in der er schreibt und in der er liebt. Gisèle war zur Anderen geworden. Die Thematik ist dieselbe wie in manchen Gedichten aus der Zeit nach Wien. Kann die Geliebte in dieser hohen Tradition besungen werden, so ist der liebende Dichter um so freier: er kann ihr sagen, wer sie ist.

Die Dialektik der Unterdrückung läßt sich entziffern: wenn die Geliebte sich in der Sprache, die sie spricht, der bestehenden Ordnung und dem allgemein geltenden Denken unterwirft, so trifft der Partner, mit allen seinen Wunden und durchlöcherten Gliedern, in der Liebe auf die Materie der Poesie.[25] Indem er sich selbst unterwirft, durchläuft er einen Punkt, wo die Unterwerfung seine Fähigkeit zur Umkehrung unter Beweis stellt. Der Schritt, in dem die Wirklichkeit durchbrochen wird, vollzieht sich in der Liebe.

So fruchtbar diese Aufteilung ist, es bleibt die Frage, ob es in diesem Rahmen auch einen gemeinsamen Ort geben kann. Zunächst jedenfalls kaum. Das sich bildende Wort steht auf der Seite der Wunde, die Begegnung hat eine trennende Wirkung. Sie legt den Akzent auf die Entzweiung: ein »dies, hier«, auf beiden

Seiten. Doch ist man damit schon am Ende? Die Dissoziation könnte sich schließlich in ein Bündnis und eine Kollaboration verwandeln. Wenn die Partnerin »ganz« ist und ihm die gesellschaftliche Regel vermittelt, paradoxerweise auch das Deutsche, das eine wie das andere in seiner Totalität, so wird auch diese ihm übertragene Wirklichkeit ihre Natur verändern und in der Ordnung der Poesie aufgehen. Die beiden Elemente des ersten Halbsatzes in Vers 4 können dieser Progression entsprechend gelesen werden – von »ganz« (adjektivisch) zu »ganz« (adverbial). Der Wahn übernimmt es, diesen Transfer der Realität zu vollbringen und sie für die Dichtung dienstbar zu machen (»wirklich«, im etymologischen Sinn). Die Geliebte wird durch die Transformation in eine fremde Andersartigkeit übergeführt.

Maskenspiele

Durch eine einzigartige Pathologie kann es geschehen, vor allem seit *Atemwende*, daß die Bereiche des Ich und des Du sich überlagern. Die neugeschaffene Sprache des »Namens« ist das Werk des Du, sie gehört zu ihm, es heißt: »dein [...] Name«. Der Dichter hat ihn mit seinen Händen »getröstet«:

Unter die Haut meiner Hände genäht:
dein mit Händen
getrösteter Name.
(II, 49)

Wie in einem chirurgischen Eingriff ist der Name nun unter die Haut anderer Hände genäht worden; es sind die Hände des Ich, das diese Erbschaft antritt. Zweifellos muß man dabei mithören, wie in »nähen« ein »nähern« und ein »nähren« anklingt, und auch die privative Bedeutung der Silbe »un-« in »unter«. Der Name hält sich in der Nähe des Ich, obwohl dieses nicht schreibt.

Was lange im geheimen reifte, erfüllt sich in dieser Szene. Die Tröstung und Stärkung des Namens,[26] der endgültig und gerechterweise ein toter ist, hat den Dichtenden in den Zustand des Nichtseins versetzt, das jetzt seinem einzigen Nachkommen zufällt. Die Lustbarkeiten sind für andere Hände bestimmt als für die verbrannten Hände des Dichters. Im »Trösten« ist ein »Rösten« mit ausgesprochen, aber auch ein »Töten«, und in dem Präfix »ge-«, wie auch anderswo und fast überall, wohl auch das Germanische, das unabänderlich Deutsche schlechthin im gebrauchten Wort.[27]

Maskerade oder Wahnwitz: die Szene hat ihre Pointe. Die Materie, die Luft, wird nunmehr wie ein Brotteig vom Ich geknetet – wie dies zu seinen Lebzeiten auch der Dichter tat, der Totes schuf. Daraus ergibt sich eine gemeinsame Nahrung (»un-sere«, ein Wort, in dem das Privative nicht weniger hervortritt als etwa in »un-ten«); beide Instanzen, der Tote und sein Erbe, treten in der zweiten Strophe zusammen:

Wenn ich den Klumpen Luft
knete, unsere Nahrung,
säuert ihn der
Buchstabenschimmer aus
der wahnwitzig-offenen
Pore.
(II, 49)

Es ist wirklich nichts, und das Ich macht vielleicht auch nichts daraus. Doch treibt der andere weiter sein Spiel, in seinem Versteck unter der »Haut«. Es ist, als ob er weiterschriebe und als ob sein Partner ihm dazu die Mobilität und Vielgestaltigkeit seines Wahns borgte. Der Abglanz seiner schriftlichen Präsenz strömt von einem Außen an, von einer sich noch immer weiter behauptenden Absenz.

Die Zusammenarbeit nimmt Konturen an. Die Sprache ist ins Fleisch eingedrungen, und der Abglanz des Namens – *unter* der Haut – steuert das Ferment der Buchstaben bei, das den Teig aufgehen läßt. Es braucht ein Agens: hier ist es die Öffnung, die vom Wahn geschaffen wurde. Ein sinnstiftendes Leuchten dringt aus den Poren der Haut, die jetzt beiden gehört. Wie in vielen der späteren Gedichte stützt sich die Phantasie auf quasi klinische Muster. Die Umsetzung erfordert, daß der Interpret mit großer Genauigkeit erfaßt, worauf sich die Problematisierung der poetischen Verrätselung, das poetische Rebus, bezieht.

Die theologisierenden Interpretationen des Gedichts »Einmal« am Ende von *Atemwende* (es ist das erste der beiden so überschriebenen Gedichte im Werk) führen nicht weit. Man hätte sich sagen können, daß von dem vom Ich getrennten Dichter die Rede ist. Dieses hört ihn nun bei seinem Tun; es spricht von ihm in der dritten Person. »Er« wäscht seine »Welt«, die Welt der sprachlichen Gebilde, so lange, bis nichts Unterscheidbares mehr an ihr ist. Es ist eine Art Zwangshandlung, eine radikale Läuterung und bis ins Absurde gesteigerte Weißung im fortgesetzten Betreiben seines gewohnten Handwerks. Das Ich sieht ihn nicht, es hört ihn nur, es hört die Geräusche einer Auflösung:

> EINMAL,
> da hörte ich ihn,
> da wusch er die Welt,
> ungesehn, nachtlang,
> wirklich.
>
> Eins und Unendlich,
> vernichtet,
> ichten.
>
> Licht war. Rettung.
> (II, 107)

Angesichts der drohenden Löschung hatten die Bestandteile seiner Sprache, von der Eins bis zum Unendlichen, dem Einzelnen bis zum grenzenlos Weiten, keinen anderen Ausweg mehr, als sich, solange es sie noch gab, die Identität des Ich zu erborgen. Der Gebrauch von »ichten« (eines auf »ich« geformten Verbums) ist weniger esoterisch, als man geglaubt hat, und viel eher spielerisch-schalkhaft. Es ist, als habe dieses »eine Mal« die Person des Ich, gegen jede Regel, selbst die Erfahrung einer singulären Levitation gemacht und sich in einem Gedicht verkörpert. Die Aufhebung der Differenz zwischen den beiden wird zum Ziel. Vom Meridian durchlaufen, sah das Ich dann in diesem Augenblick das eigentümliche und ihm doch bekannte Licht aufleuchten, dort, wo der Widerspruch einen Kulminationspunkt erreicht. Die Inkarnation hat nichts von einer mystischen Erfahrung, auch diese ist noch umgesetzt – man denke an das Licht *Ziw*, das Celan beim Besuch von Nelly Sachs in seiner Pariser Wohnung hat aufleuchten sehen.[28] Das Wort ist eben Fleisch geworden, es ist wahr geworden durch die Einpflanzung der Schrift in einen besonderen, ungewöhnlichen Körper. Das Heilsversprechen betrifft, nach diesem Untergang, das Überleben der Poesie sowohl wie das seiner Person. Ihre Sache ist zu einer gemeinsamen geworden. »Er«, der andere in seiner Ferne, war er nicht im Begriff gewesen, sich aller seiner Macht zu begeben? Nur ein einziger Bezugspunkt war es, der hier Abhilfe schaffen konnte.

In der Reprise, die denselben Titel trägt, einer Variation desselben Themas in *Lichtzwang*, ist die Kommunikation zwischen dem Ich und dem Du wiederhergestellt, und mit ihr die Möglichkeit der Zusammenarbeit und gegenseitigen Hilfe. Der Vorgang ist ein vergleichbarer, die Situation und ihre Ursache sind sehr verschieden.

> EINMAL, der Tod hatte Zulauf,
> verbargst du dich in mir.
> (II, 249)

Das Du verstößt nicht absichtlich gegen die Regeln; von der sprunghaften Verbreitung seines bevorzugten Gegenstands bedrängt, fällt es dem eigenen Spiel zum Opfer. Sein Thema hat sich durchgesetzt; es kommt geradezu zu einer Inflation. Es bleibt ihm nichts anderes übrig, als die Zügel fahren zu lassen, das Terrain der Menge seiner Rivalen zu überlassen und anderswo Zuflucht zu suchen. Wieder einmal zeigt das Ich, daß es, da es selbst wahnhaft ist, dem Du Aufnahme gewähren kann. Der Wahn des Dichters geht in ihm auf.

Die sarkastischen Spottreden erstrecken sich auch auf die Figur des Dichters, auf sein jämmerliches Aussehen und auf die Rolle, die er in den Gedichten spielt, auf seine Kumpane und Helfershelfer, sogar auf das Wort »Herz« und auf das Wort »Seele«. Alles kann sich an einer bestimmten Stelle gegen ihn wenden und, von außen betrachtet, in einer makabren Bewußtseinsklarheit zum Gespött werden.

Das Ich schlüpft immer wieder in die Rolle des neugierigen Beobachters. Es kann nicht umhin, dem Dichter in seiner rezeptiven Einsamkeit zuzusehen, es will wissen, was aus ihm wird. Die Gedichte, die den Band *Lichtzwang* einleiten, beziehen sich auf eine klinische Erfahrung. Der Leser gerät darum wohl in Versuchung, diese in den Vordergrund zu stellen und ihre sprachliche Verwandlung nicht genügend zu berücksichtigen. Die Rede geht jedoch von der Poesie. Es handelt sich um ihr Überleben und, wie es der lebhafte Tonfall in seiner betonten Positivität bekundet, um ihre Souveränität.

> HÖRRESTE, SEHRESTE, im
> Schlafsaal eintausendundeins,
>
> tagnächtlich
> die Bären-Polka,
>
> sie schulen dich um,
>
> du wirst wieder
> er.
> (II, 233)

Den beiden ersten Zeilen entnimmt man, daß die Elemente unversehrt sind und sich in einem »Saal« befinden (in dem später auch getanzt wird), bei dem es sich weniger um einen Schlafsaal für Patienten handelt als um den für einen bestimmten »Schlaf« der Sprache und der Kunst vorgesehenen Ort. Man kann aus ihm die sprachliche Materie und die Zahlen schöpfen, vom Unendlichen bis zum partikularen Konvergenzpunkt, bis zur Vertikale eines Meridians (»tausend« und »eins«, in einer Bedeutung, mit der sich der Leser bereits vertraut gemacht hat). Es sind die tausendundein Nächte, jedoch eher Celans eigene als die der Scheherazade: der Tanz birgt in sich den Vornamen des Dichters (»Pol-ka«), er weist auf seinen persönlichen, slawisch-transslawischen Orient.

Der Saal der »Schlafarbeit«, in dem er liegt, läßt sich in ein russisches, polnisches oder sibirisches Lager transferieren. Ein Widerstand überlagert die erlittene Gewalt und setzt sich durch.

Was übriggeblieben ist und überlebt, sind die sinnlich wahrnehmbaren Elemente der sprachlichen Materie, sie drehen sich im Kreis; die Reste führen in polnischer Manier den Reigen an und tanzen die Polka in einem von Stalins Lagern. Man streift dabei alles Abendländische ab und läßt alle hymnischen Formen hinter sich, um nur für die eigene Sache zu streiten, mit eben den Mitteln, die gerade zur Hand sind.

Die medizinische oder psychiatrische Umschulung, oder sonst eine Zwangsmaßnahme, sind in politische Begriffe gefaßt. Die Poesie wird stärker sein, sie wird das letzte Wort behalten. Ihre Schalthebel befinden sich nun hier; die dem Wächter entrissenen Überreste genügten also, sie bewahrten ihre Fähigkeit, ein tolles Fest der Verweigerung, *à la russe*, zu orchestrieren. Das Pronomen »sie« bezeichnet nicht die anonymen und ungenannten Aufseher, wie man glauben könnte; es sind im Kontext die »Überreste«, eher noch die Potenzen der überlebenden Sprache, die nun in einem anderen Feld der Vision wahrgenommen und dorthin projiziert werden. Die Umformung der Gehirne hat ihren gewohnten Rahmen verlassen, sie vollzieht sich zwar, aber an anderer Stelle und auf andere Weise. Erst auf diese Art umgelenkt und freigesetzt gelingt die Umschulung. Die Vertrautheit des Ich und des Du ist zerbrochen. Der andere regiert nun, er herrscht souverän, ohne sich um seinen eigenen Aufseher zu bekümmern; so wird er wieder das Er, das er bereits gewesen war, zugleich »er« und sein »Herr« – und auch Gott, der einzige Herrscher in seiner Sprache.

Für eine Kritik, die dem Subjekt keine wirkliche Freiheit zugesteht, muß sich der Dichter damit begnügen, den gemeinen Stand der Zivilisation zu vermitteln. Die »Reste« bezeichnen dann nicht die persönliche Sprache des Dichters, also auch nicht seine Kraft, sondern die Rudimente, die trotz der Verstümmelung des traditionellen Sensoriums noch wahrgenommen werden können, da die Welt »von vornherein« – wohlgemerkt: *a priori* – »als Relikt erfahren« wird.[29] Das Erklärungssystem tritt deutlich zutage: Die Dekadenz ist eine Fatalität, sie hat keinen besonderen Namen, sie ergibt sich aus dem Lauf der kollektiven und allgemeinen Geschichte.

Man hat solchermaßen den Tanz und seine Exaltiertheit als das Zeichen einer mit der klinischen Behandlung gleichgesetzten Gewalt aufgefaßt. In dieser Ideologie wird die demiurgische Kraft des Nichts,[30] dessen Negationspotential, verkannt oder verleugnet, so daß die Verwandlung in ein »er« gerade die erfahrene, kulturbedrohende Aggression festhalten soll. Es ist, als würde die herkömmliche, noch konzentrierte Poesie dadurch in Gefahr gebracht – und mit ihr auch die Autonomie des Subjekts, das also seiner althergebrachten Unterwerfung unter die etablierte Ordnung der Dinge verhaftet bleibt.[31] Nach dieser geradezu klassischen Sichtweise wird die intakte Welt, die in der Geschichte schon einmal zerstört wurde, in der Psyche des sich an sie klammernden Poeten ein zweites Mal zerstört. Die Poesie Celans ist in dieser Aneignung durch heideggerisierende Interpreten vollständig in ihr Gegenteil verkehrt.

In einem anderen Gedicht ist der Dichter tot, seine Integralität gehört der Vergangenheit an. Was von ihm bleibt, trägt das Bußgewand. Das Auseinanderfallen stellt sich als eine problematische Hinterlassenschaft dar.

> DIE MIR HINTERLASSNE
> balkengekreuzte
> Eins:
>
> an ihr soll ich rätseln,
> während du, im Rupfengewand,
> am Geheimnisstrumpf strickst.
> (II, 289)

Die Nachfolge ist durch eine Teilung geregelt worden, sie ist auf die beiden Instanzen verteilt worden, auf das Ich und auf das Du. Von den beiden Polen in der Sprache, Eins und Unendlich, ist die Pluralität beim Dichter geblieben, der dazu verdammt ist, auf ewig an seinem härenen Gewand zu stricken – und immer neue Maschen an den Strumpf seiner Kunst anzufügen. Das ursprüngliche, reine Geheimnis dreht sich im Leerlauf. Der andere Pol ist dem Ich zugefallen, das vor der Möglichkeit eines die Einheit realisierenden Gelingens steht wie vor einem Tor, das durch ein aus zwei Balken gefügtes Kreuz versperrt ist.

Die Poesie ist in zwei Hälften geteilt, gleichsam zerrissen. Die

Kunstsprache, deren Textur sakralen Ursprungs ist, desakralisiert sich, indem sie Buße tut; die Semantisierung, die den Stoff zum Entziffern liefern kann, wurde dem Ich zugeteilt. Von den beiden Möglichkeiten, Tausend und Eins, hat es die Konzentrationskraft jener Zahl geerbt, deren Zugang das Kreuz für immer versperrt. Das Gedicht bildet sich so in der Situation einer verhinderten Verrätselung heraus; das *alter ego*, in einiger Entfernung, verfertigt immer wieder aufs neue sein Material auf denselben ungangbaren, nicht änigmatisierten Wegen.

Die gekreuzten Balken in der Wortzusammensetzung »balkengekreuzt« bilden eine Umkehrung des Kreuzes Christi: anstelle der »Kreuzesbalken« sieht das Ich ein X, das den Zugang versperrt und alles wieder aufhebt. Die höllische Pein ist ihm zugedacht, sein Sisyphusfelsen besteht darin, daß es, vor dem Hintergrund eines unwirksamen Nichts, sich ansehen muß, was dem anderen so grausam abgeht; in symmetrischer Entsprechung dazu macht jener weiter, so sinnlos es auch sein mag, aus Treue zu seinem ursprünglichen Versprechen aus der Zeit des Mordens. Die konstitutive Spannung zwischen beiden Instanzen ist auseinandergebrochen, und das Auseinanderbrechen hat dazu geführt, daß zwei unterschiedliche Obsessionen und Verweiflungen bloßgelegt wurden. Die Finalität seines Tuns ist dem einen versagt und in die Sphäre des andern hinübergerettet worden. Das Scheitern ist ein doppeltes – und als solches noch, in der Zergliederung, eine Analyse des Gelingens.

Das Du ist niemand anderer als das Ich – und dann bisweilen doch ein anderer, der seine Stelle einnimmt. Sie tragen denselben Namen.

V. EINE GESCHICHTE SEINER ZEIT

Die Dichtung vor der nationalsozialistischen Gewalt

Der einzige, eigentliche Bezugspunkt

Die Ausschließlichkeit, mit der Celan die Verbrechen des Nationalsozialismus in den Blick nahm, machte aus ihnen im Kampf gegen alle Formen der Verstrickung *für ihn* ein Absolutum; sie wurden von ihm *für sich* genommen. Er zeigt, daß er in allem nichts anderes sagt und daß man ihn nichts anderes sagen lassen kann. Er bezieht sich auf sie vom Grund seiner Sprache her. Andere Massaker, die nicht weniger furchtbar waren, haben sich seither ereignet und werden sich ereignen, an anderen Orten und zu anderen Zeiten: er stellt keine Vergleiche an, da er befürchten muß, daß durch ihr Heranziehen jenes besondere Ereignis in seiner Geltung eingeschränkt würde, das ihn betrifft, das er durchlebt hat und das – als ein einzigartiges eher denn als ein universelles – ihn selbst angeht. Das Oxymoron »einzig-und-allgemein« faßt die beiden Momente, das dem Vergleich sich Entziehende zusammen.

Celan wußte nur zu gut, daß sein Protest und die Revolte gezwungen sein konnten, sich gegen andere, neue Objekte zu richten. Eines stand für alle. Die Entgegnung gründet auf dem effektiven Fortleben der Gewalt in der von ihm bekämpften Positivität. Die Usurpationen, ebenso wie die kulturellen Interessen, treten für das Weitermachen und Überleben ein. Wenn jene nicht mehr unmittelbar erfaßbar sind, können sie nicht mehr zu Fall gebracht werden. Nachdem der sprachmagische Gestus seine

Aura eingebüßt hat, kann sich die herrschende Macht mit einer gewissen Indifferenz dem Ereignis gegenüber zufriedengeben. Die Mobilität der Mythen erlaubt es ihr, auf andere Weise, ohne Geschichte, mit einem anonymen Geschehen zurechtzukommen.

Die Bedeutung von »unendlich« kann nur als Negation erfaßt werden: eine punktuelle Aktualisierung in der Stunde des Gedichts geht über ihr eigenes »Ende« hinaus. Die Strophe sieben von »Mit zeitroten Lippen« (I, 136–137) aus *Von Schwelle zu Schwelle* spricht von einer solchen Entgrenzung.

Der Abend kommt als erster im Gedicht zur Sprache. Eigentlich murmelt er nur, nach Art der Teilnehmer an einem letzten überhaupt noch möglichen synagogalen Ritus; er reproduziert die Worte, die aus einem »Mund« kommen, dessen Entstehung in den Tiefen des Meeres das Gedicht nachvollzieht. Der Dichter, der »Bruder«, ist den Wassern entstiegen, um sodann darin in einem wunderbaren Fischfang die Netze nach dem »Doppelsilber« auszuwerfen (Strophen 5 und 6). Der dort schwimmende »Thun« besitzt zum einen mit den Schuppen, dem Silber der Totenwelt, seinen eigenen Glanz – die Reichtümer der Sprache, die an die »singenden Fische« im *Trunkenen Schiff*[1] erinnern – und außerdem den Glanz jenes Strahls, der sich darin *spiegelt* und der ihn von den »Menschen« und ihrer Geschichte her erreicht. Es sind die in den Schrecken der Judenvernichtung gezeitigten Formen. Der Mund taucht aus dem Meer, er bringt die Kunde von dieser Dualität.

> Sieh, unsere Lippen schwellen,
> zeitrot auch sie wie der Abend,
> murmelnd auch sie –
> und der Mund aus dem Meer
> taucht schon empor
> zum unendlichen Kusse.

Das Wunderbare (»Sieh«) hat sich ereignet; der silberne Glanz hat sich über die schweigende Menge der umgekommenen Juden verbreitet. Es ist dies eine der Stellen, an denen man versucht ist, das »wir« auf eine Gemeinschaft der Toten zu beziehen[2]; der nach dem Glanz aus den Wassern auftauchende Mund weist auf ihre

Erweckung. Man hätte es somit nicht mit einer der endlichen, den Toten gemäßen Wahrheiten in der Endlichkeit einer Stunde zu tun, sondern mit einer den Wörtern innewohnenden Macht, die über sie hinausgeht und sie – sprechend und nachsprechend – aufhebt. Das Wort »unendlich« erheischt diesen Kommentar. Es meint nicht die Endlosigkeit, eher ein Kein-Ende-Nehmen. Wie sollte man es sonst verstehen?

In den Massengräbern gibt sich der Widerstand zu erkennen, den die wandernden Schädel leisten. Die Qualität des Sekundären, die ihnen eignet, drückt allem, dem sie begegnen, den »zweiten« Glanz auf; sie bieten die Stirn – ihre »Stirnen«:

aufscheint den Augen
die zweite, die wandernde Glorie
der Stirnen.

Celan im tragischen Geschehen

In einer kompromißlosen Rede über die Kompromittierung der Justiz, der deutschen Richter und Büttel zitierte der Rechtsanwalt Otto Schily im Bundestag aus der »Todesfuge« (I, 41–42), ohne den Namen des Dichters zu nennen: »Der Tod ist ein Meister aus Deutschland«. Das Gedicht ist so allgemein bekannt, es ist als Schulwissen und Zeitdokument so sehr in das kollektive Bewußtsein eingegangen, daß man sich darauf berufen kann wie auf die Bibel: »so heißt es«.[3] Und doch bezeichnet dieser berühmte Text das Geschehen nicht so, wie Schily das annahm; er setzt es gewiß voraus, doch um dann zu sagen, wie gemeinhin von ihm gesprochen wird, und vor allem, daß die Verbrechen begangen werden konnten, weil ein Sagen und Singen sie vorwegnahm. Daß sie begangen wurden, ist eine zweite Tragödie, größer als die erste; sie ist aber in dieser angelegt.

Die Todeslager werden weder unmittelbar genannt noch direkt beschrieben, sondern kraft einer Transposition über anderes, ja geradezu über alles andere vermittelt. Es geht auch nicht eigentlich darum, ihre Spur wiederzufinden; die Erkundung der Vergangenheit in Form einer Rekonstitution geht in interpretativen Schritten den Faktoren nach, die zu ihnen geführt haben, bis hin zur Sprache der Kreuzigung und auch allen anderen Sprachen, die das Morden möglich machten.

Die Heilsgeschichten

Die Frage, ob die NS-Verbrechen unvergleichbar seien oder nicht, stellte sich für Celan nicht.[4] Er lehnte es ab, sich auf eine solche komparatistische Ebene zu begeben. Es war für ihn ein Ereignis der deutschen Geschichte und somit der seinen. Die Deutschen werden von ihm in ihrer Sprache mit dem Geschehen konfrontiert, das sich bei ihnen ereignet hat. Alle ätiologischen Modelle rücken es nur wieder in die Distanz. Die Juden wurden auf andere Weise mit dem historischen Ereignis konfrontiert. Sie sind an und für sich kaum handelnde Subjekte im Geschichtsablauf gewesen.

Die Interpretation der Ereignisse aus einer theologischen oder aus einer anderen Sicht hat etwas Anstößiges. Das Schreckliche wird getilgt, sobald man es in ein globales Erklärungssystem einbezieht und dadurch universalisiert. Der Vatikan entschloß sich in den letzten Jahren zu einer Stellungnahme, um »Versuchen entgegenzutreten, die die Realität der Shoah revidieren oder leugnen und ihre religiöse Bedeutung für die Christen, die Juden und die Menschheit mindern wollen«[5]. Das wirklich Blasphemische liegt in der Assimilation. Der aufgebürdete Sinn verdrängt das Gewicht der Tatsachen.

Man verbindet andere Verbrechen mit denen des Dritten Reichs und findet auf diesem Weg wieder zur »Geschichte« zurück: »Jedenfalls ist Celans ›Wundenmal in der Luft‹ der Rauch über Czernowitz [wo es keine Verbrennungsöfen gab, J. B.], der Rauch über Auschwitz (und über so vielen Orten, wie Hiroshima).«[6] Das Böse ist so nicht minder universell als das Rettende.

Jeder ist in einer Geschichte befangen und wird von bestimmten Werten durchdrungen. Man kann aber von denen abrücken, die einmal Kurs hatten. Noch radikaler ist der Abstand, den die Geschichte selbst erzeugt.

Was die Kritiker unter Auschwitz verstehen, ist oft nicht das Unannehmbare, das sich dort ereignet hat. Gewiß hat die Geschichte ein neues Gesicht angenommen, eine Grimasse des Nicht-Seins und der Sinnlosigkeit, und gewiß hat sich ein neuer Nihilismus breitgemacht; allein die Verallgemeinerung entkleidet das Ereignis seiner Unmenschlichkeit.

Es hat seither andere Aschenberge gegeben, andere Morde. Sie sind in den Texten Celans nur indirekt impliziert. Von allen zusammen zu sprechen liefe darauf hinaus, von keinem zu sprechen und die Fakten in die große Geschichte einzuordnen oder auf einen Gesamtzusammenhang zu reduzieren. Man sagt den Schrecken mit jener deiktischen Geste eines »dies«, welches nur so, nur aufgrund einer Einschränkung, auch den einschließt, der von anderen durchlebt wurde. Nur vom Ereignis wird er ans Licht gebracht.

Seine *Ratio* besteht eben darin, die nackte Geschichte zu vertreten, während die Erklärungsmodelle sie vorbereiten, gestalten und wieder aufheben. Die Bedeutung bleibt dem verhaftet, was den Menschen widerfuhr und von anderen Menschen auferlegt wurde. Sie bewahrt sich so.

Am radikalsten kann Auschwitz aus jedem theologischen Zusammenhang gelöst werden, wenn man sich an das reine Faktum hält: an das, was dort geschehen war. Das Ereignis wurde als ein Triumph über die Juden organisiert, in der Art der Olympischen Spiele, und dann wohl mehr und mehr als eine nationale Kompensation der unausweichlichen Niederlage. Es war vorbereitet und durchdacht worden; es stützte sich auf konsensuelle Prinzipien und auf in der Vergangenheit wurzelnde kulturelle und religiöse Traditionen. Dieser Ausgangspunkt war gesetzt worden; er wurde von Celan so wahrgenommen, von ihm als einer Person, die in der Dichtung lebte und dachte.

Celan kämpfte gegen die Schwärze, die ihn umfangen hatte; er wies andererseits in diesem Kampf auch nicht den Bund mit dem Nicht-Sein zurück. Die beiden Momente stehen sich in einem gefährdeten Gleichgewicht gegenüber: die Kraft, es auszusagen, hält im sprachlichen Raum dem Gewicht des Vernichtungsgeschehens die Waage.

Die Geschichte ist nicht stehengeblieben. Wir leben in einer anderen, der unseren. Jeder lebt in der seinen. Trotzdem kann die Bedeutung des Geschehenen nicht durch eine Theorie erhellt werden, die die Interpretation des Geschichtsgangs festlegte. Es käme dies in der Tat einer Aufhebung ihrer Wahrheit gleich, wenn anders die Geschichte zunächst keine andere Bedeutung hatte als die, gewesen zu sein, was sie war, und vorbereitet worden zu sein. Die Geschichte hat dazu geführt, und in diesem Sinn ist sie dort stehengeblieben. Sie hat dann zu anderen Dingen geführt. Celan hat sich, in seiner Zeit, von diesem besonderen Ereignis betroffen gefühlt und betroffen gewußt. Er hat es zu seiner ureigenen Angelegenheit gemacht – aber vielleicht nicht deshalb, weil es ihn selbst getroffen hatte. Es ist nicht eigentlich ein Zwang, der ihm auferlegt worden wäre, wie man das behauptet, sondern eine exponierte Notwendigkeit.

Was in seinem Werk ganz und gar keinen Platz findet: der Mythos einer ursprünglichen Unschuld, die Versprechungen der Kindheit, die Trennung vom verlorenen Paradies: sie werden außer acht gelassen zugunsten einer Gegenwart und einer Zukunft, die auf einer Weigerung beruhen.

Man könne sich über das NS-Engagement Heideggers auf seiten der Nazis kein rechtes Urteil bilden, schrieb George Steiner 1978, weil die »Nazibarbarei und ihre Folgen noch immer auf unser Bewußtsein und die Landschaft der Bezugnahme [wirken]«[7]. Er folgert daraus, daß man sie wird richtiger beurteilen können, wenn unser Bewußtsein einmal nicht mehr davon betroffen sein wird. Soll man warten, bis die Zeit und das Vergessen die »Barbarei« auf das Format eines vergangenen, mit anderen vergleichbaren Ereignisses reduziert und in die hinreichende Ferne gestellt haben, um so eine distanzierte Reflexion zu ermöglichen? Man wird daraus einen Untersuchungsgegenstand machen können. Wir wissen mittlerweile, daß die Untersuchung sogar die Realität ihres Gegenstands in Zweifel ziehen kann.

»Die Geretteten sind noch immer bedroht [...]«[8], so behauptet man. Gemeint war aber wohl nicht die Aktualität dieser Drohung. Die Henker sind tot; die Opfer drohen eher von der Sinnlosigkeit verschlungen zu werden. Die Suche nach dem Sinn scheidet sie voneinander. Celan und Nelly Sachs waren gewiß »Leidensgenossen«[9] und also geeint, doch waren sie zugleich durch anderes unwiederbringlich entzweit.[10] Das Leiden gehört überdies einem jeden für sich. Aus weiter Ferne (von Rom her) fügt man hinzu: »Der *transitus* durch tödliche Gefahr wird so zur Metapher seiner Existenz.«[11] Diese Existenz wird in theologischer Perspektive mit dem allgemeinen Schicksal der Menschen verbunden, so wie es der Doktrin entspricht. Das Anstößige daran ist die Gewandtheit, mit der man dem Ereignis, das man bezeichnet, aus dem Wege geht.

Celan hat nicht dieselbe Haltung eingenommen wie der französische Philosoph Vladimir Jankélévitch, der Deutschland nach 1945 mied und damit nicht allein stand. Er hätte sie nicht mißbilligt. Ein Verzeihen war mit dem Nicht-vergessen-Wollen nicht vereinbar. Das Vergessen tilgt das Geschehene; es ist gewaltsamer und schlimmer als alles andere. Doch war Celans Schicksal an die deutsche Sprache geknüpft; die Geste ihrer Ablehnung, ob sie nun gerechtfertigt schien oder nicht, war ihm verweigert. Die Aporie, aus der er nicht herausfand, bestand in dieser ursprünglichen Zwangslage, die sich in allen Etappen seines Werks erneuerte.

Das leidende Subjekt

In der beharrlichen Parteinahme für das Individuum, die den Rückzug in die Esoterik einschließt, liegt die politische oder, wenn man so will, moralische Kraft der dichterischen Sprache. Sein Scheitern und sein Unglück sind dem Individuum nicht zu nehmen; sie haben nur insofern eine Bedeutung, als sie einer bestimmten Person zugehören. Ein Gedankengebäude kann der zugefügten Wunde nicht gerecht werden; das Unrecht läßt sich von keinem Geschichtssystem erklären. Die Vergangenheit hat stattgefunden, so wie sie war, die nahe und die frühere; sie steht nicht zur Verfügung und ist, wie die Hoffnung, keiner Erklärung zugänglich, die nur ein Verdecken wäre. Wahr sprechen heißt: *von sich selbst her* sprechen. Die Einengung auf den individuellen Bezugspunkt nimmt den Thesen ihre Falschheit. Das Leiden ist nie das eines anderen.

Nichts entgeht den Sarkasmen – nichts, außer vielleicht die Existenz mit ihrem Glück und ihrem Unglück. Dazu bekennt sich Heine auf seinem Krankenlager, in Form eines letzten Willens, im Nachwort zum *Romanzero* von 1851: wie hat man sich das Leben nach dem Tode vorzustellen? Es sollte, wie bei dem »grundehrlichen« Swedenborg, die Fortsetzung des Lebens sein, das ein jeder gelebt hat. Der schwedische Magier hatte seine unteilbare Einheit erfaßt: »so wie er auch die unveräußerlichen Individualitätsrechte des Menschen ganz richtig erkannte und anerkannte«[12].

Heine wird von einer Sprache getragen, die es nicht zuläßt, daß die Freiheit und die Rechte des – bürgerlichen oder künstlerischen – Individuums geschmälert werden. Das Ideal einer Epoche, die Grenzen der Auseinandersetzung und die blockierten Aspirationen lassen sich an den eigenen, ihm auferlegten Beschränkungen ermessen, an der Relativierung der libertären Intention und der Abweichungen, mit denen er den vorherrschenden Beugungen des Rechts begegnete. Die Ideologie hat es mit dem Geist zu tun; das Individuum wird sich an die Materie halten.

Jede Analyse in den Celan-Interpretationen, die nicht auf den Blickwinkel bezogen wird, unter dem der Dichter die Geschichte betrachtet – seine Geschichte und das, was die Geschichte in ihr *ist* –, wird mythisch oder ideologisch bleiben. Die Universalisierung wird das Werk mit einer der Umformungen gleichsetzen, denen es unterworfen wurde.

Auch »Tiefe« und »tief« sind Gegenwörter: eine aufrechte Schwärze verweigert den Rekurs auf das Unergründliche, Unerklärliche.[13] Der vertikale Antagonismus ersteht neu in jeder neuen Komposition. Die Tiefe bleibt, auch jenseits des Abgrunds, die Voraussetzung; sie verankert alle thematisierten Erscheinungsformen der Transzendenz im Ereignis.

Vom Individuum her bestimmt, ergreift die Poesie Partei. Es kommt ihr nicht zu, ein Prinzip der Ausgewogenheit zu vertreten, sie könnte es auch gar nicht. Sie weiß sich einseitig oder versteht sich so; sie schlägt sich stets auf die Seite einer Partei, stellt sich gegen das größere Unrecht.

Celan konnte den Begriff des Hermetischen zurückweisen, sofern er in der Vorstellung seiner Gegner eine Form der privaten oder sektenhaften Esoterik bezeichnete und so mit seinem Kampf gegen die Exklusion unvereinbar war. Nun war aber die Hermetik für ihn gerade die Bedingung, die es ihm ermöglichte, seinem Denken treu zu bleiben und als Dichter von seinem konstanten Eintreten für die Sache der Menschen und Völker zu zeugen. Ein Engagement ist deshalb nicht weniger verbindlich, weil es gebrochen und vermittelt ist. Als ein stets individuelles ist es mit keinem Apriori gleichzusetzen. Man setzt sich *für* etwas ein. Die Poesie wird nur politisch sein, wenn sie es in ihrer individuellen Weise ist. Die Stellungnahme setzt das historische Subjekt voraus, das als solches für das Gesagte einsteht, weil es dasselbe auch unausgesprochen vertreten würde. Die Anarchie läßt ihm die größte Chance. Celan hat sein Œuvre als einen verzweifelten Protest gegen jede Befangenheit der Sprache verstanden, mochte sie auch unter das Banner der Emanzipation gestellt werden.

Die Unterwerfung ist nie individuell; sie ist ein *gemeinsames* Los, wo auch immer. Und doch können deswegen die Positionen nicht alle in eins gesetzt werden. Viele Petrifizierungen haben sich auf einen Befreiungskodex berufen; aber auch wenn sie keinem Konservativismus das Wort sprachen, reproduzierten sie doch Herrschaftsstrukturen, die sich vergleichen lassen.

Celan hat kein politisches Engagement formuliert, so wie man sich das nach 1968, im Klima jener Jahre oft gewünscht hätte,[14] weil man sich im Kampf gegen die theologischen Vereinnahmungen darauf hätte stützen wollen. Es trifft aber nicht weniger zu, daß sowohl auf linker wie auf rechter Seite den wirklichen Engagements Celans eine bedingungslose Ablehnung entgegengebracht wurde, je nach der politischen und kulturellen Bindung und Befangenheit des Interpreten. Die Texte sprechen eine deutliche Sprache: Celan hat sich in einem fundamentalen Sinn »engagiert«.

Im Gedicht »In memoriam Paul Eluard« aus *Von Schwelle zu Schwelle* hat er sich auf die Seite eines tschechischen Schriftstellers gestellt, der von Eluard im Stich gelassen worden war.[15] Man wird daraus weder ein über die Volksdemokratien verhängtes Verdikt ableiten können noch eine Abwertung des französischen Dichters am Tag seines Todes. Die Sache ist viel komplexer. Es ist die Rede von einer Solidaritätsverweigerung und von einer Unterwerfung. Als Mitglied der Kommunistischen Partei akzeptierte Eluard Vorschriften, die mit den in seiner eigenen Dichtung verteidigten freiheitlichen und libertären Tendenzen unvereinbar waren.[16]

Im Umfeld Heideggers machte man daraus eine simple Verurteilung der totalitären Regimes in Osteuropa. Man konnte diese so mit dem Nationalsozialismus gleichsetzen, als befände man sich hier am Rande desselben Abgrunds. Hatte sich nicht vor uns, in der Mitte dieses Jahrhunderts, jener vieldiskutierte »Weltgrund« aufgetan?[17] Die Geschichte wird nun mit großer Naivität von einem Philosophen neu geschrieben: die Welt war geteilt; die Tschechoslowakei war (moralisch?) nicht stark genug, um sich der sowjetischen Herrschaft zu widersetzen. Sich selbst überlassen, war sie trotz ihrer westlichen Bindungen der anderen Seite zugefallen. Das Gedicht Celans erbrachte den Beweis dafür; es zeugte von der Weigerung, mit der Eluard, der dem Osten zugewandte Dichter, einem tschechischen Autor begegnet war, der sich an den Westen gewandt hatte. Die Parteiräson triumphierte in Paris nicht weniger als in Moskau. Man fragt sich, wofür Celan einen Beweis erbracht haben soll: für die Teilung von Jalta? Für die resignierte Haltung des Westens?

Der komplexe Sinn des Gedichts bleibt in der Schwebe. Neben der politischen Meinungsäußerung glaubt derselbe Interpret nämlich auch über eine literarische Stellungnahme zu verfügen. Aus der ihm zugesagten Nähe zur Ontologie habe Celan in diesem Gedicht seine Reserven gegenüber einer surrealistischen und französischen – und also zweifach dekadenten – Kunst geäußert, die er angeblich mißbilligte. Die aus einer deutschen Vergangenheit übernommenen Vorurteile gegen eine bestimmte Form der modernen Kunst treten hier zutage. Das Verdikt ist nicht weniger tendenziös gefärbt als das erste, nur zielt es auf eine angebliche Beliebigkeit des Ausdrucks, mit der Eluards Dichtung jedoch von Celan, der ihn auch übersetzt hat, gewiß nicht verwechselt wurde.[18] Er blieb, für ihn nicht weniger als für andere, der unbestreitbar große Dichter, der er war, und dies trotz der sicherlich fundamentalen Differenz, die das Gedicht implizit ausspricht.

Die Kritik an der verweigerten Solidarität mit dem tschechischen Autor wird mit der lyrischen Gattung der »Grabschrift« verflochten. Nur dann hat es einen Sinn, an den Vorfall zu erinnern, wenn die Verweigerung eine innere Widersprüchlichkeit bezeichnete. Das *In memoriam* enthält beide Seiten dieses Widerspruchs; es wurde zugunsten eines Gedächtnisses geschrieben, das der Dichter Eluard gewiß nicht verdrängt hatte, dem er aber nicht hatte entsprechen können.

Der Text umreißt eine Situation. Er hält sich auch selbst an jenes Datum, an dem der andere in Prag sich an seine todbringenden Illusionen geklammert hatte – im Namen eines Ideals, an das man vielleicht, wie Celan selbst, geglaubt haben mußte. Er war imstande, das Ausmaß des gebotenen Verrats zu erfassen. So mancher, der mit Eluard befreundet war, zweifelte im übrigen nicht daran, daß dieser sich, im Unterschied etwa zu Aragon, später nicht mehr den Losungen der Kommunistischen Partei gebeugt hätte. Die Ereignisse von Budapest und Prag fanden erst nach seinem Tod statt. Er hat ihre Erfahrung eben nicht mehr gemacht.

Das am Todestag Eluards entstandene Gedicht und jenes andere, dem ein Besuch bei Heidegger zugrunde liegt, betreffen nicht denselben Gegenstand. Man könnte glauben, wie dies auch wiederholt behauptet wurde, daß der Besuch in der Schwarzwald-Hütte den Dichter enttäuschte, weil der Philosoph sein Schweigen nicht gebrochen hat und seine Auffassungen und politischen Aktivitäten im Dritten Reich nicht rechtfertigen oder verständlich machen wollte. Der Unterschied ist aber groß. Eluard wird zum Vorwurf gemacht, daß er ein Wort verweigerte, das er hätte aussprechen müssen und das jenen anderen hätte retten können. Ganz anders bei Heidegger: das Gedicht »Todtnauberg«[19] zeugt von einer Prüfung. Celan erwartete nichts, es sei denn die öffentliche und geradezu juristische Bestätigung einer bekannten Divergenz. Die Gefühle, an denen der Philosoph festhielt, wurden solcherart offen dargelegt. Der Ablauf war gleichsam inszeniert und ließ, in Anwesenheit eines Zeugen, eine Brutalität zutage treten. Der Zeuge wird im Gedicht benannt; nach ihm und in seinem Namen legt dann der Text von dem verlangten und erreichten Zugeständnis Zeugnis ab.

Bei Eluard enthüllt sich das Falsche seines Engagements dadurch, daß er im Namen eines Ideals sich mit dem Unrecht abfand, anstatt es zu benennen. Die Weigerung widersprach den Ansprüchen seiner Dichtung. Er hat sie von seiner Seite aus weder an eine Billigung der Kriegsgewalt noch des menschlichen Leidens gebunden.

Die Sprache grenzt sich ab. Dies ist die Bedingung einer eigenständigen Namenschöpfung, aufgrund derer die Poesie sich als ein Akt ausgerichteter Befreiung zu begreifen vermag. Das dichterische Wort spricht nicht in irgendwessen Namen; es folgt anderen Wegen – und geht dabei niemandem und nichts aus dem Weg. Die Ablehnung der Macht und die Auflehnung ergänzen eine Abgrenzung. Die Negation belebt die neu bestimmten Bedeutungen. Im Namen der Person, das heißt auch: im Namen dessen, der von diesem einzigen Ort her spricht, von dem aus er sich an den Anderen wendet. Die Betonung liegt auf: »im Namen«.

Die poetische Brechung steht in enger Beziehung zu der Gewalt, die im Dritten Reich tobte; beides wird zur Deckung gebracht. Man kann nicht sagen, daß die eine von der anderen verursacht wäre. Vielleicht kann man es sich so denken: das Ereignis konnte in dem Maße aufgenommen werden, als eine Trennung von der konventionellen Dichtung bereits konstituiert war. Die politische Brechung knüpfte ebenfalls an eine vorhandene Tradition an; diese Verbindung ist nicht weniger stark und nicht weniger unleugbar als die andere. Die Frage nach der Priorität, die sich stellen kann, führt nicht notwendig dazu, der künstlerischen Freiheit eine vorgängige Existenz einzuräumen.

Die Todeslager lassen sich nicht als ein Ereignis präsentieren, das sich dem Dichter, durch sein persönliches Schicksal oder durch das Schicksal anderer Personen, mit denen er sich solidarisch verbunden fühlte, unausweichlich in den Weg gestellt hätte. Die Wahl, die er getroffen hat, beruht auf einer Entscheidung; sie leitet sich aus einem bewußten polemischen Eintreten für das Gedächtnis ab und wandte sich gegen alle Versuche, es auszulöschen, wie sie in der Folge unternommen wurden, zumal in dem Deutschland der Nachkriegszeit, in dem seine Gedichte erschienen sind. Dem politischen Ereignis wurde von Celan ein Status zuerkannt, der ihm weitgehend (oft unbewußt) verweigert wird. Die Sprache als Medium hat diese Eigenheit. Die Negation, die sich ihr aufdrängt, hätte wohl keinen anderen Bezugspunkt als die Vernichtung selbst wählen können. Sie setzte sich so in den Stand, die Schwärze zu produzieren, die sie brauchte, um den Wörtern dieselbe aschenfarbene Tönung zu verleihen. Durch eine Entscheidung sind die Negationen historisch gefärbt worden, unter Ausschluß jeder anderen Farbe.

Es ist also nicht angebracht, zu sagen – wie das auf deutscher Seite aus Rücksichtnahme oder mit Anerkennung des Geschehenen oft vorkommt –, daß es nicht verwunderlich sei, wenn der Dichter so reagiert hat. Er sei schließlich Jude gewesen. Nicht weniger unangemessen ist es, sich zu sagen, er habe in seiner Situation als Ausgeschlossener reagiert. Seine Reaktionen sind keineswegs natürlich. Ein Widerstand muß entworfen, er muß zuerst errungen und dann aufrechterhalten werden. Man kann die Stellungnahme teilen; doch ist sie um so radikaler, als sie sich zunächst als eine singuläre begreift und damit auch das Schicksal transzendiert, in dem sie ihre Beweggründe finden könnte.

Celans Œuvre ist eine Befragung der verlorenen Legitimität der Dichtersprachen. Die Kritik selbst ist eine dichterische. Die bedeutendsten Vorgänger noch werden befragt, man fragt nach den Gründen, aus denen man nicht so spricht und heute nicht mehr so sprechen kann wie sie. Man ist nicht mehr in der Situation, in der sie waren, als sie schrieben. Die Sprachen sind durch die Geschichte unmöglich gemacht worden. Diese Einsicht führt zu keiner poststrukturalistischen Analyse.

Der Dichter soll für andere sprechen, an ihrer Statt und besser als sie; es ist dann nicht mehr sein eigenes Sprechen. Die Funktion eines *vates*, wie sie selbst bei André Breton und Paul Eluard in anderer Form fortlebt, wird von Celan *ex professo* geleugnet. Da seine Erfahrung zunächst eine sprachliche ist, gelingt es seiner Kunst, eine unveräußerliche Relation zu dem Gesagten wiederzugeben. Aus diesem Grunde bleibt sie in der Zeit des Gedichts in mehr als einem Sinn vorerst unkommunizierbar, als eine scheinbar außerhalb jeder Kommunikation stehende und nicht kommunikative. Sie müßte sonst befürchten, gemeinschaftsbildend und integrierend zu werden. Sie wird schließlich als eine Stellungnahme verständlich und gelangt, trotz ihrer Besonderheit, zu einer Form von Universalität. Die singuläre Bedeutung kann entdeckt werden, weil die Situationen an die Person gebunden und deswegen sinnhaft sind.

Kunst und Politik

Nur zu oft, nicht nur bei Heidegger, wird ein Werk von der Biographie seines Autors getrennt, die – wie man zugeben muß – ganz erbärmlich ist. Ist sie nicht anekdotisch? Da gibt es Mircea Eliade,[20] Cioran, dessen politisches Engagement in Rumänien Celan sowenig vergessen hatte wie Cioran selbst, Paul de Man[21] und andere. Von Hans-Robert Jauß war bis zu einem späten Zeitpunkt weniger die Rede.[22] Wie konnte seine SS-Vergangenheit verborgen bleiben? Man wird nun darüber belehrt, daß sie nicht unbekannt war. Die Verheimlichung hatte ihre Mitwisser.

Man will nicht, daß das Denken das Leben gestalten soll, noch daß es von ihm in Abhängigkeit stehe. Der Zusammenhang wird als störend empfunden. Wer diese Wechselbeziehung hervorkehrt, den beschuldigt man, daß er sich der Handlungen nur bediene, um die Bedeutung des Denkens und Schreibens herabzumindern, den Aufschwung der Kreativität zu behindern und deren Fülle zu reduzieren. Die Unterscheidung wendet sich gegen die Einsicht, daß die Handlungen mit der Doktrin in Einklang stehen, selbst wenn diese sie nicht ausdrücklich rechtfertigt. Gewisse Voraussetzungen sind aber von den Kommentatoren selbst geteilt worden, was sich schon darin zeigt, daß sie der Problematik ihre Berechtigung absprechen.

Wenn es sich in der Tat so verhielt, daß kein Zusammenhang existierte und die Welt der Ideen rein und unberührt blieb, so müßte man sich doch auch fragen, warum die betreffenden Personen ihre Haltung nicht später in aller Offenheit erörtert haben. Eine Entscheidung konnte von einer neuen Orientierung erhellt werden oder nicht. Das Schweigen lastet schwer; es spricht gegen die vorgebrachte Interpretation, die die Verweigerung bagatellisiert. Der Mangel an Erklärung kommt einer Gedächtnisverweigerung gleich. Die durchlebte Erfahrung wird aber zugleich als unwesentlich und als unvermeidlich betrachtet. In analoger Weise schiebt man die Reaktionen der Opfer beiseite, die ja meistens nicht anders konnten – aus dem einfachen Grund, weil sie verfolgt wurden und unter dem Geschehen gelitten haben. Doch sie, die freier waren, haben gehandelt und wußten, daß ihr Engagement kein zufälliges war; es war für sie nichts Belangloses. Man kann sich sagen, daß sie, wenn sie es später verneint hätten, sich zu einem Nein bekannt hätten. Sie hätten die Konsequenzen daraus gezogen und sich auf die Seite der Opfer und der Verfolgten gestellt; sie hätten die Tatsache akzeptiert, daß sie nicht zu ihnen gehört hatten. Indem sie nicht über ihr Handeln sprachen, das auf einer geistigen Verirrung beruhen mochte, schlugen sie sich intellektuell auf die Seite der Unterdrückung.

Das Buch Gottfried Wagners,[23] des Urenkels des Komponisten, ist mit seiner Kritik an Bayreuth bei der Generation der Nachkommen der Nachkriegs-Normalisierer ähnlich aufgenommen worden wie dasjenige Daniel Goldhagens.[24] Die Debatte wirft ein Licht auf das gesellschaftliche Umfeld, in dem Celan sich paradoxerweise formell durchgesetzt hat; sie hilft die Deformationen zu verstehen, die er in einer vorherrschenden restaurativen und ihre Vorherrschaft sichernden kulturellen Welt erfahren mußte.

Die Kritik reagierte auf das Buch mit Unverständnis. Man warf dem Sohn vor, die Familienbande zu zerschneiden. Er habe an Wolfgang Wagner, dem Erben und Verwalter des Erbes, einen »Vatermord« begangen, aus einer nunmehr salonfähig gewordenen zynischen Respektlosigkeit heraus.[25] Hatte er, der Vater, nicht mit der NS-Vergangenheit gebrochen und mit dem Antisemitismus im Hause? Das Eingeständnis dient aber einer Strategie: was zählte, war einzig und allein die Kontinuität. Sie wurde von der Geschichte und von mächtigen wirtschaftlichen Interessen gefordert. Man sah darin ein glorreiches Verdienst, wie das die öffentliche Meinung und die offizielle und kommerzielle Stellungnahme der Bayreuther Stadtväter bestätigen.[26] Man kehrt die Kritik des Sohns vom Tisch, indem man sie auf Zwistigkeiten in einer Dynastie zurückführt, deren Mitglieder sich wie die Helden der deutschen Sagenwelt zerfleischen. Hatte sie es nicht immer schon in ihrem Innern mit der Revolte und mit Abtrünnigkeiten zu tun? Man ruft die Flucht der Tochter während des letzten Kriegs in Erinnerung. Da sie die in der Familie gefeierten NS-Orgien nicht ertrug, wurde sie von ihrer Mutter, der unbelehrbaren und unbarmherzigen Winifred, die Hitler bis zum Ende und für immer die Treue hielt, verstoßen. Indem er die Ereignisse und die Stratageme beschreibt, von den Anfängen bis zu den – noch angesichts des dann rasch überbrückten Abgrunds – letzten Kompromittierungen, zeigt der Enkel, daß die flammenden Symbole, die nach 1945 wieder gefeiert wurden, als ob nichts geschehen wäre und als ob die Kunst weder von ihren Irrgängen noch von ihrer Selbstverleugnung berührt werden konnte. Sie standen in Konformität zur Gewaltverherrlichung, schon allein deshalb, weil diese nicht verurteilt wurde. Eine wirkliche Distanznahme wäre bis auf den Grund der Sache vorgedrungen.

Der Rezensent begnügt sich mit der Wiedergabe der Fakten, die zum Großteil bekannt seien – alle Bücher werden aufgezählt, die davon schon früher gehandelt haben. Man bestreitet sie nicht, um so desto weniger darüber nachdenken zu müssen, warum ein anderer, der eben stärker betroffen war, sie wirklich unannehmbar fand. Sie weiterhin zu decken war Gottfried Wagner, dem Nachfahren, unmöglich erschienen. Mir scheint, er wirft seinem Vater nichts anderes vor, als daß er als Manager, indem er mit dem Familienerbe ein Vermögen verdiente, in einer veränderten Situation dieselben Konzessionen gemacht hatte wie seinerzeit den Machthabern des Dritten Reichs. Indem er das Erbe verweigert, bekundet er seine Solidarität mit den Opfern der Gewaltherrschaft, ausgeübt im Namen einer Musik, welche in gerader Linie jenem Germanentum entsprang, auf das sich die Gewalttäter so eindringlich beriefen. Er hält zwar an ihrer künstlerischen Bedeutung fest, doch zieht er keinen Trennungsstrich mehr zwischen ihr und dem, was den Bayreuther Kult und die nationalsozialistische Glorifizierung verbindet, allgemeiner gesagt, zwischen ihr und ihrem politischen Kontext.

Wenn man die Unterscheidung trifft, so bedient man sich weiterhin der Macht der Kunst, um zu rechtfertigen, was von allen, die das Dilemma und den Widerspruch in Abrede stellen, mit ihrer Hilfe politisch veranstaltet wurde.

Ein Leser – und zwar nicht irgendeiner, sondern ein »Prof. Dr. Dr.« – sucht die Dinge wieder ins Lot einer eingeebneten Normalität zu bringen[27]: die Kulturschaffenden seien nun einmal so, daß sie auf die Förderung durch die Machthaber bauten. Sie vertrauten sich ihnen also an, ganz gleich ob den Nazis oder irgendwelchen anderen. Der Wagner-Clan habe darin keine Ausnahme gebildet. Es zähle einzig der Genuß der Musikliebhaber. Die wüßten freilich nur zu gut, daß die Intellektuellen, zu denen sie nicht gehörten, die Bedeutung der Politik überschätzten. »Moralische« Prinzipien hätten damit nichts zu tun; sie würden einmal mehr durch die Gültigkeit der Kunst überwunden. Die Politik wie alles andere wird vom Ursprung her durch einen radikalen und ästhetischen Schnitt transzendiert – die Ästhetik selbst nicht weniger als alle Kunstbereiche. Ist nicht der ästhetische Schnitt das allein Maßgebliche? Was wiegt da ein kritischer Blick, und sei es der eines das Erbe überdenkenden Urenkels?

Da es kein einvernehmliches und kein gemeinsames Sprechen geben kann, das nicht seine eigene Aussage verfälschte, rechtfertigt sich das künstlerische Idiom gegen jede Form der klaren Rede, die sich in ihrer Konzeption und Konstruktion einem populären oder mediengerechten Agieren anzupassen hat. Der partikulare Gehalt der Poesie hindert sie daran, sich in den Dienst einer anderen Sache als der ihres eigenen Sagens zu stellen. Zu sehr engagiert, um sich zu engagieren, drückt sich in ihr eine ungestüme Forderung nach Freiheit aus. Sie sagt, wie eine persönliche Stellungnahme aussehen müßte, um wahr zu sein. Celan stand nicht über den Parteien. Er dachte auch nicht, daß die Kunst darüber stünde oder stehen sollte. Jeder Text ergreift Partei.

Die Esoterik hat eine emanzipatorische Ausrichtung; sogar das Okkulte, indem es dafür die Mittel liefert, hat daran teil.

Die wahre Utopie

Im Kommentar zu den von ihr veröffentlichten Briefen an Erich Einhorn, einen Jugendfreund aus Czernowitz, der später in Moskau lebte, zeigt sich dessen Tochter Marina Dmitrieva-Einhorn erstaunt über Celans russophile Äußerungen – nicht ohne eine gewisse Naivität.[28] Man versteht ihre Verwunderung, wenn man sich die Lage vor Augen führt, in der sich das Land auch in der Tauwetterperiode befand. Einhorn war in der Sowjetunion geblieben. Wie so viele Stalinisten, die selbst Opfer des Stalinismus wurden, hatte er nur mit knapper Not seine Haut gerettet. Celan schickt ihm seine Übersetzung der »Zwölf« von Alexander Block und unterstreicht die Verse: »Halt Schritt mit der Revolution! / Glaub nicht, die drüben schlafen schon!« (V, 39) Das konnte ein ironisches Lächeln hervorrufen, wenn man sich an den vordergründigen Sinn der Worte hielt. Der Dichter hatte sein eigenes Rußland. Es war in einem Osten angesiedelt, der noch weiter östlich war als Osteuropa, einer Gegenwelt aus purer Fremdheit. Der Kampf, dem er in seiner Sprache Gestalt gab, war im eigentlichen Sinne revolutionär; er schloß alle Utopien ein. Er sagte dem Freund aus seiner Kindheit, den er nicht vergessen hatte – er hatte ihn 1962 nach der Goll-Affäre in Deutschland gleichsam wiederentdeckt –, daß er seinem eigenen Wendepunkt, der Linie, die er für seine Person gewählt hatte, treu geblieben war und daß der Feind, »auf der anderen Seite« des Rheins, nicht untätig blieb.

Die Aufgabe, die er sich gestellt hatte, war ihm übermenschlich erschienen. Was in den Briefen steht, verlangt nach Interpretation und kann nur aus der Situation heraus verstanden werden: »Sicherlich ersiehst Du aus den Dingen, die ich da zu Papier gebracht habe, wo ich mit meinem Leben und mit meinen Gedanken bin. (Ich habe nie eine Zeile geschrieben, die nicht mit meiner Existenz zu tun gehabt hätte – ich bin, du siehst es, Realist, auf meine Weise.)«[29] Das in Klammern Gesetzte ist niederschmetternd. Es beschreibt für den Freund, der sich verirrt und sein Lager gewählt hatte, ein anderes, utopisches Rußland.

Am Ende des Gedichts »Schibboleth« (I, 131–132) war der Freund bereits 1954 angesprochen worden; unter dem Namen des homonymen Fabelwesens ruft ihm dort Celan ein Engagement in Erinnerung. Die Einsamkeit und Reduktion auf das Einzige nimmt im Wort Gestalt an: »Einhorn«, ein einziges Horn. Die »Stimmen / von Estremadura«, einem Land der Exteriorität, die sich an andere als an ihn wenden mußten, wollen von ihm im Gegenzug gehört werden. Celan, im Einklang mit »In memoriam Paul Eluard«, auf der vorhergehenden Seite im Band *Von Schwelle zu Schwelle*, erinnert den Bürger der Sowjetunion an den Sinn ihres damaligen Engagements[30]: »du weißt [...] / komm, / ich führ dich hinweg [...]«. Inzwischen hatte Celan von den Wechselfällen von Einhorns Existenz in Moskau erfahren.

Dmitrieva-Einhorn kümmert sich nicht um die Masse überflüssiger Kommentare, die vielen Meter Sekundärliteratur. Sie meint, daß die gemeinsame Herkunft und mehr noch die gemeinsamen Erfahrungen die Bedeutung erschließen. Auch sie hat keine rechte Ahnung von einer wirklichen Lektüre. Und doch ist sie völlig im Recht, wenn sie sagt, daß die historischen Bezüge der Gedichte bewußt und beharrlich geleugnet wurden.

Am 10. August 1962 schreibt Celan an Einhorn, daß er in »Engführung« »fragmentarisch« ein Wort von Demokrit zitiert: »Es gibt nichts als die Atome und den leeren Raum; alles andere ist Meinung.«[31] Der Satz hat nach Hiroshima eine andere Bedeutung angenommen: die Atome verweisen auf die Bombe, auf die Leere, auf die materielle Verwüstung und die geistige Lähmung. Die zweite Satzhälfte betrifft, bezogen auf die »Fragmentierung«, das vom Ereignis in Gang gebrachte Denken und Gedenken, die »Meinung«, die ein Ich zu der seinen – der *meinen* – gemacht hat. »Ich brauche nicht erst hervorzuheben, daß das Gedicht um dieser Meinung – um der *Menschen* willen, also gegen alle Leere und Atomisierung geschrieben ist.«[32] Nicht von der Kernphysik ist die Rede, sondern von einer Ethik des

Menschlichen. Der Widerstand, der sich dem Vergessen entgegenstemmt, schreibt sich von der Person her. Die Desintegration kann in jedem Augenblick ins Bewußtsein der Menschen dringen; die Explosion desintegriert das Ereignis der Explosion, nicht anders als auch die Judenvernichtung verschleiert wird. Auch hier hat Celan dem Moskauer Freund, in seiner ausweglosen Situation, sein eigenes Rußland vorgestellt. Solchermaßen personalisiert, erreicht es ihn als eine Verteidigung des Menschlichen aus dem Westen, aus einem »Tarussa« (vgl. »Und mit dem Buch aus Tarussa«, I, 287–289): »*ta Russie*«, ein Rußland des Du, nämlich des Dichters.

Wenn die Juden die am Wegrand Zurückgelassenen, die »Verlorenen« sind und wenn sie, nach Adorno und Horkheimer, als außerhalb der Geschichte stehende, gegen diese sich aufbäumende Subjekte auf den Ort eines unmöglichen Glücks verweisen, dann kann man im Gegenzug auch verstehen, daß sie den Haß und die Ranküne der totalitären Bewegungen auf sich ziehen mußten, die in ihnen, inmitten der sie fortreißenden historischen Notwendigkeit, das Bild ihrer eigenen Frustration vor Augen hatten. Die Theoretiker fanden so auch eine Erklärung für den Haß und den Antisemitismus der Henker. Die Opfer waren die Anderen. Sie wurden in den Vernichtungslagern in die Kategorie einer bedrohlichen Andersartigkeit eingeordnet; in dieser dialektischen Konstruktion erweckt an einem der Pole die entfremdete Freiheit gegen sich die Entfremdung der entfesselten Gewalt.

Die Ordnung der Geschichte ist solcherart nicht umgestürzt worden, da der Umsturz schon in der Gesellschaftsstruktur enthalten war. Die Theorie konnte Celan ebenso totalitär erscheinen wie der Totalitarismus, den sie analysiert. Die einen wie die anderen spielten ihre Rolle in einem System. Die Funktion der Juden bestand in der Konstruktion Adornos darin, daß sie zu den obligaten Antipoden ihrer nichtjüdischen Gegner wurden.

Die Versuche, der absoluten Negativität ins Auge zu blicken, indem sie die Judenvernichtung auf den Triumph des Identitätsprinzips beziehen, beruhen auf Begriffen, die unter dem Vorwand, das Sinnlose begreifen zu wollen, die Logik einer konsequenten Entwicklung einführen. Das Prinzip will nichts entschuldigen; es enthält aber auch keine Anklage, sondern versucht im Endeffekt das Geschehen erklärlich zu machen.

Die existentiellen Kategorien des Daseins in der Ontologie Heideggers stehen der Person näher, sie begründen keine Unterwerfung. Die Unterwerfung vollzieht sich auf andere Weise, außerhalb der sozialen Konstruktion.

Die Korrespondenz Celans mit dem befreundeten Franz Wurm macht deutlich, daß Celan manche seiner Intentionen zu verbergen wußte.[33] Wurm hat wohl nicht erkannt, welches Spiel in Todtnauberg gespielt worden war. Celan sprach nicht darüber. Man war auf die Lektüre seines Gedichts verwiesen. Wurm hatte ihn gebeten, dem Philosophen seine »Grüße« zu übermitteln – ein Wort, das Celan im Französischen mit einer schweizerischen Aussprache benutzte: »Gruess«. Zweimal schreibt er ihm aus Paris, daß er sich dieses Auftrags entledigt habe.[34]

Er teilt ihm auch mit, daß ein Gespräch stattgefunden habe, »ein recht langes und recht deutliches Gespräch«[35]. Wurm rät ihm, sich nichts davon zu erhoffen; er stand dem Philosophen weniger nahe. Celans Nähe aber schloß weder die Feindschaft aus noch stand sie einer klarsichtigen Analyse im Wege. Wurm, der sich viel weniger impliziert fühlt, übersendet Heidegger einen von ihm übersetzten Wittgenstein-Text; er hat eine Einleitung dazu verfaßt, von der er glaubt, daß sie ihm mißfallen könnte.[36] Celan war sich der einzigartigen und unheimlichen Gewalt besser bewußt, die von der Figur dessen »vom Berge« ausging;[37] er kennt die Verherrlichung des Seins und der Welt, die Höhen der Emphase. Er war auch um so stärker von den Äußerungen des Philosophen betroffen und schockiert, als er sich mit dessen Werk auseinandergesetzt hatte, mit seinen Analysen, mit den Kühnheiten seiner sprachlichen Bildungen und mit der schwarzwäldischen Volkstümelei. Wurm ist sich über diese abgründige Dualität nicht im klaren, er will Celan vor allem eine Enttäuschung ersparen.[38]

Celan pflegte Fragen zu stellen, die er im voraus für sich entschieden hatte. Als das Gedicht einige Monate später erschienen war, fragte er Wurm, ob er Werner Weber, den Feuilletonredakteur der *Neuen Zürcher Zeitung*, autorisieren solle, den Text in der Beilage abzudrucken (es kam dann nicht dazu); er fügt hinzu: »Oder ein Wort abwarten von ›dem vom Berge‹?«[39] Er will damit sagen: außer man verzichtet auf die Veröffentlichung, weil sich die Sache erledigt hat. Er tut so, als teilte er den Standpunkt seines Gegenübers (es ist aber nicht der seine), und gibt ihm zu verstehen, daß es wohl zu keiner Antwort kommen werde.

Später, in einer zweiten Phase, als Celan sich verletzter und verzweifelter fühlt und auch weniger nachsichtig gestimmt ist, weil das Spiel schon gespielt wurde, wird er dennoch an diesen Ort zurückkehren, ohne zu vermeiden, daß der Besuch zu einer schmerzhaften Erfahrung wird. Wurm kann ihm darin nicht folgen; er sagt auch ganz offen, daß er den Freund nicht versteht. Er konnte es nicht hinnehmen, daß sein Freund unter dem Unverständnis der anderen litt. Doch war es nicht genau dies, was Celan seit jeher widerfuhr? Vielleicht tröstet er ihn auch einfach und versucht, ihn vor dem Exzeß einer schwer zu ertragenden Klarheit des Bewußtseins zu bewahren. Er sei nicht der einzige, der gegen die Schwärze ankämpfe: Nein, die Leute seien nicht so weit von ihm entfernt und nicht so wenig zum Verständnis bereit, wie er glaube. Wurm irrte, und mehr als das, wenn er vorgab, daß die Darstellung der »absoluten Metapher« bei Celan in der Studie Gerhard Neumanns,[40] damals ein junger Germanist, den Celan zunächst »reizend« gefunden hatte, nicht so unrichtig war: sie war in den Augen Celans, der sich darüber zutiefst bestürzt zeigte, radikal falsch. Er sah darin eine Negation seines Werks.

Schließlich schreibt er ihm mit Bezug auf Celans Eintragung in das Gästebuch von Todtnauberg: »Daß Heidegger Ihrer *inscriptio* gedacht hätte, wird kaum zu erwarten gewesen sein.«[41] In seiner Vorstellung existierte immer noch eine vergebliche Erwartung Celans. Er schrieb sie dem Dichter zu, wie sehr auch die ganze Angelegenheit eine Fiktion war. Celan wußte nur zu gut, daß er nicht verstanden wurde und daß dies geradezu unvermeidlich war. Die Annullierung des Zeugnisses, das er in seinem Gedicht erbracht hatte, wog zu schwer. Eine Düsterkeit umgab ihn, doch stand sie, die aufblitzte, der blendenden Hellsichtigkeit nicht im Wege.

In dem wahrscheinlich letzten Brief, den Celan noch gelesen hat, schrieb ihm Wurm: »Auch das ›Absolut-Metaphorische‹ ist richtig, wenn man sich darunter etwas Passendes vorstellt; und man kann sich ja drunter alles, aber auch wirklich alles Mögliche vorstellen.«[42] Doch gerade das hatte Celan mit jeder Silbe seines Werks ausgeschlossen: diese Öffnung auf eine Beliebigkeit, auf die reine und unbestimmte Virtualität.

Die Metapher war sein Erzfeind – sie bedrohte ihn, sie machte seine Dichtung zunichte. Man konnte ihm keine Erleichterung bringen, indem man so zu ihm sprach wie Wurm. Die metaphorische Lektüre erstickte seine Dichtung; sie breitete sich damals um ihn herum aus und kreiste ihn später ein. Sie war stets deutlich in dem »Unverständnis« enthalten, das auf ihm lastete. Er konnte daraus nicht ausbrechen. Das Leiden wurde wieder in den Vordergrund gerückt. Er hat alle die vereinnahmenden Lektüren seines Werks nicht mehr wirklich wahrgenommen, die sich daran angeschlossen haben. Doch wer sagt uns, daß die Nichtwahrnehmung des Sinns, die ihn bei den Lesungen frappierte, welche dabei doch so gut besucht waren, nicht *auch* zu den Faktoren gehört, die ihn in den Tod getrieben haben? Ein Graben hatte sich vor ihm aufgetan; er hatte keine Antwort auf seine Herausforderung gefunden. Auch diesen Schmerz hat er sich zufügen müssen.

Wurms Haltung war von einer geistigen Umwelt geprägt, die ihn von der Psychoanalyse zur Logik Wittgensteins geführt hatte. Er verglich seinen Weg mit dem Celans, der, wie er sagt, nicht von Freud, sondern von Marx gekommen und nicht bei Wittgenstein, sondern bei Heidegger gelandet sei.[43] Die These ließ sich vertreten, wenn darin Marx das historische Bewußtsein der Unterdrückung repräsentierte und wenn andererseits dieses Bewußtsein auf den methodischen Gebrauch der sprachlichen Mittel angewandt wurde, mit denen Celan eine Herrschaftsform und den verheerenden Gebrauch der Sprache in den fremden Texten einer deutschen Tradition umzustoßen vermochte. Mit Heidegger und seinem »Berg« blieb er innerhalb des Materials seiner eigenen Dichtung, während er mit der Psychoanalyse, das wußte er, die außerhalb der Sprache stehenden sprachlichen Unterscheidungskriterien und die konsequent durchgehaltene Analyse der konstitutiven Sprachelemente hätte aufgeben müssen. In den von Wurm konstruierten Entwicklungslinien waren sie beide zu einer Einsamkeit gelangt, die sich ihrer Rilke-Lektüre verdankte – ein eigenartiger Vermittler. Wenn es sich um die Erfahrung einer Isolierung handelt, so läßt sich die Annäherung verstehen, vorausgesetzt, man bleibt, was Celan betrifft, im Bereich der prüfenden Analyse. Die Umformung der Sprache Rilkes ist bei ihm viel stärker als etwa in der sekundären Verwendung Rilkes durch Heidegger.[44] Die Verbindung ist weniger überzeugend, wenn man dabei an die Kategorie einer existentiellen Einsamkeit denkt, die so leicht zu einer religiösen Erfahrung ausgebaut werden konnte. Celans Position ist eine gewählte und eine kritische; es ist eine erkämpfte Zitadelle, ein Ort, den er für sich erobert hat. Die Entschlossenheit des marxistischen Engagements in seiner Jugend hat sich ganz gewiß auch auf den erobernden Impuls übertragen, der sich durch sein gesamtes Werk zieht.

Nichts beruht auf Zufall. Adorno hält in dem von Franz Wurm betreuten Zürcher Radio nicht den erwarteten Vortrag über Celans Gedichtband *Sprachgitter* und spricht statt dessen über die Dichtung Rudolf Borchardts. Er hatte das von Wurm vorgeschlagene Celan-Thema zunächst angenommen und dann aus Zeitmangel darauf verzichtet.[45] Geschah es aus Zeitmangel? Wenn man den Text über Borchardt kennt, so spricht der Themenwechsel für sich.[46] Man kann sich nicht vorstellen, wie er über Celan hätte sprechen können, ohne zugleich alles zu widerrufen, was er an anderer Stelle über die esoterische Poesie gesagt hatte. Die Frage ist, ob er darauf verzichtete, weil er verstanden hatte, daß er das nicht konnte, oder ob er Celan dieselbe »musikalische« Behandlung hätte angedeihen lassen, wenn er Zeit und Muße gefunden hätte, den angekündigten Text auszuarbeiten. Im Februar 1968 behauptete er, daß er über mehr Gelegenheit zur Konzentration hätte verfügen müssen, um einen »verantwortlichen« Text zu verfassen. Fühlte er, daß er von seinen Positionen hätte abrücken müssen? Es wäre ihm nicht erspart geblieben. Die auf diese Weise hergestellte Beziehung zwischen der Dichtung Borchardts und Celans, deren eine die andere weitgehend negiert, ist meiner Meinung nach bezeichnend für einen ihn in dieser Sache quälenden Zweifel und für ein peinliches Mißverständnis.

Das historische Subjekt, das Ich, ist nicht der Künstler. Nun ist aber die Negation kein Charakteristikum der Kunst. Man kann daher auf diese andere, begründende Instanz nicht verzichten. Dem *Meridian* zufolge kommt der Kunst nicht das Privileg des Gegenworts zu, es kommt von außen.[47] Damit wird ihre negierende und utopische Kraft implizit bestritten.

Die Kunst kann ihrerseits engagierter sein als ein außerkünstlerisches Engagement; sie kann sich selbst treu bleiben und nichts und niemanden ausschließen. Das eine schließt gewiß das andere mit ein, vorausgesetzt, der Künstler engagiert sich als Person in seiner Kunst und macht aus diesem Engagement die Bedingung seiner Existenz.

Die individuelle Perspektive kann grundsätzlich von einem jeden beansprucht werden – sofern er sich nicht schon angepaßt und auf seine Persönlichkeit verzichtet hat. Eine gesellschaftliche und politische Solidarität ist in jedem der Gedichte mit ausgedrückt. Der immer wieder von neuem formulierten Erwartung eines kollektiven Engagements müßte man daher entgegnen, daß ein solches nur kraft der Freiheit des Individuums denkbar ist, mit allem, was das Engagement an Ungebundenheit und Weigerung voraussetzt. Die Repression ist als organisierte Gewalt, auch wo sie tyrannisch ist, stets kollektiv; die Revolte ist es zunächst nicht.

Judaisierung der Sprache

Als Ostjude

Was soll man unter einem »deutschen Juden« verstehen? Man liest eine etwas vereinfachte Antwort aus der Feder eines israelischen Autors: »[…] unter ›deutschen Juden‹ verstehe ich hier natürlich auch die Juden Österreichs und Böhmens, aber zum Teil auch der Bukowina, aus der der letzte große jüdische Lyriker deutscher Sprache, Paul Celan, Überlebender des Holocaust, aber wie viele Autoren der Emigration den Freitod suchend, stammte.«[48] War er ein »jüdischer Dichter«? Jude in seiner Dichtung, das gewiß. Ein »deutscher Jude«? Zweifellos nicht. Ein »Überlebender«? Eher doch ein Zeuge dessen, was er im Laufe seines Überlebens *durchlebte* und was sich nicht auf das Faktum reduzieren läßt, daß er nicht umgekommen ist. Wie kommt man dazu, eine Diagnose seines Todes zu stellen, wo doch der Tod das Intimste und Persönlichste ist, das es im Leben gibt? Noch dazu, um daraus das fast logische Ergebnis eines Geschicks zu machen, das einer ganzen Gemeinschaft (»wie so viele andere [...]«) durch die Ereignisse aufgezwungen wurde? Nicht anders stellt man die Dinge auf der anderen Seite, im deutschen Lager, dar. Und die Emigration? Soll sie etwa einen Kontrast zu einer Immigration nach Israel bilden? Traf hier den Exilanten eine zusätzliche Bestrafung?

Celan kam nicht aus Deutschland. Er hat deutlich genug gesagt – wenn man bereit ist, ihn zu lesen –, daß er aus einem slawischen *Osten* kam, aus einer totalen Exteriorität. Er hat als »Emigrant« in seiner Sprache gelebt, in einem deutschen Exil. Nicht so sehr in der Emigration, sondern eher in seiner selbstbestimmten Ausgeschlossenheit. Das Exil hat keinen Ort. Das Überleben kann nicht gegen das tragische Schicksal der »Emigration« abgewogen und dadurch getilgt werden. Das eine betrifft einen jeden so gut wie ihn; alle sind wir Überlebende. Das Ausgeschlossensein betrifft nur den, der sich dafür entschieden hat.

Die Juden, die ursprünglich und dann auch wieder in zweiter Hinsicht aus dem Osten gekommen waren, haben seit Moses Mendelssohn im 18. Jahrhundert einen bedeutenden Beitrag zur deutschen Literatur geleistet, was immer auch die Bindungen waren, die ein jeder mit seiner Herkunft wahrte. Sie waren jedenfalls Juden, als solche identifizierbar und stets aus der Gemeinschaft der Deutschen ausgeschlossen. Die Partikularität und die Originalität, der Zugang zu den Quellen ihrer eigenen Kreativität blieben ihnen versagt. Die Bereicherung, die man, aus der entgegengesetzten Perspektive, als eine einzigartige Gabe hätte betrachten müssen, wurde mit Bedacht unterbunden; es durfte sich nur um sekundäre, unwesentliche und usurpierte Beiträge handeln, die von anderen, stärkeren Naturen und deren authentischem Talent übertroffen wurden.

Ein jüdischer Schriftsteller konnte auch der Konfrontation nicht ausweichen und die Herausforderung annehmen. Tat er dies, so zog er sich auf die ihm aufgezwungene Identität zurück, auf die Position, die ihm zugewiesen wurde; es war etwas Sekundäres und für ihn reserviert. Das Ereignis der Vernichtung hatte sich lange Zeit vor den Todeslagern angebahnt. Man kann nicht einmal sagen, daß die physische Vernichtung zu einem Bewußtsein des Geschehens geführt hat. Eine andere Form der sozialen und kulturellen Ausgrenzung ist ihm vorangegangen. Man konnte auch konsequent weitergehen und in den Texten und in der Sprache die Zeichen der Differenz ausmachen. Alle diese Zeichen wurden vom Dichter als die Komponenten einer fremden Identität integriert. Wenn man die Fremdheit akzeptiert, steht man nicht mehr in dem Lager, aus dem man ausgeschlossen wurde.

Das Problem der Identität hat sich außerhalb der religiösen Zugehörigkeit gestellt, im Spannungsfeld zwischen der Bekehrung zum Christentum und der jüdischen Orthodoxie. Die Juden waren nicht so sehr Juden für die anderen, wie das Sartre wollte; sie waren vielmehr die Anderen in ihrer Eigenschaft als Juden, auf dem Grund einer religiösen und politischen Ungebundenheit. Sie fühlten sich mit einer vielleicht religiös zu nennenden Mission beauftragt, die auf der gesellschaftlichen und kulturellen Ebene weitgehend kritisch und utopisch war; sie leitete sich von einer bereits in ihrer eigenen Gemeinschaft vollzogenen Exklusion her. Sie kämpften für das Recht auf eine Integrationsverweigerung. Der Antisemitismus in der neueren Geschichte hat sich mit Gewalt gegen diese Form eines Judentums zweiten Grades gewendet, und zwar überall dort, wo es, wie bei Celan, den Willen und die Kraft besaß, sich Anerkennung zu verschaffen. Die Nation hat die Tendenz, diese Infragestellung ihrer eigenen Mythen und Werte zu bekämpfen.

Als Max Brod 1934 in Prag die Stellung der jüdischen Schriftsteller in den Blick nahm, tat er dies von einem zionistischen Standpunkt aus, der politisch – und also gemäßigt und versöhnlich sein wollte.[49] Er schloß einen zweifelhaften Kompromiß zwischen den universellen, gemeinsamen Werten und dem Recht auf eine ethnische Partikularität, als ob man die eine, niedrigere unter der höheren verbergen müßte. Die nationale Identität konnte auf nichts als auf eine sekundäre Differenzierung Anspruch erheben. Die Kultur war rational, sie wurde den ethnischen Unterschieden gegenübergestellt. Die Menschheit als Gesamtkonzept hatte, und sei es als eine Fiktion, gegenüber den einzelnen Gemeinschaften der Völker den Vorrang.

Das Eintreten für ein betontes und unveräußerliches Ausgeschlossensein zeigt sich bei Celan in seiner Vorliebe für das osteuropäische Judentum, für die »Ostjuden«, gegen das westliche und vornehmlich das deutsche. Er übt Kritik an der verblendeten, entfremdeten Haltung der deutschen Juden, die ihre Religionsgenossen den Henkern als verfemte Fremdlinge auslieferten, indem sie sich, selbst nur eine Handbreit vom Abgrund entfernt, ihren Herren assimilierten, solange es möglich war, und sich von diesen erst unter dem Druck der Ereignisse wieder trennten.

Der Ost-West-Konflikt innerhalb der streng orthodoxen Religionsgemeinde wurde vorbildlich durch einen Kongreß in Wien 1923 kenntlich gemacht. Er läßt das Gewand der formalen und vestimentären Anpassung, die von den deutschen Juden vertreten wurde, als eine verinnerlichte kulturelle Umwandlung erscheinen. Die Verkleidung der Rabbiner mit Stutzer und Zylinderhut, die ihnen gesellschaftlich auferlegt war und durch die sie wie Pastoren aussahen, mußte den litauischen und polnischen Teilnehmern lächerlich, wenn nicht gar grotesk erscheinen. So ermaßen diese den Preis, den man für den Übergang zu einer anderen Zivilisationsstufe zu bezahlen hatte. Er schien ihnen ungeheuer. Den einen war er auferlegt, der Mehrheit blieb er vorenthalten; die auszeichnenden Symbole wurden als die Zeichen einer Denaturierung oder Degradierung erkannt.[50] Ihre Religionsgenossen fühlten, daß jene, die sich von ihnen losgelöst hatten, ins Verderben gezogen wurden. Nahmen sie in ihnen, unter diesen pompösen und erborgten Kopfbedeckungen, nicht die allzu gegenwärtigen Gespenster jener Handlanger wahr, die ihnen in nicht allzu ferner Zukunft die Rechnung für eine Hanswurstiade präsentieren sollten?

Die Verkettung aller unglücklichen Generationen,[51] eine weit in die Geschichte zurückreichende Solidarität, entspricht dem Kampf für eine Bedeutung. Er bekräftigt weniger die Absurdität des Todes als seine Realität.

Keine Theologie, auch keine jüdische

Celan ist als Jude in die deutsche Dichtung eingedrungen. Die Position des perfekten deutschen Juden ist eine pure Konstruktion. Ein solcher hat nicht existiert, bevor ihn Celan nicht hervorgebracht hatte. Die Begegnung transzendiert die partikularen Situationen, sie transzendiert sowohl Deutschland als auch den Juden. Ein umfassender Blick läßt die radikale Herausforderung erkennen. Die Widersacher sind in die Schranken getreten und bieten einander nun die Stirn. Genau dies ist der gewählte Schauplatz der Auseinandersetzung.

Was Celan betrifft, so kann keine Tradition als eine Instanz angesehen werden, an die er, auf welche Weise auch immer, hätte anknüpfen können. Letztlich hatten alle Traditionen, oder fast alle, ihren Anteil an den finsteren Ereignissen. Die Juden in der Geschichte waren beinahe von allem ausgeschlossen, weitgehend sogar aus ihrer eigenen Zugehörigkeit. Celan hat sich, was immer man darüber geschrieben hat, viel mehr dieser Geschichte angeschlossen als den jüdischen Glaubensinhalten – es sei denn, um für die jüdische Tradition einen Platz in der Literatur, in der Sprache Rilkes oder Hofmannsthals zu beanspruchen. Man hatte kaum je ihren geschichtlichen Erfahrungen in der nachbiblischen Zeit Interesse entgegengebracht, so wenig wie ihrem von keiner der dominanten Religionen begleiteten Messianismus. Die griechische Mythologie der Dichter stellte sich, durch ihre objektiv überragende Bedeutung und Wertschätzung, auf die Seite der Gegner – auch wenn sich kaum jemand dessen wirklich bewußt war. Keiner unter ihnen – von Sophokles bis Hölderlin – hat die Bilder Homers ignoriert. Heine spielt bei diesem Götzendienst nicht mit, auch wenn er über die Götter Griechenlands schreibt.

Heines Konversion, sein »Entreebillet«[52], man mag sie als zweckmäßig oder erzwungen betrachten, zeugt von einer objektiven Bedingung, von einem historischen Stand der Dinge, der sich seither verändert hat. Dieselbe Entscheidung hätte wohl später nicht mehr dieselbe Bedeutung gehabt. Daß ihm aus dem Akt nicht die Vorteile erwuchsen, die andere daraus zogen, beeinträchtigt den Wert der Beweisführung nicht. »Das ist es, was von uns verlangt wird.« Sein Scheitern zeigt, daß er kein Kandidat war, dem, falls es das überhaupt gab, nur ein Zertifikat fehlte. Der Protest dagegen hieß ihn, diesen Weg zu beschreiten. Andere, die als Christen geboren waren, waren nicht weniger und nicht mehr Christen als er. Die Sprache, die er gebrauchte, ist *protestantisch* zu nennen, wenn es nicht um den Glauben, sondern um ein Bekenntnis oder eine Zugehörigkeit geht.

Der Bruch mit der jüdischen Gemeinde und den Diskussionsklubs, wie etwa dem Berliner »Kulturverein«[53], hängt damit eng zusammen, als das nicht weniger radikale, negative Gegenstück. Jude war er nun nicht mehr wie die anderen von Haus aus und durch seine Geburt; er war es auf eine selbstentworfene und selbstbestimmte Weise. Er konnte so ungehindert Partei ergreifen und – in einer widersprüchlichen Situation – durch seinen Widerspruch sein Ausgeschlossensein in ein freiwilliges Engagement verwandeln. In der Lage, in die er sich versetzt hatte, konnte er sich auf die Seite der Verfolgten stellen, gegen das Unrecht und gegen die Intoleranz, ohne daß ihm diese oder eine andere Solidarität wäre aufgezwungen worden. Er hörte auf, Jude zu sein, und wurde dadurch erst recht zu einem. Zumindest hielt er diesen Weg für begehbar.

Durch seine antiautoritäre und revolutionäre Rolle in der Kirchengeschichte, die von Heine oft hervorgehoben wurde, stellte für ihn der Protestantismus eine Etappe in einer linearen politischen Entwicklung dar; sie war dann von der Revolution überholt worden. Der Rhein wurde zum neuen Jordan.[54]

Entscheidender noch ist die Befreiung, die sich für ihn aus dem *Durchgang* ergab, in dessen Verlauf er seine Situation als Person auf die Situation seiner Sprache abgestimmt hat. Er wollte die Dualität seines konfessionellen »Status« ausleben und den Nachweis für dessen unüberwindliche Widersprüchlichkeit erbringen.

Die Bekehrung war eine kulturelle und sprachliche, doch war sie etwas Unmögliches für jemanden, der seine Identität und sein natürliches Empfinden bewahren wollte. Die Epoche zwang ihm mit ihren Anschauungen auch diese Selbstaufgabe auf. Heine war weder Traditionalist noch Assimilationist, sondern ein Deutscher so gut wie ein anderer und Jude in dem allgemeinen Kampf, in dem er sich anderen angeschlossen hatte, sich selbst aber treu geblieben war, und die Meister wie die Handlanger der Repression entlarvte.

Um dem Mißbrauch und der Vereinnahmung Celans durch jüdische Theologen entgegenzutreten, ist von der Assimilation auszugehen. Geht man aber von ihr aus, so führt schon die reine Möglichkeit, wenn man die Tradition ins Auge faßt, zu ihrer Ablehnung. Man entdeckt sich um so mehr als Jude, als man gerade assimiliert ist – assimilierter, als es erlaubt ist, und zwar nicht an die anderen, sondern an alles und nichts, und also an sich selbst, an das Recht, man selbst zu sein.

Ein Jude in Paris

AUF REISEN

Es ist eine Stunde, die macht dir den Staub zum Gefolge,
dein Haus in Paris zur Opferstatt deiner Hände,
dein schwarzes Aug zum schwärzesten Auge.

Es ist ein Gehöft, da hält ein Gespann für dein Herz.
Dein Haar möchte wehn, wenn du fährst – das ist ihm
verboten.
Die bleiben und winken, wissen es nicht.
(I, 45)

Eine Lektüre akzeptiert und verewigt den Exodus – als einen »immerwährenden«.[55] Es ist die typische, dem herumwandernden »ewigen Juden« zugedachte Rolle. Man sagt sich auch, daß das Schicksal lähmend auf ihm lastet und daß der von seinem leidvollen Geschick Geprägte sich von vornherein dem Tode verfallen weiß. Nichts darf von einer partikularen und doch lesbaren Bedeutung erhalten bleiben. Celan sagt mit diesen Versen, daß die deutsche Sprache, in der er spricht und schreibt, trotz allem nicht deutsch sein darf, so daß Paris zur Stätte seiner Dichtung wird. Es ist die Stadt von Baudelaire und anderen Dichtern; freilich trägt sie auch die Wunden der Besatzungszeit und des Sturms der Gewalttätigkeit, der über sie hinwegfegte. Kein Sinn kann sich gegen die Verkürzung des Textes wehren, die ein Vorurteil erhärtet und damit den Versuch einer Erläuterung diskreditiert.

Welches »Haar« ist hier mit einem sich erinnernden »Herz« konfrontiert, für das ein »Gespann« angehalten hat? Gewiß muß man in dem Gespann schon die Poesie erkannt haben. Es wird eine andere sein. Wenn das Haar wie eine Fahne weht oder wehen könnte, dann deshalb, weil das »Wehen« das »Weh« eines Schmerzes zum Ausdruck bringt. Selbst die Tränen müßten in der ererbten Sprache der Vergangenheit noch unterdrückt werden. Ein »poetischer« Ausdruck des Schmerzes wäre zu unmittelbar; das ihn hervorbringende Gefühl noch ist als ein metaphorisches fragwürdig geworden. An diesem Punkt wird man der Absonderung Treue leisten und sich hüten, nicht die Tiefe eines romantischen oder goetheanischen Mysteriums einzuführen.[56]

Man kann den Endpunkt der Reise nicht vom Paris der Dichtung ablösen, noch von der Kunst und ihrer Erneuerung, noch von den abstrakten Formen, an die Celan anknüpft, weil sie es ihm erlauben, bis zu den Bestandteilen der Sprache vorzudringen – oder hinabzusteigen. Geopfert wird so nicht sein Leben; es wird nicht der Preis sein, den er in den Augen (nicht nur) der deutschen Leser früher oder später wird bezahlen müssen – sei es, weil er ein Opfer war, sei es, weil er nicht umgekommen war. Die Ablehnung betrifft die von der Geschichte hervorgebrachte und durch sie obsolet gemachte Sprache selbst.

Wenn der Text auch entstand, kurz bevor Celan im Juni 1948 Wien in Richtung Paris verließ[57], und wenn er anläßlich dieser Abreise die Umstände eines vollzogenen Bruchs neu formuliert, so umreißt der letzte Vers darum doch nicht weniger als schon der Name Paris in derselben Strophe den Bereich einer Sprache, die er als eine unmöglich gewordene schon hinter sich gelassen hat. Diejenigen, die »bleiben«, gefallen sich dort; sie »winken«, in der Illusion, sie könnten ihn noch zurückhalten und ein Einverständnis beschwören, obwohl es um einen Abschied geht. Wie in anderen Gedichten auch, etwa in »Schwarze Flocken« (III, 25), das in Wien in dem Band *Der Sand aus den Urnen* erschienen war, wird hier ein Übergang und ein Datum festgehalten. Es ist eine beschlossene Sache – kein erlittener Zwang, sondern ein selbstbestimmter. Es gibt etwas, das schwärzer als schwarz ist: die Asche, in der die Wörter zu Staub zerfielen. Der »Exodus« findet in der Sprache statt, er ist ein Auszug aus der Sprache. Die Situation drückt sich in der Form aus, die sie annimmt, um ihre Form zu kommentieren. Das Verbot wird als die Negation eines Gebots verständlich, also eines Zwangs. Positiv formuliert, fordert es zur Umlenkung der verbindlichen Inhalte (»ver-« und »-boten«) auf.

Jude und Dichter

Es gibt eine spezifisch jüdische Art des Schreibens, auch für die Juden. Ein Zitat von Marina Zwetajewa, das als Motto über Celans Gedicht »Und mit dem Buch aus Tarussa« (I, 287–289) in *Die Niemandsrose* steht, macht daraus ein zugleich erweiterndes und einschränkendes Prinzip. Der Satz steht auf russisch in dem Gedichtband von 1963, während er beispielsweise in der französischen Übersetzung des Gedichts auf französisch wiedergeben wird: »Tous les poètes sont juifs«[58]. In dieser Form fordert er dreierlei Bemerkungen heraus:

1. Das Motto muß, um seiner Bedeutung an dieser präzisen Stelle willen, unbedingt in seiner kyrillischen Typographie belassen werden; es ist ein *russischer* Satz.

2. Das erweiternde »alle« ist von Celan im russischen Text hinzugefügt worden, nicht aus Versehen, etwa weil er aus dem Gedächtnis zitiert hätte, sondern, es läßt sich das nicht leugnen, mit Absicht.

3. Eine Übersetzung wie die französische, die von »Juden« spricht, ist ungenau, da Zwetajewa nicht das russische Wort für

»Jude« gesetzt hat, sondern ein Schimpfwort, das in etwa mit »Jüdling« oder »Saujud« wiederzugeben wäre. Die Lektüre des Textes in »Poem vom Ende« (entstanden 1924, erschienen in Prag 1925) führt notwendig zu der Bedeutung »Verfemter«, »Ausgeschlossener« oder »Paria«.[59] Übersetzt man mit »Jude«, so könnte man dadurch zu verstehen geben, daß Celan in seiner Wiederaufnahme von Zwetajewas Text dem Wort bewußt diese Bedeutung verliehen habe, obwohl er doch die andere kannte. Es scheint aber unwahrscheinlich. Mehr noch, der zitierte Vers repräsentiert, so scheint es, den Kontext, dem er entnommen ist, in seiner Gesamtheit.

Der Satz dient als Motto für ein bestimmtes Gedicht, das sich, stärker noch als andere, auf die Verfolgung und die Deportation Mandelstams bezieht, dessen »Gedächtnis« die *Niemandsrose* gewidmet ist. Wenn das Wort »Jüdling« die Bedeutung »Geächteter« oder »Ausgestoßener« hat, wenn es davon eine Synekdoche bildet, dann fände man darin von der Dichterin mit abgründiger Präzision das Schicksal ausgedrückt, das Mandelstam ereilt hat, das er selbst aber vielleicht nicht in seiner ganzen Gewaltsamkeit vorherzusehen vermochte. Hätte er es vermocht, so hätte seine Dichtung eine andere Wendung nehmen und sich für einen anderen kulturellen Horizont entscheiden müssen. Das von Celan eingefügte »alle« könnte so zu verstehen sein, daß es ein »auch du« einschließt. »Alle«: so wie auch du von Stalin verfolgt wurdest. Als Dichter oder als Jude. Hält man sich an Zwetajewas Text, wie es sich empfiehlt, so heißt das, daß er als Dichter unweigerlich als ein Geächteter oder ein Jude brutalisiert und mißhandelt wurde. Außerdem vereinigt Mandelstam in seiner Gestalt den übertragenen und den eigentlichen Wortsinn; er war als »Jude« auch von Haus aus geächtet und konnte, da er zugleich die eine und die andere Erfahrung machte, verstehen, daß die durch das Schimpfwort ausgedrückte Beziehung nicht zufällig war. Er hätte seine Toskana[60] und sein Kolchis[61] in seinem Judentum finden können. Es scheint mir, daß Celan sich hier von Mandelstam distanziert und die Distanz auch bezeichnet.

Der Dichter und Literaturwissenschaftler Henri Meschonnic hatte den Satz schon in derselben Form seinem Aufsatz »On appelle cela traduire Celan« (»Und das nennt man Celan übersetzen«) als Motto vorangestellt.[62] Man kann sich fragen, ob die Erweiterung legitim war, wo Celan das Zitat doch so genau und zielgerichtet eingesetzt hatte. Jedenfalls wirft die Lektüre des Artikels eine Reihe von Fragen auf. Meschonnic nennt zunächst eine gewisse Anzahl von jüdischen Realien – zu einer Zeit (1972), als die Leser kaum noch die Bedeutung dieses jüdischen Horizonts wahrnahmen – und notiert sodann die Solidarität des Dichters mit all denen, »deren Leiden ihm unerträglich ist«[63] (so wahr das ist, so mußte die Formulierung doch etwas unangemessen scheinen); die angeführten Belege, die man noch ergänzen könnte, zeigen, wie stark Celan seine Dichtung vor allem mit dem historischen und kulturellen Hintergrund seiner jüdischen Existenz verbindet. Meschonnic schloß daraus, daß durch den im Motto zitierten Vers die Grenzen aufgehoben sind, die das »wir« der Gedichte definieren.[64] Es ist nicht einfach zu verstehen. Sollte das Zitat über ein positives Verständnis (»Jude« statt »Jüdling«) die Erfahrung Celans – um ihn allein, und nicht um Mandelstam, geht es ja bei Meschonnic – auf die Dichter insgesamt übertragen? Sie würden dann verpflichtet, Juden zu sein wie er selbst einer ist. Man kommt so auf keinen grünen Zweig.

Die Übersetzerin Martine Broda ging den umgekehrten Weg. Sie beschwor das Thema des Ewigen Juden und verstand »Jude« als eine simple Metapher, die so viel wie »Exilierter« zu bedeuten hatte[65] – woran weder Zwetajewa noch Celan selbst dachten. Da die Schlußfolgerung »alle Dichter sind Juden« wörtlich genommen exzessiv erscheint, geht man zu einer anderen über, die das mit dem Wort verbundene Paradoxon auflöst: Sind sie nicht alle Exilierte? Celan ging indes Metaphern strikt aus dem Wege.

Derrida hat die Gemeinschaft auf die Struktur der Sprache übertragen. Es gehe um Celans *Manier*, die Schrift in Teile zu zerschneiden, während doch die Schnitte bei Celan die Funktion haben, die partikulare Verneinung vor der Universalisierung zu schützen, die sie wieder in Frage stellt. Eine andere Metapher setzt sich an die Stelle des Exils: »Wenn alle Dichter Juden sind [wie bei Meschonnic, J. B.], dann sind sie, die Dichter [diesmal nicht die Juden], auch alle Beschnittene und Beschneidende.«[66]

Alle sollen sie Juden sein, wie die Dichter Juden sind. Alle sind sie Exilierte, selbst die Juden. Jeder ein Celan. Es ist dies die allgemeinste Bedeutung, die man einem Satz zuschreibt, der doch ein besonderes Schicksal meinte, im Kontext eines Gedichts und eines *Datums* im Leben eines Menschen. Die wiederaufgenommenen Worte eines anderen russischen Dichters *erhellten* aus der Erfahrung der Geschichte den Sinn des Zitats.

Im Nachwort zu seinen Übertragungen der Gedichte Mandelstamms (1959), dessen Namen er wohl absichtlich mit zwei »m« orthographiert, um den Namen mit dem Stamm der jüdischen Mandel zu verbinden, hat Celan die Frage seiner Todesumstände offengelassen: war er in Sibirien umgekommen, in einem stalinistischen Lager? Es sei »zur Stunde« noch nicht zu entscheiden, »ob er dort den Tod fand oder, wie auch ›*The Times Literary Supplement*‹ zu berichten wußte, in dem von den Armeen Hitlers besetzten Teil Rußlands das Schicksal so vieler anderer Juden teilen *mußte* [ich unterstreiche das Wort, es hat seine Bedeutung]«[57]. Ich selbst erinnere mich nicht mehr genau, was er darüber sagte; ich glaube aber wohl, daß er vom Tod Mandelstams in Sibirien ausging. Die französische Übersetzerin hat sich über die angeführte Alternative verwundert gezeigt und mit Recht nach ihrer Bedeutung gefragt.[68] Nur glaube ich nicht, daß Celan, wie sie meint, Stalin und Hitler, die Todeslager und den Gulag in eins setzen wollte. Nichts lag ihm ferner, als eine solche Gleichung noch vor Nolte herzustellen. In einem gewissen Sinn macht er das Gegenteil: er stattet Mandelstam wieder mit jüdischen Zügen aus, indem er ihn, in einer tieferen Schicht der historischen Wahrheit, der das Judentum negierenden germanischen Gewalt zum Opfer fallen läßt.

Das Offenlassen war Ausdruck einer Interpretation. Wenn der Dichter auch in einem sibirischen Transitlager umkam, so ist er darum doch nicht *weniger* den Tod der Juden gestorben und nicht bloß den Tod eines Oppositionellen oder als politisch Verfolgter – auch er wurde so letztlich in einem nationalsozialistischen Lager ermordet. Es führt dies trotzdem nicht zu dem universellen Urteil, daß die Lager wie die Regime und die Repressionsmaschinerien austauschbar seien. Die letzteren wohl noch eher als die Regime. So verstanden wäre die Annäherung ungehörig. Celan interpretiert die Daten; im Vordergrund steht der Sinn, der dem Tod zukommt, wenn er auf eine Logik der Poesie selbst bezogen wird, auch der seinen, die einen stärkeren Akzent auf die traditionelle jüdische Kultur legt, als Mandelstam das einräumen wollte. Die Alternative mag eine Dimension dieser Art eingeführt haben, auch wenn ihm die Information wahrscheinlich erschien. Sie war es an sich und für sich. Der Satz in seinem Nachwort betraf einen Juden, den er – in einem doppelten Sinne – für ein deutsches Publikum übertrug. Er stattet ihn mit einer prägnanten jüdischen Identität aus.

Jüdische Wörter

Seine Sprache versteht sich selbst als eine geächtete. Sie hat sich selbst mit diesem provokativen Stigma versehen, das teils als ein solches empfunden wurde, teils keine Beachtung fand. Die Verfemung wird von Celan als ein unterscheidendes Merkmal zur Schau getragen. Er hat in der Zeit, in der er schrieb, die Erfahrung der Verkennung gemacht. Die Ächtung ist in dem Eintreten seiner Sprache für die Geächteten aufgehoben. Diese war es, die bekämpft wurde.

Manche der von Celan markierten Wörter, die einfachsten und zugleich komplexesten wie »Herz« oder »Seele« oder auch »Name«, haben einen jüdischen Ton – nicht minder als ein Wort wie »Menorah«. Es ist, als würden sie im Deutschen hebräisch gesagt: »lev«, »nefesch« oder »schem«. Insofern handelt es sich um Gegenwörter – Entgegnungen, Repliken auf die Ausgrenzung. Ich sage Herz, das heißt soviel wie: Ich sage nicht Herz. Der Zusammenhang der Gedichte macht den Unterschied faßbar.

Die Wörter vertiefen sich mit ihren Konnotationen. Es sind interne und externe Spiegelungen, ähnlich wie bei einem Zitat. Wörter wie »Schwester« und »Bruder« sind aufeinander bezogen; der »Bruder in Asien« ist so unter den Napalmbomben, in dem grauenvollen Leiden, das man ihm zufügt, ein Jude, vor allem dann, wenn er durch einen propagandistischen Diskurs vereinnahmt wird.

Die Natur der Solidarität entdeckt sich erst am Ende einer komplexen, dokumentierten Analyse. Man verläßt den Bereich des Buches nicht; es gibt darin keine unmittelbaren Verweise, es geht stets um eine Form der poetischen Vermittlung, deren präziser Weg, alles in allem, aufgefunden werden kann. In »Einem Bruder in Asien« (II, 259) wird vom Stil her Kritik geübt; er weist auf einen von Brecht her bestimmten Ton, mit Akzenten der Gewalt. Man gelangt zu keinem Verständnis des Textes, wenn man in ihm die Kriegsgreuel und das Elend eines repräsentativen Opfers direkt vor sich sieht – obwohl das eine wie das andere implizit vorhanden ist und zunächst im Vordergrund steht. Die Information, die zum Sinn führt und die es wie in »In memoriam Paul Eluard« zu ermitteln gilt, weist auf ein Buch, auf die dogmatische Stellungnahme eines anderen Dichters. Ein Text Hans Magnus Enzensbergers, der einige Jahre zuvor erschienen war, war eben als Taschenbuch neu aufgelegt wurden.[69] Celan schrieb sein Gedicht, um die Falschheit des anderen zu zeigen. Er hat es dann in der Zeitschrift *Akzente* publiziert,[70] zusammen mit einem Gedicht über die Erneuerung der Verteidigung Massadas im Sechstagekrieg (»Denk dir«, II, 227). Die Assoziation der beiden Texte war mit Bedacht gewählt und bedeutsam gemacht worden.

EINEM BRUDER IN ASIEN

Die selbstverklärten
Geschütze
fahren gen Himmel,

zehn
Bomber gähnen,

ein Schnellfeuer blüht,
so gewiß wie der Frieden,

eine Handvoll Reis
erstirbt als dein Freund.

Enzensberger hatte 1964 in seinem poetischen Journal seine Empörung über ein Massaker ausgedrückt; eine dialektische Pendelbewegung erblickte darin ein Vorgehen gegen das kommunistische Programm, gegen die Losung »Für jeden eine Handvoll Reis«. Die wörtlichen Reprisen zeigen, daß Celan sich auf diesen Text bezieht, doch haben die Kommentatoren sich darum nicht weiter gekümmert.[71] Die Ablehnung und In-Frage-Stellung einer Kunst mochten überraschen; ihre Heftigkeit zeigt vor allem, wie wenig man in Celans letzten Lebensjahren darauf vorbereitet war, auf den Wortlaut einzugehen. Es gab keinen Weg, der von der imaginären Repräsentation zum Protest führen konnte.

Die Beweisführung entwickelt sich dialektisch, wie es sich gehört, von einer Strophe zur anderen. Die Kriegsmaschinerie verbirgt sich hinter den Sprüchen eines Programms; die Artilleriegeschütze schleudern ihre Granaten gegen die Festung des Himmels. Von dort werden Bomben heruntergeworfen; sie zeigen ihre himmlische Wahrheit. Der Imperialismus, den diese verschleiert, ist nicht minder schrecklich als der, den sie anprangert. In dieser tragischen Farce der Geschichte spotten die Bombenflugzeuge aller proklamierten Stellungnahmen. Indem sie sich ihrer Last entledigen, schaffen sie eine Kluft; der gähnende Abgrund wird augenblicklich von der Lüge aufgefüllt. Das irdische Granatenfeuer ereilt ihn so gewiß wie die Erinnye aus der Tragödie. Das blutige Ereignis macht sichtbar, was die Sprache sagte und was sie in Wahrheit verbarg.

Die Gerechtigkeit setzt sich in der Dichtung durch, und zwar einmal mehr über die Analyse einer Sprache, die sich den Zwängen politischer Parolen beugt, die vom Frieden spricht und das Feuer eröffnet. Die edelmütige politische Phrase »erstirbt« im Mund dessen, der sie ausspricht. Es ist die Stunde des Brandes, in der sie auf die Probe gestellt wird. Das Wort verkohlt und ist nicht länger mehr der Freund, als den die Dichtung es hinstellte. Der Bruder, der aus so großer Nähe drohte, wäre demnach nichts andres als ein Usurpator, einer, der sich in die Sprache eingeschlichen hat. Er mißbraucht sogar das Wort »Reis«, das Celan in seiner eigenen Dichtung im Licht einer Liebe zum Leuchten gebracht hatte (vgl. »Eine Hand«, I, 181).

Das »wir« hat seine Vorgeschichte. Auch für dieses Wort gilt, daß seine Verwendung einen neuen Bezug schafft. Um die Spannung zu ermessen, kann man an die Gefährten im George-Kreis erinnern, die um die Jahrhundertwende ihr Leben von allen bürgerlichen Verlogenheiten zu läutern meinten.[72] In strikter

Erwählung und exklusiver Auswahl schloß sich so, im Geiste ritualisierter Traditionen des Abendlands, eine Gemeinschaft von Ästheten zusammen. Sie flohen vor der Häßlichkeit des Fortschritts und dem Verlust der kulturellen Rangordnungen. Anders der Zusammenschluß, der bei Celan erfolgt: im Rahmen einer selbstbestimmten Solidarität mit den Opfern eines barbarischen und ausgrenzenden Systems, im Schatten des Ereignisses, so wie es stattgefunden hat, in seiner Faktualität.

Die Verteidigung der Festung Massada und der Selbstmord ihrer Besatzung, die der Historiker Flavius Josephus im *Bellum Judaicum* überliefert, wurde 1967 während des Sechstagekriegs reaktualisiert. Das letzte Gedicht in *Fadensonnen* erhebt diese Anhöhe am Ufer des Toten Meeres zum Symbol eines Kampfs gegen die Repression (»Denk dir«, II, 227). Wenn die Mission der Juden darin besteht, sich nicht zu unterwerfen, so kann in der Verweigerung die allgemeine Negation sogar noch in ferner Vergangenheit erlittene Zerstörungen in sich aufnehmen. Sie erscheint dann wesentlicher als selbst die Befreiung. Ist doch die Freiheit unveräußerlich; sie bezieht ihre Kraft aus allen in diesen Gedichten formulierten partikularen Verneinungen. Ein in einem europäischen Konzentrationslager inhaftierter Partisan, ein »Moorsoldat«, hat im Nahen Osten mitgekämpft; er war Celans Dichtung entstiegen und hat sich in einen Soldaten »von Massada« verwandelt. Die Toten wiesen ihm den Weg; er erhob sich gegen die in den Drahtverhau geknüpften Stacheln.

Das dichterische Wort verfügt über diese Macht, die das schreibende Du aus dem Nichts bezieht. Es wurde vom Widerstand gegen die Zerstörungen getragen, der das Nein ausgesprochen hat, um sich »halten« zu können. Für Celan wurde der Krieg von 1967, den er mit großer Unruhe verfolgte, zu einem Widerstandsakt, so wie er ihn überall in seiner Poesie hochhielt. Das Ereignis konnte sich am Ende, in einer Form magischer Verdichtung, als ein von ihm selbst vollzogener Akt darstellen. Unter diesem Aspekt einer politischen Demiurgie stellt er sich in Strophe 4 selbst vor, als eine Person, die das Ereignis aufgenommen hat. Was den Dichter betrifft, das Du, so ist sein für immer lebender und sprechender Name etwas »Unbestattbares«, weil es überall Neues hervorbringt. Die Dichtung hat die unbeugsame

Haltung von Massada als eine nicht zu überbietende Gabe gezeitigt; sie bringt sie, in einer Umkehrung, jener grundierenden Instanz dar, von der sie ursächlich bestimmt bleibt – dem außerhalb der Sprache stehenden Ich.

Die Aufforderung »denk dir« ist einem »sag dir« nachgebildet. Die Bewegung wird analysiert, sie geht vom ersten Wort zum zweiten, von der kommemorierenden Konzentration (»denk«, in Relation mit »gedenken«) zum Adressaten (»dir«). Der Sinn steht in vollkommener Konformität zu der den Atem strukturierenden Instanz und unterscheidet sich nicht mehr von der bezeichneten Sache; sie fällt mit diesem Sinn selbst zusammen, von dem sie hervorgebracht wurde. Ein Sprechen, die Kraft eines Wider-Spruchs, hat sie ins Leben gehoben.

Celan hat diese Kriegstage in einer vollkommenen Identifikation mit der Bedrohung erlebt; er warf seine Dichtung ins Gefecht, die ja in ihrer Gesamtheit als eine Waffe gegen die Zerstörung des Judentums oder der Juden konzipiert war. Der Ausgang des Kampfes sollte seinen Gegnern eine Bestätigung seiner Poesie vor Augen führen. Deswegen hat er den Text auch sofort einer breiten Öffentlichkeit zugänglich gemacht. Im Angesicht des Nichts waren die Ursachen dieselben – die des Kriegs und der sich der Vernichtung widersetzenden Dichtung.

»Nah sind wir, Herr« (»Tenebrae«, I, 163). Die Wörter haben wieder zu einer Nähe gefunden – auf einer zweiten oder dritten Ebene, auf der die Neubildung einer Gemeinschaft möglich wird. Das »wir« faßt die Opfer in den Todeslagern zusammen. Es bezieht sich auf keine schon existierende Assoziation; die Verbindung stellt sich, gegen alle anderen, in einer konstituierten Bedeutungseinheit her.

Das »wir« konstituiert sich in jedem Gedicht neu; es verbindet ein Ich und ein Du, oder das Ich und die Person der Geliebten, wenn sie einbezogen wird, oder auch das Ich und die Juden, mit denen es sich vereinigt. Andere Fälle gibt es wohl kaum. Als ich einmal in der Diskussion mit einem Interpreten die Frage aufwarf, was es in »Köln, Am Hof« (I, 177; »ihr Uhren tief in uns«) bedeute, meinte er, es seien wohl »die Menschen, die Menschheit als solche«. Und doch spricht die Lektüre des »tief« in diesem

Gedicht strikt dagegen, und zweifellos ist es die Schreckensvision dieser Tiefe, die dazu geführt hat, daß man sich der Lektüre entzieht. Das Manuskript vermerkt das Datum und den Ort mit letzter Genauigkeit.[73] Der Quai Bourbon ist weder am Ufer des Rheins noch der Donau. Die Stunde, »halb drei Uhr nachmittags«, hielt möglicherweise einen erfüllten Augenblick fest, einen Augenblick am Nachmittag der Liebe, ganz und gar nächtlich und von einer solchen Intensität, daß er im sprachlichen Raum die Linie hervorbrechen ließ, die die Schatten in ihrer Mitte durchschnitt, die mediane Zahl einer Resurrektion, das erträumte Ziel einer sprachlichen Fülle und Angemessenheit. Die Liebenden hätten so in diesem Augenblick zu zweit ein anderswo von den Mördern verbreitetes Grauen zerstreut.

Die versäumte Begegnung mit Adorno 1959 in Sils-Maria im Engadin bildet einen implizierten Inhalt und wird ein Jahr später im *Meridian* neu dargestellt.[74] Sie findet *in absentia* statt, als eine Entgegnung. Es war die Begegnung mit einem Widersacher. Die Konfrontation fand ihren Raum in einer Form der poetischen Konzentration, die sich dem Nichtvergessen widmet. Sie nimmt ihren eigenen 20. Jänner auf, in dem der Wannsee-Konferenz von 1942 gedacht ist. Im *Meridian* wird die Begegnung explizit benannt. Doch versteht man auch bei der Lektüre von *Gespräch im Gebirg*, daß der gesamte letzte Teil nach dem Abtritt des Doppelgängers sich darauf bezieht. Ein Text ist an die Stelle einer Auseinandersetzung über die Aufhebung des Geschehens getreten, die sicherlich sehr heftig verlaufen wäre. Was war aus dem »Wiesengrund« geworden, aus jenem jüdisch klingenden Namen, den Adorno trug, bevor er denjenigen seiner Mutter annahm? Die Auseinandersetzung, die nun an die Stelle der anderen trat, ist so noch unerbittlicher ausgefallen; sie hatte sich auch persönlicher gestaltet, in einer Antithese, die weniger die je individuellen Schicksale selbst betraf als die Art und Weise, sie zu reflektieren und auf sich zu nehmen.

Vor dreißig Jahren, nach 1968, nahm man in den intellektuellen Zirkeln nur selten die Distanz wahr, die Adorno von Celan trennte. Man hat sogar versucht, den *Meridian* vor der Folie der ästhetischen Theorie des Philosophen zu lesen. Darum wurde denn auch die Rolle, die Adorno in diesem Text spielt, aufgewertet. Man erinnert an den 1961 erschienenen Valéry-Essay, der Celan gewidmet ist. Adorno selbst hatte mitgeteilt: »Vielleicht interessiert es Sie [...], daß das *Gespräch im Gebirg* in einer persönlichen Beziehung zu mir steht, obwohl Celan und ich uns damals noch gar nicht getroffen hatten [...].«[75] Als er in jenem Jahr in Sils-Maria ankam, erfuhr er durch Peter Szondi von der überstürzten Abreise Celans. In Celans Erzählung wurde sein Platz einem anderen zugewiesen, der nun die Rolle des Anderen übernahm. Er stand näher und war nicht aus Frankfurt gekommen. Doch scheint Adorno selbst bemerkt zu haben, daß die »persönliche Beziehung« substitutiv war, wie dies *Der Meridian* auch präzisiert, der von einer Absenz ausgeht. Adorno wußte andererseits sehr wohl, was Celan ihm hatte sagen wollen. Wenn Celan, von Marlies Janz darüber befragt, seinerseits meinte, das *Gespräch* sei »*eigentlich* [Hervorhebung J. B.] ein Mauscheln« zwischen ihm und Adorno,[76] so denkt er an die Substitution und an die Lektüreanweisung, die er Adorno nicht ohne Ironie gegeben hatte. Ich zweifle auch nicht, daß er in derselben Logik einer indirekten Replik, als er die Neigungen seiner Geprächspartnerin und ihr Engagement auf seiten der Frankfurter Schule bemerkt hatte, sie auf diese Weise darauf hinwies, was Adorno für ihn bedeutete – indem er ihn als einen beschrieb, der er gerade nicht war. Er beherrschte oft ganz spontan diese Art, eine unwiderrufliche Mißbilligung zu bekunden, die keine Diskussion einschloß. Im Text wird mit einem anderen »gemauschelt«; Adorno war nicht Jude genug, um diese vertrauliche Form der Rede zu praktizieren. Er sollte zuhören und verstehen, was man ihm sagte. Das Ganze war im Grunde etwas Furchtbares. Es wurde von ihm verlangt, die Nase in den Kot zu stecken.

Im anderen Lager wurde die Abreise als eine Flucht verstanden, die sich aus den Sympathien erklärte, die Celan für Heidegger hegte – als eine Stellungnahme für den einen Philosophen und gegen den anderen. Doch in den Augen Celans hatte sich Adorno nicht radikal genug, trotz aller Erklärungen, von einem Typus der Spekulation getrennt, der durch den Namen Heidegger vertreten wurde. Es verhält sich also genau umgekehrt; Adorno stand den in den Gedichten als deutlich jüdisch sich gebenden partikularen Erfahrungen zu fern. Celan wußte, schon vor seiner

Abreise aus dem Engadin, daß er die Stimme des Judentums zu Wort kommen lassen würde, nicht für Heidegger, der sich darum nicht im geringsten kümmerte, sondern für Adorno. Dieser würde auf diese Weise geradezu gegen seinen Willen anwesend sein, als ein unglücklich Verhinderter.

In einer komplexeren, aber einfach zu entziffernden kulturellen Strategie konstruierte man eine dreipolige Beziehung, die zu Heideggers Gunsten ausfiel. Es stimmt sicherlich, daß Celans Interesse mehr von dem Platz, den dieser der Poesie zuwies, geweckt wurde, wie ausgeprägt auch immer die Divergenzen waren. Heideggers Reflexionen betrafen aber unmittelbar sein eigenes Tun in der Dichtung. In der vorgeschlagenen Montage identifiziert man den »Juden Groß« mit Adorno, der wie in einer Farce auf die Bühne gezerrt wird. Celan spielt darin die Rolle des »Klein«, »der sich selbst in Szene setzt«[77]. Freilich, so sagt sich Pöggeler, wog er nicht schwer, neben dem Riesen aus Frankfurt, dem er, wenn man der grundverkehrten Demonstration folgt, aus jüdischer Solidarität eine Hommage erweist, den er zugleich aber auch wegen seiner Schwäche und Germanität kritisiert. Die Vorwürfe werden so in eine Anerkennung umgemünzt; sie wird zuerst behauptet und dann umgebogen und auf Heidegger übertragen, den Celan im Grunde habe verteidigen wollen, ganz so, als wäre sein Buckeln vor Adorno nur ein Spiel gewesen. Die doppelte Kritik des Nationalsozialismus wird durch diese Amalgamierung vollkommen neutralisiert. Der Frankfurter Philosoph genoß den Vorteil, Jude zu sein, und hatte doch gefehlt; man konnte also ungehindert dieses mondäne Engadin verlassen und sich der Schlichtheit des Schwarzwalds und der wahren Philosophie zuwenden. Man erklärt sich auf diese Weise, daß der (komplexe) Gang des Gesprächs zu nichts führt und plötzlich abbricht. Die praktizierte Paraphrase ist im vorhinein ausgerichtet; der Gegenstand ist vorbestimmter und äußerlicher, politischer und dogmatischer Natur. So wird gefabelt. Die Zuschreibungen beruhen auf nichts; sie haben auch keine Spur von Ambivalenz.

In seiner theologischen Paraphrase des *Meridian* teilt Pöggeler in der Form einer aufs erste nicht erkennbaren heftigen Attacke Auszüge aus Briefen mit, die Celan ihm Ende August 1961 aus der Bretagne geschrieben hatte.[78] Der Dichter spricht von Begegnungen, in denen er die Präsenz eines »Meridianhaften« wahrnimmt; zunächst hatte er erfahren, daß vor ihm auch Mandelstam schon des Plagiats beschuldigt worden war; darauf war er in Heideggers im selben Jahr erschienenen Nietzsche-Buch auf ein Zitat aus *Zarathustra* gestoßen: »Nicht nur Eine Sonne war mir untergegangen«.[79] Die antizipierte Bedeutung ist wie anderes gleichsam im nachhinein lesbar geworden. Sie nimmt den Anfang des erwähnten *Gesprächs* vorweg, auf den Celan zweimal verweist, in der Form des Textes von 1959 und der in die Rede von 1960 aufgenommenen und erweiterten Reprise. Die versäumte Begegnung steht im Mittelpunkt; sie war »nicht von ungefähr« nicht zustande gekommen; der erste Satz des *Gesprächs*, im Zusammenhang mit der Entdeckung des »nietzscheanischen« Sonnenuntergangs bei Heidegger, betrifft auch die ausgebliebene Begegnung. Sie war nicht weniger präfiguriert als alles andere und in dem konstruierten Zusammenhang nicht weniger bedeutsam.

An diesem Punkt wird die Interpretation entscheidend und nimmt fast romaneske Züge an. Celan bringt in seinem Brief eine Fußnote an: »Ich sollte dort Th. W. Adorno – den ›Juden Groß‹ – treffen [...].« Er habe die Begebenheit später Adorno erzählt, der gemeint hatte, daß in Sachen Judentum sein Freund Scholem, den Celan ebenfalls in Sils-Maria hätte treffen können, einen besseren Gesprächspartner abgegeben hätte. Pöggeler schloß daraus, daß Celan ihm und der Nachwelt die wahre Identität des Gesprächspartners im *Gespräch* enthüllt habe. Es scheint aber nicht so zu sein. Celan sprach nicht in dieser Art. Der Text ist in Sils konzipiert worden. Der Dichter war nach Paris zurückgekehrt und hat ihn dort, in großer Distanz zu Adorno, zu Papier gebracht. Mit viel Ironie teilte er ihm mit, daß er in diesem Text durch eine Figur repräsentiert wird, die etwas anderes darstellt als ihn, die sogar sein Gegenteil war: ein »Jude«, wie Adorno es eben nicht war. Weder war er als Jude groß noch ein großer Jude (wie Scholem). Vielleicht hatte Celan ihn in Frankfurt besucht, um ihm die Bedeutung der Substitution klarzumachen. Es war eine symbolische Geschichte. Man mußte die Wörter anders verstehen, damit sie ihrem Gegenstand entsprachen: als »Jude« geboren, doch anderswo »groß« geworden und assimiliert – *in partibus Germanorum*. Das schließt auch die Entgleisungen nach der nationalsozialistischen Machtergreifung (1933–34) ein. Celan teilt keine Identität mit, als hätte er sagen wollen, wem er die Stimme lieh; es wäre widersinnig. Er gibt seiner Figur die Züge Adornos und führt sie Adorno in der Absicht vor, ihm zu sagen, wer er ist, indem er ihm mit einem ironischen Lächeln zeigt, was er nicht ist. Adorno hat dies wohl verstanden, wie die Ironie seiner eigenen Antwort beweist: man hätte sich eher an einen anderen wenden müssen. Er selbst tauge nicht für diese Rolle.

Genauso richteten die direkten und indirekten Heidegger-Zitate im Brief sich *ad hominem*, an den Anhänger Heideggers. Man muß die Seiten 292 und vor allem 300–301 lesen, mit der Bedeutung, die die Lektüre im Kontext des Werks angenommen hat, das Celan schon geschrieben hatte, und sie also neu lesen.[80] Das verändert die Perspektive und stellt vieles in Frage. Wie Celan entdeckt man dabei, wozu, zu welchem Bewußtsein die Einsamkeit, von der er spricht, Heidegger hätte führen können oder vielmehr führen sollen.

Alles in allem fielen die Juden ja nicht so sehr ins Gewicht. Auch andere Menschen waren – wenn man will, daß dieses Geschick mit dem Werk verbunden sei – aus ihrem Land verjagt und ausgerottet worden. Auschwitz kann keine Singularität beanspruchen. Das Exil oder die Todverfallenheit ist ein »Schicksal des modernen Dichters« als eines Juden im metaphorischen Sinn.[81] Celan, so meint man, knüpfte zu sehr an die große Tradition der Mystik an, um sich nicht selbst über die Wechselfälle der politischen Geschichte erhoben zu haben, als ein *poeta theologus*. Sein Wahn wurde, da er als inspiriert gelten kann, noch eher akzeptiert als sein Judentum.

Der 20. Jänner markiert im *Meridian* das Datum der Wannsee-Konferenz,[82] auf der die Judenvernichtung beschlossen wurde. Es herrscht Übereinstimmung darüber, daß sich dasselbe Datum in der von Celan zitierten Erzählung Büchners über den Dichter Lenz findet. Er hat in diesem Zusammentreffen einen »Meridian« erkannt; eine wesentliche Verbindung trat in der Präfiguration zutage: sie hat es Celan ermöglicht, sich in Lenz' Schicksal zu spiegeln. Dieses Verhältnis wurde von Pöggeler umgekehrt. Das historische Datum, auf das Celan sich bezieht und das er in seine Gedichte aufnimmt, sei das von Büchner in seiner Erzählung gewählte. Dort stehe es schwarz auf weiß, man kann es ja nachlesen; es gibt dem *Wahn* seine Richtung, der offenbar mehr zählt als die Geschichte. Die *Wann*see-Konferenz sei demgegenüber sekundär. Man kann darüber Bescheid wissen oder auch nicht. Außerordentlich ist ein Satz wie dieser: »[...] mag Celan nun an dieses Datum gedacht haben oder nicht – in seine Texte hat er es nicht ausdrücklich eingebracht, und der Leser kann nicht alle Kalenderdaten nachschlagen [...]«[83]. Der Philosoph bestreitet freilich nicht, daß dieses eine »auch« zum Text gehören könnte. Auch?

VI. REDEN OHNE VERSTEHEN

Bedeutungsabsenz

Die Nicht-Entscheidung

Manche Kritiker umkreisen die Dunkelheit und schonen sie wie ein wildes Tier, sie gehen mit größter Behutsamkeit vor, als wollten sie zeigen, daß sie ein Verbot beachten oder zumindest ein Hindernis abwägen. Aus Angst, sich zu kompromittieren, bringen sie sich um die Möglichkeit, das eine zu übertreten und das andere zu überwinden. Am schlimmsten ist es, wenn einander ausschließende Hypothesen kumulativ aufgezählt werden, damit man sich nicht zu entscheiden hat. Ein Interpret exponiert sich nicht weniger als der Dichter; doch exponiert er sich auch, wenn er sich nicht exponiert. Der letzte Grad an Indifferenz ist erreicht, wenn man sich weigert, die Verständnismöglichkeiten eines Gedichts miteinander zu konfrontieren, und so in einer liberalen Form sein Desinteresse bekundet.

Das »Nichtfestlegbare« hat etwas von einer janusköpfigen korporatistischen Vereinbarung an sich. Im Negativen führt es dazu, daß man sich den Zwängen einer regelbestimmten Arbeit am Text entzieht, die einer Verifikation und Diskussion ausgesetzt werden könnte; im Positiven, daß man ungebunden und nach Belieben produzieren kann, nach den variablen Grundsätzen, an die man sich jeweils gerade hält.

Die Bedeutung des Werks leitet sich von einem partikularen Gesichtspunkt her, der wohl entscheidend ist. Er gibt einen Blick auf die unerwartete Bedeutung frei, den eine Sache annimmt. Doch ist auch die Sache selbst im Spiel. Um zu einem Ergebnis zu gelangen, oder auch nur, um weiterzukommen, gilt es, den Gegenstand aufzudecken, um den es geht.

Der Rang, den man dem Werk zuerkennt, wird aber von einer expansiven Kraft abhängig gemacht, von seiner Fähigkeit, verschiedene Interpretationen in sich zu vereinen, so unvereinbar und so sachfremd sie auch sein mögen. Das Haus des Herrn ist groß. Wenn es darum geht, eine maximale Einbindung und Ausdehnung zu gewährleisten, so wird keinem Gesichtspunkt, auch nicht dem des Autors, ein Vorrang eingeräumt. Man wird aus der größtmöglichen Unbestimmtheit eine Tugend machen, weil sie, unter dem Deckmantel der Behutsamkeit, den Respekt vor dem Unerforschlichen mit einschließt. Die entgegengesetzte Haltung wird je nach dem Kontext der Diskussion als gewaltsam oder als anmaßend, mißbräuchlich oder subjektiv eingeschätzt werden. Als ob man leugnen könnte, daß das Werk einer bestimmten Richtung folgt und daß es sich seinem eigenen Verfahren gegenüber interpretativ verhält.

Nichts wird gewonnen oder gerechtfertigt, wenn man, um ein als beliebig hingestelltes Behaupten zu vermeiden, das Herantasten und die Ohnmacht beschreibt und sich so im Eingeständnis eines Scheiterns gefällt, unter Mobilisierung aller erdenklichen, methodisch unzulänglichen Fragestellungen und formalen Abstraktionen.

Die Blockade durch die Theorie

Die poetische Theorie, die sich entweder an die Gattung oder an eine Form der Gattung geknüpft hat, hat die Frage nach dem Sinn zurückgestellt, indem sie darauf verzichtete, die Resultate ihrer Anwendung auf die einzelnen Texte zu untersuchen. Sie hat sich vom Sinn abstrahiert und verselbständigt. Der Text wird in einem seiner endgültigen Form vorausliegenden Stadium betrachtet. Jede nichthermeneutische Theorie neigt so dazu, die Berechtigung einer Sinnermittlung überhaupt in Abrede zu stellen. Indem man, aufgrund einer theoretischen Voreingenommenheit, gewisse formale Eigenschaften über deren spezifische Verwendung stellt, gesteht man den Signifikanten eine Art von Alleinherrschaft zu.

Die Interpretation übersteigt in einem gewissen Sinn die Form; diese wird erst in einem zweiten Schritt durch sie gerechtfertigt. Die theoretische Position aber klammert sich an die Form und verliert sich in ihr. Eine wirklich in der Theorie fundierte Poetik kann von den Gesetzen, die eine Schrift in ihrer Ausarbeitung für sich festgelegt hat, nicht absehen – und also nicht von der Praxis der Interpretation. Die Stil- und Sprachfiguren erschöpfen sich nicht in ihrer formalen Potenz; nichts hindert sie daran, durch sich selbst einen Sinn zu produzieren. Auch die Figuren sind Gegen-Figuren; sie tragen die Wörter mit und aktualisieren den Übergang zur Sinnhaftigkeit.

Der allgemein dichtungstheoretische Ansatz betrachtet die Produktionen für sich, außerhalb des produzierten Sinns, und gliedert sie einem umfassenden, überindividuellen ästhetischen Überbau ein. Ein Teil der den Signifikanten zugeschriebenen Bewegung ist übernommen, wurde aber erweitert und zugleich partikularisiert. Sie hat sich in den Figuren der Entgegensetzung neu investiert.

Die Nabelschnur, die die Leser mit der Welt verbindet, besteht oft aus Fakten, geringen wie bedeutenden, aus Geschwätz und aus einer intimen Ätiologie von großen und kleinen Mißgeschicken, die mit der Bedeutung nicht viel zu tun haben. Die Wissenschaft und ihr Inventar tausendfältiger faktueller Möglichkeiten haßt den wirklichen Sinngehalt, dessen angebliche Tyrannei sie zu untergraben trachtet. Die Brutalität des theoretischen Unvermögens hat in ihrer eigenen Autokratie eine Entsprechung.

Die Literaturkritik ist um so offener, je mehr sie sich abschließt. Sie weiß zu unterscheiden und läßt vieles beiseite. Die Forschung darf sich festlegen; sie braucht nicht unvollendet zu bleiben, um sich den Anschein einer Freiheit oder Aufgeklärtheit zu bewahren.

Die Schrift fixiert eine in der Geschichte und vor der Gesellschaft eingenommene Haltung. Es ist die Intentio, die der Sprache verliehene Form. Die Schrift wird von der Haltung gestaltet. Auch die Geschichte von der Schrift.

Das Gedicht widersteht den falschen Interpretationen. Die Kunst hat dieses Refugium. Der später einsetzende Kampf gegen die Entstellung des Geschriebenen verfügt damit über ein Verteidigungssystem, das auf einem soliden Kriterium beruht. Eine der Strategien der ideologischen Vereinnahmung wird freilich darin bestehen, ein begründetes Urteil entweder als ein sekundäres oder als ein willkürliches abzutun.

Abwege des Formalismus

Die rein äußerliche, formale und formalistische Beschreibung tötet den Sinn. »Erst die letzte Strophe setzt statt des unpersönlichen Pronoms ein *ich*«, heißt es von einem Gedicht.[1] Was für ein Ich? Man wird es nicht erfahren, und auch das »es« wird nicht definiert. Die Lektüre hätte an und für sich vorausgehen müssen; sie beginnt aber damit, daß sie eine nicht zu enträtselnde Dunkelheit bewahrt.

Ein Teilnehmer an einer Podiumsdiskussion über Celan zeigte sich 1985 empört über eine exzessiv formalistische Interpretation des Gedichts »Die fleißigen« (II, 151), die sich praktisch nicht um den historischen Bezugspunkt bekümmerte; sie behauptete in der Tat, daß das Gedicht »wie ein Katalog [...] parataktisch und additiv einige Realien der technischen Umwelt [aufzählt]«, sowie »ihre Auswirkung auf die Konstitution der Erfahrung«[2], und erreichte so einen Grad sachfremder Abstraktion, der so weit wie irgend möglich von einer Entzifferung entfernt ist. Dem Einwand ist beizupflichten. Das herausgegriffene Beispiel ist aber symptomatisch für die zurückgedrängte Realität der Konzentrationslager, die sich bei Autoren jeder Obedienz findet. Dasselbe Gedicht, trotz aller »Duschen«, »Altäre« und »Zellen«, läßt bei Voswinckel, dem Verfasser einer ersten poetologischen Analyse, keinen Gedanken an einen identifizierbaren, präzisen Gegenstand aufkommen – außer vielleicht den an die Duschräume eines modernen Schwimmbads und die Altäre einer aufgelassenen Kirche. Nicht an eine totalitäre Versammlung um die spinnenförmigen Insignien der Hakenkreuzfahnen denkt er, sondern ganz allgemein an die »Restbestände einer Welt, die kaum noch Menschliches enthalten«[3] in unserem Alltagsleben, die der Dichter Celan, in seiner Verzweiflung, nur mehr durch ein schon halb gelähmtes Bewußtsein hindurch wahrnimmt; der Verfall erfolgt eben stufenweise. Er schloß dann daraus, daß der Selbstmord nicht, wie er es in seinem Umfeld Anfang der siebziger Jahre zu hören bekam, ein literarisches Scheitern zum Ausdruck brachte oder das Bewußtsein einer Schwäche, sondern die logische Folge einer nihilistischen Entwicklung der Wirklichkeit war.[4]

Die besondere Form der Akkumulation in diesem Gedicht zeigt als solche ganz einfach, daß sie sich auf ein Anschwellen der Tonart und auf mächtige Akkorde hin zu öffnen vermag, auch wenn diese darauf reduziert wurden, die Umrisse einer Zerstörung festzuhalten.

Die vermeintliche Korruption der Sprache

Nicht nur die Sprache Goebbels' oder des Dritten Reichs hat getötet, auch die der Dichter; vielleicht sogar die Sprache Hölderlins, durch den Sinn, den er Wörtern wie »Vaterland« gegeben hat – oder durch den Sinn, den sie seither angenommen haben. In einer Radiosendung über *Herzstein*[5] nannte ich einmal die Sprache, von der Celan sich losgetrennt hat, eine mörderische. »Der Tod ist ein Meister aus Deutschland«: der Vers meint nicht die Wehrmacht, sondern die Gesänge und die Kunst, die orchestrierten Weltuntergangsphantasien. Ein Diskussionsteilnehmer entgegnete mir: nicht die Sprache ist mörderisch, sie selbst wurde ermordet. Diese Vorstellung fügte sich besser in das konservative Weltbild einer allgemeinen Korruption als Folge der Technik, die Heidegger – er stand darin bei weitem nicht alleine – in der Geschichtsphilosophie eingebürgert hat. Nun sind aber bei Celan die identifizierbaren historischen Verwendungsarten der Sprache anvisiert, so wie sie methodisch im Hinblick auf die Zerstörungen installiert wurden.

Das Argument, die Dekadenz sei eine Folge der technizistischen Überorganisation der Welt, geht folgerichtig aus der Befangenheit in der Ideologie vom Ursprung hervor. Die Gewalttaten liegen auf derselben Linie. Das Licht ist aus einem originären Tohuwabohu herausgetreten, die Verdunkelung führt wieder dorthin zurück.

Die Dekadenz wird allgemein zugegeben: »[...] inzwischen [seit Goethe, J. B.] hat sich ein Phänomen ergeben, das manche Dichter unseres Jahrhunderts beklagt haben, nämlich die Zerstörung der *Sprachlichkeit* [...] Der Niedergang des Sprechens (des natürlichen Sprechens), das ist gewiß ein Gemeinplatz. Es ist *unser* gemeinsamer Ort.«[6]

Und wie, wenn die Sprache nun gar nicht die unsrige wäre? Man kennt die Autoritäten und die Gewöhnung an sie. Die präsentierten Wahrheiten sollen ein Gemeingut sein und gleichzeitig den Gemeinsterblichen unerreichbar bleiben. Waren die Zerstörungen, die den Beifall der Kritiker fanden, nicht schrecklicher? Der befürchtete Effekt der »Sprache als Mitteilungssystem«, ist er mit der Sprache als Vernichtungssystem vergleichbar, die mit Hölderlin und mit dem schwäbischen Dialekt ihr Auskommen fand? Das Individuum wird seine Sprache sprechen, nach den Normen, die für sich zu fixieren es die Kraft hat und die die Kulturen, seien sie nun ethnozentrisch oder nicht, ihm zuzuweisen imstande sind. Es sind dies historische Phänomene. Sie ereignen sich oder nicht. Der Niedergang des sprachlichen Vermögens ist eine relative Erscheinung; er ist mit der Auflösung von Integrationssystemen verbunden, als ein Epiphänomen von Emanzipationsbewegungen, auf die verzichten zu wollen niemand offen zugibt.

Die Ungewöhnlichkeit von Celans Dichtung ist so interpretiert worden, als sollte sie von diesem Zustand der Sprache Zeugnis ablegen. Der Dichter übersetzte die Unfähigkeit, die ihm auferlegt war, er wurde auf diese Weise zu einer Aphasie und Dyslexie getrieben. Man hatte sich solcherart des Problems, die Bedeutung zu fixieren, entledigt. Die Logik ist unerbittlich. Die

Sprache, nun die allgemeine und »natürliche«, im Unterschied zu den gewählteren hohen Sprachen früherer Zeiten, sei in dieser Situation zur Lebensbedingung einer Lyrik geworden, die mit ihr durch die negative Entwicklung der zwischenmenschlichen Kommunikation und durch die moderne Technik zerstört wurde. Es blieb dem armen Dichter so keine andere Wahl. Die Blöße und die Brüche der Schrift weisen auf das Unvermögen, die Gründe für seine Bedrängtheit anzuprangern.

Nun sind aber diese Brüche ein Zeichen, nämlich das einer Befreiung. Die radikale Refektion der Sprache erlaubt es, in einer Kunstsprache zu sagen, welche Verbrechen im Namen der Natur verübt worden sind.

Eine von der Geschichte verhängte Sinnlosigkeit

In einer fatalen Verwirrung hat man in der Sprache ein Instrument gesehen, das geeignet ist, die Geschichte ungeschehen zu machen, sie mit ihren Schrecken aufzuheben. Es ist zu befürchten, daß die Ambivalenz eher absichtlich als unbewußt unterhalten wurde. Man löschte die Erinnerung an die Greuel aus, sie durften nicht überleben. Vom »Holokaust« fragt man sich, »wie er in Sprache zu fassen, durch Sprache aufzuheben sei«[7]. Die Sinnverkehrung ist zu offensichtlich, als daß sie nicht auch in anderen Sätzen zum Vorschein käme. So muß sich die Gegen-Rede in den Gedichten in ein »Spannungsfeld« einfügen, sich als eine »Rettungsaktion« präsentieren oder den Ort von »Sprach-Experimenten« einnehmen.[8] Die Verständlichkeit sollte konventionellen Kriterien entsprechen. Gewiß sei die Aufnahme, die der Dichter für gewöhnlich der Sprache bereitet, eine persönliche, doch sei das Verstehen bei ihm »untergraben« worden, weil die erlebte Geschichte in ihrer Inkohärenz objektiv als ein Ding der Unmöglichkeit erscheinen mußte. Die Sprache war unmöglich und unverständlich, in Homologie zur Sinnlosigkeit der Gedichte, und damit »ungeschehen«, weil schon die Absurdität sie zerstört. Darin soll das Ziel dieser Dichtung liegen; die Befreiung, die sie anstrebt, wäre, die Sinnlosigkeit zum Sinn zu erklären.

Man trifft hier wohl auf die direkteste Form der Leugnung von Celans Dichtung. Sie ist darin von vornherein durch das Geschehen dem Scheitern anheimgegeben. Der Dichter mag versucht haben, darauf zu antworten, doch mußte es ihm zwangsläufig mißlingen. Es war ein verzweifeltes Unternehmen. Die Dichtersprache Celans stehe deswegen im Ruf, weder Ort noch Kraft zu haben, weil sie in Wahrheit das Morden nachvollzog. Er tötet, wenn er vom Töten spricht, wo er doch das *Leben* zu sagen hätte. Die völlige Umkehrung zeigt, wie man sich weigerte, die Negation gerade des organisierten Vergessens zu erkennen.

»Nichts / stockt«, die Schlußverse des Gedichts »Du liegst« (II, 334), in denen der Skandal des Nichtaussetzens benannt wird, werden als eine Vernichtung des Geschehenen verstanden, jedoch aufgrund eines Unvermögens. Das Ereignis wird zu einer Angelegenheit des wahnsinnigen Dichters; er ist von ihm ereilt worden. Die Fakten und die Geschichte haben sich gerächt. Das Opfer wird zum zweiten Mal zum Opfer. Das Ereignis überwinden heißt es auslöschen und ungeschehen machen: »in der Weise, daß man ihm die Ausdrucksmöglichkeit, die Berichtbarkeit, die Sprache, in der [es] vollzogen wurde, sukzessive entzieht«[9]. Die Unverständlichkeit wird zugrunde gelegt und so als eine negative Finalität angesehen, sie wird zum adäquaten Ausdruck des Schrecklichen befördert, gerade *weil* dieses sinnlos ist. Es ist zugleich ein »tragisches« Merkmal des Scheiterns, zu dem alle »Holokaust-Literatur« von Anfang an verurteilt sei. Sie entschließt sich am Ende, sich selbst in den Abgrund zu stürzen, wie Empedokles in den Ätna, um nicht zugeben zu müssen, wie verdorben sie ist. Die Aufrechterhaltung der Norm fordert den Selbstmord, im physischen und im literarischen Sinn.

»Dekontextualisierung der lyrischen Sprache«[10], so heißt das Programm. Es zeigt an, was verweigert wird. Der vermißte Kontext ist von einer unmöglich gewordenen Erwartungshaltung. Wer sich von den ererbten Sprachen losreißt und sich neudefiniert, dem wird im Gegenteil alles zum Anliegen einer neuen Kontextualisierung, die in der Tat befremdend und in einem tiefen Sinn entfremdend ist.

Vertraute Bedeutungen

Gegen die Geschichte

Die Wiederaufnahme setzt voraus, daß dem Leser der aufgenommene Text bekannt ist, dem widersprochen wird und der eine Korrektur erfährt. Er bietet keinen »Schlüssel«, nicht mehr, als in Homer ein Schlüssel für Aischylos zu sehen wäre. Der Dichter hat auf diesbezügliche Anfragen oft nicht geantwortet. Zuweilen aber hat er es getan. Wenn er es nicht tat, so deshalb, weil er wußte, daß man das Ausmaß des kontradiktorischen Spiels nicht erkennen würde. Man hat behauptet, daß »die Dichtung selbst das Geheimnis ist, das Celan wahren will«[11], immer nach dem Apriori, das in der Sprache das Mysterium des Seins sucht. Nun sind die Reprisen aber deutlich erkennbar. Der Adressat, wenn sich einer irgendwo gefunden hat, versteht – oder verstand – sie voll und ganz. Die Reprise richtet sich an ihn; er ist der »Eingeweihte«, die Person, die in den Dialog hineingezogen wurde, den der Dichter mit sich selbst so gut wie mit einem anderen führt.

An Hinweisen mangelt es ja schließlich nicht. Sie spornen dazu an, den umgeformten Gegenstand aufzusuchen. Man entdeckt den einen nach dem andern. Die gelehrte Poesie wird von den Vertretern des Mysteriums immer zurückgewiesen werden, weil sie ihr vorwerfen, kryptisch zu sein und Verrat an der dichterischen Natur zu üben. Diese Erwartungshaltung führt an sich schon dazu, daß das Prinzip der leidenschaftlichen Verrätselung abgelehnt wird; sein Rahmen widerspricht einer gewissen Vorstellung von der Kreativität. Eine dichterische Tradition hat ihren festen Grund und duldet keinen Zweifel. Die Entdeckung Hölderlins vor dem Ersten Weltkrieg durch Norbert von Hellingrath, im Umkreis Stefan Georges, wird von Gadamer wie eine Feldschlacht behandelt, die den Lauf der Geschichte verändert habe, als ein »wahrhaftes Ereignis«[12], in dem sich eine Wahrheit ankündigte. Wie kann man da von ihm erwarten, zu sehen, daß Celan sich nicht in dieses Joch fügte und daß, bevor er seine Gedichte schrieb, ein anderes Ereignis an die Stelle jenes einen getreten war?

Doch sind die Fakten vorhanden und die Bezüge erkennbar. Man führt also die alles überflutende Bewegung einer transformationellen Grammatik ein; die Materie sei produktiv, sie reißt ohne bestimmte Regeln einen neuen Text aus seinen ersten Ansätzen heraus. Dieser soll daher in der Form gelesen werden, zu der er geworden ist oder, wenn irgend möglich, noch darüber hinaus als der, der er noch werden könnte. »Vielleicht ist es gerade das Geheimnis des Gedichts, daß es mögliche Anstöße seines Werdens *im Bestand seines Daseins* [Hervorhebung J. B.] so sich assimiliert hat, daß der Weg zurück nur um den Preis der Dichtung selbst beschritten werden kann.«[13] Das Werden ist im Sein des Gegenstands aufgegangen. Eine Poetizität hat dort ihr Zuhause. Es ist dies ein neuer Sieg des mythischen Werdens über den Blickwinkel und die Entscheidung eines Individuums.

Die Verbindungen zu dem Zurückliegenden und Vorausgesetzten können jedoch nicht einfach gekappt werden. Der Leser wird genötigt, in den Horizont des Schreibenden einzutreten. Der Sinn findet seinen Ort in der von der kulturellen und historischen Gegenrede geschaffenen Distanz. Es ist das Gegenteil eines rückwärtsgewandten Rätselratens, wie man es spöttisch nennt, wenn man sich zynisch über die Suche nach dem Sinn lustig macht und glaubt, daß die sprachliche Umformung in eine Sackgasse gerät oder in eine noch tiefer begründete Aporie. Die verworfenen Daten verlangen nach Anerkennung; der Sinn konstituiert sich in der Verwerfung. Man wird sich weigern müssen, den Widerspruch aus dem Weg zu schaffen und gegen den Sinn eine an sich unmögliche oder geschichtlich unmöglich gewordene Vision der Dichtung wieder einzusetzen.

Die Daten sind gewiß kontingent.[14] Sie müssen es sein, weil die Geschichte es ist. Sie hören auf, es zu sein, wenn sie kraft einer besonderen Sprache durchquert werden, die ihnen begegnet, sie erklärt und die Kontingenz bedeutsam macht. Selbst die Spurenverwischung hat einen Sinn. Die Ablehnung führt dazu, daß man in der Gestalt des Dichters sowie seiner Komplizen, der mit ihm verbündeten entziffernden Leser, die Figur von Ewiggestrigen konstruiert, die einer überholten Hermeneutik nachhängen, antimodern und obskurantistisch. Der gelehrte Leser wird verabschiedet; sein Fehler war es, die Schwierigkeit des Textes anzuerkennen und sich an das Kriterium der Präzision zu klammern.

Celan erhebt Anspruch auf Wahrheit. Entweder man weiß, wovon die Rede ist, oder man weiß es nicht. Die Worte führen zur Identifizierung. Sie haben die Macht, die Materie zu zeigen, die sie gestalten und neu schaffen, das Vorher und das Nachher, mit dem Schnitt zwischen den beiden Phasen. Die Lektüre wird zu den Fakten geführt und zu einem »Faktenwissen«[15], über die literarischen Entlehnungen hinaus, die sich in der geringsten Parzelle finden, im Rahmen einer kritischen Unterscheidung. Der Intertext entfaltet sich in den Falten der Negation.

Ein »Transzendieren« der Präzision zeige sich, so heißt es, in den Anspielungen und Zitaten; sie bewegten sich auf die unmittelbareren Sprachdimensionen zu, wie man sie sich vorstellte, nämlich als ungebundene. Dies sei wahrscheinlicher als das »Stehenlassen« von »Wissensbeständen« im Text.[16] Die Antithese ist künstlich, die beiden Schichten unterscheiden sich kaum. Nichts wird »stehengelassen«, und doch wird alles um einer Entgegnung willen bezeichnet. Man erkennt, um welches Transzendieren es geht und daß dabei eben eine Unmittelbarkeit wieder ins Spiel gebracht wird. Die Wissensbestände sind bestimmter Natur; sie sind aufrechterhalten worden für eine Neuverwendung ironischer, parodistischer oder tragischer Natur, was immer es ist. Der Text verteidigt sich unablässig gegen einen Kontrahenten, der die Grundlage seiner Existenz bedroht. Genau diese Möglichkeit aber, sich zu behaupten, verliert er durch den in seinem Wesen von Heidegger her bestimmten Zweifel am Vorhandensein positiv bestimmbarer Andeutungen. Die objektive und ursprüngliche Stellungnahme zu Fremdem, die im Moment des Schreibens festgehalten wurde, ist ebenso referentiell, wie dies dann auch die Lektüre zu sein hat, wenn sie bis zum Sinn vorstoßen will.

Man gesteht allgemein zu, daß das Werk genial sei. Doch wie, wenn es eben deswegen so schwierig wäre, weil dieses Genie die gewöhnlichen und allgemeinen Erwartungen links liegen gelassen hat?

Das Gesagte steht in einer Richtung, im Licht der Historie, die nach der Korrektur verlangt. Die grundlegende Neuerung ist vielen Interpreten verborgen geblieben, trotz aller Blasphemien und expliziten Verneinungen. Die nur um ihrer Aufhebung willen evozierte Bedeutung wird damit wieder neu eingesetzt und der Widerspruch auf diese Weise unterschlagen. Die Kohärenz geht dabei verloren, wie in so zahlreichen Fällen. Man wird immer wieder einen Einwand hören wie: er sagt es doch nicht, oder: er sagt es nicht klar und deutlich.

Und doch erklärte sich ein Teil der Angriffe, die der Dichter nach der Veröffentlichung von *Sprachgitter* (1959) als Person erdulden mußte, aus der Weigerung, jene Ansichten zu identifizieren, die entlarvt wurden. Das, wogegen er anschrieb, fand eine sekundäre Bestätigung in der Nichtakzeptanz oder Nichtwahrnehmung. In den Augen der Leser und Kritiker kam es der Dichtung nicht zu, die Rolle des Anklägers gegen das organisierte Vergessen des Mordes einzunehmen. Es stand ihm nicht zu, daraus besondere Rechte oder eine Daseinsberechtigung abzuleiten. Wer hat es, seit nunmehr dreißig Jahren, klar ausgesprochen, daß Celan in seiner Verzweiflung zuallererst gegen diese Verleugnung protestiert hat?

Verfehlte Referenzen

Man hat sich auch, in arbiträrer Weise, auf die Anhaltspunkte gestützt, die man eben hatte, auf alles, was identifizierbar war, in der Wirklichkeit, in der Natur, in der Politik, in der Geschichte, in den Texten, in der Literatur, bis ins Absurde. Man geht von etwas ganz Beliebigem aus und zertritt so den Sinn; er wird zwar noch inventarisiert, doch ist er in Stücke gegangen.

Die Entzifferung geht vom Bekannten zum Unbekannten vor. Sie glaubt etwas wiederzuerkennen und assimiliert es. Der potentielle Horizont, wenn man alle herangetragenen Möglichkeiten zusammennimmt, ist ungemein weit gespannt. Die Kultur verfährt aufgrund von solchen Annäherungen; man zieht ununterbrochen etwas heran und reagiert gegen eine andere verkürzende Idee. Das Bezugsnetz wird so zu allgemein; zu vieles wird darin aufgefangen. Dieses Spiel bildet das Haupthindernis; es hat zur Folge, daß gerade der partikulare Gesichtspunkt verlorengeht. Was eliminiert wurde, kann nicht mehr zur Geltung kommen.

»Ja, aber ...« Der Einwand stützt sich auf ein Faktum, auf die Macht des Faktischen; es wird als solches ins Treffen geführt, nicht als ein im Licht des fraglichen Gegenstands interpretiertes. Die Wissenschaft baut sich aus »Fakten« auf. Das Gedächtnis ebenso. Auf ihnen beruht die Macht, die Überlegenheit, sie stellen die Integration sicher. Die wahre Blasphemie bestünde dann darin, sich in einem Datum, in einer Ziffer, in einem referentiellen Bezug zu irren.

Man kann vielleicht nicht schreiben, wie Bernhard Böschenstein es in seinen Notizen zu den Jerusalemer Gedichten getan hat, daß »Abu Tor nur seinen Sinn [enthüllt], wenn man weiß, daß dort Ausgrabungen stattfinden«[17]. Die verschiedenen archäologischen Schichten werden dann herangezogen, um die Relikte einer erledigten Kriegsgefahr zu evozieren. Das Textverständnis läuft Gefahr, durch eine unwesentliche Aktualität blockiert zu werden. Ausgrabungen werden schließlich überall vorgenommen. Der Boden Israels strotzt nur so von Überresten. Der Sinn läßt sich anders eruieren, er verzichtete auf die materiellen Bezüge zugunsten von anderem. Das anekdotische Faktum existiert gewiß, es hat dann aber eine intellektuelle Bedeutung.

Das Prinzip »alles ist gut und zu allem brauchbar« öffnet das Netz der imaginären Begegnungen bis ins Unendliche.

Als ich mit Gisèle Celan-Lestrange über das Gedicht »Hüttenfenster« (I, 278–279) sprach, teilte sie mir mit, daß sie zu Hause einige Postkarten mit Reproduktionen von Chagall hatten und daß eine von ihnen den Dichter besonders bewegt hatte. Meine Frage betraf dieses bestimmte Gedicht. Ansonsten hat er sich nicht für Chagall interessiert und seine Kunst nicht wirklich geliebt. Wie bei anderen Bezügen läßt sich daraus nicht mehr schließen als das Vorhandensein einer bestimmten Anspielung, die im Kontext und in der von ihr ausgelösten, immer nur partiellen Bewegung zu einer Bedeutung gelangt.

Sollte Celan ein Dichter aus einem ehemaligen österreichischen Kronland geblieben sein, weil das Datum am Beginn von »In eins« an den Wiener Arbeiteraufstand von 1934 erinnert: »Dreizehnter Feber«[18]? Der Sinn liegt für Interpreten wie Pöggeler, einen Philosophen immerhin, stets in dem, hier durch ein Datum, anderswo durch einen Ort, *realiter* bezeichneten, nicht umgeformten Ereignis. Nun wird aber der Bezug erst im Zusammenhang bedeutsam, in den er gehört, mit der Glückszahl »Dreizehn«,[19] mit der Begegnung eines Hirten, die im Verhältnis zu den einzelnen Partien im Vordergrund steht, und mit dem Monat Februar, in der spezifischen Form »Feber«.

Dem, was Szondi über den unreflektierten Umgang mit Fakten gesagt hat,[20] muß man hinzufügen, daß er die Erkenntnis des Sinns verhindert. Er tritt ihr auf zweifache Weise in den Weg: einmal in der Konstruktion der internen Textstruktur, aber auch dadurch, daß sich durch ihn ein Schwerpunkt bildet, der eine Ablenkung schafft und die Wahrnehmung des Interpreten verlagert.

Man glaubt einen Schlüssel zu haben, aber es fehlt der Schlüssel zu den einander angenäherten Wörtern.

Als Meister der Paraphrase vereinfacht Pöggeler nach Kräften, um den Text mit allem zu befrachten, was er nur anzunähern vermag. Das Verfahren wäre geradezu eine Studie wert.[21] Seine Lektüre ist in mehr als einer Hinsicht exemplarisch; sie baut die geschaffene Distanz wieder ab, um so einen vertrauten Gegenstand beschrieben zu finden. Vom Gedicht bleibt dabei nicht viel übrig, wenn anders seine Bedeutung zur Gänze in der gewonnenen Distanz besteht. Noch dazu ersetzt Pöggeler oft einen Gegenstand durch einen anderen, der ihm mehr zusagt. Die unmittelbare Lektüre ist notwendigerweise auch immer die oberflächlichste, weil sie das Gedankliche eliminiert. Die intellektuelle Dimension wird vernachlässigt oder geleugnet, sie wird als eine zweitrangige, mit den traditionellen Vorstellungen nicht vereinbare Randerscheinung angesehen. Ein Dichter wie Celan, so meint man, kann doch nichts in den Rand geschrieben haben.

Die geistliche Position geht Hand in Hand mit einer materiellen und konkretisierenden Dokumentation, derart, daß ihre eigentümliche Funktion gerade darin zu bestehen scheint, die intellektuelle Auseinandersetzung und kritische Lektüre der kulturellen Zeugnisse zu vereiteln. Sie gibt so den Ausschlag; der Geist verträgt sich nur zu gut mit der Materie.

Je ausgeprägter die Ideologie eines Kritikers ist, desto mehr wird seine Demonstration durch seine eigene Argumentationsführung geprägt. Die Zitate werden herangezogen, um diese zu illustrieren, ohne daß die Beziehung zwischen der vertretenen Doktrin und dem erläuterten Text problematisiert würde; sie enthält sich dann meistens jeder Rechtfertigung.

Ein Verlangen nach ungewohnten Eindrücken und nach Befremdung, ein formeller Respekt vor der Fremdheit kommen in einer ganz äußerlichen Beschreibung der Form zum Ausdruck, ohne daß diese Eindrücke in Relation zu einer Bedeutung gesetzt würden. Die Methode hat einen wahrhaften Habitus der Bequemlichkeit gezeitigt, zu dem eben jene Vorsicht und ihr behutsames Beschreiben gehören.

Die Praxis hat ihre Entsprechung in einer von Text und Kontext losgelösten abstrakteren Diskussion, die mit einzelnen willkürlich extrapolierten Begriffen geführt wird. Die Darstellung ist der phänomenologischen Paraphrase verwandt, sie erinnert oft an Heideggers Weise des Befragens. Die Themen werden vom Text isoliert; der Sinn geht in diesem sinnverwirrenden Manöver der Diversion unter.

Die meisten Kritiker, sie mögen sich nun auf eine bestimmte Lehre berufen oder nicht, werden in ihrer Arbeit von der angestammten Gewohnheit behindert. Viele Irrtümer zeugen davon; die vorgelegten Verständnismuster weisen auf die Notwendigkeit für die Kritik, die etablierten, eingeschärften Glaubenssätze auch an diesem Gegenstand zu verteidigen.

Der Begriff der Ideologie ist in der Kritik als solcher oft auf die soziologische Methode der marxistischen Linken beschränkt worden, weil man ihn in diesen Kreisen gebrauchte.[22] Man wollte nicht zulassen, daß er genauso auf die stillschweigenden Voraussetzungen im konservativen Lager anzuwenden wäre. Es mußte dieses seine institutionelle Legitimität ungestört behaupten können. Das Vorgehen wurde abgeschirmt und entzog sich jeder Analyse. Die Macht bleibt in jedem Fall auf seiten der Sprache.

Viele ihrer sprachlichen Merkmale sind seit dem Erscheinen der Gedichte zwar vielleicht nicht gerade üblich geworden, doch immerhin einer allgemeineren Wahrnehmung zugänglich. Die Intuition nimmt oft eine Entwicklung vorweg. Die Konfrontation mit ihnen muß trotzdem die historische Distanz aufrechterhalten, um nicht im Rückblick neue und fremde Assoziationen einzuführen.

Was für unser Verhältnis zu einem Satz und zu dem anvisierten Inhalt zutrifft, gilt sicherlich auch für formelle Elemente der Syntax, des Rhythmus und der Prosodie. Es kann so erscheinen, als hätte die Spannung einer ursprünglichen Distanz sich gelockert.

Die Wörter bewegten sich in der Dichtung Rilkes in einem freieren Raum und schienen in ihrer naiven Einfachheit zu verwirrend, als daß sie anderen, traditionellen Erwartungen hätten genügen können, die von Hofmannsthal oder – in Frankreich – von Valéry besser wahrgenommen wurden. Sie erhielten sich aber auch, und zwar fast kontradiktorisch, im selben Horizont, durch ihren sprachlichen Duktus und durch die bei aller gleichzeitigen Volksnähe artistische Innovation und Kühnheit. Seine Dichtung brachte die Hüter einer strengen Tradition in Verlegenheit, doch setzte sie sich kraft ihres eigenen Gepräges durch und hat sich schließlich die Anerkennung dieser Kreise erschlossen. Die beiden Aspekte, sowohl die Ablehnung als auch die Sanktionierung des Erfolgs, konnten zusammengesehen werden; man fand darin vereinzelt Bruchlinien eines eingestürzten Gebäudes und auch das Auseinanderbrechen ererbter Strukturen bestätigt. Die Erneuerungsbewegungen bezeugten einen Sinnverlust. Spenglers oder Hitlers Katastrophentheorien hatten das Erbe eben gerade intakt gelassen. Die Explorationen entsprangen letztlich einer natürlichen Inspiration im Bereich der Sprache; sie konnten daher auch ohne weiteres einem Nationalgeist eingegliedert werden.

Mit Rilke hat »der deutsche Sprachgeist, indem er sich eines Individuums von außerordentlicher Gefühlskraft *bediente* [Hervorhebung J. B.], einen Grenzübertritt vollzogen [...]«[23]. Es blieb nichts anderes übrig, als die Überschreitung hinzunehmen. Die Legitimierung durch den Sprachgeist wurde von Hans Egon Holthusen als eine absolute Voraussetzung betrachtet.[24] Die »radikale Subjektivität« drückt sich zwar notwendig in der Dichtung aus, als ein der Gattung eigentümliches Merkmal. Doch schmälern andererseits die Partikularitäten des allzu persönlichen Idioms das Genie[25] und sind kritikabel. Damit die Dinge wieder ins rechte Lot geraten, müssen sie mit dem Sprachgeist und seinem »normativen Charakter« zusammentreffen, gleichzeitig aufgehoben und legitimiert werden. Es ist dies die Voraussetzung ihrer kulturellen Integration. Was den Dichter ausmacht, ist die Tiefe der nationalen Verbundenheit und zugleich deren Konformität zum Zeitgeist.[26]

Daß der Dichter, was immer er sagt und worauf immer sein Sagen zielt, von einer Macht investiert bleibt, darin liegt das Ausgangspostulat. Er bezieht sie aus der Sprache schlechthin. Sie ist es, die seinen Ruhm begründet, mehr als der Sinn, der dem Text verliehen wurde. Diese Macht konnte man Celan nicht absprechen. Deswegen wurde er gleich wahrgenommen, und unter diesen Vorzeichen wurde er lange Zeit anerkannt und bekämpft, gegen den Sinn gelesen; die Sprache als solche steuerte die inhaltlichen Erwartungen. Das Unverständnis ist natürlich, fast gewöhnlich. So wurde der Dichter an fast alles assimiliert, was er in seiner Dichtung zurückweist. Diese so oft anzutreffende Deformation war das Resultat einer Funktion, die er zu erfüllen hatte. Dem Anschein nach teilte er sie mit anderen, quasi gegen seinen Willen; diese Teilhabe rückte man in den Vordergrund, sie entschied darüber, wie man mit dem Werk verfuhr.

In der Nachfolge Heideggers neutralisiert man beharrlich noch die radikalsten Unterschiede; sie werden zuerst akzeptiert und dann umformuliert, um so den Gegner besser zu entwaffnen. »Gewiß, er ist ihm nicht gefolgt...«: man macht Konzessionen, sie werden aber keinen Zweifel an einer Zugehörigkeit aufkommen lassen, die in der Tiefe viel fundamentaler ist alles andere: »Doch hindert das nicht, zu sehen ...«

Die von Heidegger beeinflußten Interpreten sind an Celan mit der Forderung herangetreten, er solle sie nur nicht dementieren, so unglaublich das auch scheinen mag. Sie gebärden sich, als hätte er ihnen den Pfad geebnet: als hätte er in seine Texte bereits alles gelegt, was sie in jedem Fall in sie hineinzulegen die Absicht hatten. Hatte nicht Heidegger selbst die Seinsnähe anderer Dichter demonstriert? Die Dichtung war von Amts wegen eine Pfründe seiner Parteigänger.

Man hat es selten mit den Individuen zu tun, sondern zumeist nur mit den Konventionen, die sie beherrschen.

Wahrnehmung des semantischen Horizonts

Gadamer kennt Rosa Luxemburg nicht. Celan zwang ihn, die Gestalt in Betracht zu ziehen. Ein links (oder rechts) stehender Modernist interessiert sich nicht für die Tradition, die im Lauf der Zeitalter den Buchstaben der klassischen Texte verformt hat; er müßte sich sonst dafür interessieren, was zum Beispiel Euripides geschrieben hat. Die kulturellen Abkapselungen vervielfältigen sich ins Unendliche.

Gadamers eigene Erläuterung seiner Verständnisvoraussetzungen zeigt, mit aller wünschenswerten Klarheit, wie es um die phänomenologische, von Heidegger bestimmte Verfahrensweise bestellt ist.[27] Sie decken sich, hält man sich an die Philosophen, bis auf weniges mit denen Pöggelers. Der Anteil des Partikularen bleibt auf das reduziert, was man großzügig einräumen zu können meint. Der Dichter hat sein Vokabular; man wird auch zugeben, daß die Lektüre eine gewisse Vertrautheit mit anderen Kontexten erfordert. Doch die Grenze des auch für gewöhnlich Zugestandenen darf nicht überschritten werden. Die Gedichte würden sonst zu »Kryptogrammen«[28], was sie in Wahrheit auch sind, ebenso wie das Dekodieren eine Angelegenheit für Spezialisten ist, wenn in der Tat der Leser zwangsläufig zu einem solchen »Gelehrten« wird.

Die Entzifferung erfordert für Gadamer weder die Kenntnis einer besonderen Sprache noch eine erworbene Kompetenz; sie wäre sonst nicht den Philosophen, die die Leser vertreten, sondern den Fachleuten vorbehalten, für die die Dichtung ja nicht geschrieben wurde. Die Arbeitsteilung steht im Mittelpunkt der Diskussion. Gadamer verteidigt die Rechte des *general reader*, er versetzt sich in dessen Perspektive und gewährt ihm die Unterstützung einer philosophischen Legitimität. Die Sprache gehört allen und jedem, es ist die Sprache der gesamten Sprachgemeinschaft. Die Zugehörigkeit zu einer gemeinsamen Kultur wird von ihr definiert, »in der der Dichter ebenso zu Hause ist wie sein [...] Leser«[29]. Und wie, wenn er sich *nicht* zu Hause befände? Oder: zugleich zu Hause, bei sich, weil es seine Muttersprache ist, und auch wieder nicht, weil diese Sprache nicht mehr die seine ist? Die Meinung, die sich in der Rede vom Zuhausesein ausdrückt, ist aber weit verbreitet. Die Distanz wird selten wahrgenommen. So liest man etwa in einem Artikel über den französischen Dichter André du Bouchet: »Die Wörter umreißen eine Behausung, in der der Dichter, und sodann auch der Leser, als Gäste weilen.«[30] Das Problem liegt im »sodann« und in der Behausung: die Frage stellt sich, ob sie so leicht zu bewohnen ist.

Gadamer stellt sich in eine »humanistische Tradition«. Die Sprache ist für ihn mehr das »Haus des Menschen« als das »Haus des Seins«. Der Mensch ist das Produkt einer Tradition, die sich als die kulturelle Version des »Seins« darstellt. In einem später erschienenen Interviewband wird die lückenlose Solidarität mit Heidegger neu bekräftigt.[31]

Die abwegige oder, wenn man so will, willkürliche Interpretation des Zyklus *Atemkristall*, die von Gadamer vorgeschlagen wurde, entspringt dem Postulat des gemeinsam bewohnten Hauses. Wenn die Sprache der Gedichte die Sprache ist, wie sie eben gesprochen wird, so wird der Sinn im Endeffekt über die Sprache ausgemacht werden, in der er schon angelegt ist: das Gedicht ist ihr Produkt. Das ästhetische Gelingen wird dem Kunstwerk nur so, nur unter dieser Bedingung der Zugänglichkeit und einer an nichts gebundenen Lesbarkeit zuerkannt. Die Kunst wird der

Sprache zurückerstattet, die sie hervorbrachte – außerhalb jeder durch das Eingreifen eines Autors kontrollierten Produktion.

Das läuft darauf hinaus, daß der Urheber eines Textes, nachdem er ihn geschrieben hat, nicht oder nicht mehr in Beziehung zu seinem Text steht. Von daher rührt unvermeidlich die Unterscheidung zwischen dem Sinn, den man als »das vom Dichter Gemeinte«[32] an den Rand drängt, und einem anderen »Sinn«, an den man sich hält und der davon nicht abhängt. Sie ermöglicht es, das Hindernis der Dunkelheit zu überwinden, die als kryptisch angesehen und in die Verantwortung eines anderen, des kanonisierten und erläuterten Autors, gestellt wird. Die Entzifferung würde einen bereits gefundenen, komplexen und kodierten Sinn durchsetzen, der hypothetisch kohärent und in seiner Polysemie eindeutig wäre. Nun will man aber, daß die Dichtung die Vorstellung der Intention überwindet; sie ist eine Weiterbildung und dadurch kollektiver Natur. Wenn sie aufgenommen wird, so deshalb, weil sie zu einer Aufnahme bestimmt war, und zwar zur Aufnahme im Sein einer Sprache – in der Sprache des Seins. Die Zäune, mit denen der Text sich umgab, um sich vor jeder Angleichung zu schützen, werden eingerissen.

Ist es möglich, daß Gadamer nicht wußte, daß nichts von dem, was er über den Zyklus *Atemkristall* geschrieben hat, dem, was Celan seinerseits geschrieben hatte, wirklich entsprach? Vielleicht doch nicht. Es beliebte ihm, daraus einen Gegenstand zu machen, von dem er in einer Rhetorik zu sprechen wußte, die auf den verborgenen Sinn keine Rücksicht nahm.

Depersonalisierung

Trotzdem war es auch für diese Interpreten nicht zweifelhaft, daß bei Celan das »natürliche Sprechen« stärker als anderswo verfremdet wird. Die Situation eines Dichters, »der die Verfremdung natürlichen Sprechens so hochgezüchtet hat«[33], die Schwierigkeiten der Annäherung, die sich daraus ergeben, werden anerkannt, aber zugleich auch bedauert. Die Distanz muß um jeden Preis abgebaut werden. In *Atemkristall*, dem Zyklus, von dem man annimmt, er gehöre noch in die Periode *vor* dem Abgleiten ins Unentzifferbare, erschien dies möglich, wenn es gelang, die in einem ersten Schritt zugestandene Singularität der Schrift zu reduzieren. Zwei Möglichkeiten standen zur Wahl. Entweder gewinnen die kryptischen, unfaßlichen Elemente die Oberhand, und das Objekt, da es sich jeder Form des Erfassens entzieht, trägt die Male einer alles beherrschenden Pathologie.[34] Am Ende wird das Verstummen stehen, als letzte Konsequenz der Dunkelheit; die massive und unabänderliche Unverstehbarkeit trägt die Zeichen einer geistigen Verwirrung. Oder aber die Dunkelheit wird auf vorteilhafte Weise reduziert; sie wird zu etwas Zufälligem und an die Person Gebundenem, wird auf unbekannte und also nicht weiter zu berücksichtigende biographische Umstände bezogen. Das Gedicht wird in dieser Hypothese aus der Situation seiner Entstehung, aus allem »Privaten und Okkasionellen«[35] herausgelöst und wieder in den von der Gemeinsprache hergestellten allgemeinen Kontext eingebunden. In ihr wird es, dank einer der bezeichneten Sache innewohnenden Kraft, zu einer unmittelbaren Kommunion zwischen dem Leser und seinem Text kommen. Die Vermittlung ist souverän. Ihre Bedeutung kann zwar nicht festgelegt werden, doch ist sie trotzdem universalisierbar, virtuell vielfältig, immer neu bestimmbar und seit alters bekannt.

Das wirkliche, für das Verständnis dieser Dichtung entscheidende Problem des Verhältnisses zwischen der persönlichen Inskription und der sprachlichen Materie, der nicht weniger partikularen und weniger privaten als persönlichen Situation des Du, wird völlig eskamotiert. Die hermeneutische Verkennung ist immens. Die gelebte Erfahrung wird auf diese Weise eliminiert, und mit ihr alle Voraussetzungen, die die Umformung ermöglicht haben. Die Differenz nennt man kryptisch, weil sie nicht resorbiert, das heißt in die traditionelle Sprache zurückgetragen und neutralisiert werden kann. Das Schicksal muß, so ist es gefordert, ein gemeinsames sein – nicht anders dann bei Derrida. Die konstitutiven Unterschiede einer neuen Sprache, die das Ergebnis einer präzisen Arbeit im Bereich des Signifikanten sind, werden auf uninteressante Begleitumstände zurückgeführt und auf die aleatorische Verfügbarkeit von Informationen, die als solche suspekt erscheinen. Man wertet sie ab, da sie zunächst nicht verfügbar sind. Was diesen letzten Punkt betrifft, unterscheidet sich Pöggeler von Gadamer, obwohl er in demselben theoretischen Rahmen bleibt. Er sucht leidenschaftlich nach allen Bezügen, die er nur auffinden kann. Gadamer, als Olympier, gefällt sich darin, den Dichter in eine hohe kulturelle Tradition einzubetten,[36] er stellt ihn in das Licht, das ihn in seinen Augen auszeichnet. Doch läßt sich dieses Erbe nicht von der Situation des Individuums trennen, das sich darin eingetaucht fand und davon Besitz ergriff.

Gebrochene Tradition

Das Erbe wird aufgenommen, als ein auferlegtes und zugleich aufgesuchtes Schicksal. Die Materie hat sich Celan in dem Maße aufgedrängt, als er sie verwarf, als etwas im voraus schon Verdorbenes. Alles Erleben ist kulturell bestimmt, und in erster Linie die »Natur«. Sie wird vermittelt und gefiltert, durch das Prisma einer neuen personhaften Sprache geführt. Die Masse der sprachlichen Wahrnehmungen liefert das Rüstzeug einer selektiven Aneignung. Die Taktik Gadamers entspringt einer gegenüber dieser Schrift *a priori* feindlichen Position. Das Nichtverstehen wird dogmatisch begründet, indem man den für das Werk konstitutiven Bruch auf Anekdotisches reduziert. Bestand nicht, noch vor dem Werk, schon das Leben aus lauter Brüchen? Was da noch bleibt, kann von sich aus kein sinnhaftes Ganzes mehr ergeben und muß durch die allgemeinere Logik eines kommentierenden Diskurses überdeckt werden, der sich auf eine solche Sprache nicht mehr stützen kann. Der Gebrauch, den man von Szondis Essay über »Du liegst« gemacht hat, wird im Licht dieses Vorentscheids verständlich.[37] Die im Gedicht mitgeteilten oder von ihm vorausgesetzten Informationen sind für den Interpreten entweder nebensächlich, wenn er denkt, daß sie den Sinn nicht betreffen können, den er konstruiert. Wenn sie aber wirklich wesentlich und unumgänglich wären, dann wäre dadurch der Rang des Gedichts ähnlich in Frage gestellt wie die geistige Gesundheit seines Autors. Eine bestimmte Hermeneutik wird absolut gesetzt, sie muß gerettet werden. Darum geht es eigentlich in dieser Diskussion: die Destitution, die sich im Werk vollzieht, darf keine Anerkennung finden; sie muß wieder aufgehoben werden.

Aufhebung der partikularen Bedeutungen

Das persönliche Dasein und die mit der Filterung verbundene Problematik werden zurückgestellt. Der Ort, an den die Wahrnehmungen sich heften und der ihre strukturbildende Gestaltung vorbereitet, wird noch vor jeder Aktualisierung aufgegeben. Doch besteht die Fremdheit weiter; sie verteidigt sich und kann nicht abgewiesen werden. Da man den Text selbst nicht außer Kraft setzen kann, lehnt man die sprachlichen Bauelemente ab, die zu einer Bedeutung führen und das Gedicht zu einem sinnhaften Ganzen machen. Ein weiterer, ergänzender Schritt führt dann dazu, daß man den Ort einer Weigerung negiert, jenen Punkt, an dem das Pneuma des Widerspruchs in die Textur der Sprache eindringt, um auch dort noch die Schriftzeichen der Gebilde wieder in die schon bekannten Vorstellungen umzusetzen. Man definiert die umgesetzte Sprache wieder neu, indem man die Alterität und die Differenz in eine unbestimmte Tiefe verlegt, wobei sie neutralisiert werden und so ihr spezifisches Gewicht verlieren.[38] Das »Gesagte«, das ein Wort ist, wird aus seiner Bedeutung und aus dem Signifikat, den es neu geschaffen hat, verstoßen. Wenn man das Wort auf die vielfachen Bedeutungen bezieht, die sich ihm eröffnen, unter Mißachtung der partikularen Konstellation, in der eine von ihnen sich aufschließt und dann im Verknüpfen ihrer Interrelationen fixiert wird, so begibt man sich auf die Ebene einer willkommenen Willkür. Man wählt so zwischen den bekannten Vorstellungen diejenige aus, von der man annimmt, daß sie den Wörtern am besten entspricht, und überläßt sich dem Spiel der freien Rückübertragungen. Sie können keine rigorose Hermeneutik begründen, weil sie den Sinn nicht im transformationellen Akt konstruieren, sondern ihn als austauschbar hinnehmen und durch eine andere, verschiedene Sache ersetzen, in der Absicht, eine sprachliche Einheit mit einem Maximum von semantischen Konnotationen zu befrachten.

Die christlichen Reconquistadoren

Der Kreuzestod Christi ist für Celan nicht zum Gegenstand einer Meditation geworden, weder an sich noch im Text von »Tenebrae« (I, 163). Und doch wurde die Passionsgeschichte zu einer Voraussetzung gemacht. Die Frage muß, nach Gadamer, offen bleiben; er behauptet, konsequent mit sich selbst, daß es nicht auf die Meinung des Dichters ankomme, »sondern auf das, was im Gedicht [über die Stimme des Dichters, J. B.] zur Sprache kommt«[39]. Das Postulat bleibt stets dasselbe, es ist immer von der gleichen Gewaltsamkeit. Die Frage transzendiert jede persönliche Meinung, auch die des Autors. Der Text muß offen bleiben; er wird nicht entsiegelt, sondern zerschlagen, um für normgelenkte Interpretationen verfügbar zu sein.

Das Mißverständnis ist vollkommen. Man läßt die Sprache sprechen und glaubt darin zu finden, was man zu finden erwartet. Nun spricht aber das Gedicht mit der Sprache; diese kommt daher nur als eine schon reflektierte zum Ausdruck. Celan bringt sie mittels dieser Reflexion zum Sprechen; da ist kein Satz, der sie nicht als Voraussetzung hätte. Sie betrifft genau das, was Gadamer im Text zu finden behauptet. Er führt die Theologie in ein Gedicht ein, das gerade deren tödliche Wirkungen denunziert. Die Revolte, die Anklage und die Subversion sind so dem Blick völlig entzogen.

Der Leser ist zur Kommunion mit Celan aufgerufen und beide zur Kommunion mit Christus. Bei den zahlreichen christlich-theologischen Studien zu »Tenebrae« erübrigt sich jeder Kommentar, man erschauert geradezu beim Lesen. In einer von ihnen heißt es beispielsweise: »Von Bösem, Dämonischem bedrückt, gingen Menschen ins Ungewisse, was in den dunklen Metaphern ›Mulde und Maar‹ anklingt. Man assoziiert Einsamkeit [...]«[40].

Selbst wenn man der Blasphemie gewahr wird, erwartet man vom Leser, daß er sie pflichtbewußt in ihr Gegenteil verwandelt: »[man muß] doch wohl sagen, daß der Aspekt des Blasphemischen, den das Ganze bietet, wieder fast in sein Gegenteil verkehrt wird«[41] – durch eine dem Text inhärente Bewegung. Celan hätte demnach geschrieben, um korrigiert zu werden.

Es war Blut, es war,
was du vergossen, Herr.
(I, 163)

Zwei Interpretationen wurden für die sechste Strophe von »Tenebrae« vorgeschlagen. Entweder ist es das Blut des Herrn, das am Kreuze vergossen wurde. Oder es besagt, daß er »unser« Blut vergossen hat, indem er das Morden hat geschehen lassen; es stünde der Klage Hiobs nahe (Christus hat nicht geholfen, »wir« sind tot).[42]

Ein dritte Interpretation wird nicht vorgeschlagen. In ihr wird zu Jesus gesagt: »Du bist es, der das Blut in den Lagern vergossen hat, Herr« – das Blut, das vergossen wurde, ist auch das sakrale, welches verherrlicht wurde.

Wenn man die Sphären nicht unterscheidet und die transzendierten Bedeutungen nicht richtig erfaßt, kann der Übergang zur sprachlichen Wirklichkeit, der im Vers »sieben Nächte höher [...]«[43] in der zweiten Strophe von »Kristall« bezeichnet ist, auf jeden beliebigen dogmatischen oder theologischen Inhalt bezogen werden.[44] Er wird mit der tatsächlich gemeinten Transgression, die die Toten mit einschließt, nur die Transzendenz gemeinsam haben, die eine oder andere ihrer etablierten Formen.

In der behaupteten Differenz zwischen dem Unaussprechlichen von Celans »Metaphern«, die »auf etwas ›Eigentliches‹ [verweisen], das nicht wiederzugeben ist«, und der Kunst Mallarmés, »wo sie reines Sprachspiel bleiben«, wird der Übergang zur theologischen Argumentation greifbar.

Wenn die Transzendenz nicht die Form einer befreienden Hermetik situiert, so führt sie notwendig zu einer theologischen Lektüre.

Die jüdische Vereinnahmung

Wenn der Satz: »um endlich frei zu sein für Jerusalem«, der über den israelischen Zyklus in *Zeitgehöft* geschrieben wurde,[45] als eine programmatische Devise verstanden wird und wenn demnach der Dichter also nun »an den Ort des Weltendes« gelangt ist, so hat man es mit einem eschatologischen Mythos zu tun, der eine Rückkehr verherrlicht. Das Ende eines Lebens fällt mit der Erfüllung einer Zielsuche zusammen.[46] Ein klassisches Thema der hohen Dichtung wird da eingeführt. Obwohl die Heilige Stadt eine neue Botschaft bringt, wird sie doch mit den alten Symbolen versehen. Der »neue Zustand« muß einer Ankunft entsprechen. »Das Gedicht, bisher getragen vom Gegendruck feindlicher Bilder, ist jetzt eher bei sich selber [...]«[47], es hat zur Befreiung an seinem ureigenen Ort gefunden.

Ist aber der Dichter nicht auch dort so fremd wie ein anderer und wie er selbst andernorts? Um zu *sich selbst* zu kommen, mußte er nicht zunächst *er selbst* sein? Die Identität ist so wenig austauschbar wie seine Fremdheit.

Die Religion wird gegen die Kunst ausgespielt: »Und [...] dieses Lallen und Stammeln [war] für Celan [dessen Dichtung man so charakterisieren will, J. B.] keine Frage der modernen Poetologie, sondern ein Problem Israels in dieser Weltzeit [...]«[48]. Und so verantwortet man auch den Satz, daß Auschwitz ebensogut den Namen »Mizrajim«, also Ägyptens tragen könne.[49] Ein anderer wird vom »ewigen Juden« sprechen. Die so konstruierten Antithesen heben die Autonomie auf, die es der Kunst ermöglicht, das Schicksal der Sprache einzuschreiben.

Prophetien

Das Gedicht »Der Krieg« von Georg Heym[50] wurde von den Zeitgenossen des Ersten Weltkriegs als eine prophetische Vision betrachtet. Die Worte im Text entsprachen dem Geschehen, und das Geschehen entsprach den Worten. Sie wurden auf die Zukunft bezogen, die die ihre geworden war, als hätte sie sich im voraus dem visionären Dichter enthüllt, der im Januar 1912 gestorben war. Was man *post eventum* las, wurde *realiter* bezeichnet. Die »Vision« fand ihren Sinn, als sie auf die Schrecken des Kriegs bezogen werden konnte; sie konnte vorher nicht verstanden werden.

Diese prophetische Interpretation ist durch eine gegensätzliche Anwendung desselben Verfahrens bestritten und demystifiziert worden.[51] Das im September 1911 entstandene Gedicht erhellte sich oder wurde verständlich im Licht der zeitgenössischen Ereignisse der Marokko-Krise. Einige Verse konnten durch das Prisma der Kriegspsychose und militaristischen Erregung gelesen werden. Eine Referenz steht gegen die andere. Diese andere Realität war weniger irrational.

Blieb immer noch die Vision. Auch wenn das Prophetische verabschiedet wurde, bezog sie sich doch nicht weniger auf die künftigen Katastrophen, die darin schon vorgebildet waren, gleichsam im voraus beschlossen. »Aus Heyms Gedicht spricht eine Vision, wie sie zwei Weltkriege erhärtet haben.«[52] So kann die Kraft eines Sinns im Licht eines Ereignisses erfahren werden, das ihn bestätigt. Die Lektüren tragen es heran; sie führen das Gedicht wieder von neuem in die Geschichte ein; man begegnet immer dem Mythos. Dadurch, daß er ein orakelartiges »Wunder« einschließt, ein verifizierbares irrationales Moment, gestaltet er sich glaubwürdiger als andere.

Der Bezug, so realistisch er auch sein mag, wird durch einen literarischen Ausdruck hervorgerufen, der auf die Wahrheit eines Mythos verweist. Die kulturelle Grundlage wird nicht in Betracht gezogen. Das dichterische Wort ist spontan, es bleibt inspiriert. Ein anderer Typ von Bereicherung, der sich an die identifizierbaren literarischen Bezüge hielte, würde als eine dürftigere Lektüre gelten; die von Intuitionen und Vorahnungen genährte, mehr prophetische als visionäre Vision muß auch künftigen Ereignissen gerecht werden können.

Von der Vermittlung wird abgesehen, und mit ihr von der literarischen Verwandlung einer unmittelbaren Geschichte. Sie könnte nur dann in den Kontext von 1911 einbezogen werden, wie es sich gehört, wenn der mythische Gehalt als eine umsetzende Amplifizierung vorliegender Anschauungen in der dichterischen Sprache erfaßt würde. Die Vision hat ihre Gegenwart; es eignet ihr das klare Bewußtsein eines Blicks, der wahrgenommen hat, was sich vorbereitete und bereits da war. Eine noch nicht anerkannte Wahrheit war mit literarischen Mitteln ausgedrückt worden. Die Formen und Worte haben ihre eigene Geschichte; es ist ihr Ehrentitel.

Die Vision ist ein literarischer Fund. Eine politische oder soziale Wahrnehmung hat über eine Umsetzung in eine bereits geformte dichterische Materie Form annehmen können. Der Übergang von der Erfahrung zu ihrer Gestaltung, von der Sphäre des Erlebten zur Sphäre der Sprachlichkeit zieht eine Umformung im Inneren des Themas nach sich. Die dantesken Schilderungen eines Weltendes bleiben der Aktualisierung eingeschrieben. Das Neue, das man liest, ist die Neuformulierung desselben.

Was den Geschichtsverlauf betrifft, so bringt er eine Wahrnehmung hervor, die dem Inhalt einer Dichtung, der ihn vorwegnahm, angemessen sein kann. Den Texten eignet nur diese bestimmte Art von prophetischem Gehalt. Ein Blick hatte sich als geschärfter erwiesen als derjenige der Zeitgenossen. Jede Herstellung eines direkteren Bezugs zu späteren Ereignissen stellt sich in den willkürlichen Horizont einer mythischen und konfusen Geschichte, der ohne Unterschied die ausgesagte Vision und ihre Erfüllung umfaßt. Man kann ein literarisches Werk aus seiner späteren Geschichte nicht verstehen, wenn sein Geschichtsverständnis sich der Konstitution des Mythos und seiner anonymen Anwendungen widersetzt.

Nun betrifft aber die Geschichte des Werks den Text in seinem Eigenraum; es hat selbst dazu beigetragen, die Bedingungen des Verständnisses zu schaffen, aufgrund seines inneren Vermögens. Es ist ein Weg des Widerstands gegen die verschiedensten Phasen der möglichen Mutationen, die sich von ihm abstrahieren lassen.

Die fortwuchernde Bedeutung

Die doktrinale Mehrdeutigkeit

Einer Kritik, die vorgibt, im Besitz des Wissens zu sein, geht es gar nicht um das Wissen. Der Graben vertieft sich zwischen den Positionen des Anerkannten und der Erkenntnis des Unbekannten. Das Wissen hat sich abgeschlossen; es ist dies die Bedingung seiner täuschenden Offenheit.

Mit dem Begriff der »Mehrdeutigkeit« ist nicht die wirkliche textinterne Stratifikation gemeint, die sich ihrer bedient, weder die sich überlagernden Sinnebenen noch die komplexen Relationen zwischen den Einheiten, aus denen sich der Text zusammensetzt, sondern eine Determiniertheit ganz bestimmter Natur, in der eine undeterminierte Bedeutung so gesetzt wird, daß sie offen bleibt. Bezieht man jedoch Stellung, so nur für eine Determination, die schon stattgefunden hat.

Das Dogma der Indifferenz, das aus der Bewegung einer verallgemeinerten Differenzierung resultiert, steht für die Suprematie des Ungeschiedenen ein. Solange man Unterscheidungen trifft, klammert man sich an die sinnstiftenden Unterschiede; man beurteilt, wägt ab und wählt aus. Vom gegensätzlichen Standpunkt aus wird es heißen, daß jede der Entscheidungen eine andere nach sich zieht oder daß eine so viel wie die andere taugt. Eine Willkür kommt der anderen gleich; wo nichts willkürlich ist, wird alles willkürlich sein.

Wenn man es nicht mit bestimmten doktrinalen Vorentscheidungen zu tun hat, werden die Interpretationen so konzipiert, daß sie von vornherein verschiedene Reaktionen in sich aufzunehmen vermögen. Der Assimilationsprozeß ist in einer solchen, mehr empirischen, die partikulare Bedeutung auflösenden Erweiterung nicht minder deutlich. Die zum Prinzip erhobene Mehrdeutigkeit schafft einen Raum, von dem man sich fragen kann, ob er sich noch als ein kritischer definiert. Das Verfahren wird dadurch gerechtfertigt, daß sich die Resultate jeder Verifizierung entziehen. Sie erheben darauf auch keinen Anspruch.

Zahllose Kommentare wurden unter diesem Markenzeichen veröffentlicht. Das Prinzip zeugt von der Weigerung, die methodischen Prämissen zu diskutieren und die verschiedenen Standpunkte aus den Bedingungen ihrer kulturellen Produktion zu erklären. Die Pluralität, die durch diesen Tatbestand enthüllt wird, ließe sich bemeistern, wenn man sich um eine Klassifizierung der Erwartungshaltungen bemühte. Die Resultate entsprechen den Erwartungen, sie zielen weniger auf die Erhellung eines unbekannten Texts als auf den bekannten Stoff, den die neue Behandlung voraussetzt. Die Verschiedenheit der Lektüren geht in Wirklichkeit auf die Schwierigkeit der Gedichte zurück. Die *prinzipielle* Mehrdeutigkeit verdrängt aber die Interpretation, die nur mehr den Beweis für die Gültigkeit des Postulats zu erbringen hat. Auf den zu verstehenden Gegenstand übertragen, legitimiert es in Wirklichkeit nur die Gestalt, in der sich die Diskurse *de facto* darbieten, und erscheint so als deren theoretische Rechtfertigung.

Die Hermeneutik mit ihren Regeln wurde als solche in Frage gestellt, um den Verzicht auf die Interpretation endgültig abzustützen. Zog man die Möglichkeit, eine Bedeutung zu bestimmen, überhaupt in Zweifel, so konnte man sie von Rechts wegen alle einsetzen – oder fast alle; man schuf damit ein neues Apriori. Niemand wird die Vielfalt mehr analysieren und reduzieren können, wenn man der Mehrdeutigkeit den Status eines eigenen, definierbaren Kriteriums zugesteht und wenn das Prinzip auf alle Formen des subjektiven oder subjektiv verstandenen Diskurses ausgedehnt wird. So kommt es dazu, daß ein Ideal der Freiheit und der Kreativität es verhindert, daß die Voraussetzungen noch in Betracht gezogen werden. Die Vorurteile, die weitertradiert wurden, mußten nun aufgrund dieses kulturellen Desinteresses unkritisch hingenommen werden.

Werden strukturierte, präzise, eindeutige Sätze als plumpe, mühselige und kleinliche Pedanterie angesehen, so kann man sich berufen fühlen, ihnen etwas in den Mund zu legen, was dem, der sie geschrieben hat, gar nichts sagen würde. Die Dichter hätten demnach so geschrieben, daß ihre Sätze sich in etwas anderes verwandeln können; an diesen verwandelten Sinn anknüpfend, wird dann ein nächster wieder anderes schreiben und so den Inhalt unwiederbringlich verändern. Die Partie kann derart immer von neuem gespielt werden.

Wörter sind an und für sich mehrdeutig. Die Pluralität der offenen Figur wird dann in die vertikale Überlagerung einer Konstruktion überführt. Man kann von der Mehrdeutigkeit den präzisesten Gebrauch machen.

Nun wird einer entgegnen: wie soll man aber wissen, welcher Sinn der passende ist? Läßt sich nicht alles einbeziehen? Die Öffnung, auf der man besteht, erschließt sie nicht zusätzliche Möglichkeiten, von denen eine die richtige sein könnte? Auch wenn sie vielleicht gar nicht beabsichtigt war? Das entspräche jener verbreiteten Vorstellung von der Flaschenpost, die keinen Weg zu verschließen gebietet. Wer aber nichts verschließt, eliminiert auch die bloße Möglichkeit der Interpretation.

Der Poststrukturalismus

Die Hermeneutik Gadamers antizipierte, gewiß ohne dies vorauszusehen, die poststrukturalistischen Theorien der unendlichen Signifikanz. Auch wenn sie nicht dieselbe Freiheit für sich beansprucht, hält sie sich trotzdem in gleicher Distanz zur semantischen Struktur wie die anderen. Sie entfernt sich von den Texten und versetzt sich in ein Jenseits der möglichen Exegese, während die spätere, poststrukturalistische Sicht sich in einem Diesseits der Bedeutung bewegt. Gadamer operiert nicht mit dem Text, sondern hält sich an identifizierbare Bedeutungen und läßt diejenigen beiseite, wovon sie ein Zeugnis ablegen, er bekümmert sich nicht um die Beziehung zwischen dem Namen und der bezeichneten Sache. Anstatt dieser neuen Erfindung nachzugehen, sucht er auf einem traditionellen und vertrauten Gebiet, unbelastet und frei, nach einer möglichen Kohärenz. Er setzt die Existenz einer disponiblen und zuweisbaren Materie voraus und hält sich an die für den interpretativen Akt festgelegten Regeln, als seien sie dessen natürliche Bedingung – ohne in seinem hermeneutischen Verfahren weiterzugehen und sich zu fragen, nach welcher Modalität der Wortsinn überhaupt hervorgebracht wurde. Er berücksichtigt auch nicht, daß die Bedeutung selbst gebräuchlicher Wörter, wie »Herz« oder »Seele«, sich im Geflecht der Neuschaffung neu bestimmt.

Die Souveränität des beweglichen Signifikanten leugnet nicht weniger als Gadamer diese partikularen Abweichungen, die bei Celan ein System von immer größerer Präzision bilden, einen Rhythmus von identifizierbaren Brechungen. Die Tatsache, daß die Summe der Unterschiede paradoxerweise in eine feste Struktur gebannt bleibt, ist für die Poststrukturalisten nicht akzeptabel. Obwohl die Differenzierung von einem freien Gebrauch zeugt und das Spiel der Assoziation die konventionelle Handhabung der Worte umformt, indem es die festen Verbindungen aufsprengt, stabilisiert sich doch das System. Das Anströmen des Wortmaterials selbst ist keinen Grenzen unterworfen; die gegenseitige Durchdringung und Wechselbeziehung der Signifikanten ist in Celans Dichtung unbeschränkt. Und doch ist diese *Inventio* theoretisch nur eine Phase; sie wird im Schaffensprozeß von der strengeren, komplexen Ordnung einer Kristallisierung und Figuration abgelöst.

Sagt ein Text, was man, von der Konvention geleitet, ihn sagen läßt? Diese einfache Frage schon verbietet es, zu einem Wortverständnis überzugehen, das die Präzision der Umsetzung verkennt und das es schließlich ermöglicht, dem Text die erwartete, konventionelle Aussage in den Mund zu legen.

Auch die sichersten Ergebnisse der Interpretation, mit all den Bezügen, die sich in ihnen bestätigen, werden immer dem Vorwurf der Willkürlichkeit ausgesetzt bleiben. Man wird mit der Methode ins Gericht gehen und sie als solche für nicht kompetent und untauglich erklären. Der Kampf wurde dem Unterschied angesagt, der Verschiedenheit eines Weltentwurfs.

Der kritische Weg des Hinhörens wird meist vermieden, als einer, der zu weit von dem Bedürfnis nach einer ungehemmten Produktivität wegführt, in der die Neuerfindung sich ziellos immer weiterentwickelt. Hörend müßte man sich fragen: was sagt es, was man sagt? Was sagt man, und warum sagt man es? Kann man es überhaupt sagen? Ein anderer wird jedoch erwidern: »Ich produziere, ich drücke mich aus, ich behaupte mich, also *bin* ich.« Und wie dürfte ihn da jemand zum Aufhören bringen?

Dieselben Themen werden immer wieder »neu« aufgegriffen, in einer mehr oder weniger gleichbleibenden Logik. Dieselben Voraussetzungen hatten die Entscheidung schon motiviert. Was geschrieben wurde, fällt in den Augen derer, die daran anknüpfen, kaum ins Gewicht, sei es im Guten oder im Schlechten. Die Theoretiker der Indifferenz finden darin eine Stütze und Bestätigung. Heben die »Unterschiede« sich nicht gegenseitig auf?

Wenn man nach Derrida die der Sprache inhärenten Bewegungen an die Stelle der semantischen Konstruktionen treten läßt, so spielt sich die Auseinandersetzung überall in den Wörtern ab; die innersprachliche Umsetzung zählt dann nicht mehr. Jedes distinkte Idiom wird in den gemeinsamen Fundus zurückgeführt, bevor es sich noch organisieren kann. Die These läßt sich vertreten. Was aber in Frage steht und dabei verlorengeht, sind die inhaltlichen Fixierungen.

Im Kampf gegen eine sinnwidrige Festlegung ergreift man für den Gegenstand Partei, gegen seine Vereinnahmung. Man drängt sich an ihn heran und verteidigt ihn, als wäre er ein eigenes Gut. Nach dieser Phase der Identifikation entzieht sich der Text freilich wieder; er lebt ja von einem Leben, das sich an jeden wendet. Er trennt sich nicht von einem befreienden Impuls, der ihn zuvor hervorgebracht hat. Der Unterschied zwischen dem Werk und dem ihm vielleicht angemessenen Verständnis bleibt in einem gewissen Maße auch in der geglückten Lektüre noch unüberbrückbar, nicht anders als in der willkürlichsten und fragwürdigsten. Diese ursprüngliche Differenz wird immer gegen den Unterschied ins Treffen geführt werden, den man zwischen den Interpretationen macht – auch wenn dieser an sich nicht weniger bedeutend ist. Er gehört einer anderen Ordnung an. Man wird sich auf die erste Differenz berufen, um nicht differenzieren zu müssen. Die eine wird als wesentlich angesehen, die andere als zufällig.

Nicht nur aus Bequemlichkeit schöpfen die Lektüren aus dem Leeren, indem man immer wieder bei Null beginnt. Die Studien, wie sie Jahr für Jahr erscheinen, nehmen wenig Rücksicht auf das, was über dasselbe Thema schon früher geschrieben wurde. Die methodische Reflexion über die Gemäßheit einer vorgebrachten Meinung würde fast notwendig weiterführen. Der Essayismus würde überwunden. Man legt aber Wert darauf, nicht zu wissen, wie ein Text zu lesen ist.

Die Kritiker dringen meist nicht bis zum Text als Text vor. Sie würden notwendigerweise dazu gelangen, wenn sie zunächst die Orientierungen der Kritik prüfend abwägten. Die Konfrontation der Lektüren miteinander führt weiter, sie legt den Text frei, indem sie den Interpreten zwingt, aus seinen eigenen Beschränkungen herauszutreten und seine eigenen Orientierungen zu überdenken.

Der Akt der Bedeutungsbestimmung wird in der Tat als ein notwendig willkürlicher aufgefaßt, so daß die Interpretationen als austauschbar gelten. Man will nicht zugeben, daß unter ihnen eine existiert, die man durch den Vorgang eines sukzessiven Eliminierens gewinnen kann. Die Regel der Hypothese würde sich dann gegen die dogmatischen Vorentscheidungen durchsetzen; ein sichtendes Prüfen schließt methodisch etwas ein, so wie es etwas anderes ausschließt.

Früher war es üblich, daß Interpretationen, zumindest wenn in ihnen eine Entscheidung getroffen wurde, die Ablehnung oder Zustimmung jeweils begründeten und eine Reflexion über die behauptete Position mit einschlossen, in manchen Fällen sogar eine Betrachtung ihrer Voraussetzungen. Sie boten so die Chance, einen Ausweg aus dem Helldunkel und dem Ungeschiedenen zu finden. Im Dekonstruktionismus bleiben die implizierten Vorstellungen zumeist unter der Oberfläche; sie werden weder analysiert noch expliziert und entziehen sich so jeder Bewertung.

Man meidet den Engpaß der Sinneruierung, weil man den geschriebenen Text im Spiel der Assoziationen anzureichern sucht. Man denkt an den Überschuß, den er aufzunehmen vermag, jenseits aller Intentionalität, wenn er nicht mehr an etwas gebunden bleibt, was man ihn legitimerweise konnte sagen lassen. Die methodische Interpretation wirkt spielverderbend; sie blockiert die vielfältigen Wege der Einbildungskraft, der ein jeder die Gestalt geben soll, die ihm beliebt. Die Pluralität wird in der Theorie von Anfang an postuliert; ansonsten müßte man sich auf sie berufen, um den etappenweisen Festlegungen zu begegnen. Die Progression des Verstehens mag Neuland entdecken; sie hemmt die freie Erfindung.

Es scheint so, als würde man eine Form der kollektiven Verständnissuche anerkennen, wenn man den konsensuellen Faktor der ausreifenden Zeit in die Entzifferung einbezieht. Ein jeder kann auf jeder Stufe diese Erfahrung machen. Zugleich lassen sich so aber auch die falschen Deutungen legitimieren, mit dem Argument, daß jede Sinnhypothese notwendig auch zu ihrer eigenen Überwindung führen mag und zum Widerspruch treibt. Es trifft dies aber nur sehr bedingt zu. In Wirklichkeit stehen die Behauptungen nur selten auf derselben Erläuterungslinie, die dem Text gerecht würde; sie erläutern weder das Prinzip, das sie hervorbringt, noch die Gründe der Entscheidungen. Also bewirkt das Argument des Fortschritts letztlich wieder, daß die freie Produktion gerechtfertigt und die erreichten Resultate der wirklichen Kritik herabgesetzt werden. Die Überprüfung der zugrunde liegenden Kriterien würde weiterführen; sie findet aber nicht statt, weil man bei Null anfangen können *muß*. Man muß dies *potentiell und theoretisch* in der Tat. In der Praxis ist die Abhängigkeit aber nicht zu bestreiten.

Das Gedicht dient oft als Vorwand dafür, die schon vorliegenden Kommentare neu zu begreifen und sie umzuschreiben. Eine kreative Teilhabe wird so begründet, die für sich genommen nicht legitim wäre. Auf der einen Seite wird der Dichter geplündert; auf der anderen Seite schmückt sich der Essayist mit fremden Federn und stolziert damit herum.

In der Gefolgschaft Heideggers bezieht man sich kaum auf die Schriften der akademischen Produktion. Man weiß sich eben von vornherein in einem Parallelbereich. Pöggeler, im Widerspruch zu aller präzisen Dokumentation, die er selbst zusammenstellt, verfährt nicht weniger so als ein Philosoph wie Philippe Lacoue-Labarthe in Frankreich. Ein anderer Usus bei Dichtern oder bei Kritikern zeigt sich gegenüber den Resultaten der einzelnen Lektüren ebenso indifferent. Und doch enthalten sie, trotz aller Unzulänglichkeiten, wertvolle Informationen. Das antiszientifische und antiakademische Vorurteil Gadamers und Heideggers hat sich weitgehend behauptet.

Obwohl sie verschiedenen Strömungen angehören, tun doch die Kritiker in diesem Lager sämtlich so, als ignorierten sie, nicht ohne Arroganz, die Studien, die sich mit den konstruierten Strukturen befaßt haben; sie meinen eben, daß die wesentlichen Fragen nicht in *diesem* hermeneutischen Prozeß aufgeworfen werden können. Der Diskurs muß sich auf einem vertrauten Weg als solcher und für sich entfalten können. Eine befragende Haltung steht im Vordergrund und genügt sich selbst. Ist nicht das Dasein immer schon einen Schritt voraus,[53] hat es nicht bereits alle Probleme inventarisiert? Die Suche nach dem *existentiellen* Sinn legt sich über den Sinn der Worte; sie weiß im Grunde schon, aufgrund einer »Selbstauslegung des Daseins«[54], was sie verbergen oder was sie »entbergend« suggerieren.

Die Sinnhypothesen können so nicht Gegenstand der Betrachtung werden; sie entsprechen den Kategorien nicht, die diesem Modus des behutsamen und selbstgerechten Fragens eignen, der das Objekt der verifizierbaren Genauigkeit entzieht. Dieser Inspiration folgend, vermeiden es denn auch die Kritiker, die vertretenen Standpunkte systematisch zu untersuchen. Die Untersuchung müßte ja auch ihren eigenen einschließen.

Die Geschichte der Celan-Interpretation kann sich nicht darauf beschränken, das Nichtverstehen zu beschreiben. Man ist in dieser Zeit auch nicht vor Verfälschungen zurückgeschreckt. Bisweilen wurden solche bewußt angefertigt, während man über den Sinn zu schreiben vorgab. In solchen Verdrehungen ist der Wille zum Travestieren deutlich wahrzunehmen. Vielem, was man schon zwangsläufig erahnt, wird eine Existenz verweigert. Der Verdacht schon weist auf die Befürchtung. Deswegen wird auch der Sinn nicht zugelassen.

In einem beiderseitigen Übereinkommen hält man beharrlich an dem Schnitt zwischen der kreativen und der kritischen Tätigkeit fest. So wenig viele Künstler ihre Arbeit als eine kritische konzipieren wollen, so sehr geht sowohl die akademische als auch die außerakademische Kritik den Wahrheitskriterien der künstlerischen Produktion aus dem Weg.

VII. DIE ENTZIFFERUNG

Dunkelheit in der Dichtung

Die Neuheit

Was neu eingezeichnet wird, schafft Distanz im Raum, den es beansprucht, um sich zu entfalten, und distanziert sich zugleich von der Gemeinsprache, mit den Mitteln der Schrift und der ihr inhärenten Präzision; die Sprache wird zur Grammatologie der Distinktion, sie lebt von unterscheidenden und unterscheidbaren Elementen. Es sind nicht die Spuren, die den Philosophen wie im platonischen *Theätet* in eine getrennte, dianoetische Wirklichkeit verbringen und aus unserer gewohnten Welt hinausführen.[1] Sie entziehen sich der Universalität begrifflicher Definitionen. Sie wollen wie eine Schrift aus unbekannten Buchstaben gelesen werden. Die Hand, aus der sie kommen, legt ein noch nicht Bekanntes fest.

Die Lektüre schafft somit selbst etwas Neues. Auch sie ist eine Umschöpfung, sie rekonstituiert den schöpferischen Akt. Sie dringt in den primären Schreibprozeß ein und durchläuft seine Etappen. Ansonsten würde sie sich davon entfernen und etwas anderes tun – und so in der Tat willkürlich eine neue »Kreation« hervorbringen.

Als rhetorischer Begriff bezeichnet die *Obscuritas* eine Freiheit im Gebrauch der Sprache, eine bestimmte Schreibweise; es ist die Art, wie die Wörter sich neu aufeinander beziehen, wie etwa bei Mallarmé. Die Dunkelheit Celans wird von einem vorgeformten und gesteuerten Durchgang durch die Sprache erzeugt. Seine Schwärze ist anders gefärbt. Wie schon bei Homer sind die Dunkelheiten aber der Gefahr ausgesetzt, daß sie nicht gelesen werden, weil man die kompositionelle Technik als Prinzip nicht akzeptiert. Die Existenz der Sinndimension wird damit von der Substanz her in Frage gestellt.

Das Gedicht öffnet sich; es weigert sich nicht, sein Geheimnis preiszugeben. Doch die Opazität bildet sich nach der Lektüre von neuem, als ob die Aufschlüsselung nur eine provisorische gewesen wäre. Daß er sich wieder entzieht, entspricht der inneren Struktur des Textes. Man verliert den Sinn und findet ihn neu. Der Text schließt sich ab, er verhüllt sich wieder, mit all den Eigenheiten und Abweichungen, aus denen er besteht. Das Licht einer Entzifferung hat am Ende nur einen Augenblick gedauert: eine magnetische Anziehung strahlt von seinem Kern aus und zieht die Wörter an. Sie werden in seinem Bann festgehalten und in die Änigmatisierung zurückgeführt.

Die komplexe Struktur bewirkt, daß sich etwas enthüllt und entzieht. Man findet den Sinn wieder, als einen verschiedenen, je nach der Intensität der Lektüre. Sie kann tiefer eindringen oder an der Oberfläche bleiben. Sie hat sich ihrer Natur nach nicht geändert; was sich ändert, ist der Grad der Annäherung, die Kraft, mit der die Struktur wahrgenommen wird.

Es gibt eine Form des Sagens oder des Schreibens, die sich von der Sprache der Kommunikation befreit; sie verleiht den Signifikanten wieder ihre Fähigkeit, neue Relationen einzugehen: die *Reziprozität* der Wörter, von der Mallarmé spricht.[2] Man *liest* und *entziffert* eine Kunst des Zusammenfügens.

Die Lektüre wird durch einen Effekt geprägt, durch die »Suggestion«[3], die den aus ihr hervorgehenden Gegenstand umwandelt. Ein eigenes Denken kann sich in diesem Gebrauch von Sprache ausbilden. Die Erfahrung der sprachlichen Möglichkeiten und das Experimentieren mit ihnen sind bei Celan in die Geschichte eingeschrieben, sie entsprechen den Postulaten der singulären Position. Es heißt dies also auch, Mallarmé *nicht* zu folgen.

Celans Gegensprache entwirft sich in einem sprachlichen Bezirk, kraft eines Beziehungssystems. Sie beruht auf einer auf sich selbst bezogenen, geschlossenen initiatorischen Technik; diese hat einen archaischen Anschein, und doch hat sie in Wirklichkeit auch aus Mallarmé einen kritischeren und freieren Dichter gemacht, als dies vielleicht sogar ein Baudelaire war. Eine unerhörte Konzentration auf die Person, die auf die Absonderung zurückgeht, mit ihrer Singularisierung und ihrem eigenen referentiellen Horizont, ist im Rahmen dieser Ästhetik möglich geworden.

Die falsche Dunkelheit

Die Dunkelheit, die eben in Wahrheit einer Transparenz zugeordnet ist, wurde als ein unüberwindliches Hindernis angesehen; sie hat als Vorwand gedient, um der Lektüre aus dem Weg zu gehen. Dem Mysterium um jeden Preis wurde der Vorzug gegeben, im Namen der Entbergung des Seins, im Namen einer Offenheit, im Namen der Verfügbarkeit des Sinns, im Namen all dessen, was man finden wollte und was es vor allem erlaubt, der Präzision und der pointierten partikularen Stellungnahme entgegenzutreten.

Gadamer, als Wortführer einer weit zurückreichenden literaturkritischen Tradition, hat die Regeln der modernen Kunst abgelehnt – jene der älteren aber nicht minder. Er geht nicht auf die Dunkelheit ein, sondern behilft sich mit Brücken zu vertrauten und verfälschenden Vorstellungen. Dabei geht er von einzelnen aus dem Gesamtzusammenhang herausgenommenen Wörtern aus und läßt die Syntax außer acht; sie werden durch Assoziationen herausgelöst, nach einem von Heidegger vertretenen Prinzip, nach dem die Wahrheit in der Konzentration auf das Wort, in dem sich die Sprache verkörpert, aufleuchtet.[4] Es bleibt dann, außerhalb dieser Verankerungspunkte, ein »Rest«, der als ein kryptischer und unentzifferbarer sich selbst überlassen wird.[5] So hat man angenommen, daß das erwartete mitteilende Sprechen zumindest in einem Teil der Gedichte ausgesetzt sei.[6] Es handelt sich aber um keine Sprache der Kommunikation und also auch um keine Unterbrechung derselben, sondern nur um den schon vollzogenen Bruch, der auch noch die geringsten Phoneme erfaßt. Man hat sich auch bisweilen auf Böschensteins Definition einer notwendigen »Unauflöslichkeit« berufen.[7] Angemessener wäre es, von einer umfassenden Destitution der Erwartung zu sprechen, als einer Voraussetzung der Änigmatisierung.

Celan sprach von der Klarheit seiner Gedichte; er wußte, daß sie »dunkel« waren und also lesbar. Es betrübte ihn zutiefst, wenn er hören mußte, daß man sie unverständlich fand. Sie wurden eben nicht gelesen. Die Dunkelheit war klar und deutbar, und die angeblichen Klarheiten, die man aus den Texten extrapolierte, verwirrend und erschreckend »dunkel«. Die eigentliche Dunkelheit verdankt sich einer Katharsis.

Wenn man die Worte approximativ identifiziert und so irgendeinen Gegenstand in den vertrauten Horizont einordnet, den man beschrieben glaubt, wie dies Gadamer tut, dann bleibt schließlich nur dieser bekannte Gegenstand übrig, und mit ihm geheimnisvolle Sinnschattierungen und ein diffuser Schein. Die sprachinterne Metamorphose wurde rückgängig gemacht, ihre Negationskraft von vornherein verleugnet.

Die Opazität verfestigt sich, wenn sie in einer nicht bemeisterten Erfahrung angesiedelt wird. »Vielleicht beruht ein Teil der Unheimlichkeit gerade auf dieser Dunkelheit des Gemeinten.«[8] Man meinte die Wörter so auf die in ihnen aufgehobene Ungeheuerlichkeit beziehen zu können. Dem Nichtverstehen wird eine objektive Rechtfertigung nachgeliefert: beruhte die Unverstehbarkeit auf Absicht, so wird das Unvermögen des Lesers dadurch noch legitimiert.

Im Vergleich mit der Erwartung einer bekannten, im Gedicht enthüllten Wahrheit haftet dem Hermetischen der Schein des Beliebigen an. Wird sie an den überkommenen Werten gemessen, ist die Präzision in der autonom gesetzten Sprache etwas Ungenaues. Man geht davon aus, daß sie wieder zu den alten Werten zurückstrebt, um dann festzustellen (oder auch nicht), daß sie diese doch wieder verfehlt – während das Gedicht sie gerade bezeichnet hat, um sich von ihnen abzukehren.

Im Streit gegen die Kohärenz oder »Sinneinheit«, die von den einen beansprucht wurde,[9] haben andere geglaubt, sie könnten die augenscheinliche Dunkelheit der Texte als ein Argument gegen die Entzifferung ins Treffen führen. Man fragte sich, »warum der Dichter den Text und der Text sich selbst so schwierig, sperrig, heterogen, unassimilierbar geben, wenn sie dem Leser doch nur die Einheit einer Bedeutung weitergeben wollen«[10]. Meint man denn, die Kohärenz hätte an und für sich etwas Dürftiges zu sein?

Man hält lieber Ausschau nach der Quelle eines möglichen Überflusses. Das Eintauchen in das Ungeschiedene des Dionysischen wird zu einem unverzichtbaren Stadium, wenn die Bedeutungsvielfalt aus dem Chaos hervortreten soll. Der Irrtum in der Bestimmung der Gattung erreicht hier seinen Kulminationspunkt. Das Prinzip wirft die klassische Doktrin der rhetorischen *Obscuritas* um, in der die Differenz sich durchsetzt. Die unterschiedene Klarheit des Idioms tritt um so stärker zutage, wenn man bedenkt, wie sich Celan selbst zu diesem Thema geäußert hat. Im *Meridian* spricht er von der Dunkelheit als einem der Dichtung gemachten Vorwurf und zitiert einen Satz aus den *Pensées* Pascals: »Ne nous reprochez pas le manque de clarté puisque nous en faisons profession!« («Werft uns nicht den Mangel an Klarheit vor, da wir uns doch zu ihm bekennen!«) Er fährt fort: »Das ist, glaube ich, wenn nicht die kongenitale, so doch wohl die der Dichtung um einer Begegnung willen aus einer – vielleicht selbstentworfenen – Ferne oder Fremde zugeordnete Dunkelheit« (III, 195). Die Dunkelheit ist weder von Natur eine angeborene noch ist sie ursprünglich, sie ist vielmehr gerade etwas Sekundäres und Konstruiertes.

Das Postulat der Sinnzerstörung beruht darauf, daß die Notwendigkeit einer textgerechten, in sich geschlossenen Lektüre, die sich auf eine je partikulare Lichtung hin öffnet, in Zweifel gezogen wird. Die Konzeption eines unkontrollierten Schaffensprozesses bringt den Akt der Aufhellung in Mißkredit. Er wird zu einem Dekodieren abgewertet, was zum Teil zutrifft, und wird so zu etwas gemacht, was er nicht ist, nämlich die absurde und Wunder wirkende Entdeckung eines verborgenen Schlüssels.

Der Text ist sein eigener Schlüssel. Wenn man das Gedicht lesen und verstehen will, wenn man es zur Transparenz einer Bedeutung bringen will, so muß es im Licht einer idiomatisch geprägten Sprache gelesen werden. Die Notwendigkeit, das Vokabular zu lernen, wird jedoch bestritten. Ist der Leser erst einmal mit der Bedeutung von Wörtern wie »Schnee« oder »Rose« vertraut, so vermag er in ihrer Weiterentwicklung und in den Rückbezügen die übertragene Terminologie zu erkennen und auch die semantischen Neologismen in der Neuverwendung der technischen Fachsprachen zu entziffern. Die Sprache, die das gesamte Œuvre durchdringt und trägt, ist ja von den äußeren Referenzen geschieden, deren Rahmen auf neue, eigentümliche Weise rekonstruiert wird. Was in einem ersten Schritt entworfen wurde, setzt sich fort in der konkreten Applikation, welche sich als Erweiterung zu erkennen gibt und die gleichfalls als solche gekennzeichnete, neu angelagerte Materie in sich aufnimmt. Die beiden Voraussetzungen ergänzen einander; es sind zwei voneinander geschiedene Sinnbereiche. Der eine, sinninterne, zieht sich durch die einzelnen Gedichtbände. Das Verständnis hängt von der Übung im Lesen ab; es handelt sich um die Aneignung von Bedeutungswerten, die aus der semantischen Umwandlung entstehen. Der andere aber, der ihn ergänzt, ist – im weitesten Sinne – mehr kultureller Natur und dabei nicht weniger an die Person gebunden.

Die Aufgabe ist völlig verdreht und entstellt beschrieben worden. Die zu dekodierenden Elemente wurden auf irrelevante und verzichtbare Informationen bezogen, die nur von den mit Leidenschaft stöbernden Literaturwissenschaftlern ausfindig gemacht werden. Diese Darstellung hat ihren Ursprung in einer mondänen Distanziertheit. Im Grunde geht es jedoch um die Materie des Textes selbst, dessen Appelle zur Entzifferung nicht beachtet werden, und dies um so weniger, als man über das Unverstandene und Unverstehbare leichter verfügt; so wird es verteidigt und gegen die Präzision ausgespielt. Nun sind der Anspielungen unzählige, sie sind aber nicht einmal Zitate, sondern bilden eine integrierte und korrigierte Schicht im Text. Wo sie ins Spiel kommt, ist die Umformung das wesentliche Element in der Textur.

So ist die Materie auf doppelte Weise präzise; sie ist insofern esoterisch, als man sie erst aus ihrem Innern versteht. Den Zugang zu finden ist die Aufgabe des Lesers, der sich dem Text mehr als nur zuzuwenden hat; er hat sich ihm zu unterwerfen. Der Text kommt ihm nicht entgegen und pflanzt sich auch nicht weiter fort. Das Unbekannte, das man als etwas Fremdes betrachtet, hängt von genauen Informationen ab, im Horizont der Person und der Zeit. Es war etwas Neues, jedenfalls eine Fixierung, ein Wille, von etwas Zeugnis abzulegen. Der Horizont kann nicht anders bewahrt werden als durch eine kollektive Anstrengung; man wird immer zu bedauern haben, daß dies erschwert wurde, nämlich durch eine vor allem dogmatisch bestimmte Fahrlässigkeit der ersten Herausgeber, die weitgehend die Mittel hatten, das für das Verständnis der Gedichte förderliche Material mitzuteilen. Die Kritiker wünschten dies damals, in den siebziger Jahren, gar nicht. Das Mysterium mußte gewahrt bleiben. Viele Ungewißheiten hatten ihre Ursache in dieser Informationsverweigerung, die nicht von ungefähr kommt. Der Mangel beruht auf theoretischen Gründen; das ästhetische Postulat eines Textes, der sich selbst zu genügen hat und sich dem Leser mitteilt, löschte das Zeugnis als solches aus.

Der dunkle Sinn

Entweder wurde der Text zur Entzifferung freigegeben. Der fixierte Sinn wartet dann darauf, gelesen und erkannt zu werden. Oder aber der Text ist zur freien Verfügung gestellt. Man tut dann damit, was einem einfällt oder recht ist. Wenn er entziffert werden soll, so ist er chiffriert, das heißt im Schreibakt schon dechiffriert worden. So hat man auf die Bedingungen der Textkonstitution zurückzugehen, in der alle möglichen, breitgefächerten Assoziationen in einer einzigartigen Verwendung der Ausdrucksmechanismen gefiltert wurden.

Die Autorität des Sinns ist gewiß eine provisorische, wenn es darum geht, die Methode zu finden, die zur Aufdeckung führt. Hat man ihn gefunden, so ist man wieder frei. Man mag dann bei sich davon denken, was man will. Was unter dem Namen der Autorität mit letzter Kraft verworfen wird, ist nicht der mögliche, zu ergründende Sinn, sondern die Anstrengung, zu der schon die Möglichkeit seiner Existenz anhält und die alle anderen Verfahrensweisen *ipso facto* ausschließt.

Was dunkel ist, kann nicht im Klartext an der Oberfläche abgelesen werden. Der Schein trügt. Falsche Rätsel haben falsche Lösungen.

Wenn man in einer wirklich und hermeneutisch angemessenen Logik den Umweg über das Erlernen von Celans Dichtungssprache wählt, so bestimmt sich der jeweils noch bleibende Anteil des Unverständlichen nicht durch eine andere Form des Ausdrucks, die sich außerhalb des Œuvres finden ließe, die stärker den vorhandenen Erwartungen entspräche und weniger mittelbar wäre. Doch erweist sich die Übung in manchen Texten als schwieriger und desperater als in anderen. Die Hermetik läßt sich neu definieren; man gelangt hinter das Rätsel. Die Struktur wird in ihrer Gesamtheit verständlich, die Operation ist eine rationale. Man könnte für eine nahe Zukunft Fortschritte unter den einschlägigen Kennern voraussagen. Man muß es gelernt haben. Die meisten Kritiker wissen noch nicht allzu genau, wovon sie sprechen. Die Esoterik ist verpönt. Man kann eben auch leugnen, daß die erforderlichen Kenntnisse nötig sind.

Eine Struktur wurde der Sprache eingeprägt; sie hat den Winkel der individuellen Aneignung ausgemessen und so alle die Vereinnahmungen, die sich später darübergelegt haben, schon abgewiesen. Um die irreduziblen Abweichungen in der Sprache denn doch noch rückgängig zu machen, wurden die tatsächlichen referentiellen Bezüge an identifizierbare Inhalte angeglichen, so wie man sie aus der gängigen Lektürepraxis anderer Autoren zu kennen meinte.

Die Dunkelheit besteht seit alters aus einem Netz, das gewebt wird. So wie es gewebt wird, hat man es zu lesen. Die Differenzen werden durch eine Gewöhnung des Auges kenntlich, durch ein richtiges Abmessen. Die Abweichung ist eher kultureller Natur, wo sie, indem sie der Referenz zuvorkommt, ausdrücklich sagt, was sie nicht aussagt; sie bezeichnet dann, wovon sie sich absetzt. Die Praxis der Abweichungen im einzelnen verallgemeinert einen ansonsten konstanten Prozeß des Negierens.

Die Tatsache, daß häufig auf persönliche Ereignisse Bezug genommen wird, zeigt, daß auch die anderen, mehr literarischen Bezüge nicht weniger in ihrer partikularen Dimension behandelt werden, zusammen mit ihren historischen Auswirkungen, genauso wie die Diskurse selbst, wie sie gesprochen und neu eingesetzt werden. Die Sprache entledigt sich aller prophetischen Aspirationen und führt vor, daß sie es tut; sie demythifiziert die

Mythen, die jüdischen Mythen nicht minder als alle anderen; sie demystifiziert die Mysterien. So ist der Sinn der überkommenen oder veralteten Worte nicht tot, ihr Sinn – mag er auch anderswo triumphieren – ist negiert, er hellt sich auf und lebt in der Negation weiter, als ein in der Rede, die ihm widerspricht, angefochtener.

Die Begegnungen, die eine Person in ihrem Leben macht, sind – oder scheinen zumindest – zufällig. Oft sind sie nicht bekannt und daher nicht leicht zu eruieren oder zu extrapolieren. Ihre Zahl bleibt jedoch beschränkt. Trotzdem ist es so, daß auch die tägliche, unscheinbare Erfahrung in die Sprache übersetzt wurde, demselben Rhythmus zufolge wie in den anderen Gedichten. Sie bleibt unentzifferbar, solange die zufällige Referenz nicht tradiert wurde oder nicht aufzufinden ist. Manche sind fixiert worden, andere hätten es sein können oder müssen; sie könnten durch eine Nachforschung und ausgehend von den durch den Text aufgeworfenen Fragen identifiziert werden. Die Materie wird oft privat genannt und deswegen als solche beiseite geschoben. In einem gewissen Sinn ist sie auch privater Natur; sie hat sich absichtlich an das Alltägliche gebunden und verwandelt dessen Status. Es sind manchmal gleichsam Notizen in einem poetischen Tagebuch, eine anekdotische Verwendung des analytischen Systems, Fragmente eines Selbstgesprächs, Wiederaufnahmen und neue Bestätigungen von Themen in letzten oder vorletzten Variationen. Die Fremdartigkeit des Gemeinten überrascht, sie vermischt sich beharrlich, und vielleicht subtiler als sonst, mit der Dunkelheit der Sprache. Transponiert und verdichtet, schreibt sich die Geschichte ein, wie sie das auch anderswo tut; daß sie an eine private Erfahrung anschließen kann, verleiht dem Prinzip einen noch umfassenderen Charakter.

Wenn man das System der Sprache nicht anerkennt, das die partikulare Aktualisierung erst ermöglicht, dann nimmt das Verlangen nach Unmittelbarkeit wieder überhand, und jene falsche Dunkelheit, mit der man vorlieb nimmt – alles, was unverständlich zu bleiben hat. Wenn man das Prinzip nicht anerkennt, bleibt der Text als Ganzes dunkel. Die meisten der veröffentlichten Studien bleiben diesen beiden Methoden verhaftet: der Suche nach einer Klarheit auf falschem Wege, in Verbindung mit den bekannten Gegenständen, oder der Anziehungskraft der trughaften Nacht, in der ein Mysterium die Präzision der nächtlichen, konstitutiven Visionen geradezu verdeckt.

Dem Leser steht es gewiß frei, in eine abgeschlossene Welt mit ihren veränderlichen Konstellationen und ihrem fixen Beziehungssystem *nicht* einzutreten; er hat darum aber nicht das Recht, zu leugnen, daß dem System jener andersartige Charakter eignet. In Wirklichkeit ist es schon so, daß ihm diese Existenz einfach nicht zugestanden wurde; wäre sie es, so wäre auch diese Projektion, so idiomatisch sie sein mag, schon längst identifiziert und entziffert worden; sie wurde verdunkelt und in eine geheime Welt von schillernden Vorstellungen übersetzt, weil man sich der *Obscuritas* zu stellen nicht bereit war.

Das Kodieren entspricht einer Lust, das Dekodieren nicht minder. Sie beruht in beiden Fällen auf dem Hin und Her im Widerspiel von Loslösung und neuem Zusammensetzen.

Beim Dekodieren führen nicht alle Hypothesen ans Ziel. Es sind eben nur Hypothesen, und als solche werden sie entweder aufgegeben oder festgehalten. Sie werden zunächst nach ihrer Wahrscheinlichkeit und dann durch den Kontext des Gesamtwerks bestätigt.

Die Lektüre

Der Text, weil er sich in einer Abgeschirmtheit konstituiert, um zu seiner Bedeutung zu gelangen und zu zeigen, daß er anders zu lesen sei, macht eine Lektüre notwendig. Die meisten Interpreten haben das nicht erkannt. Die Entzifferung führt zu einer Entdeckung; sie reproduziert den Akt der Komposition selbst. Es gilt, die Erfahrung des magischen Vollzugs nachzuvollziehen, in die Bewegung der Erfindung selbst einzutreten und sich dem fremdartigen, den Buchstaben anvertrauten Leben hinzugeben.

Die Änigmatisierung garantiert die spätere Verstehbarkeit besser als jede andere Art der Aussage, weil sie den Wortlaut einer Sinnkonstruktion unterwirft. Es ist dies der Grund, weswegen der Sinn ein eindeutiger ist, eben weil die Präzision implizit und zugleich explizierbar ist; sie wurde nicht ausgesprochen, vielmehr bezeichnet; sie ist sogar weniger etwas Gesagtes als etwas Eingezeichnetes, und somit das genaue Gegenteil des Arkanums. Der Sinn bleibt unauffindbar, solange die Lektüre nicht zum Ziel geführt hat. Es ist kein Hinweis auf eine Zwei- oder Mehrdeutigkeit gegeben. Sie würde ihn eigentlich aufheben. Das noch nicht Explizierte bleibt für eine gewisse Zeit in seiner eigentlichen und prinzipiell vorläufigen Dunkelheit geborgen.

Die Interpretation findet so den Zugang zum Gedicht, indem sie dieses in dem Augenblick erfaßt, in dem es geschrieben wurde. Es kommt wieder zu sich selbst und entzieht sich nicht länger. Seine Substanz fällt freilich nicht mit dem wiedergefundenen Sinn in eins. Die Distanz zwischen der versiegelten Form und der freigelegten Kohärenz bleibt unaufhebbar. Es ist das Gedicht und ist es nicht. Der Unterschied, der erkennbar wird, betrifft ein Gebilde, das sich von sich selbst loszulösen vermag. Der in der Interpretation zutage tretende Widerstand weist auf die innere Spannung, auf ein Sich-wieder-Zurückziehen nach der überwundenen Schwierigkeit.

Die Gedichte drängen danach, so gelesen zu werden, wie sie sich selbst kommentieren. Fast immer zeigen sie, worauf sie sich beziehen und was sie umformen. Ein Gegenstand wird nicht um seiner selbst willen evoziert, sondern um *revoziert* zu werden.

Man kann ruhig behaupten, wie dies oft geschah, daß in einem bestimmten Text nicht *expressis verbis* von Auschwitz die Rede ist.[11] Die Sprache spricht nicht unmittelbar von einem Gegenstand; die Laute und ihre Tonalität beziehen sich auf ihn. Der Unterschied vertieft sich in der Distanz zwischen irgendeiner Aussage und ihrer Wiederaufnahme und Wiederholung.[12]

Das Glück, das die Lektüre am Ende bereitet, ist nicht von Dauer; es wird in einem bestimmten Augenblick wieder zurückgenommen. Die Bewegung, die zur Aufklärung drängt, unterscheidet sich nicht vom Drang, der ursprünglich zur Konstruktion geführt hatte.

Die referentiellen Bezüge sind Ausgangspunkte, denen entgegnet wurde; eine schreibende Lektüre hat in ihnen zu sich gefunden. Sie können bekannt sein und müssen im Prinzip vom Leser, der ja selbst nicht schreibt, identifiziert werden, im Nachvollzug jener ersten Lektüre, in ihrer Entzifferung. Zumindest steht diese Möglichkeit offen, wenn das betreffende Ereignis, etwa Hiroshima,[13] oder andere persönlichere oder geheimere Begegnungen, Teil einer Materie sind, die bis zur Lesbarkeit gebracht werden kann, wie alles übrige. Der Bereich eines solchen Buchs ist ungeheuer weit, er erstreckt sich auf Gegenstände, die für die gegenwärtigen und zukünftigen Leser zwar nicht unauffindbar, doch meist nur schwer zu finden sind. Eine ganz beträchtliche Menge davon wurde bereits ausfindig gemacht – es ist dies ein Grund mehr, die Aufsätze der Sekundärliteratur, selbst die unzulänglichen, zu lesen. Dem einzelnen Leser ist es nahe zu unmöglich, alle Bezüge zu aktualisieren, sein Bildungshorizont mag noch so weit gespannt sein; es gibt einen Rest, den er nicht identifiziert hat, und einen anderen, der vielleicht gar nicht identifiziert werden kann, wenn die Erfahrung eine persönliche oder vielleicht in einem noch höheren Maß spekulative war. Der Horizont geht immer mehr verloren, und doch ist es so, daß keine Erfahrung in der Absicht verzeichnet wurde, daß sie verborgen bleibe, so privat und vertraulich sie auch gewesen sein mag.

Die Struktur und das Anströmen

Die Möglichkeiten der Anknüpfung sind unerschöpflich. Das Netz strukturiert sich im Hinblick auf sie. Eine Unbestimmtheit geht ihnen logischerweise voraus; die Assoziation ist virtuell frei und unbestimmt. Erst wenn sie mit einer qualitativen Bestimmung versehen wurde, erscheint die Materie des sprachlichen Ausdrucks in einer neuen, sinnhaften Gestalt.

Die freien Assoziationen wurden einem Integrationsprozeß

überlassen, der von ihnen Gebrauch macht, wie es ihm beliebt; was zählt, ist eben dieser Gebrauch. Sie selbst und nicht ihre Einfügung würden sonst den Anteil bilden, den man für rätselhaft hält und der einer neuen, freischwebenden Interpretation ausgeliefert wird. Man geht davon aus, daß der Leser seiner subjektiven Wahrnehmung sich anheimgibt und so den Sinn gleichsam zu einer Form und zu einem Ende bringt. Die Rezeption wird im Gegenteil vorgeformt und im Text vorbereitet. Die Entzifferung ist in ihm beschlossen und wird mit um so größerer Bestimmtheit übermittelt, als er die Distanz anzeigt, die den partikularen Ausdruck von allen Ausprägungen in der vorgängigen, schon bekannten literarischen Tradition unterscheidet.

Die sprachlichen Mittel, über die der Autor verfügte, als er den Text schrieb, stehen auch dem Leser weiter zur Verfügung. Es ist ein zweiter Schritt, der danach kommt. Wenn er sich nur an die Materie als an etwas Unverändertes hält, und also an ihr fortzeugendes Eigenleben anstatt an die Umgestaltung, die stattgefunden hat, so wird er nichts entziffern, sondern etwas Neues und Beliebiges in sie hineintragen, etwas Beliebiges, wie es die Dynamik der Sprache eben mit sich bringt. Eine stabilisierte Konstruktion erfordert es, daß der Leser auf dem Standpunkt des vorgegebenen, zu entdeckenden Sinns verharrt. Diese obstinate Erwartung ist nicht zu umgehen. Die Entzifferung setzt voraus, daß die sprachlichen Mittel in einer bestimmten Weise verwendet wurden, was darauf hinausläuft, daß eine Bewegung zu einem Stillstand und in ein stabiles Gleichgewicht gebracht wurde.

Manche mit einem enzyklopädischen Wissen ausgerüsteten Kritiker zeigen oft in der Aufzählung der möglichen Sinnhypothesen, daß die adäquate Bedeutung zumeist einer schon vom Dichter als bekannt vorausgesetzten Tradition entnommen wurde.[14] Sie könnten sich der einen oder anderen also bedienen, jedoch unter der Bedingung, daß die Interpretation das Gesetz der ursprünglichen Produktion beachtet und dieses begreift. Die Wissenschaft aber verwaltet und registriert, sie reiht alles wieder in ein Kulturerbe ein, sie hält sich an die Linien eines Diskurses, durch den sie sich selbst bestätigt. Wir sind weit von Celan entfernt. Seine Schrift war ein Bruch; seine Brechungen situierten sich neu, auf eine freie und unerwartete Weise, im Sinne eines Engagements, welches sicherlich auch nicht das ausgedehnteste Wissen ausschließt, selbst aber zu einem ausschließenden wurde – weil es so ausschließlich war.

Wenn die unzähligen zur Auswahl angebotenen Vorschläge in dem nicht minder weiten Feld der »Celan-Philologie« mit ihren Tausenden von Veröffentlichungen nicht der Beliebigkeit verfallen wollen, müßte eine jede sich als Etappe im Rahmen eines hermeneutischen Verfahrens ausweisen. Die Sinnhypothesen könnten mit beweisbaren Argumenten verworfen oder festgehalten werden. Wenn es mehrere gibt, so muß in gleicher Weise die gegenseitige Beziehung unter ihnen gerechtfertigt werden, zumindest soweit die Polyvalenz ein konstitutiver Bestandteil des Sinns ist und sich nicht einfach einer zufälligen Disposition des Materials verdankt.

Die Bemühung um ein Verständnis kann sich nicht auf einzelne Teile beschränken. Nur das Ganze ist dechiffrierbar; man muß den Weg zu Ende gehen. Bleibt ein Rest, so kann dies seine Ursache in einem teilweisen Scheitern haben, in einer Schwäche der Konzentrationsübung, die von der Lektüre verlangt wird, oder in der Unkenntnis von externen Relationen, weil diese noch nicht ausgemacht wurden. Man ist eben nicht darauf gekommen. Der unerforschte Anteil stellt aber das Prinzip der vollständigen Verstehbarkeit der inneren Logik nicht in Frage.

Man mag einwerfen, daß man immer nur Schritt für Schritt vorankommt. Manche Schritte sind größer als andere. Es haben sich empirische Fortschritte ergeben. Man hat aus Erfahrung gelernt. Und dennoch tastet man sich so nur stolpernd vorwärts, man weicht sogar der Aufgabe aus. Der Weg zur Transparenz läßt sich nicht aufteilen. Die Kohärenz, auf die eine Bedeutungstotalität bezogen bleibt, ist das Ziel. Man kommt nur in diesem Rahmen voran, Stück für Stück, Stufe um Stufe. Gewiß verdanken sich die Fortschritte in der Praxis den schrittweise ausgeschiedenen Hypothesen, doch der dabei vorherrschende Gedanke gründet auf der inneren Finalität. Die vorläufigen Resultate tragen dazu bei, den Sinn zu etablieren; man hat sich aber deshalb, wegen der partiell übernommenen Ergebnisse, nicht auch die Gesichtspunkte der unvollständigen Studien zu eigen zu machen.

Da die semantische Einheit ihre Konturen hat, kann man eine Partie erst dann verstanden haben, wenn die Interpretation bis an ihr Ziel geführt wurde. Die als solche nicht mitteilbaren Zwischenstadien eines Verständnisses müssen abgeändert und umgestoßen werden, wenn es die Erkenntnis des Ganzen erfordert. Es geschieht dies immer wieder; es gilt für die Einheit des einzelnen Gedichts, die zunächst allein maßgebliche, und dann ebenso für die Zyklen der Gedichtbände, virtuell auch für das Œuvre in seiner Gesamtheit.

Die Unvollendetheit der Form ist als solche eine irreführende Vorstellung; sie beruht auf einer generellen Aufnahmebereitschaft und Offenheit, die der Komposition vorausliegt. Die stilistischen Errungenschaften lassen sich aus einer kompositionellen Freiheit ableiten, doch werden sie alle von der *einen* Struktur belebt, die sie gemeinsam konstruieren. Die sprachliche Figur reißt sich los, sie befreit sich. Ein freies Agieren mündet in eine Bewegung, die ihren Ausdruck um ihrer selbst willen findet; der Leser erfaßt diesen singulären Willen, da, wo er, von der Leere getragen, in Erscheinung tritt.

Der Umgang mit den Texten kennt noch eine ganz andere Form der Offenheit, die sich je nach dem dahinterliegenden kulturellen Interesse einengt und abschließt. Die Lektüre kann sich davon freimachen; sie kann sich über alle Interessen hinweg am Text festlegen, in ihn eindringen und den ihm eigenen Öffnungswinkel und die ihm eigene Tonalität entdecken.

Fragen zur Hermeneutik

Es gibt in der Sprache Celans eine immer bedeutender werdende Schicht von Wörtern aus der geologischen Sphäre und aus der Morphologie des Eises. Die Steinwüste und die Frostbildungen sind lexikalische Dominanten in *Sprachgitter*; zusammen prägen sie in dem Band die Tonalität des übrigen, den Bereichen des pflanzlichen und organischen Lebens entnommenen Materials. Die Organisation des Wortschatzes strukturiert sich in größtmöglicher Konformität zur ursprünglichen Trennung. Der Übergang zu einer sprachlichen Transzendenz erfolgt im Übergang von einer Wirklichkeit in eine andere, gerechtere. Es ist keine andere denkbar. Nichts läßt sich irgendwo lokalisieren, außerhalb dieses Hinaustretens in das Jenseits des dynamischen Prozesses. Sonst könnte alles wieder in ein Diesseits zurückverwandelt werden.

Ein ästhetisches Gebilde wie dieses wurde zumeist, unter dem Einfluß eines Roland Barthes und vergleichbarer Literaturtheorien und aus der Gegnerschaft zu einer strikten Hermeneutik, aufgrund von ambivalenten Kriterien in den Blick genommen. Man fragte sich nicht mehr, ob die befolgte Theorie der Weise entsprach, wie der Text sich selbst in seiner Makro- und in seiner Mikrostruktur verstanden hatte.

Die Praxis der Interpretation müßte eigentlich dazu führen, die verschiedenen Ansätze miteinander in Konkurrenz zu bringen und so auf die Probe zu stellen. Doch die Weigerung ist prinzipieller Natur; sie läßt die absolute Differenz erkennen, die zwischen der ästhetischen Verfaßtheit des Gegenstands und einer Deformation besteht, wie sie von den an die Stelle der traditionellen explikativen Rhetorik getretenen theoretischen Diskursen vorgenommen wurde. Die zugrunde gelegten Voraussetzungen enthüllen sich in der interpretativen Praxis selbst, wenn anders die Theorie sich auf einen Gegenstand bezieht und sich darin bewährt.

Auch bei Aischylos hat man es mit einer gelehrten Dichtung zu tun; diese Virtuosität des Wissens eignete ihr auch zuvor schon, selbst bei Homer. Man kommt nicht weiter, wenn man glaubt, mit den vagen, theoretisierenden Methoden der Moderne, die man nicht auf ihre eigentliche Herkunft zurückführt, der namentlich von den Anhängern Heideggers in Verruf gebrachten philologischen Wissenschaft entkommen zu müssen. Celans Sprache ist kenntnisreich, sie ist erfüllt von einem vielfältigen Wissen, das sie sich zu eigen gemacht hat. Man muß es kennen, um es wiederzuerkennen. Es wurde in die Sprache aufgenommen, die es der Kritik unterzieht und reformiert.

Eine allgemein gefaßte philosophische Praxis hat sich mit dem Begriff der Hermeneutik verknüpft. Diese wird deshalb als solche verworfen und durch andere Perspektiven ersetzt, anstatt daß man die Form analysiert, die sie bei denen angenommen hat, die sich auf sie berufen, ihr jedoch in Wirklichkeit ihre Effizienz entziehen und so von der Kunst, schwierige Texte zu entziffern, abgebracht haben. Ihre Gültigkeit ist in einem eingeschränkten Bereich voll anzuerkennen, sofern man nur ihr Prinzip und ihre Regeln definiert. Die Kunst des Lesens wird ihrem Gegenstand erst unter der Voraussetzung gerecht, daß sie den besonderen Sprachgebrauch und die bestimmenden ästhetischen Kategorien berücksichtigt.

Da die philosophische Hermeneutik sich nicht um die Kunstregeln kümmert, die der Dichtung eigen und der hermeneutischen Analyse zugänglich sind, hätten die Kritiker die ungenügenden, weil unangemessenen Ausgangspositionen revidieren müssen. Nun verwirft die postmoderne Kritik sie aber nicht so sehr um ihrer Unzulänglichkeiten willen; sie lehnt sie nicht ihrer Infirmität wegen ab, sondern greift den das Verständnis anstrebenden hermeneutischen Vorgang selbst an. Da man keinen präzisen Sinn will, meint man, die Suche nach ihm müsse in jedem Fall ihr Ziel verfehlen. Auf diese Weise nützt man schließlich die in einer besonderen geistigen Situation begründeten Schwächen aus und macht daraus eine Theorie, wenn nicht gar eine Methode.

Die Probleme, die von der Lektüre aufgeworfen werden, sind von der Schwierigkeit des Idioms zu unterscheiden. Es geht um den Übergang von der partikularen Sprache zur Dichtung, oder richtiger, zum Herstellen sinnhafter Verbindungen in der Kunst. Wenn man sich nicht mit aller Kraft an die persönliche Gebundenheit hält, ist die Entzifferung, die auf einer zweiten Ebene eine Erkundung des poetischen Raums gebietet, mit allen Vorstößen ins Unbekannte, den Rückbezügen und Selbstbefragungen, die zum Gegenstand der Exploration werden, schwieriger und nahezu zur Ungewißheit verurteilt – so sehr ist sie der partikularen Erfahrung anvertraut. Man merkt, wie unbeirrbar der Autor seine Positionen absichert.

Die verschiedenen Formen einer Doktrin der Textualität, die sich von den traditionellen akademischen Lehren befreien wollen, haben sich nicht genügend losgemacht, um die vorhandene Negation der kanonischen Inhalte oder die Ablehnung des Vorgeprägten zu erkennen. Der Auflösungsprozeß hat die Kritiker einfach in einen grenzenlosen Raum versetzt, in dem die Verkettungen der Zeichen, wie sie ihrer Anlage entsprechen, unaufhörlich zerstückelt werden.

Die Gewohnheiten der Texterläuterung blieben traditionell einer Reihe allgemeiner Schemata verhaftet; die Sinnaufklärung war gewissermaßen vorgegeben. Deren universelle Prinzipien waren anhand anderer Gattungen aufgestellt worden und daher unfähig, den Charakter der modernen Kunst zu erfassen, die als *ars minor* etwas Kabaretthaftes und Improvisiertes an sich hat. In dieser verfahrenen Situation kam es zu der sich als modern verstehenden Reaktion, den Suche nach dem Sinn tendenziell aufzugeben und schließlich die Möglichkeit einer Bestimmung in Frage zu stellen. Angesichts ihres Scheiterns und ihrer Unbeholfenheit hat sich die Kritik eine Haltung zu eigen gemacht, die dem Werk einen vor lauter Polyvalenz quasi anonymen Bezugsrahmen zuordnete. Man konnte dann nicht mehr durch eine theoretische Reflexion die Kriterien eines wirklichen Verständnisses festlegen, um den nur allzu reellen Unzulänglichkeiten in der Literaturkritik und in der wissenschaftlichen Praxis zu begegnen.

Ein Großteil der zahllosen Kommentare – inzwischen sind es mehr als viertausend – verfehlt den Gegenstand.[15] Nichts bezieht sich darin auf den Text. Sie zeugen von einer zur Norm erhobenen verweigerten Lektüre, von einer prinzipiellen Unschärfe des lesenden Auges. Die Leere hat einen neuen Ort, das Nicht-Sein läßt sich identifizieren, doch die Studien gehen daran vorbei.

Für viele Leser sind die Gedichte, für sich genommen, einfach schön, auch ohne daß sie etwas verstehen. Man konstruiert diese Ebene – eines Sinns ohne Sinn – und kann sich dann mit einem konventionellen Inhalt zufriedengeben, der scheinbar ausgedrückt ist: »Standen wir nicht / unter *einem* Passat?« (»Sprachgitter«, I, 167) Wir beide, wir alle. Ein einziger Windhauch: die Liebe, ein einziges Schicksal, das alle Menschen vereint.

Das Großartige der Gedichte tritt hervor, wenn alle Elemente sich zu einem Ganzen gefügt haben und entziffert wurden. Wären sie dann immer noch so großartig für diejenigen, die sie wegen ihrer geheimnisvollen Aura und ihrer Undurchdringlichkeit verherrlichen, ohne sie entziffern zu wollen?

So mancher von denen, die die Texte jetzt beweihräuchern, würde sie vielleicht nicht mehr so bewundern, wenn er wüßte, was sie sagen. Diese Liebhaber ziehen es vor, zu ignorieren, was gesagt ist, anstatt ihre eigene Lektüre zu hinterfragen, während doch die Gedichte selbst gegen die Ignoranz ankämpfen und dies geradezu ihr hauptsächlicher Inhalt ist. Andere Autoren führen eine Antwort ins Treffen, die dem ihnen Bekannten entspricht; auch sie *lesen* nicht wirklich. Sie nehmen Abstand von der Lektüre, die ihnen als ein esoterischer Zwangsmechanismus gilt. So akzeptieren sie dieselbe Vorstellung von Dichtung wie die anderen, die zugleich mit der Präzision eines Inhalts auch die inhaltlichen Bezüge negieren.

Die Sinnverweigerung und die Verweigerung des Verständnisses, die so außerordentlich stark sind, wenn man sie an der nicht weniger außergewöhnlichen Präsenz und Faszination mißt, die das Werk ausübt, wurden von Celan fast vorweggenommen. Die beklagte Mißachtung seiner Dichtung erstreckte sich auch auf die künftigen Ablehnungen:

> An beiden Polen
> der Kluftrose, lesbar:
> dein geächtetes Wort.
> Nordwahr. Südhell.
> (»Harnischstriemen«, II, 28)

Das Gedicht muß sich verteidigen. Es verteidigt sich in der Nacht und ihrem eigenen Licht auf der Nachtseite.

Der Norden gebietet, mit seinem Eis und seinen Nebeln. Der Süden tritt hervor, anders als etwa bei Benn. Es ist der Süden dieses anderen Nordens. Das geächtete Wort erhebt sich wie die Vertikale eines Meridians, der die Vernichtung mit einer aus ihr aufscheinenden gebrochenen Helligkeit verbindet.

Die Hermeneutik kann nicht zum Ziel haben, wie dies Gadamer formuliert, »einen Sinnzusammenhang aus einer anderen ›Welt‹ [der des Werks, J. B.] in die eigene [uns vertraute] zu übertragen«[16]. Die Prämissen zwingen zunächst dazu, die irreduzible Fremdheit anzuerkennen; der Sinn eines esoterischen Textes entzieht sich, wenn man versucht, ihn in bekannte Visionen oder Ideen umzusetzen, da diese doch nur deswegen übertragen wurden, um in ihm umgeformt zu werden. Schon ein Versuch, die vertrauten Vorstellungen wiederzufinden, macht bereits die Negation rückgängig, deren Wahrnehmung bei Celan am Anfang des geforderten hermeneutischen Verstehens stünde.

Nichts verbietet es jedoch, im Rahmen dieser Form von Negativität die Kriterien der semantischen Kohärenz beizubehalten. Eine vollendete Form entsteht, freilich in anderer Weise. Die Gegner der Hermeneutik, anstatt die Bedingungen ihrer Anwendung aufgrund der veränderten Kunstform neu zu überdenken, wenden sich gegen das Gadamersche Konzept der Sinneinheit. Sie befreien sich nicht von früheren, an seine Sprachauffassung gebundenen Vorurteilen, die seine Hermeneutik begründen, sondern verzichten von vornherein auf die Verpflichtung, die Kompositionen so zu lesen, wie sie gemacht wurden – nämlich um gelesen zu werden. Sie vermeiden es so auch, sich deren Regeln unterstellen zu müssen.

Ist Celans Diskurs auch ein gebrochener, so eignet sich die Fragmentierung doch in gleicher Weise zur Schaffung eines sprachlichen Kontextes und eines Systems von Konnexionen. Sie sind nicht minder evident als die »Sinnfigur der Rede«[17], die als ein erstes Stadium des Verstehens aufgefaßt wird. Die Einheit ist keine im voraus etablierte und identifizierbare, in welcher Beziehung sie auch immer mit den präexistenten Elementen stehen mag; es ist eine unbekannte, etwas anderes, erst noch Aufzufindendes. Nichts Bekanntes wird unverändert wieder aufgefunden; nichts wird so beibehalten, wie es ist oder war. Die Organisation ist so neu wie die Schöpfung. Die Lektüre setzt die Kenntnis des Bekämpften voraus, im Rahmen der Tradition selbst, die Gadamer mit Recht aufrechterhält; nur erblickt er darin zu Unrecht einen positiven Horizont des Verständnisses.

Eine Logik des Dichterischen

Nach Schleiermacher »[ist] alles Vorauszusetzende in der Hermeneutik nur Sprache«[18]. Es folgt daraus, daß diese nach ihrer spezifischen »Gattung« bestimmt werden muß, als eine in einem allgemeineren Sinn dichterische, oder im engeren Sinn lyrische, oder als eine hermetische. Die progressive Anpassung des Blicks und das Verständnis der Werke hängen von dieser besonderen Erkenntnis ab; die Liste der »es ist nicht dies, sondern…« wird lang sein. Die Sprache, das ist weder der Kontext noch die Kohärenz, obwohl sie untrennbar mit den vielen spezifischen Bedeutungen verbunden ist, die eine Sukzession von Kontexten fixiert hat. Es sind zwei verschiedene Sachen. Der Bedeutungswert eines Wortes entsteht zunächst vor allem aus dem Gesamtzusammenhang der Sprache und der Verknüpfung mit den vorausgehenden Kompositionen und dann, in einem zweiten Schritt, aus der gegenseitigen Durchdringung im jeweils neuen Kontext.

Man muß bis zu dem Punkt vordringen, an dem man einer ungebundenen Phantasie und freien Erfindung entspricht. Die Wege und Umwege des Geistes und alles, was zum guten Ton gehört, sind weitgehend kulturell bedingt. Gadamer und viele andere Interpreten haben sich nicht die Mühe gemacht, ihre Welt zu verlassen; sie sind weit entfernt von Galizien, von den Judenvierteln in Wien und Berlin. Juden und Nichtjuden haben keine rechte Vorstellung, weder von dem Grad der überwundenen Distanzen noch von dem subtilen Umgang mit ihnen. Wenn die Gegnerschaften nicht wahrgenommen werden, so verdichtet sich die falsche Opazität.

Wenn Celan von der »Präzision« (III, 167) sprach, so dachte er an seine Sprache, an die kompositionellen Regeln in einem idiomatischen Raum. Die meisten Kritiker haben von außen her geurteilt; ihr Standpunkt beruhte auf einer für universell gehaltenen Wirklichkeit, eben jener, die in der Sprache des Dichters negiert wird und daher logischerweise damit unvereinbar ist. Sie wenden die Prinzipien an, die bereits zur Konstruktion anderer ästhetischer Gebilde gedient haben und die von diesen her etabliert und konstruiert wurden, ohne die Umwandlungen in den Formen der Kunst in Betracht zu ziehen.

Je willkürlicher eine Entscheidung ist, desto erbitterter wird sie verteidigt. Es geht nicht um einen Gegenstand oder um eine Person; darüber ließe sich reden. Es ist die Entscheidung selbst, ihre sich naturhaft gebende Willkür, die nicht angezweifelt werden darf.

Die Gedichte sind nur in dem von Interesse, wofür sie selbst ein Interesse zeigen. Wer mit ihnen in die Fremde geht, der entfernt sich auf den abgetrennten Flügeln der Wörter von allen vertrauten Vorstellungen. Fast alle Kritiker, mögen sie nun Dichter oder Literaturwissenschaftler sein, haben sich dem mit einer erstaunlichen Beharrlichkeit entzogen. *De facto* erschien ihnen der Gegenstand zu fremd oder auch – beides ist möglich – zu wenig exotisch.

Die Praxis einer solchen Lektüre hätte den literarischen Sitten der achtziger und neunziger Jahre widersprochen. Läßt man sich darauf ein, so verliert man sich allerdings für eine recht lange Zeit, bevor man im Gegenstand wieder zu sich findet.

Manchmal, etwa in dem Gedicht »Sprachgitter« (I, 167), hängt die Interpretation, wenn sie ihr Ziel erreichen will, von einer anfänglichen Entscheidung ab.

Die faktische Nichtanerkennung der ursächlich sprachlichen Dimension hat eine Reihe von Konsequenzen, die miteinander zusammenhängen:

1. Die der sprachlichen Materie eingeschriebene *Distanz* wird nicht berücksichtigt. Die referentiellen Bezüge werden auf eine unmittelbar wahrnehmbare Realität bezogen.[19]

2. Das historische *Ereignis* wird nicht als der Gegenstand einer freien Entscheidung angesehen, sondern in einer deterministischen Sicht als ein dem Autor auferlegtes Schicksal, dem er nun in seinem Unglück Ausdruck verleiht. Die historische Dimension wird von der Sprache geschieden, obwohl diese doch in ihrer Gesamtheit auf jene abgestimmt ist.[20]

3. Das *Gefühl* kann dann als Ursache der künstlerischen Leistung angesehen werden; es wird dies im Lauf der Lektüre in Erinnerung gerufen, wobei man annimmt, daß die syntaktische Anordnung von ihm diktiert wurde.[21]

4. Auf diese Weise kann die *geläufige* Bedeutung der Wörter beibehalten werden. Sie haben ihren üblichen Sinn, sei es nun in der Welt des Gefühls oder in jener der Sinneswahrnehmung, ohne jeden Bezug auf die Verschiebungen innerhalb des Systems.

5. Da jedoch der Transfer an einen anderen Ort nicht völlig ausgeblendet werden kann, wird er vom Sprachlichen losgelöst und so in eine traditionelle *Metaphysik* und ein Leben nach dem Tode verlegt.[22]

Am Beispiel der »Levkojen«

Die Begegnung mit der Geschichte hat aber stattgefunden, in jeder Hinsicht. Das Du ist eine Identität, die sich in der Sprache konstruiert hat. Das Selbstsein ist eine vorgängige Entscheidung (*ante*). »Hiedrüben« in dem Gedicht ist nicht ein Jenseits, sondern das genaue Gegenteil davon: das »hier« im Übergang zum Bereich der Sprache, ein »dort« in ihr, an dem die »Kastanie« zur »Schwester« wird.

Levkojen, katzenbemündigt.
Beweibt
rechts von dir dieser Rasen.

Stab- und Mondsichel-Patt.

Du sollst nicht, so, gleich dir, hinterm Gitter, damals,
der
maltesische Jude, groß-
lippig – ihn
sprang der Knochen an, jäher
als dich, der Knochen,
den ein schon Morgiger warf –,
du
sollst nicht
aufsehn zum Himmel, du ließest
ihn denn, wie er dich,
im Stich, neben-
lichtig.
. . . .
Schwester Kastanie, Vielblatt,
mit deinem blanken
Hiedrüben.
(II, 374)

Man könnte von der wahrscheinlichen Zerlegung des deutschen Namens der Blume in ein hebräisches »Lev« (»Herz«) und in »Koje« ausgehen. Die »Kojen des Herzens« haben Katzen als Münder. Der »beobachtende« Erzähler ist von Mädchen umgeben. Der beweibte Rasen der Avenue in seinem Viertel, nahe der Ecole Normale Supérieure und des Jardin du Luxembourg, hat an jenem Tag seinen Furor. Die beiden homonymen Wörter, der »Rasen« im Park und das »Rasen« des Deliriums, überlagern sich; der Text weist auf ihn hin: es ist »dieser«, in dieser Gestalt, hier vor ihm, er geht so ins Gedicht ein.

Eine Szene entwickelt sich darin, aus einer Liebesszene wird eine Inszenierung auf der sprachlichen Bühne. Männliches und Weibliches halten einander die Waage, sie blockieren einander. Der Stab steht aufrecht, die Sichel beschneidet die Beute, die der

Ausstieg in den lunaren Bereich eingebracht hat. Sie kommen keinen Schritt weiter, können nicht aufeinander zugehen (Strophe 2). Eine gerade und eine gebogene Form werden einander zugeordnet, mitten in dem astralen, im Sprachraum eroberten Land. Das Gedicht ist, wie manche andere auch, auf einen Tag des Mai 1968 datiert.[23] Dieses hier entstand gegen sein Ende, zur Zeit der Auflösung des Aufstands. Es verweist den Beobachter auf die Gestirne. Die Spur des Orts, die Gärten der Avenue de l'Observatoire mit der Kuppel der Pariser Sternwarte an ihrem Ende, führt aber zur Sinnerläuterung genausowenig dies die Anknüpfung an die Handlung in Marlowes Drama *Der Jude von Malta* tut, dessen Titel hier eher als ein Erkennungszeichen der Revolte figuriert. Alle diese Elemente fügen sich mit anderen in den Kristallisationsprozeß einer Reflexion über die Kunst ein – zusammen mit Verweisen auf Texte aus den früheren Gedichtbänden und mit Absicht auch auf den ersten unter ihnen, *Mohn und Gedächtnis* (und *Der Sand aus den Urnen*). Der Dichter bestimmt seinen Ort neu, er definiert von neuem seine Position, genauer gesagt die Position der Poesie, im alten Dialog, den das historische Subjekt, das Ich, dem anderen, dem Du, zu schreiben erlaubt, hier mit all dem Rasen der Weiber zu seiner Rechten (*ad dextram*). Die Ekstase eines libertären Aufbegehrens am Boden genügt sich selbst. Das Hiesige zählt, die Erde hier.

Man könnte sich fragen, ob der maltesische Jude mit seiner Lippe nicht eine genau identifizierbare Person bezeichnet, die vor Celan gelebt hätte (»damals«), vor der NS-Zeit; es ist nicht sehr wahrscheinlich, zunächst weil »Malta« wohl einen zu anekdotischen und geheimen Charakter bekäme – es wäre quasi unauffindbar –, und außerdem, weil das »gleich dir« und vor allem »hinter dem Gitter« eine wesensnähere Beziehung im Schreiben zwischen dem Dichter und diesem Juden voraussetzen. Wenn es sich um einen traditionellen Händler handelt, wie den Barabas in Marlowes Stück, so erfaßt man durch das Gitter eine zwischen dem biblischen Buchstaben und der dichterischen Komposition hergestellte Beziehung. Ein »damals«, das an anderer Stelle die Zeit der Vernichtungslager festhält (»Engführung«, I, 203), wird hier in eine Ferne projiziert, ins 16. Jahrhundert: das Rasen eines unbändigen und doktrinal bedingten Antisemitismus kündigt bereits eine gar nicht so ferne Zukunft an, in gerader Linie; ein

»Morgen« war bereits da, wie jenes, das sich im Rauch der Lokomotive im Berliner Anhalter Bahnhof manifestierte, als Celan im Herbst 1938 auf dem Weg nach Frankreich Deutschland durchquerte (vgl. »La Contrescarpe«, I, 283). Was blieb Barabas denn anderes übrig, als mit seinem Gott zu hadern und gegen die Ungerechtigkeit zu protestieren, die ihm zugefügt wurde?

Die Brücken sind seither abgebrochen worden. Gott hat sich abgewendet. Es scheint, als würde auf diese Weise, aufgrund dieser weit entfernten Vorgeschichte, dieses »jäher als dich« verständlich. Inzwischen hat sich der, den man in seiner Verzweiflung anrief, verabschiedet. Das Aufbegehren hat einen anderen Ort gefunden, es stillt sein Bedürfnis auf Erden. Der Himmel hat sich zurückgezogen. Dieser Rückzug brachte den Vorteil, daß die irdischen Negationen frei ausgelebt wurden. Der Dichter ist nicht einer, der von seinem Gott verlassen wurde; er orchestriert die Verweigerung und den Protest mit Hilfe aller umgeleiteten und indirekten Gegenschläge, die er sich auszudenken vermag.

Die letzten Verse knüpfen die Verbindung zur Vergangenheit. In dem Gedicht »Drüben« (III, 11), dem Eingangsgedicht in dem 1948 aus dem Handel genommenen Band *Der Sand aus den Urnen*, wird eine ursprüngliche Grenzüberschreitung umrissen. Sie führte aus dem geschlossenen Kreis eines Bei-sich-Seins in die ferne »Welt«, die ihm in der Ferne die Geliebten (die »Schwestern«, die »Kastanien«) auftun und in der das Feuer des »roten Fingerhuts« vorherrscht. In dem Spiel der »Begeisterung« des neuen Kontextes hat die Endsilbe »-ien« (die an einen Ländernamen gemahnt, wie »Transnistrien« oder »Transsylvanien« oder auch »Kakanien«) möglicherweise eine privative Bedeutung angenommen, durch eine Zerlegung in »casta« und »nie«: »ohne Keuschheit«. Die Transzendenz wird eingegrenzt; sie regeneriert sich in der Liebe und wird immer wieder neu geschrieben, in einer die Vielzahl von Blättern hervorbringenden Produktion.

In der Wiederaufnahme dieses Titels wird ein Drüben in den eigenen Horizont verlagert, in die waagrechte Linie der menschlichen Begegnungen: das Jenseits, es ist hier, »hiedrüben«, in dem, wenn man will, leicht visionären Spektakel einer voltigierenden Revolte, in der eine Flut von Liebespaaren herumwirbelt.

Die Identifikation mit einem zitierten Text, der »vorgängige Konsensus«[24], betrifft die Relation zwischen der idiomatischen Sprache und der Textur der integrierten Elemente, die nicht in gleicher Weise von der Gemeinsprache abgetrennte Einheiten sind. Die Alchimie dieser Integration vollzieht sich auf staunenswerten Wegen. Die Genauigkeit des Vorgangs, den man mit Recht »Lektüre« nennt, ist von der postmodernen Kritik nichtsdestoweniger angezweifelt worden.[25] Der Prozeß wurde unter vier Gesichtspunkten angefochten: dem der Identifikation mit den zitierten Elementen, des Status der Autorintention, des Primats des Inhaltlich-Thematischen und schließlich der Sinneinheit.

1. Die Identifikation mit dem Referenzpunkt ist notwendig, wenn man den Umstand in Betracht zieht, daß die idiomatische Sprache das Zitat durchdringt. Abgesehen von ganz wenigen Zustimmungen ist aber jeweils eine Distanz ausgedrückt. Die Anleihe wird zugleich aufgezeigt und umgebildet. Der Bezug kann auf diesen beiden Ebenen analysiert werden, ohne daß die Sinneinheit des Textes in Frage gestellt wäre.

Die Intertextualität, die modellhaft für die Differenz steht, wirft ein komplexes Problem auf. Die Bedeutung des Begriffs verändert sich, wenn man den bestimmten Charakter der Wiederaufnahme in Betracht zieht. Das Vokabular erfindet sich neu im internen Dialog, den das dichterische Sprechen mit sich selbst führt, im Modus der Variation, die von der virtuellen Bestätigung bis zur radikalen Infragestellung reicht.

2. Es trifft nicht zu, daß die Intention eine »irreduzible Ablenkung [...] durch die Sprache«[26] erfährt, wenn die Identität sich gerade vom Idiom herleitet. Das Problem kann nicht mit den gewählten poststrukturalistischen oder dekonstruktionistischen Begriffen gelöst werden. Die Verwendung eines kulturellen Bezugs, wessen Ursprungs auch immer, gewinnt eine Bedeutung schon durch die Wahl und durch die Bedeutung, die ihr beigemessen wird, noch vor der Integration in den Text. Das selektive Verfahren ist seinerzeit von Peter Szondi in seinen Ausführungen zu »Du liegst« aufgezeigt worden[27]; andererseits verbietet es die vorgängige Herausbildung des Idioms, die Intentionalität einfach zu verwerfen. Sie kann nicht auf die Mecha-

nismen einer immanenten hermeneutischen Struktur angewendet werden. Die Bedeutungselemente sind schon ausgerichtet; sie resultieren aus den Differenzierungen eines Gesamtzusammenhangs. Das Zitat wird eingefangen; es wird in das Netz einer neuen Struktur integriert, die als eine konstruierte auch entzifferbar ist und die Regeln festlegt. Die Intention ist keine beliebige Ablenkung; sie beruht auf einer Divergenz.

3. Die Erweiterung der formalen Mittel rechtfertigt es nicht, eine Anzahl nichtthematischer Elemente dem Aufbau eines semantischen Inhalts entgegenzuhalten, der ihnen in diesem Konflikt geopfert wird. Dasselbe Vorurteil vereint die Hermeneutik Gadamers und den Dekonstruktionismus. Die eigengesetzlichen automatischen Vorgänge einer universellen und anonymen Subjektivität werden gegen eine zielgerichtete singuläre Produktion ausgespielt. Die zentrale Frage nach der Stimmigkeit der Teile, die ein Gesetz der Tonalität und des Themas zusammenhält, stellt man auch nicht ansatzweise. Die individuelle semantische Erfindungsfreiheit wird dadurch in keiner Weise beschränkt. Die Beispiele rhythmischer Reprisen, die stark von einem kulturellen und rituellen Kontext geprägt sind, zeigen deutlich, wie die Parodie der Formen und der subversive Einschlag sich in einem autonomen System begegnen. Im Gebrauch, der von der Polyvalenz gemacht wird, grenzt sich die Offenheit ein. Eine Form schiebt sich in die andere, die vor ihr existierte, so daß der Sinn aus einer Differenz in der Neuverwendung des Materials entsteht; er verdankt sich dem Faktum, daß die Abänderung einer Form eine bestimmte ist.

4. Die semantische Kohärenz beruht nicht auf »metaphysischen Hierarchien«[28]. Weder kann man Celan etwas derartiges unterstellen noch kann man in einer entgegengesetzten Perspektive annehmen, daß ein Rekurs auf die Theorien von den Zeichensystemen, die damals im Umlauf waren, ihn daran gehindert habe, semantische Strukturen zu entwerfen, die, um nicht »metaphysisch« zu sein, auf Rigorosität verzichtet hätten, ganz im Gegenteil. Das Mißverständnis ist groß. Die radikalsten subversiven Systeme leiten sich von der Metaphysik her.

Die Entzifferung wurde im voraus und prinzipiell verworfen. Der Sinn ist solcherart verdeckt und die Auseinandersetzung, die sich im Text ausdrückt, wird annulliert. Man bringt die Suche nach dem Sinn in Verruf, indem man sie mit einer mit gutem Recht für einschränkend angesehenen Hermeneutik gleichsetzt, ohne daß man sich, um den Mangel wettzumachen, bemühen würde, von den ästhetischen Voraussetzungen auszugehen, die hermeneutisch dem Interpretationsobjekt entsprechen könnten. Man hält es lieber mit einer zum Prinzip erhobenen Dekomposition ohne Ziel. Eine solidere theoretische Diskussion hätte zur Begründung einer geeigneten Methode geführt. Wenn man sich nicht mit dem Werk befassen will, so deswegen, weil man gewisse Befürchtungen hegt; man würde es tatsächlich nicht wünschen, darin eingeschlossen zu sein. Immerhin müßte man zuerst darin gefangen sein, um aus ihm, in Kenntnis der Sachlage, wieder herauszugelangen.

Wäre die Diskussion nicht durch das Postulat der Unmöglichkeit eines wissenschaftlichen oder philologischen Konsenses blockiert, so könnte man darangehen, den Grad der Kohärenz eines Textes richtig zu ermessen, und so zu erkennen, was in der Logik einer plausiblen Entzifferung dazu gehört, um diesen Anteil von jenem anderen zu unterscheiden, der von einem angeblichen Exzeß und aus einer irrtümlichen, unangemessenen Interpretation herrührt. Der Text hat sich seine Freiheit herausgenommen; der Leser kann sie ablehnen; er verfährt nicht anders als mit anderen Texten auch, unter Mißachtung der Regel, die dieser eine sich selbst gegeben hat. Der Text und der Interpret reden dann aneinander vorbei.

Der Ausdruck »vorgängiger Konsensus«[29] ist im Zusammenhang mit den Zitaten freilich nicht sehr glücklich gewählt. Insofern sie integriert wurden, konsonieren und dissonieren sie; ganz selten nur sind sie konsentierend.

Der Signifikant der Willkür

Die Begegnung, die im Text Gestalt annimmt, hat nichts Willkürliches. Auch der Zufall ist vorgeformt und läßt sich wiedererkennen; er wird nach seiner Stellung in einem Raster entziffert.

Das historische Subjekt wählt die Situation, in der es sich befindet und die es mit anderen Personen teilt. Es existiert in dem Maße, als es sich selbst verantwortet. Es hat sich durch diese Entscheidung gebildet, wie andere, insofern sie dieselbe getroffen haben. Das lyrische Subjekt, das sich in der Sprache konstituiert, verändert die partikulare Situation, in der es steht, in dem Augenblick, in dem es schreibt. Das Zufällige ist also gar nicht so zufällig. Der Prätext der Gedichte ist ein je partikulares kontingentes Ereignis, das die volle deiktische Kraft eines Demonstrativpronomens als solches, als ein »dieses« kennzeichnet. Der Text entfernt sich nicht von dieser partikularen Konstellation; er gibt ihr einen Sinn, und zwar *seinen* Sinn – den Sinn, den sie für den annimmt, der sich zu dieser Begegnung entschlossen hatte oder nicht.

Der Code wird von den Wörtern geliefert, mit immer größerer Klarheit; sie sind die Zeichen der verwandelten Materie. Die komplexe Interpretation des Zufälligen zeigt, daß die Wörter bereits nicht mehr nur ihren gewöhnlichen Status bezeichnen und daß eine Begegnung nicht weniger bedeutsam wird als eine rein experimentelle, konstruierte Situation. Es ist genau derselbe Vorgang. Das neue sprachliche System kann überall umgrenzt, extrapoliert und identifiziert werden. Die Lektüre rekonstruiert den Augenblick dieser Begegnung, die Konfrontation einer Sprache mit einer anderen; sie erfordert die Kenntnis eines Innen und eines Außen, sie drängt zur Suche und führt zur Entdeckung. Der partikulare Bezug, der außerhalb des Systems liegt, läßt sich erkennen, wenn man die nötige Aufmerksamkeit aufbringt, aufgrund einer individuellen Bemühung, die auch kollektiv ist. Die Beziehung eines Worts auf die von ihm nicht reproduzierte, sondern hervorgebrachte Wirklichkeit ist kodiert worden; die Zeichen wurden neu konzipiert und verteilt. So gibt es nichts Undechiffrierbares, wenn die Chiffren einmal bekannt sind, nur mehr den Prozeß des Dechiffrierens.

Wenn man schreibt, daß in »Frankfurt, September«, das in einem September in Frankfurt entstand, der Monatsname »unmotiviert« bleibt, so verschließt man sich dem Appell des Worts *qua* Wort.[30] Es verlangt im Gegenteil nach einer Analyse. Eine Ortsbestimmung und ein Datum, die an sich anekdotisch sind, werden vermöge des sprachlichen Prismas im Kontext in ihre Bedeutung eingesetzt. Man bereitete im S. Fischer Verlag die Frankfurter Buchmesse vor, die im Herbst 1965 vom 13. bis zum 18. Oktober stattfand, doch die chronologische Fixierung gewinnt eine zweite, interne Funktion. In diesem Sinn handelt es sich um eine Überlagerung von Sinnschichten, eine Polyvalenz (»Vielstelligkeit«, III, 167), das heißt eine gerichtete Polysemie, die nicht weniger dechiffrierbar und eindeutig ist als ein Sinn. Es ist ein interpretierendes »Mehr«. Die dem Niedergehen wie dem Untergang gerecht werdende Siebenzahl im Wort September[31] notiert eine Fülle; sie steht im Einklang mit der Bedeutung, die in Celans Dichtung das Wort »spät« angenommen hat.

Den unmittelbaren Erfahrungen wird durch die Umsetzung eine vertiefte Wirklichkeit zu eigen. Sie klären sich dadurch auf, daß sie bedeutsam werden. Es ist diese Umsetzung, die sich dechiffrieren läßt. Das Sagen interpretiert sich in der Wiederholung. »September« kann nach der etymologischen Figur *gelesen* werden, mit den semantischen Bestimmungen der Sprache Celans. Sie unterscheidet sich nicht grundsätzlich von einer funktionaleren Bezeichnung. Die Sprache kommt auf das zurück, wovon sie sich entfernt, sie erhellt durch einen eigenen und dunklen Gebrauch die unmittelbarste Wirklichkeit, so wie man diese für gewöhnlich versteht.

> Du sollst zum Aug der Fremden sagen: Sei das Wasser.
> [...]
> Du sollst sie rufen aus dem Wasser: Ruth! Noëmi! Mirjam!
> Du sollst sie schmücken, wenn du bei der Fremden liegst.[32]

Das Zufällige eines Namens, dessen, den seine Frau Gisèle trug, eine geborene *Lestrange* (altfranzösisch *estrange*, von lat. *extraneum*, »fremd«), fällt mit einer signifikanten Realität in eins, die in einem vor ihrer Begegnung geschriebenen Gedicht geschaffen wurde. Im Titel bezeichnet Ägypten, der Name des alttestamentarischen Exils, eine »Fremde«. Es ist wohl eine Frau, an deren Seite der Dichter liegt. Sie ist keine Jüdin. Der Dichter gehorcht in der Invention einem Auftrag. Als Ägypterin ermöglicht sie es ihm, die Toten wieder zum Leben zu bringen; am Ende werden es diese wiedererweckten Toten sein, die er geliebt hat. Die Namen treten in einem Umkreis der Vernichtung hervor. Das Leben wird dem Tod assimiliert. Das Haar der Fremden hat die Feinheit des Gewölks. Das Wort »Fremde« wird auf diese Weise sinnhaft und gewinnt seine Bedeutung; es war zu einem »Namen« geworden.

Als 1972 Szondis Essay über »Du liegst«[33] erschien, war die damalige Kritik nicht imstande, die Bedeutsamkeit des empirischen Materials zu erkennen; die intellektuelle Prästrukturiertheit einer Lebenserfahrung, die den genauen Gegensatz zur simplen Kontingenz bildet, entzog sich ihr. Das Zufällige wird sinnträchtig. Die Erfahrung ist gewiß eine persönliche; doch wird sie deshalb nicht weniger umgeformt und somit verständlich. Nun hat man aber geglaubt, daß die Spuren dieser Begegnung im Text ein Anzeichen von Schwäche waren. Woran man sich stieß, war der Mangel an Allgemeinheit, die Prätention des Singulären.

Die Wahrnehmung ist in Wirklichkeit schon darum eine vorgängige, weil sie mit dem Schreibprozeß zusammenfällt.

Bestätigungen

Die Schriftsteller stehen in einem Gespräch mit ihren Werken. Nicht bloß, indem sie darin einen neuen Sinn entdecken, ähnlich wie dies andere Leser tun könnten, die den ihren herantragen, sondern eher dadurch, daß ein gesetzter Sinn seine Bestätigung findet und daß sich seine Tragweite in der Erfahrung einer neuen Anwendung bewährt. Die Schrift bereichert sich in ihrer Verknüpfung mit einer Idee. Der literarische Dialog öffnet sich auf andere Texte hin; er führt von sich aus zu unvermeidlichen Konfrontationen. Und doch beeinträchtigt diese Öffnung in keiner Weise die Präzision der Entzifferung, im Gegenteil. Das interne Bezugssystem ist grenzenlos, es weitet sich aus. Die Dichter schreiben ihre Gedichte manchmal weiter, jedenfalls leben sie mit ihnen. Die Schrift ist ihr Instrument, die Welt wahrzunehmen.

Der Sinn bleibt auf sich selbst hin offen. Als Celan im April und Mai 1967 Gershom Scholem liest, begegnet er sich selbst und entdeckt die Umwandlung von älteren Lektüren wieder, die sich in manchen seiner Gedichte niedergeschlagen hatte.

Im ersten Kapitel von Scholems Aufsatzsammlung *Von der mystischen Gestalt der Gottheit*[34] erscheint, »am Wasser der *Sophia* genährt«, die dynamische Einheit des *Sefiroth*-Baums[35]: »Es ist ein Baum, der von oben nach unten wächst, ein Bild, das aus vielen Mythen uns bekannt ist«.[36] Der Dichter notiert am Rande der Seite: »vgl. Ich hörte sagen«. In der zweiten Strophe dieses Gedichts aus *Von Schwelle zu Schwelle* konnte man lesen:

Ich sah meine Pappel hinabgehn zum Wasser,
ich sah, wie ihr Arm hinuntergriff in die Tiefe,
ich sah ihre Wurzeln gen Himmel um Nacht flehn.
(I, 85)

Im dritten Kapitel über den *Zaddik* zitiert Scholem eine extremistische Definition des »Gerechten« durch den Rabbi Bär von Meseritz: »Der Gerechte steht im Nichts.«[37] Es ist das Nichts Gottes, dem die Schöpfung entspringt, und zugleich für den Weisen das Ende seines Wegs. Celan merkt dazu an: »Vgl. sein Aug, dem Nichts stehts entgegen.« Er zieht eine Verbindung von dem Satz bei Scholem zur dritten Strophe von »Mandorla«:

Und dein Aug – wohin steht dein Auge?
Dein Aug steht der Mandel entgegen.
Dein Aug, dem Nichts stehts entgegen.
(I, 244)

Dieser Vers mit dem »Auge« wird durch Bleistiftanstreichungen in Celans Exemplar auf der nächsten Seite in Beziehung gebracht mit der Überlegenheit dieser Rückkehr ins Nichts über die Schöpfung *aus* dem Nichts. Das Etwas verwandelt sich, in dieser Umkehrung, wieder ins Nichts. Es sei dies ein »größeres Wunder« als das erste. Der Gerechte »[hat] sich selbst entäußert und [ist] ein reines Medium geworden«[38]; deshalb »wird er Spiegel genannt, denn jeder, der auf ihn schaut, sieht sich selbst«[39].

Diese Bezüge haben nichts mit der Genese des Textes zu tun;

im Gegenteil, sie resultieren aus einer Beziehung, die erst *a posteriori* hergestellt wurde, aus einer neuen Lektüre des bereits Geschriebenen auf dem Umweg über die Interpretation eines anderen Textes.

Der Sinn, der geschrieben wurde, enthüllt sich als der, der er war, aber aufgrund einer neuen Erfahrung. Es ist, als ob er noch nicht gefunden worden wäre. Die neue Lektüre kann nicht zugunsten einer freien Interpretation des ursprünglichen Textes angeführt werden. Die Anreicherung folgt einer bereits gezogenen Linie auf ein Ziel zu, das der Autor anderswo wiederfindet. Es widerfuhr ihm immer wieder. Die Dichter stehen oft in einem Dialog mit dem, was sie geschrieben haben: Ist das, wovon hier die Rede ist, nicht genau das, was ich geschrieben hatte? Die Tragweite wird beständig und auf vielfache Weise vom Autor verstärkt. Der Sinn hat diese Bedeutungen, indem er zu sich kommt.

Nie wird man, in welchem Buch auch immer, einen Schlüssel zum Sinn finden. Was etwa die Herausbildung der Sprache angeht, so wurde das Du Martin Bubers, so sehr seine Kenntnis auch hilfreich sein kann, zutiefst umgeformt. Dasselbe gilt für die Begegnungen: sie sind jedesmal spezifisch und neugestaltet. Wenn der Bezug identifiziert werden kann, so erfährt man durch ihn nur, welche Materie in Angriff genommen wurde. Und doch liefert diese äußere Materie den Zugang. Der Prozeß des Formens wird aus dem umgeformten Gegenstand erkenntlich.

Es gibt keine klassischen Autoren, keinen Kanon, nichts, in der Immensität der Tradition. Nur die getroffene Wahl, jene, die sich im Lauf der Jahre herausgebildet hat: die Fragmente sind mit den Lektüren ins Buch eingegangen. Sie sind *lesbar* geworden, mit ihrem Sinn, der einem anderen widersprach, eine lange Reihe von Entgegnungen – Endlichkeiten in einem unendlichen Feld.

Jedes Zitat wird in das sich herauskristallisierende System einbezogen; die Differenz mag dadurch beträchtlich sein. Die Wörter heften sich zunächst an nichts und dann an alles mögliche, aus Zufall und Notwendigkeit, aufgrund der beiden Phasen innerhalb der Begegnung.[40] Die Bedeutung resultiert aus der Einbindung: Der Satz bekommt für mich diesen Sinn, ich kann ihn lesen (vgl. »Kermorvan«, I, 263). Die Umformung bleibt an den Akt gebunden, als der Satz transferiert wurde, als er unter der Feder auf dem Blatt neu erschien. Die Beliebigkeit hat dann aufgehört, eine beliebige zu sein.

Man hat behauptet, daß sich das Hin und Her zwischen dem hergestellten Bezug und seiner Integration nur aufrechterhalten ließe, wenn die Sprache aufgehört habe, produktiv zu sein und ihre Funktion sich auf das Übertragen beschränke.[41] Die produktive Macht bleibt aber im Moment des Transfers in das System natürlich intakt. Das Gesetz des Bruchs ist dominierend. Im Augenblick der Integration hat er schon stattgefunden; alle anderen Differenzen hängen von ihm ab. Die Produktivität der Sprache ist nicht unvereinbar mit dem sich konsolidierenden Sinn; sie ist von vornherein ausgerichtet, weil sie als eine sekundäre Produktion einem nicht veränderlichen Grundschema folgt, dessen Struktur sich den geringsten rhythmischen Bewegungen mitteilt. Was sich verändert, ist die Anwendung.

Celan sagte zuweilen von sich: »Ich bin die Poesie«,[42] so wie Rimbaud schrieb: »Ich wurde zu einer fabelhaften Oper«.[43] Mit einem schärferen kulturellen Bewußtsein ausgestattet, sagte Celan so, nach Rimbaud, daß er die Macht und die Kraft besaß, auch in den größten poetischen Triumphen als immer derselbe zu sich selbst zu finden. Er sagte damit außerdem, daß er die gelesene, das heißt neu gelesene Dichtung gleichzeitig in sich aufgenommen hatte. Er verfügte über die in ihr abgelagerte thematische Sedimentation.

Jedes Gedicht bestand aus den vergangenen – in ihnen und gegen sie. Er nahm das universelle Erbe auf und befreite sich davon durch den Filter eines Du, das an ein Ich gebunden war. Seine eigenen Gedichte wurden ebenfalls zu einem Teil davon. Das traf vor allem nach der *Niemandsrose* zu, deren Erscheinen mehr einen Endpunkt als einen Bruch in der Entwicklung bedeutet hatte. Das frühere Werk, soweit es sich unterscheiden läßt, sollte sodann einen impliziten oder expliziten Referenzrahmen bilden für das, was er zu schreiben begann, Gedichte über Gedichte und über das Dichten.

Der Einstieg in die Materie

Der historische Neigungswinkel

Im Grunde genommen ist alles Sagen ein Wiederholen, in dem eine Differenz eingeführt wird. Das In-Beziehung-Setzen vollzieht sich aus einer Ferne und ist stets mit einer Interpretation verbunden. Neu gesagt wird die Sache zu einer anderen und dadurch wahrer.

Einem Schriftsteller der Vergangenheit eine eigene Philosophie zuzuschreiben, hielt René Wellek für einen Anachronismus.[44] Die Annahme rechtfertigt sich von selbst: zum einen, weil ein Autor seine Weltanschauung kaum je erfindet und zum anderen, weil er beim Schreiben auch nicht die eines anderen wiedergibt, was immer man denken mag. Er stellt sich zu ihr in eine Beziehung. Ein literarisches Werk führt angesichts eines Denksystems, mag es nun anerkannt sein oder nicht, eine Perspektive ein, schon aufgrund dessen, daß es sich situiert, ohne in Konkurrenz zu treten. Der vermittelte und doch auch persönliche Blickwinkel ist ein entscheidendes Kriterium, um den Rang eines Werks zu bewerten.

Solange der qualitative Anspruch eines Werks nicht bis zu einer radikalen Distanzierung gebracht wurde, bewahrt es die Ideen und Modelle, die schon vorlagen und es geformt haben.

Von Heraklit oder Sophokles zu Celan, stets ist es die gezielte Differenz, die sich einem Satzgefüge einschreibt und den Sinn ergibt. Die Distanz ist absichtlich gesetzt, sie entfernt sich von einer Norm oder Erwartung. Der Bruch zeigt seine Motivation; die Reflexion leitet sich von ihr her, sie erscheint als eine Reaktion. Auch der Satz, so wie er nicht gesagt wird, bleibt vorhanden; man mag ihn wahrnehmen oder nicht, er gibt die Richtung an und hilft bei der Festlegung des Sinns. Das Gegenwort lebt von der Potenz, von der Ungebundenheit im Umgang mit den poetischen Konventionen.

So wird eine Schöpfung zur Neuschöpfung, aus einer Fremdheit und von einem Draußen her. Ansonsten verharrt man in dem, was bereits existiert und was früher existierte.

Nie wird ein Satz dem Inhalt eines anderen angeglichen werden, auf den er sich, ausdrücklich oder implizit, bezieht. Es gibt immer diesen Schnitt.

Die Bezugnahme auf einen literarischen oder nichtliterarischen Inhalt bewahrt, allen gegensätzlichen Meinungen zum Trotz, nirgends die ursprüngliche Bedeutung. Man könnte einwenden, daß es nur halb wahr ist, da die Sache ja weiterlebt und womöglich nur einer ihrer Aspekte verschwindet. Doch besteht nichts weiter, nichts als der Widerspruch. Wenn eine Hommage ausgedrückt wird, so in der Verbindung mit der Negation. Das dichterische Subjekt rekonstituiert sich, wenn es auf Distanz geht, in gleicher Weise, wie es das mit den Wörtern macht. Wo dies nicht der Fall ist, mag die Negation in der Parteinahme für eine zurückgesetzte Bedeutung bestehen; es wäre so auch wiederum eine Entgegnung auf die etablierten Bedeutungen ausgedrückt. Alles ist stets entgegengesetzt.

Die Bezugnahme auf die Werke der Vergangenheit hat nicht überall dieselbe Bedeutung. Man kann darin in Ausnahmefällen eine durch diese Geste hervorgehobene Form der Anerkennung sehen. Die Distanzierung ist die Regel. Die beiden Situationen können durch die Namen Kafka und Hölderlin bezeichnet werden, von denen der eine eine Nähe und der andere eine irreduzible Distanz bezeichnet. Alle sind sie jedoch im Prinzip in gleicher Weise sinnhaft, da sie aus der Begegnung mit einem Satz, einem Text, oft mit einem Buch hervorgegangen sind. Der Fächer der Reaktionen ist stets breit geöffnet. Alles mögliche kann ebensogut seinen Eingang finden. Es läßt sich keinerlei Affinität festmachen, die einem Einfluß gleichkäme, wie vertraut auch immer der gelesene Autor sein mag und wie entscheidend eine Lektüre.[45] Der Horizont bestimmt sich immer neu. Der Unterschied zwischen Mandelstam und Celan ist, bei aller Anerkennung, groß; er betrifft sogar die Grundlagen, die Auffassungen des Sprachlichen und des Dichterischen.

Gegen die Interpretationen, die sich aus den aufgespürten Bezügen aufbauen, ist festzuhalten, daß kein Zitat je eine Zustimmung zu einer Doktrin mit einschließt. Der ursprüngliche Inhalt wird nicht aufbewahrt, er wird als vorhanden vorausgesetzt und in Frage gestellt und meistens negiert. Die Frage ist auch nicht, was er heute *ad nos* bedeuten kann, sondern er wird als ein weiteres Element in der uneingeschränkten Offenheit der Sprache behandelt, im Horizont einer poetischen Überprüfung der Poesie.

Die einzige Tradition, die nicht in Frage gestellt wird, ist zweifellos die des Infragestellens. Die Innovation beruht, schon bei Heine, auf der Absicht zur Freisetzung. Der Kampf gegen die Repression schafft eine Genealogie; nur diese wird akzeptiert, sie gliedert sich der Linie der Revolten, der Erhebungen und aller im Lauf der Geschichte unterdrückten Bewegungen ein. Die Schrift integriert nicht, sie befreit sich; sie schafft ihren eigenen Raum.

In dieser Perspektive kann der ungeahnt weite Umkreis der aufgenommenen Hinweise als eine noch nicht dagewesene Struktur gelesen werden, die gleichsam entschlackt wird. Aus den je für sich explorierten Einheiten werden vereinzelte Stationen eines neu errungenen Weges. Die Zitate fangen etwas ein, es sind Begegnungen, die aufgrund eines unterscheidenden und selektiven Charakters bedeutsam werden. Die Befragung der fremden Texte enthüllt ihren Sinn unter der Voraussetzung, daß man den maximalen Entfernungsgrad akzeptiert.

Theoretisch nicht unbedingt, jedoch faktisch von dieser Konstanz des dechiffrierbaren Widerspruchs verschieden ist jener Bereich im Sprachlichen, in den ein stets bereits kulturell und literarisch gebildetes Material als Ganzes aufgenommen wurde. Es ist dies die aus der Dichtung *ante* bezogene Sprache, die der Dichter zu durchqueren beschlossen hat, um von ihr Besitz zu ergreifen, die er sich angeeignet hat, um aus ihr ein geläutertes, entblößtes, neu wirkendes Instrument zu machen.

Man findet das Unbekannte im Bekannten, sofern man nicht das Bekannte sucht. Man sollte sich doch, fast bei jedem Schritt, sagen, daß man es in einem so fernen Bereich gewiß nicht mehr mit dem zu tun hat, was man gewöhnlich annimmt – und vielleicht auch nicht mehr mit dem, was man nicht annimmt. Zugleich ist es so, daß man mit Hilfe des Bekannten den Zugang zur Lektüre findet. Nichts kann je einfach identifiziert werden; alles wird, wo es verwandelt ist, in einem gewissen Sinn als bekannt vorausgesetzt. Die Umformung macht erst den Sinn, wenn sie als solche erkannt wird. Das noch nicht Bekannte liegt erst am Ende.

Alles, fast alles kann als ein möglicher Hinweis herangezogen werden, der Anteil der Zufallsbegegnungen ist beträchtlich. Doch ahnt man auch im voraus, was passend sein könnte. Die Erfindung zeigt sich in ihrem Reichtum und ihrem Verzicht. Diese gehören zusammen. Die Askese und die Suspendierung der Erwartungen des Interpreten sind eine Vorbedingung. Das, wofür man sich entscheidet, hat seine Berechtigung zu finden. Eine zufällige Annäherung mag richtig sein; sie setzt sich innerhalb der Kohärenz des Ganzen durch. Die Auswahl erfolgt im Verlauf der Rekonstruktion durch den Leser, sofern er den Entzifferungsprozeß ernst nimmt.

Am Beispiel »Selbdritt, selbviert«

Selbdritt, selbviert

Krauseminze, Minze, krause,
vor dem Haus hier, vor dem Hause.

Diese Stunde, deine Stunde,
ihr Gespräch mit meinem Munde.

Mit dem Mund, mit seinem Schweigen,
mit den Worten, die sich weigern.

Mit den Weiten, mit den Engen,
mit den nahen Untergängen.

Mit mir einem, mit uns dreien,
halb gebunden, halb im Freien.

Krauseminze, Minze, krause,
vor dem Haus hier, vor dem Hause.
(I, 216)

Das Gedicht ist mit den 1984 veröffentlichten Briefen Nelly Sachs' in Zusammenhang gebracht worden, und zugleich auch mit einem aus zwei Gedichten bestehenden Zyklus der Dichterin, »Die Stunde von Endor«, der von einer biblischen Erzählung (Samuel 1,28) inspiriert ist.[46] Der König Saul ist in großer Bedrängnis, sein Gott antwortet ihm nicht mehr. In seiner Verlassenheit beschließt er, eine Geisterbeschwörerin aufzusuchen. Dabei läßt er sich von zwei Männern begleiten, sie sind also zu dritt (»selbdritt«); das Weib holt den Geist Samuels herauf, des toten Königs, so daß sie zu viert sind (»selbviert«) – sofern man sie nicht mitzählt. Bei Nelly Sachs wird dem König eine Schale mit irdischen Genüssen gereicht. Er wählt die Tollkirsche, »die alle Himmel falsch anfärbt / Blut-Krause-Minze sät«[47].

Der Zusammenhang zwischen Celans Gedicht und dem von Nelly Sachs findet eine Bestätigung, wenn man darauf achtet, wie der botanische Name der Minze eine in der Folge erläuterte Bedeutung annimmt. Das Demonstrativ »diese Stunde« bringt eine Korrektur an: die Ortsbestimmung ist nicht mehr die einer Legende. Es wird »deine Stunde« sein und nicht die Stunde von Endor, dem Ort der biblischen Totenbeschwörung. Die Toten treten überall auf: nun erscheinen sie »vor dem Haus«. Dieser Übergang wird in der Wiederholung eigens betont: »hier, vor dem Hause«.

Das die Triade bezeichnende Wort »selbdritt« ist im Deutschen der Ikonographie der Heiligen Familie vorbehalten. Celan setzt sie ironisch aus den Elementen der Sprache neu zusammen. Da ist die »Stunde« (das *hic* wird nun durch ein *nunc* ergänzt) und das Gespräch des »Mundes« mit dem »Schweigen« und den »Worten«.[48] Sie sind zu dritt. Und, wenn man die »Stunde« der

Gedichte hinzunimmt, zu viert. Die Reduktion in der fünften Strophe: »Mit mir einem, mit uns dreien«, führt keine Begrenzung ein, als wären sie nun zu zweit (das Ich und die Stunde); sie betrifft den Durchgang durch eine von der Person gewährleistete Einheit als Voraussetzung der Triade, die das Schweigen und die Weigerung einschließt, worauf es dann zur Begegnung kommen kann. Die Dreiheit wäre ohne dieses Eine nicht denkbar, die Vierheit nicht ohne diese drei.

Die Transposition des Aufgenommenen vollzieht sich im Bereich der Sprache. Im Buch Samuel sind es drei Männer und dann, gemeinsam mit dem heraufgerufenen Geist, deren vier. Kann man behaupten, daß eine Lektüre des Gedichts eine Visualisierung der biblischen Szene erfordert, so wie sie sich in dem Gebrauch abzeichnet, den Nelly Sachs in ihrem Text von ihm gemacht hat? Um sich hermeneutisch durchzusetzen, müßte die Interpretation zeigen – was durchaus möglich wäre –, daß der Hinweis die Existenz einer fest verbundenen Dreiergruppe bestätigt: der König, der für den »Mund« steht, mit zwei Figuren an seiner Seite, dem »Schweigen« und den »Worten«, bereit, das Erscheinen der Toten in der Sprache aufzunehmen. Eine Beschwörung löst die andere ab, sie ist nun Gemeingut geworden und aktualisiert sich in der »Stunde«. Es bedarf keiner Hexe mehr. Der Zauber wird im beschwörenden Gedicht vollbracht.[49]

Durfte man so weit gehen und das »surviver syndrome« ins Spiel bringen, mit dem Celan zu leben verurteilt gewesen sein soll? Er sollte dazu verurteilt sein, die alte Szene durch einen Wiederholungszwang neu zu sagen. War er denn versucht, es zu tun? Es ist nicht wirklich durch einen Kontext gerechtfertigt, daß der Untergang Sauls und der Seinen »unser eigenes Schicksal« sei, und in mehr theologischer Manier, daß die Verfolgungen ja weiter anhielten. Gott stelle es unter Beweis, indem er die Seinen verlasse.[50] Alles dies wird aleatorisch extrapoliert und führt zu Assimilationen und einer assoziativen Anhäufung. Der Rahmen eines deutlichen und fixierten Sprechens, die tatsächliche metapoetische Dimension, wird mißachtet oder aufgegeben. Die Verfolgungen wären nicht weniger schrecklich und nicht weniger präsent, wenn man sich an die Worte des Gedichts hielte, ohne ihnen eine Verlängerung zu geben. Sie sind in der Tat fortsetzungslos.

Das Bedrohende steht »vor unserer Haustür«, so heißt es bei Loewen.[51] Es läßt sich darauf antworten, daß auch die »Tür« ein sprachliches Element ist – wie in »Einem, der vor der Tür stand« (I, 242). Man kann es nicht *realiter*, in dieser Unmittelbarkeit, verstehen. Sonst stünde es nicht hier. Allein das »Gespräch« mit der Stunde sagt wahr. Die Konzentration ist eine gezielt herbeigeführte.

Das Anhäufen von Bezügen kann noch weiter führen. Man zitiert Verlaines »Art poétique« wegen der Pflanze (»Qui va fleurant la menthe et le thym«[52]), und noch weiter zurückgehend das aus dem geronnenen Blut des Adonis gebildete Kraut in Ovids *Metamorphosen*, ohne daß das jeweils Herangetragene zu überzeugen vermag. Alle Annäherungen sind grundsätzlich möglich, sie werden notwendig und somit effektiv, erst innerhalb des sie aufnehmenden sprachlichen Netzes. Gleichzeitig hält man sich ans Anekdotisch-Biographische. Schon der Titel konnte in einer Form von Überlagerung die Daten eines Besuchs wiedergeben. Er soll die Begegnung mit Nelly Sachs festhalten (»Am Flughafen die Familie *Celan* aus Paris [...]«[53]): »Celan also auch selber nun ›selbdritt, selbviert‹«[54]. In dieser Stratifikation bleiben die Bezüge kontingent und überflüssig. Sie würden ihre Beliebigkeit verlieren, wenn man jedesmal nach dem Ansatz einer notwendigen Einordnung suchte, die die Komposition zu bestätigen hat. So könnte auch durch die Kombination der Worte zu ikonographischen Vorstellungen eine geschlossene Genealogie nahegelegt sein: das »Schweigen« ist das Kind des »Mundes«; aus ihm werden »Worte« geboren. Ein viertes stößt hinzu.

Läßt sich die Wahl des Pflanzennamens in seiner Zusammensetzung mit »kraus« verstehen? Die »Krauseminze« ist dem Gedicht von Nelly Sachs entnommen. Der Interpret muß die Bedeutung im neuen Kontext erklären. Wenn sie die Ausdrucksform bezeichnet, so wird eine parodistische Funktion wahrscheinlich; sie könnte auf den Stil der Dichterin weisen, der nach Celans Empfinden allzu sehr dem deutschen Expressionismus verhaftet bleibt, auch wo er hebraisiert und dem Jüdischen verbunden ist.

Die Bezüge können sich häufen. Sie tun dies oft. Sie treten in ein System ein, stützen und ergänzen sich, vertiefen einander, ohne aus der Logik des Widerspruchs herauszutreten.

Lichtenbergs zwölf mit dem Tischtuch
ererbte Mundtücher – ein
Planetengruß an
die Sprachtürme rings
in der totzuschweigenden Zeichen-
Zone

Sein

– kein Himmel ist, keine
Erde, und beider
Gedächtnis gelöscht
bis auf den einen
eschengläubigen Blauspecht –,

sein
vom Stadtwall gepflückter
weißer Komet.

Eine Stimmritze, ihn
zu bewahren,
im All.

Das Rotverlorene eines
Gedanken-
fadens. Die laut-
gewordenen Klagen
darüber, die Klage
darunter – wessen
Laut?

Damit – frag nicht,
wo –
wär ich fast –
sag nicht wo, wann, wieder.
(II, 91–92)

Die Anspielungen auf das Leben Georg Christoph Lichtenbergs sind nicht eigentlich »verschlüsselt«.[55] Sein Name steht ja am Anfang, bildet das *Incipit*. Sie waren es freilich, solange man glaubte, die Gedichte seien einer unmittelbaren Lektüre zugänglich, und man sei auf die Informationen nicht angewiesen.[56] Die biographischen Elemente sind denen vergleichbar, die auch »Frankfurt, September« zugrunde liegen.[57] Die Organisation des Gedichts verknüpft sie miteinander; die Kontraktion verleiht ihnen ihren Sinn. Das Wortmaterial, auf die übrigen Teile abgestimmt, fügt sich in ein stimmiges Ganzes. So ist ihre Kenntnis für die Lektüre des Gedichts unerläßlich und erheischt, daß man sich der Nachforschung unterzieht.

Es liegt auf der Hand, daß die Semantik der Wörter der Logik des Textes entsprechend verändert wird. Man vergegenwärtigt sich die Transformation. Als neu verteilte und neu übertragene Parzellen werden sie in das Netz eingebunden. Der Akt der Integration einer Bedeutung, mag sie nun bekannt sein wie im Fall des »roten Fadens« oder scheinbar vom Zufall bestimmt wie in dem des »weißen Kometen«, vollzieht sich zunächst als ein von der Komposition in der »Stunde« angeregter. Eine Begegnung geht in die Konfrontation über. Vom Standpunkt des geschriebenen Textes aus hebt sich der Bezug als solcher auf, er wird in eine Struktur eingefügt, die sich selbst genügt. Der »weiße Komet« wird zu einem in der aufnehmenden Sprache analysierbaren Ausdruck; es ist nicht länger die Sache, von der Lichtenbergs Briefe sprechen.

Der »rote Faden« war ein Kennzeichen der Schiffstaue der britischen Flotte; der Gedanke und das Wort wurden auch von Goethe in den *Wahlverwandtschaften* aufgegriffen.[58] Celan hat davon einen neuen Gebrauch gemacht, doch verkehrt er den Sinn nicht direkt in sein Gegenteil. Die Negation im Kontext der Wiederaufnahme führt nicht einfach zur Negation der ursprünglichen Bedeutung. Die Refektion erhellt sich vor einem komplexen semantischen Netz. In der Metathese wird aus dem »roten Faden eines verlorenen Gedankens«, den man erwarten könnte, »das Rotverlorene eines Gedanken- / fadens«. Der »Gedanke«, der ein »Gedenken« ist, wird gesponnen und abgespult, er wird zu einem Wortfaden, der sich an sein blutiges Objekt klammert. Das Morden wird in den ihm zugehörigen Sprachbereich übertragen. Eine forcierte Adäquation mit dem Nichts kann im Verlust die Möglichkeit eines Un-Verlorenen aufspüren, die den Massakern entwachsene Wahrheit.

Die Spuren der Refektion bleiben sichtbar. Der Leser muß den Weg der Genese nachgehen; er gelangt zum Verständnis, indem ihm die Umformung des Materials, auf dem Umweg über das Zurückgehen auf eine gleichsam dokumentarische Phase, einsichtig wird. Er wohnt dem Akt der Hervorbringung einer neuen Logik bei.

Ein Netz von identifizierbaren Bedeutungen läßt die Überwindung sichtbar werden. Die allgemeine Dualität der Bedeutungsebenen in Celans Dichtung bleibt in der Relation von selektierter Materie und Neuverwendung aufrecht. Die Scheidung läßt sich bisweilen angeben; sie kann, wie etwa bei Lichtenberg, mehr oder weniger ermittelbar oder aber auch – vorläufig oder endgültig – der Kenntnis fast ganz entzogen sein, ohne daß sie darum weniger radikal wäre.

Man konnte behaupten, daß das Gedicht bei Celan den »roten Faden der durchgängigen Signifikation« verloren habe,[59] weil man an seine Form und seine Gesetze das Maß fremder Formen und Gesetze anlegt, die hier aber keine Anwendung finden. Man konnte so nicht anders als in die Irre gehen. Das Fehlen des erwarteten Sinns wurde, unter dem Begriff der »Ortlosigkeit«, als ein Zeichen der Desorientiertheit gewertet, als das Fehlen eines zugewiesenen und zuweisbaren Orts. Celan ist weitgehend in dieser Perspektive gelesen worden, von jeher schon, seit dem Erscheinen der ersten Gedichtbände. Man sah in ihm fast naturgemäß den Dichter, der – nach den Definitionen der Lyrik, die damals im Umlauf waren – an der bewahrenden Mission der Dichtung Verrat geübt hatte. Später wurde aus dem Mangel eine wesenhafte Eigenschaft des Diskurses gemacht. So war der Sinnverlust mit Hilfe von Theorien abgesegnet.

Die Kette der Signifikanten bildet ihre eigene Logik, außerhalb der postulierten Kontinuität. Der »rote Faden« gibt nicht die Kohärenz einer vertrauten räumlichen Vorstellung wieder. Die Bedeutungsebene kann nicht außer acht gelassen werden, hängen doch beide Dimensionen voneinander ab. Der »Ort« wird nicht weniger abgetrennt und ausgespart als das »Wort« (»Deine Augen im Arm«, II, 123). Die Wörter organisieren sich im Raum, den sie für sich selbst gebildet haben.

Man kann Paul Ricoeur darin folgen, wenn er sagt, ein Buch wende sich anders an seinen Leser, als wenn es mit ihm spräche, und so wende sich auch der Leser anders an das Buch.[60]

Bei Celan müßte man sagen, daß in der von ihm entworfenen Dichtung der Dialog mit dem unbekannten Leser im Gedicht schon eingezeichnet ist. Er war es sogar schon, bevor es noch geschrieben wurde. Das Buch existierte, in der Offenheit seiner sprachlichen Verfassung, als ein geschriebenes oder als ein noch ungeschriebenes; es ist im voraus *gelesen* worden, zunächst von seinem Autor, im Augenblick des Schreibens. Der Leser hat es dann nach ihm und genauso, gewiß von neuem, aber mit ihm, zu lesen.

Das Gedicht wendet sich nicht an jedermann, sondern, wegen des schon eingezeichneten Dialogs, an die Person eines jeden einzelnen. Darin liegt der Unterschied.

Die Textualität einer Landschaft war für Szondi, als er die Anfangsverse von »Engführung« kommentierte, »nicht Gegenstand des Gelesenen, sondern das Gelesene selbst«[61]. Die seither oft zitierte Formel bezeichnet deutlich den Bruch mit der traditionellen Auffassung der Kunst als einer Nachahmung der Wirklichkeit. Der Text *ist* das Gelände; er ist ihm nicht nur ähnlich. Szondi fügt hinzu, daß der Leser in dieses »verbracht« sein kann, wenn er dem Text folgt. Wäre dem so, so würde Szondi sich zu einer »Wirkungsästhetik« bekennen, was zweifellos nicht seine Absicht war. Es wäre angemessener, das von den Buchstaben getrennte »Gras«, die Spur der Schrift (»auseinandergeschrieben«, Vers 4) auf den *Akt* des Schreibens zu beziehen, der in seiner Literalität sichtbar wird, als eine *Hervorbringung* am Ort. Die textinterne Suche nach dem Weg gibt den Ton an.

Der Leser reproduziert diesen Akt, er entziffert ihn in der Lektüre. Seine Wahrnehmung findet zum Ort des Ursprungs zurück; er war bereits gefunden worden, als das Gedicht als kompositionelle Fügung entstand. Andernfalls gelangt man in der Verlängerung von Szondis gewiß noch tastender Darstellung dazu, dem Text die »didaktische Funktion« einer »Führung des Lesers« beizulegen.[62] Führen aber läßt sich der Dichter. Nichts wird vom Leser »verlangt«, nichts wird für ihn geschrieben. Der Irrtum betrifft das von den Imperativen bezeichnete Du (»lies nicht mehr – schau!«). Es steht nicht außerhalb des Textes, es ist vom Subjekt, das sich in ihm findet und verdoppelt, nicht geschieden. »Geh! Deine Stunde / hat keine Schwestern, [...]«. Das Du ist darin die agierende Gestalt, die Potenz des Andersseins. Diese demiurgische Macht des Dichters, ein anderer zu sein, übt sich im Raum des Sprachlichen aus. Der andere bewegt sich fort, doch spricht man ihm zu. Er läßt sich bei seinem Tun auch zusehen und lenken.

Der Leser identifiziert sich beim Entziffern mit dem Du, das ausdrücklich (und oft implizit) der Urheber des Gedichts ist. Genauer gesagt tritt er in die Polarität des Dialogs ein, in dem sich die Genese des Sprechens vollzieht, die das Ich hervorruft und auch empfängt. Sie wird vom anderen, dem Du, gebilligt, in Übereinstimmung mit dem Ich – wenn auch meistens umgekehrt.

Flaschenpost. In der Logik der Bremer Rede ist die Dichtung ihrem Wesen nach dialogisch, sie wird jemandem, der ein »Selbst« ist, zugesprochen; es setzt dies eine Perspektive voraus, den festgelegten Standpunkt eines Ich.

Ein Empfänger kann sich in diesem Du erkennen, das dann in ihm ein Du ist. Dies ist der Sinn der Flaschenpost als einer Begegnung, die am Ende einer von ihr geforderten Anerkennung und Identifikation stünde. Das Gedicht lebt in diesem »gewiß nicht immer hoffnungsstarken« Glauben (III, 186). Nicht, daß es hoffen würde, eine Ergänzung zu finden, um überhaupt erst zu existieren, noch seinen Sinn in der Lektüre eines anderen. Es ist die bereits eingeschriebene Lektüre, die es von einem anderen Du erwartet.

Die Behauptung, daß ein Buch nach seinem Erscheinen nicht mehr dem Autor gehört, kann wahr sein, wenn die Form der Produktion ihr entspricht. Sie kann aber auch falsch sein und eine Intention zugrunde richten – die Hoffnung, einer Erwartung zu entsprechen oder sie umzulenken. Celan hält die Gedichte in seinen Händen.

Die Dichtung ist kein gemeinsames Gut; sie ist bei Celan das genaue Gegenteil: doch die Singularität ist nicht die einer Wahrnehmung. Diese kann falsch sein und vom Text widerlegt werden. Die Singularität, die man entdeckt und entziffert, ist die eines anderen, der auf schwierige Weise eine Gemeinschaft herstellt, welche auf der Anerkennung einer individuellen Stellungnahme beruht.

Wenn die über Celan geschriebenen Artikel als freie Übungen geschätzt werden wollen, den Regeln eines essayistischen Genres zufolge und nicht durch die Qualität der philologischen Analyse, so werden sie immer mehr auseinanderstreben und sich diversifizieren, obwohl sie doch in einem tieferen Sinne auch in vielem übereinstimmen, ohne daß dies je analysiert oder auch nur zugegeben würde. Wollte man von der Textgerechtigkeit einer Interpretation ausgehen, so würde diese auf einem gemeinsam erarbeiteten oder noch herzustellenden Konsens beruhen. Ein jeder der Versuche steht in der Abhängigkeit von einem oder mehreren anderen; aufgrund dieses Prinzips der Zusammenarbeit könnten die Hypothesen entweder bestätigt oder nach und nach verworfen werden. Das individuelle Engagement hätte ein anderes Gesicht, wenn der Lernprozeß als solcher anerkannt würde und sich die Interpreten so über die Verifizierung ihrer Ergebnisse einigen könnten.

Bewußte und unbewußte Gründe ideologischer Natur treiben die Kritiker dazu, die Erforschung eines Inhalts abzulehnen. Sie gehen zur größten Allgemeinheit über, die eine unbestimmte Signifikanz ermöglicht. Ein Autor mag die Sprache in seiner Weise haben sprechen lassen; er hat sie subvertiert und die Automatismen der Assoziation kanalisiert. Wenn man aber dessenungeachtet zurückgeht auf ein Stadium willkürlicher und unbeschränkter Kreativität, die die Gesetze eines autonomen Sprachgitters verkennt, so wird ein Text, welcher Provenienz auch immer, alle erdenklichen semantischen Figuren zeitigen, je nach dem Belieben des Interpreten. Selbst die Möglichkeit eines explorierenden Verfahrens wird auf diese Weise unterlaufen.

Die geleistete Arbeit kann so niemals anerkannt werden. Der einmal gefundene Sinn wird sogleich, der Vielfalt zuliebe, wieder aufgehoben. Ein nächster Kritiker wird von vorne anfangen und den Gegenstand in Betracht ziehen, als sei er noch völlig unerforscht – ohne schon erreichte Ergebnisse zu berücksichtigen. Diese Situation eines ewigen Neuanfangs ist ein Spezifikum der Wissenschaft von den Texten; sie befördert den Essayismus in einem ungemeinen Maße. Freilich ist auch der Kontakt, der sich neu zwischen dem Leser und seiner Materie herstellt, als ein nicht konventioneller, nicht an frühere Formen des Verstehens gebundener Konsens eine notwendige Vorbedingung der Entzifferung.

Man macht Fortschritte, indem man die irrigen Vorschläge korrigiert, vorausgesetzt, man einigt sich über die ästhetischen Prinzipien und vorausgesetzt auch, es handelt sich um diejenigen, die das analysierte Werk selbst befolgt. Sie sollten dazu führen, daß man tastende Versuche, die auf diese Forderung nicht eingehen, außer acht läßt. Die Entzifferung bleibt in jedem Fall ein progressives Verfahren. Eine Entdeckung führt fast notwendig zur nächsten. Der Fortschritt des Verstehens verlangt nach einer reellen Zusammenarbeit.

Die gewöhnliche Unentscheidbarkeit

Ein Gesagtes soll die Angelegenheit aller bleiben, es gehört der Gemeinsprache an. Der Exeget wird in ihr wacker seinen Weg finden; er weiß doch, woran er teilhat. Es sind dies die Vorurteile, von denen das naive und tendenziöse ästhetische Urteil der Philologen und Historiker vor mehr als hundert Jahren geprägt wurde. Auch für einen bedeutenden Philologen wie Ulrich von Wilamowitz-Möllendorff (1848–1931) war es nicht leicht zuzugeben, daß ein Verstoß gegen die Grammatik aus einer gewollten Differenz resultieren und das Ergebnis einer individuellen Entscheidung sein konnte, auch wenn er es vermied, sich ausdrücklich darüber zu äußern. Selbst das Genie hatte sich korrekt auszudrücken, zumal wenn es zum Kanon gehörte.

Die Intention ist für die einen das, worauf sich die Verse gewissermaßen gegen ihren Willen beziehen, nämlich das »Gemeinte«. Das *Interpretandum* wird so zu einem *Disserendum*. Es transzendiert die Intention, den der Materie eingeschriebenen Sinn. Die Vertreter einer spontanen und unbewußten, offenen und unbestimmbaren Bedeutung halten sich nicht an die zweite, sondern an die erste, weil das, was der Text »meint«, den Sinn transzendiert und auf diese Weise alle Potentialitäten einzuschließen erlaubt.

Das Turnier wird *open* gespielt. Jeder kommt mit seiner Hypothese. Die allgemeine und unterschiedslose Polysemie macht einen jeden zum Vollmitglied der Korporation, auch wenn er nur deren Statuten redigiert. Wenn die produzierende Sprache anders zum Leser spricht, an dem Ort, der der seine ist, warum sollte sie dann nicht mit anderen Lesern auf wieder andere und womöglich gegensätzliche Weise Zwiesprache halten? Nichts darf den Prozeß der Diversifikation aufhalten.

Die Pluralität könnte eine Ungewißheit wiedergeben, die durch die Interpretation gerade dadurch zerstreut werden sollte, daß sie eine Auswahl trifft. In einem vorgängigen Stadium verweist die Figur der kongenitalen Vieldeutigkeit auf die grundsätzlich und vielfältig sich bildenden Potenzen der Sprache. Denn die Bedeutungen werden tatsächlich erst in einem zweiten Schritt durch den Kontext eingegrenzt. Der häufigste Fall ist dabei der, daß eine Wendung neu interpretiert wird. Sekundäre Bedeutungen fügen sich zu dem gewöhnlichen Sinn, sie korrigieren ihn, sie machen ihn »wahr«. Unter diesem Blickwinkel könnte das Verfahren der Anreicherung ausgedehnt werden und den Insertionspunkt charakterisieren, an dem die Kontraktion eine semantische Analyse verwirklicht.

Die sprachlichen Polyvalenzen haben ein angestammtes Recht, doch muß ihre Bedeutung richtig in den Schaffensprozeß eingeordnet werden. Das Unterfangen ist nicht beliebig; es hebt sich nicht selbst wieder auf. Was da herangetragen wird, die wechselseitigen Relationen, die sich etablieren und sich im Rahmen einer unerschöpflichen semantischen Pluralität durchsetzen, muß zum Gegenstand einer Erörterung werden, die den Status der Pluralität bestimmt. Das Prinzip, das in Wirklichkeit seinen Platz hat, wird aber außerhalb aller Fixationsregeln behauptet. Es soll einer allgemeinen Struktur der Sprache und dem Diskurs einer hermeneutischen Skepsis entsprechen, die sich auf jene stützt. Man verlangt vom Text, daß er alles Erdenkliche sagt, alles, was man aus ihm heraushören will.

Was auf dem Spiel steht, ist die Präzision der Neuformung. Die völlige Austauschbarkeit der zur Verfügung gestellten Elemente hebt die konstitutiven Negationen wieder auf, das ganze System der Verneinungen, wie es von der Dunkelheit der Diktion im voraus eingerichtet wurde.

Die Autonomie ist prinzipiell im Wort angelegt. Die Öffnung auf die Polyvalenz ist Teil seiner Kraft; die Schwingungsbreite des »Semantems« wird eingegrenzt. Die Virtualität der semantischen Bereicherung ist als eine eingeschränkte um so präziser.

Den aktiven Kräften der Sprache fügt die zweite Strophe des Gedichts »Die Zahlen«[63] die Genese des Arrangements hinzu. Die Materie, das sind die Zahlen, und dann, nach einer der beiden möglichen Lektüren des Wortes »Verhängnis«, die Tücher, die das Bild im Wort »verhängen«; oder aber man versteht darunter, nach der geläufigeren Wortbedeutung, die »fatale Wirkung der Bilder«, die sprachliche Ikonolatrie. Man wird sich einerseits für das gängige Verständnis entscheiden und darauf das »Gegenverhängnis« auf die Neukomposition beziehen, die sich Celan als Aufgabe gestellt hat. In diesem Fall würde die Bedeutung des »Verhüllens« die Natur dieser Gegenbewegung erläutern. Wenn man hingegen diesen Sinn von Anfang an (Vers 2) einführt, so muß man daraus die Hauptbedeutung machen; das Verständnis der zweiten Verwendung (Verse 3 und 4) wäre dadurch erschwert.

Das Verfahren, in dem die Ambivalenz exploriert wird, läßt sich an einem anderen Beispiel eines solchen Doppelsinns erläutern:

> Mach den Ort aus, machs Wort aus.
> Lösch. Miß.
> (»Deine Augen im Arm«, II, 123)

Das Verbum »ausmachen« bedeutet zunächst »ermitteln, lokalisieren«, erst in zweiter Linie »löschen«. In der Wiederholung tritt die erste der beiden Bedeutungen zunächst mehr in den Vordergrund, dann aber vereinen sich die beiden Verständnisebenen, sie führen in ein und dieselbe Richtung. Der Ort wird nirgends *gefunden*, es ist der Ort, an dem die Wörter *ausgelöscht* sind; aus dem Schweigen, in dem sich der Abgrund konzentriert, steigt eine Sprache auf; sie mißt eine andere aus, die ihr Geheimnis preisgibt.

Der Prozess des Lernens

Der Versuch, den Sinn zu ermitteln, führt notwendig zu einem Werturteil. Umgekehrt entspricht die Mißdeutung einer unterschwelligen Ablehnung, obwohl dies keineswegs eine formelle Anerkennung verhindert. Die Frage nach dem Gelingen wird also nicht gestellt; sie kann auch, trotz der betonten Wertschätzung, nicht gestellt werden, solange man sich nicht um die Entzifferung kümmert. Dem Verständnis gebührt ganz offensichtlich der Vorrang, doch wird er geleugnet, damit dem empfangenen Eindruck seine Unmittelbarkeit erhalten bleiben kann.

Da es unmöglich scheint, eine Einigung über die sprachliche Verfaßtheit der Dichtkunst zu erzielen, könnte man zumindest übereinkommen, die Existenz eines autonomen Raums zu postulieren, in dem sich die Umschöpfung der sich in der Sprache von der Sprache ablösenden Wörter vollzieht. Man könnte dann gewisse Fragen von eigentlich theoretischer und kritischer Natur behandeln, jenseits der Sinnauffindung. Es wären Fragen, die das Projekt selbst, den Grad seiner Realisierung betreffen, und die Urteile, die die Sprache ohne Unterlaß von innen heraus über sich selbst fällt. Die äußere Bewertung wird darin aus der Distanz in vielem vorweggenommen. Die Schrift stand in einem beständigen Dialog mit sich selbst. Sie hat sich gesucht und gefunden, hat sich verloren und wiedergefunden. Das Gelingen und das Scheitern geben sich zu erkennen; sie bilden die Materie. Die Befragung wohnt dem dichterischen Schöpfungsakt inne, bevor sie noch von uns neu formuliert wird.

Die Unterscheidung zwischen dem dichterischen Idiom und den äußeren Bezügen, die möglicherweise fehlen oder zur Gänze übertragen worden sind, ist von größter Bedeutung. Man nähert sich dem Text mit der schon erworbenen Kenntnis der idiomatischen Sprache, die es erlaubt, die Integration der partikularen Situationen zu verstehen. Man verfügt über ein Vokabular und kann den Akt reproduzieren, der zu den Sinnfixierungen geführt hat. Die Elemente finden ihren Platz in ihrem Raum; ihre Bewegung bildet sich aus, so diskontinuierlich und disparat die Teile anfangs auch sein mögen. Das Ganze wird aufgrund der Vertrautheit des Lesers mit dem Umformungsprozeß wahrnehmbar.

Man kann weder einen Part Gemeinsprache noch einen Part Wirklichkeitsbezüge in den Text projizieren und diese Anteile dann isolieren, um sie so von einem anderen, unbestimmten und offenen Anteil zu unterscheiden, der dazu bestimmt wäre, nachträglich durch den Empfänger strukturiert zu werden.[64] Die »Verifikationsbasis« liegt nie außerhalb, in einer in der Außenwelt beschriebenen Konfiguration. Die empirische Realität liefert Elemente; es sind Parzellen, die im Hinblick auf die kunstvolle Reorganisation wahrgenommen und selektiert werden und die auf diese Weise deren nahe und zugleich weit entfernte Ursache bilden. Ihre Neuverwendung im poetischen Kontext impliziert eine sehr starke Integration der sprachlichen Materie und ihrer Bedeutungen. Die durch den Umformungsprozeß eingeführten Veränderungen können nur in der Restrukturierung dieses Ganzen und in der Zerlegung der Wörter erfaßt werden. Eine aus dem Nichts geschaffene interne Wirklichkeit bildet die Basis für die Zusammensetzung. Dank ihrer Autonomie hat die oppositive Funktion die von der gewöhnlichen Kommunikation festgelegten Bedeutungen überall überstiegen und übt dennoch eine positive Macht aus, die die neu entstandenen Einheiten eng zusammenhält.

Diese besondere Vernetzung hat dann aber keinen äußeren Bezug mehr, mit dem sie direkt verbunden werden könnte. Die bestehenden semantischen Strukturen werden zerschlagen, wenn die sprachliche oder literarische Materie bewußt aus ihrem ursprünglichen Kontext gerissen wird. Die neue Struktur, die an die Stelle tritt, wartet darauf, erkannt, das heißt also: dechiffriert zu werden, wie ein kodierter Text auf seine Dekodierung wartet, gemäß dem Code, der ihm eingeschrieben ist, außerhalb jeder unmittelbaren und prästabilierten Relation mit einem Gegenstand der Wahrnehmung. Der Leser oder Empfänger ist in diese Arbeit intensiv einbezogen. Seine intellektuelle Beteiligung wird aufgrund der Freiheit der Strukturen und der Offenheit der Form noch verstärkt. Die Freiheit der Interpretation jedoch wird durch die dem Empfänger zugewiesene Rolle alles andere als vergrößert. Er bringt mit seinen imaginativen Fähigkeiten eine Leseerfahrung mit, die auf das interne Beziehungssystem ausgerichtet ist. Die Reaktualisierung holt den Horizont eines Augenblicks wieder zurück. Die Schrift ist stark in dieser ihr eigentümlichen Temporalität verankert, durch alle ihre *hic* und alle ihre *nunc*.

Die Kollaboration des Lesers ist kein bestimmender Faktor. Sie reduziert die Umsetzung der Bedeutungen auf die semantischen Verschiebungen, die er selbst, je nach dem Prisma seiner Wahrnehmungen, nachzuvollziehen weiß; sie sind mehr subjektiv als historisch. Man darf die von der hermetischen Dichtung aufgerichtete Zitadelle nicht unterschätzen, mit all ihren Wällen, die Einhalt gebieten. Das Verteidigungssystem ist solide, geradezu uneinnehmbar. Die Texte sind durch das Nichtverstehen und die nicht nur auf gewisse Entwicklungen der ästhetischen Sensibilität zurückzuführenden konsensuellen Vorurteile stark exponiert. Sie verfügen aber zu ihrer Verteidigung über eine innere Widerstandskraft, die sich gegen ihre Zerstörung zur Wehr setzt. Sie kämpfen *für* eine Geschichte und *gegen* eine Geschichte.

Die Entscheidung für eine Lektüre bedingt auch die Entscheidung für einen historischen Augenblick. Er zwingt dazu, auf seiten des trotz allem von uns sehr verschiedenen zeitgenössischen Adressaten eine Erwartungshaltung zu rekonstruieren, die von einer ihrerseits schon vorgebildeten Sensibilität geprägt war, und ihr das Talent entgegenzusetzen, das sich ihr angepaßt und für sie den Stoff neu gestaltet hat. Der einzige Blickwinkel, der aus der Distanz für uns angemessen erscheint, ist der, welcher mit den verfügbaren Informationen das Verständnis der Produktionsbedingungen eines literarischen Phänomens rekonstruiert. Je bedeutender ein Werk ist, um so mehr schließt es diese mit ein; obwohl es über sie hinausführt, verweist es gleichsam von selbst auf sie. Jede andere Methode bringt eine neue Konstruktion hervor, in einer – in einem anderen Sinne, als es die ursprüngliche war – sekundären Readaptation. Die erste war nicht weniger readaptiert, da sie zu ihrer Reaktualisierung erst über eine lange Folge von Auslöschungen gelangt war.

Der Vorstellung von freischwebenden Okkurrenzen in der Sprache gilt es den Gedanken eines zu erlernenden Idioms entgegenzusetzen. Der Leser macht Fortschritte, indem er sich an die Dunkelheit hält und sie eingrenzt; er zerstreut dabei eine andere. In einer Tiefenregion der neuen, zu erlernenden Sprache wird gleichsam eine waagrechte Linie gezogen, die aus lauter Negationen und Übergängen besteht. Die der Neubildung entsprechende semantische Bewegung hätte man sich als eine Vertikale zu denken. Die Schnittpunkte der vorhergegangenen Destitutionen gewöhnen das Auge an das transzendente Licht der auftauchenden, neu fixierten Bedeutungen, die am Ende die Entzifferung einer neuen Konstellation erlauben.

Es ist dies der Sinn der 1961 von Celan »sanft und melodisch« gegebenen Antwort an einen Leser, der ihn, unter dem Eindruck der Unverstehbarkeit, um einen »Schlüssel« gebeten hatte: »Lesen Sie! Immerzu nur lesen, das Verständnis kommt von selbst.«[65] Das »immerzu« weist auf einen in der Kontinuität erschlossenen Zugang und führt bis zu diesem »von selbst«. Es ist die genaueste aller möglichen Antworten, sie grenzt die Prämissen des Unverständlichen ein. Lesen, das bedeutet, den Umweg über die Lektüre anderer Texte Celans zu gehen und mit der daraus gewonnenen, immer ausgedehnteren Kenntnis der Wörter zum Text zurückzukehren. Die Sprache ist der Schlüssel und das in der Lektüre Vorausgesetzte; die Texte beschützen sich gegenseitig; alles konfiguriert sich mit der Zeit und vieles, vielleicht beinahe alles, wird schließlich verstehbar.

Die Wörter eines Textes sind zunächst in einem Sprachsystem aufeinander bezogen und werden so außerhalb des einzelnen Kontextes verständlich. Von einem semantischen Fokalpunkt zum anderen werden Verbindungen gezogen. Das Gedicht kommt erst danach; es wird einem vorhandenen Gewebe eingeschrieben. Die Bedeutungen haben sich festgelegt und mitgeteilt;

sie wandern weiter auf der Suche nach einer ersten idiomatischen Sinndimension, und dann nach einer zweiten. Das »Geläute« der Glocken wird dem »Geräusch« angenähert, dieses sodann dem »Rauschen« der Wellen. Der singende »Hammer« (»Die Zahlen«, II, 17) erinnert an jene in dem früheren Gedicht »Blume« (I, 164), durch das Pulsieren eines Wortes in einer Sphäre, die noch weiter draußen, außerhalb des Außenbereichs der kontradiktorischen Bewegungen liegt, in denen die gebundenen Wörter negiert werden, und so fort, immer weiter hinaus in das sich ausdehnende immense Meer der Assoziationen.

Der Wortschatz

Es gibt kaum einen anderen Zugang als den der Präzision, die sich aus den Kontexten extrapolieren läßt, sofern man sich dazu entschließt. Die Analyse stützt sich auf die schon erkannten Identifikationen. Die Lektüren bestehen aus anderen Lektüren. Sie nehmen die Wörter in ihrer Verfaßtheit wahr, eignen sich das »Celanische« an. Die Sprache wird genauer, sie bestätigt sich; die in den letzten Gedichtbänden erreichte Präzision strahlt auf die ersten zurück; sie zielten bereits darauf hin.

Beobachtungen finden ihre Bestätigung; sie korrigieren sich auch gegenseitig; sie schaffen die immer tiefer greifende Vertrautheit. All diese Elemente bilden eine Voraussetzung, mehr noch als einen Kommentar. Der Text kommentiert sich selbst. Eine andere Form des Kommentars hielte sich an die Bewegungen einer ununterbrochenen Reflexion über die Verwendungsweisen der Sprache. Das Unbekannte gibt sich selbst zu erkennen.

Für den bereits kundigen Leser bleibt ein Teil, wenn nicht alles, zunächst unverständlich; er weiß also, daß die Gedichte einer Entzifferung bedürfen. Man vermeint, in einem ersten Schritt, diesen Teil von einem anderen unterscheiden zu können, der dem Anschein nach leichter zugänglich ist, und trifft also diese Unterscheidung. Der Dialog vollzieht sich dann zwischen diesem harten, widerständigen Kern, der noch nicht in der idiomatischen

Sprache erkannt wurde und also noch keine Sprache ist, und andererseits der falschen, nur allzu gut bekannten und irreführenden Sprache. Ein Dialog zwischen Gerade und Ungerade ist gewiß strikt intern, an den Text gebunden. Es kann aber hinzukommen, daß ein anvisiertes Objekt die Wörter zu verstehen hilft. Ein Wort, eine »Stunde«, die sich von der Welt abgetrennt hat, hält sich aufrecht und verteidigt sich paradoxerweise durch eine dem gewählten Abstand sich verdankende Präzision gegen die Aktion der Zeit und die Veränderungen, die sie mit sich bringt.

Die semantische Fixierung des Wortes »Baum«, seit den ersten Gedichten auf ein vertikales Sprechen bezogen, das sich kämpferisch auf seiten der Toten erhebt, erfolgt willkürlich und zugleich auch wieder nicht, in großer Freiheit und freier Selbstbestimmung. Von einem Kontext zum anderen wird ein willkürlicher Wortgebrauch aus einer im Geflecht der Sprache integrierten Sinndimension zu einem neuen Wort. Die Abstraktion ordnet sich auf diese Weise der Tradition eines nicht figuralen Gebrauchs sprachlicher Figuren zu, sie ist nicht einzig und allein ein Zeichen des Umgesetzten; sie bringt eine wesentliche Negation des pflanzlichen Lebens, eine Verweigerung von Unmittelbarkeit zum Ausdruck, und – in einem mehr intellektuellen und kontrollierten Umgang – das Umgehen einer Wendung der Sprache:

> Ein baum-
> hoher Gedanke
> greift sich den Lichtton. [...]
> (»Fadensonnen«, II, 26)

Die Bedeutungen resultieren aus einer geradezu logisch konstruierten Bewegung: sie werden gesetzt; diese Setzung findet darauf eine Fortsetzung, in die eine und in die andere Richtung des Werks, nach vorne und rückwärts. Nur so kann das im Kompositum »baumhoch« ausgedrückte Paradox erfaßt werden: der Baum wurzelt im Abgrund. Die aus dieser Spannung hervorgehende Umkehrung A' erwächst aus B, der Negation von A; sie durchzieht den »Gedanken«, der hier wie überall durch den Bezug auf das historische Geschehen auf das »Gedenken« ausgerichtet wurde ; der helle »Ton« wird nicht der Tag (A) im Gegensatz zur Nacht, sondern ein »Licht« (A') sein, das aus der Schwärze (B) heraufleuchtet, ein Gegenlicht aus der Tiefe.

Die »Hand« ist die Hand des an seinem »Tisch« schreibenden Dichters. Sie gestaltet und formt. Selbst eine flüchtige Lektüre der Gedichte gibt dieser Einsicht den Charakter der Evidenz.

> Es ist eine Stunde, die macht dir den Staub zum Gefolge,
> dein Haus in Paris zur Opferstatt deiner Hände,
> dein schwarzes Aug zum schwärzesten Auge.
> (»Auf Reisen«, I, 45)

Diese Sinndimension wurde hie und da auch notiert,[66] doch hielt man später diese Art von grundlegenden Vorgaben nicht für zwingend. Man will frei an den Text herangehen und wieder bei Null anfangen. Auch in diesem anderen Sinn sind dann die Hände des Dichters geopfert worden.

Auch »Stehen« ist ein Gegen-Wort; es besteht auf der aufrechten Haltung des Widerstands, auf seiten der »Bäume«. Anderswo sagt man: »*state in fide*«[67] oder mit Luther: »Hier steh ich ...«

»So eisern mein Himmel ist, so steinern bin ich«, schrieb Hölderlin am 4. September 1797 an Schiller. Und Trakl wandte sich, ein Jahrhundert später, in einem Brief vom November 1913, an Ludwig von Ficker, dem auch Celan auf dem Weg nach Paris einen Besuch abgestattet hat: »Sagen Sie mir, daß ich nicht irre bin. Es ist steinernes Dunkel hereingebrochen.« Pöggeler hat sich davon zu diesem Kommentar befugt gefühlt: »Bei beiden Dichtern warf offenbar eine Krankheit wie die Schizophrenie die Schatten voraus und ›versteinerte‹ sie, entfremdete sie von sich selbst.«[68] Celan wird in die Nähe Hölderlins und Trakls gerückt. Die Versteinerung ist das ihnen Gemeinsame. Gleichzeitig unterscheidet Pöggeler den Dichter aus Czernowitz aufgrund der Trauer, die nicht von ihm abläßt. Die verschwommene paraphrastische Wiedergabe Pöggelers gleitet von einem Gedicht zum anderen, ohne sich über die Logik des sprachlichen Schaffensprozesses Aufschluß zu geben; sie bringt ihn zur Einsicht, daß die

Träne, auch sie, versteinert ist und daß die »geweinte« Klippe im Klagegesang für das Leid steht, das den Menschen weitab von seiner Behausung, fort in die Ferne geleitet. Dort irrt der Geist dann herum. Eine abgrundtiefe Entzweiung führt sowohl in die Korridore der Trauer als auch in die der Stummheit,[69] als der Konsequenz einer geschichtlichen Katastrophe.

Kommt man hingegen auf Celan zurück, so entdeckt man im »Stein« eine Chiffre für die Dichtung. »Der Stein in der Luft, dem ich folgte« (Blume«, I, 164) hat die Härte des aus den nächtlichen Tiefen geborgenen Kristalls, jener Bodenschätze, die wie die Gestirne eine Vorstellung von der Struktur der sprachlichen Konkretionen geben, die in der Nacht erglänzen. Auch zu Beginn des von Pöggeler kommentierten Gedichts »Heute und morgen« hat sich das historische Subjekt (das Ich) aufrecht und getreu auf die Seite der Entfernung gestellt, um das Du dorthin zu geleiten; es trägt die Ehrentitel der Kunst und gibt sie an sein *alter ego* weiter:

> So steh ich, steinern, zur
> Ferne, in die ich dich führte [...]
> (I, 158)

Schon vor jeder Schrift ist das Ich ein »Stein«.

Würde man in »Frankfurt, September«[70] Wörter wie »Träne« oder »Klage« im Geflecht der eigensprachlichen Bedeutungen von den Kafka-Bezügen unterscheiden und auf eine psychische Verfassung beziehen, so hätten diese Zeichen nicht mehr denselben Status wie die anderen Textpartien. Sie würden sich, über eine im übrigen erfaßbare kompositionelle Absicht hinweg und in Absehung von der bekämpften Intention, in mehr spontaner Weise auf eine allgemeine Erfahrung beziehen, die vom Empfänger geteilt wird. Das Vorurteil trägt so den Sieg davon. Mit dem Menschen wird auch der Dichter, bei aller Modernität, wieder in die Tradition eingegliedert – in deren romantische und klassische Seele.

Die Wörter, die hier genannten ebenso wie alle anderen, haben eine genau bestimmte Bedeutung. Die Aktualisierung beruht auf ihnen, sie wird durch sie vermittelt; sie konsolidiert und bereichert sich solchermaßen. Die antithetischen Figuren Kafka und Freud auf den Plakaten eines Verlagsstands und der kontroverse Dialog, in den sie treten, werden in das Licht eines von außen und von ferne auf sie geworfenen Blicks gestellt, der sich aus den Bedeutungen der Wörter im Gedicht ergibt. Sie sind nicht weniger als das Wort »Eis« oder das Wort »Wort« Elemente eines distinkten Bereichs und gehören einer sprachlichen Struktur zweiten Grades an. Das Geflecht jeder neuen Komposition umfaßt ohne Ausnahme alle Möglichkeiten der neugeschaffenen Materie.

Neologismen

Die Benennung, das »Namengeben«, ist ein Name für den schöpferischen Sprachakt. »Herz« und »Stein« werden neu gesagt, sie stehen nun für das, was diese zu »Namen« gewordenen Wörter bezeichnen.

Die Wörter entziehen sich; die neu entstandene Beziehung ist symmetrisch zu der vermiedenen; sie verbindet das Wort mit einer Realität, die »benannt« wird.

Das Wort »Herr« verweist auf einen himmlischen Sinn, der nun umgestürzt wird. Der Herr befiehlt; man fällt vor ihm auf die Knie. Die Liturgie hat seine Macht in den Seelen der Menschen konsolidiert. In der Tradition hat das Bild sich verfestigt, mit allem, was von dieser Anschauung hervorgebracht wurde.

Eine Instanz verkörpert die vom Du gestaltete Sprache und tritt als deren absoluter Meister auf, als die Autonomie schlechthin: eine »er« genannte reine Konzentration. Die Herrschaft leiht ihr den Namen. Diese reine Potenz regiert unumschränkt: »er« ist der »Herr« (vgl. »Wer pflügt nichts um?«, II, 373).

Tod und »Herr« sind identisch und das den Tod sagende Wort nicht weniger; die Morde sind an die Stelle der Erlösung getreten. Er hat sich offen für tot erklärt, er ist auch der Grund für den Tod, der verbreitet wurde. »Gott ist tot«, wie man weiß. Doch hat er als ein Toter weiter getötet, in seiner Rolle als Herr. Wenn er sich mit seiner Kreuzigung beschäftigt, wird er sie bei den Juden nicht mehr erkennen, die als Opfer des Opfertods das »wir« bilden.[71]

Weder kann man sagen, daß »der Tod über ihn [Celan] kam, über die ihm Nahestehenden, über die Tausenden von Juden *und Nichtjuden* [Hervorhebung von mir]« noch, daß das Geschehen »ohne Erwiderung« geblieben sei.[72] Es ist in dreifacher Weise nicht akzeptabel. Celan ist nicht umgekommen. Er hat nie ein Ende der Vision vom Tod herbeigesehnt, der über die anderen gekommen war. Und schließlich spricht er nicht eigentlich vom Tod der Nichtjuden; er nimmt zunächst die Täter in den Blick. Er hat in seiner Dichtung nichts anderes getan, als auf das Ereignis und alle seine Urheber zu *erwidern*. Seine Kunst ließe sich sogar geradezu als der Versuch definieren, eine Replik auf das Ereignis zu finden.

Die Religion ist tödlich, sie hat mehr getötet als alle Aufständischen. Der Antichrist ist weder ihr Gegner noch ihr Verbündeter. Die beharrliche Wiederholung des Wortes »Herr« in »Tenebrae« war für Gadamer ein Beweis, daß der Gekreuzigte in Celans Augen weiter unser Herr bleibe, »als der Leidende und Verlassene«[73].

Ist die Tradition nicht lebendig, lebt sie nicht immer neu auf? Der Sinn bleibt von ihr festgelegt, sie ist der eigentliche Dichter, und sei es, daß sie dabei das von der Person immer wieder bekräftigte Nein, ihre hartnäckige Entgegnung aufheben muß. Die Passion enthält oder integriert alle Leidensgeschichten, wo immer sie sich ereignen mögen: »Er spricht für uns.« Die Formulierung ist dubios: er, Celan, spricht »für uns« in dem er »für sich« spricht, nicht als ein Modell, sondern weil er sich zu einer Position bekannt hat. Für Gadamer darf es sich weder um eine Position noch um ein gewähltes Bekenntnis handeln. Die Grundgegebenheiten müssen umgekehrt werden. Celan sieht das Antlitz des Herrn, das sich im Blut der ermordeten Juden spiegelt; er macht darin nicht die Zeichen einer Wahrheit aus. Der christliche Glaube und die Doktrin der Erlösung, die Verteidigung des einen durch das andere, haben zu den Morden geführt. Gadamer erwägt immerhin diese Bedeutung; er scheidet sie als einen abwegigen Gedanken aus. Er glaubt nicht an eine Blasphemie – als wäre dies Celans nicht würdig.[74] Vielleicht ist die Sache in der Tat noch radikaler, eine noch strengere Umkehrung der Gerechtigkeit als die einfache Empörung. Dem Herrn fällt die Rolle zu, den Opfertod der Juden zu erkennen und den geopferten Juden, den Herrn, anzuerkennen. Wenn es Blut und Opfer brauchte, damit er »Er« werden konnte, so besteht daran kein Mangel. Das Opfer hat einen Ursprung, das Blut seine eigene Farbe. Der »Herr des Todes« hat seinen Part als Mörder gespielt; wenn dies seine Funktion ist, so hat er sie erfüllt.

Das Schweigen in den Worten

Das Schweigen legt sich nicht als eine Sphäre des Unaussprechlichen über die Sprache. Es ist nicht das Unbewußte der Psychoanalyse, das sich nicht deutlich zu artikulieren vermag. Es hat nichts Verborgenes an sich und steht auch nicht für blockierte Ausdrucksmöglichkeiten. Das Schweigen steht vielmehr für die Sprache in ihrer Gesamtheit und ist die Sprache in ihrer angemessensten Form. Es begründet die Möglichkeit einer Korrektur und Orthostase; als das Symbol eines onomaturgischen Verfahrens und als die Absenz jeglichen Gebrauchs ist es am wenigsten sich selbst entfremdet. Die Umsetzung vollzieht sich in ihm auf die vollkommenste Weise, es schafft die Voraussetzung und bereits eine lautlose Form von Diorthosis, von Gemäßheit in der nichtgesprochenen Sprache. Die Angemessenheit ist darin ohne Fehl; die Konfrontationen, der Widerspruch und die Korrektur stützen sich darauf. Eine künftige Negation verdichtet sich in ihm. Ein Wort ist gerecht im weißen Feld des Schweigens; seine Opposition stellt sich absolut, rein und unverfälscht dar.

Die Insekten (nach Kafka) werden lebendig, sie sind vertraute und treue Begleiter. »Steinschlag«, im August 1968, steht in einem kontrapunktischen Verhältnis zu »Ich schreite«, dem im Band folgenden Gedicht (II, 400, 401). Dort, im Land der Poesie und des »Auges«, bezeugt ihm ein Bundesgenosse, ein Freund, seine Treue. »Da sah ich einen, der log nicht, / heimstehn in seine Verzweiflung.« Er ist an seinem Auftrag nicht verzweifelt. Die

Treue ist die Treue einer Vision, auf seiten der von ihm geschaffenen Objekte. Der Poet entdeckt eine Schicksalsgemeinschaft. Er kann in dem, was von dort, von dieser poetischen Verzweiflungsgesellschaft auf ihn zukommt, eine Bestätigung finden: dieselbe Souveränität der Stille, das Produkt der Einsamkeit. Es ist ein Würfelwurf mehr: das Schweigen glückt ihm, wie der »Einsamkeitssturm«, mit weit ausholenden Schritten. Eine Brücke wird von einem Augenblick zum anderen geschlagen, von der »weit / ausschreitende[n] Stille« zu »Ich schreite deinen Verrat aus« auf der gegenüberliegenden Seite.

Die Wörter werden immer mehr auseinandergenommen und durch Pausen in Silben getrennt. Der Abstand ist die Materie der Neuinterpretation.

Ein Verfahren, das die Silben als Elemente der Wortbildung zur Interpretation heranzieht, mag beliebig erscheinen. Die semantische Zuordnung der Phoneme ist nicht sofort einsichtig. Warum sollen sie eher dieses als jenes bedeuten? Nun geschieht es aber gerade dank dieser freien Repräsentation der »Urelemente«, daß ein Leser einen sprachlichen Willkürakt richtig erfaßt, in genauer Entsprechung zu einem Sinn. Wenn das Namengeben einer umfassenden und kontextuellen Notwendigkeit gehorcht, so gibt es keinen Grund, anzunehmen, daß es vor irgendeinem Element des bestehenden lexikalischen Bestands haltmacht. In graphischer Hinsicht ist das »Wort« oft etwas anderes als nur ein Wort. Die Wortsequenzen der Konkordanz führen von sich aus, durch die Vielfalt der sich abzeichnenden Strukturen, zu einer semantischen Lektüre der Silbe.

Das System der silbenweisen und buchstäblichen Neukomposition des Worts kann nur dann als willkürlich angesehen werden, wenn man davon einen nur teilweisen Gebrauch macht, der willkürlich abbricht. Tatsächlich stößt die Arbeit an der totalen Resemantisierung bis zu einem Grund vor, bis zu den kleinsten Teilchen, und legitimiert insgesamt die Negation der gemeinsprachlichen Bedeutung. Es ist das der Grund, warum sie immer weitergeht; sie ufert aus, ohne sich darum je im Beliebigen zu verlieren. Die Partikel werden mitgerissen, doch finden sie ihren Platz. Die Richtung prägt sich ihren Bewegungen ein.

Die Zäsuren wirken zerlegend, sie zerschneiden den Sinn, der aus einer Verbindung hervorging. Sie verteilen die Lautmaterie neu auf weißem Grund. Die Weiße selbst kann eine sprachliche Form annehmen.

Aufgrund einer nach bestimmten Konventionen und Lizenzen befolgten Wortfügung und des daraus sich ergebenden überdeterminierten Sinngeflechts war eine Nichtlinearität der Dichtung – und also auch ihre Nichtlesbarkeit nach dem Leitfaden der Linearität – von jeher ein zentrales kompositionelles Prinzip. Bei Celan ist dieses in den Brechungen innerhalb der Sätze vertreten, die die kleinsten semantischen Einheiten auf lexikalischer Ebene und auch sublexikalischer Ebene isolieren. Doch brechen sie so wenig wie die früheren Modelle mit den syntaktischen Regeln und Erwartungen; sie bemächtigen sich der Syntax. So geschieht die Zerlegung in einem bestimmten Rahmen; die vorherige Ordnung bricht auseinander, sie wird aufrechterhalten, selbst als eine gebrochene, im Hinblick auf eine Neuverteilung der zerlegten Elemente. Die Neuverteilung lebt von dieser Spannung. Der inhärente, ursprüngliche Impetus führte noch die aus ihm abgeleitete und abgelenkte Gegenbewegung, bevor diese sich entfaltete. Die Akzente verlieren ihre angestammte Tonalität und verlagern sich in eine neue Tonalität, von der sie jetzt getragen werden.

Das problematische Verhältnis des Idioms zur Ausgangssprache wird in jedem Gedicht erörtert, kann doch die Autonomie nicht von dem kreativen Akt getrennt werden, der eine Negation des vorherigen Zustands ist. Aus eben diesem Grund ist sie nichts in sich Abgeschlossenes, sondern wird immer wieder neu hergestellt oder in Erinnerung gerufen. Jedes Gedicht legt von neuem die Phasen seines Zustandekommens dar. Auf diese Weise wird auch jedesmal der relative Grad seines Gelingens bezeichnet, die Distanz zu dem Schlagschatten, von dem es abrückt.

Die Korrektur eines bekannten Satzes richtet sich ausdrücklich neu aus; der andere, der stehenbleibt, wird sozusagen eingesetzt, um abgesetzt zu werden. Der Vorgang wird deutlich. Ein aufgehobenes Thema ist zumindest schemenhaft weiter zu erkennen; ein gewisses Etwas verbleibt unter dem, was an seiner Stelle eingetragen wurde, oder sogar dort, wo es ausgelöscht wurde.

In der zwölften Strophe des »Trunkenen Schiffs« mengen die Floriden »Augen von Panthern in Menschenhaut unter die Blumen«; Celan findet beim Übersetzen durch ein von ihm geschaffenes Kompositum zu einer Dualität, in der Mensch und Tier zusammentreten: »Des Menschenpanthers Augen – den Blumen beigesellt!«[75] Die Vereinigung der beiden Arten wird in den Mittelpunkt gerückt. Die »Häute« werden in der Übersetzung nicht wiedergegeben, doch sind sie nicht verloren; sie tauchen in einem Gedicht in *Fadensonnen* wieder auf:

> KLEIDE DIE WORTHÖHLEN AUS
> mit Pantherhäuten [...]
> (II, 198)

All die Wildheit ist darin ausgedrückt, die in die Sprache hinübergetragene Agilität des Raubtiers. Es ist möglich, beim Lesen dieser Verse die »Augen« der anthropoiden Kreatur einzusetzen, die Celan in seiner Rimbaud-Übersetzung geschaffen hat, und gewiß auch seine eigenen »Blumen«.

Die »Augen« bildeten in der Übersetzung ein Echo auf das »Menschenauge« (Strophe 8: »und manchmal sah mein Auge, was Menschenauge träumt«), mit der so prägnanten wie häufigen, zwei- und dreifachen Wortwiederholung (Strophen 15 und 16). Die religiösen Halluzinationen der Geschichte (»Et j'ai vu quelquefois ce que l'homme a cru voir«) werden integriert und auf dem Grund der Traumpotenzen eines allmächtigen Organs aufgehoben.

Die Farben bilden, für sich genommen, eine regelrechte Sprache. Blau oder Gelb sind neue, nicht minder gebrochene Wörter; freigesetzt, brechen die Farben mit ihrer gewöhnlichen Bedeutung.

ÜBERSETZEN

Mehr noch, als dies gemeinhin von Übersetzern verlangt wird, setzt die Übersetzung von Celans Dichtung eine Interpretation des Textes voraus, die Erarbeitung eines Verständnisses zunächst im deutschen Text, noch vor der Umschrift in die Fremdsprache. Was übersetzte man sonst? Man kann wohl kaum dieselbe Distanz wiedergeben, die Celan manchmal zu den Texten herstellte, die er selbst übersetzte. Da ist nichts, was nicht auf Distanz ginge; er schrieb, indem er sich einer Sprache und Bilder bediente, die ihm nicht gehörten.

Die zu erbringende Leistung bestünde oft darin, das neu Gesagte auf neue Weise zu sagen. Der bereits extrapolierte Sinn könnte so *anders* gesagt werden, in einer Differenz von den Worten der anderen Sprache. Es ist aber nicht immer möglich, die Umformung zu übersetzen. Die Überwindung der ursprünglichen Form könnte mit dieser Freiheit eines Neuanfangs den Rahmen einer neuverstandenen Buchstabentreue schaffen. Das Problem betrifft den Gegenstand der Übersetzung selbst.

Entweder man schafft in der Zielsprache die Bedingungen einer äquivalenten semantischen Rekonstruktion, indem man, so gut es geht, die auf die deutsche Sprache angewandten Verfahren im fremden Idiom reproduziert. Oder man verzichtet auf diese Versuche und Explorationen, um auf die eine oder andere Weise dem Leser die Sprache eines für ursprünglich erachteten Textes nahezubringen. Alle anderen Lösungen sind Mittelwege, zumeist Approximationen und Notbehelfe. Die Freiheit, die sie für sich reklamieren, beruht weniger auf der ursprünglichen und tatsächlichen Zerlegung der Sprache als auf dem Vorentscheid der Unübersetzbarkeit und also Unverstehbarkeit, unter dem Vorwand, daß die Gedichte von widersprüchlichen Bewegungen durchzogen seien. Deren Oberfläche wird zwar wiedergegeben, doch besteht die Gefahr, daß sie in der Tiefenstruktur unterlaufen wird. Die zweite der beiden Möglichkeiten besteht sicherlich nur theoretisch, da die Grenze zwischen einer einfachen Lektürehilfe und der gelungeneren und dabei doch trügerischen Reproduktion eines Teilaspekts nur schwer zu ziehen ist. Es ist nicht ersehbar, welche Lesbarkeit dabei angestrebt werden soll. Die Frage stellt sich von neuem: was liest man, wenn man übersetzt? Selbst wenn eine Entscheidung nicht wirklich falsch ist, kann sie unzulänglich sein und von ihrer Substanz her unhaltbar. Sie bleibt eine partielle, solange das Prinzip einer methodischen Partialisierung des Materials nicht akzeptiert wird. Auch in der anderen Sprache sollte die

Bewegung der Neukomposition vor dem Horizont einer umfassenden Fragmentierung einen Sinn ergeben. Es ist dies eine andere Auffassung des Durchgangs durch eine Phase der Unübersetzbarkeit; sie führt dazu, die Produktionsbedingungen zu reproduzieren und jede Angleichung an ein Erbe zu vermeiden.

Eine Textstelle ist immer entzifferbar, nicht nur im Prinzip. Wenn es sich aber so verhält, daß sie noch nicht dechiffriert wurde, mit anderen Worten, wenn die äußeren Bezüge und die internen Sinndimensionen noch nicht zur Klarheit gebracht wurden, so müßte ein Übersetzer Celans sich sagen, daß sie unübersetzbar ist. In dem, was er übersetzt, hat er es mit zwei verschiedenen Sprachen zu tun; wenn sich die eine zu einem eigenen System organisiert, kann er prinzipiell nicht darauf verzichten, die Bedeutungsebenen zu unterscheiden und ein System zu konstruieren, das der Differenz der Signifikate Raum gibt.

Die Präzision der Wörter erheischt die Übersetzung, doch die Entscheidung verfälscht eigentlich schon den Sinn, wenn sie die semantische Rekomposition eines Substrats nicht einbezieht.

In einer allgemeineren Perspektive könnte man fragen, aufgrund welcher Kriterien der Text eines antiken Autors für seinen Herausgeber *lesbar* erscheint. Aufgrund eines autonomen, freien und erfindungsreichen Sprachgebrauchs vielleicht, der durch eine Konvention eine neue Sprache hervorbrachte? Die Gemeinsprache ist mächtiger, sie quillt durch alle Ritzen – sie lebt ja weiter, sie hat dem Idiom standgehalten, welches sich in sie einschrieb und sich ihr widersetzte, gemäß der von den Dichtern gewählten freien Sprechweise. Pindar ist weniger pindarisch, in dem Sinn, den das Wort angenommen hat; Aischylos nicht aischyleisch und so weiter und so fort. Je weniger inspiriert, um so singulärer und freier erscheinen sie, weil die Technik eine Wissenschaft von der Sprache, von ihren Geheimnissen und deren Inszenierung bedingte.

Besteht die Literalität in den lexikalischen Äquivalenzen? Man müßte demnach von der bedeutsam gemachten sprachlichen Substanz gerade absehen und sich dem Verweis auf ein beiden Sprachen gemeinsames, abbildbares Denotat zuwenden, es mag eine Blume sein wie das »Tausendgüldenkraut-Sternchen« (»Kermorvan«, I, 263), ein Fachbegriff aus der Geologie wie die »Kluftrose« (»Harnischstriemen«, II, 28) oder aus der Astronomie wie »sonnenfern« (»Was uns«, II, 246). Diese Wörter verlieren in der Übersetzung ihre zweite Bedeutung, die im Verhältnis zu dem konventionell mit ihnen vernüpften Signifikat ihre primäre ist. Eine genaue Übersetzung optiert für einen Bedeutungsaspekt und führt notwendig von der reinterpretierenden Sinndimension weg, vor allem bei den Komposita; sie drängt das Wortmaterial zurück und bringt den Text wieder in die Nähe des Gegenstands. Das Verständnis wird blockiert, wenn sich die Übersetzung außerhalb der semantischen Eigenbewegung des Gedichts hält.

Eine andere, mehr gewöhnliche Wörtlichkeit ist unverzichtbar; sie bewahrt vor der Willkür der ungezügelten Bedeutungsvielfalt; sie gibt eine bestimmte Wortwahl wieder, doch zumeist hat im Deutschen die Interpretation dieses Worts eine Korrespondenz auf einer Ebene hergestellt, die sich durch größere sprachliche Freiheit und Entsprechung auszeichnet.

Die Kritik, die 1972, nach dem Tod Celans, von Henri Meschonnic an den Übertragungen durch den Dichter André du Bouchet geübt wurde, beruhte nicht auf einer Analyse des Kontexts und der besonderen Kohärenz jedes einzelnen Gedichts, auch nicht auf der Schaffung einer idiomatischen Sprache in der Ausgangssprache, auch wenn er den Begriff der »Gegensprache«[76] einführt. Er verharrte auf dem Standpunkt einer quasi überpersönlichen und theologischen, also anonymen Sprache und nahm nicht genügend den singulären sprachlichen Gesichtspunkt der Person in den Blick, der das Postulat einer radikalen Historisierung nach sich zieht. Er trat zu Recht für die Sprache ein. Wenn er aber sagt: »Eine solche Sprache zielt auf eine Theologie mit oder ohne Gott«, so erfordert es diese These, den Status dieses Gottes zu definieren. Steht er innerhalb oder außerhalb der Sprache? Auch wenn es heißt: »Er ist *zu einem Ich geworden*, indem er, zugunsten Gottes, Ich und Er in eins verschmolz«, müßte man nach dem Status der Personalpronomina fragen. Das Ich, als das historische Subjekt verstanden, impliziert wohl die Schaffung einer Instanz, die außerhalb der Sprache steht. Es wäre die Position einer Person, die sich in den Texten so präsentiert, wie sie lebt oder gelebt hat, als Beobachterin, auf der Suche nach ihrer Erfahrung und ihrer Historizität; sie steht gewiß in großer Ferne von jeglicher Gottheit. Sie ist gottähnlich, wenn man so will, aufgrund ihrer Souveränität. Gott mag auch ein Gegner sein, das noch mehr, im Kampf gegen die von der Gottherrschaft produzierten Greueltaten. Man spürt inzwischen mehr als damals, daß es projüdische Vereinnahmungsversuche geben kann, vor denen man sich nicht weniger zu hüten hat. Sie schwächen die Kraft mancher kritischer Positionen entscheidend ab. Meschonnic meinte: »Celan, [...] zugleich verwurzelt und entwurzelt, hat messianische Züge, er hat mit Moses nicht gebrochen.«[77] Der Satz hätte leicht mißverstanden werden können und ist vielleicht auch gar nicht vertretbar. Wenn es bei Celan eine Verwurzelung gibt, dann in der Erfahrung der Geschichte und ihrer Zerstörungen. Es ist das keine Verwurzelung, sondern eine Entwurzelung – außer man spielt mit den Worten. Die »Gegensprache in der Sprache«: hat sie ihn nicht auf allen Seiten vor den konventionellen theologischen Assimilationen bewahrt?

Alles ist Übertragung; auch Celans eigene Übersetzungen tragen die Male des üblichen Transfers. Es trifft dies freilich nicht auf alle Übersetzungen in gleicher Weise zu. Man findet unter den vielen, die er gemacht hat, verschiedene Ausformungen, von der Reproduktion des Sinns durch ein meisterhaftes Spiel mit Äquivalenzen bis zum verdoppelnden und negierenden Sinn am entgegengesetzten Pol. Die Worte des Übersetzers sagen ein Gesagtes neu; der Text wird gefiltert und in ein anderes sprachliches System umgefüllt. Elemente werden neu verteilt und im Durchgang neu zusammengesetzt. Es ist, als gäbe es eine Zwischenphase der Stimmlosigkeit, aus der sie verändert hervorgehen. Ein Schweigen deckt sie zu, wie die Gedichte selbst.

Diskontinuität und Beständigkeit

Die Untersuchung der Sprache erweist, daß es nichts gibt, was nicht in irgendeiner Form eine werkinterne Reprise wäre, in der ein Thema entwickelt und abgewandelt wird. Das Gewebe verdichtet sich. Sonst könnte man nichts verstehen. Es ist eine einzige Stimme, die zu sich selbst spricht, auf sich hört und sich immer wieder neu anhört. Die Gedichte wären noch in einem ganz anderen Sinne dunkel, wenn der Leser sich nicht auf diese rückgreifenden und vorausschauenden Verbindungen stützen könnte. Die Erfindung ist in diese Form der Transparenz eingegangen.

Die Gedichte sind mit anderen Gedichten geschrieben worden. Es ist die Logik, nach der sie lesbar werden.

Die Beziehung zwischen »Kristall« (I, 52) in *Mohn und Gedächtnis* und »...rauscht der Brunnen« (I, 237) in *Die Niemandsrose* oder die zwischen »Schibboleth« (I, 131–132) in *Von Schwelle zu Schwelle* und »In eins« (I, 270) in *Die Niemandsrose* ist eine paradigmatische. Der Dialog setzt sich fort, er wird wiederaufgenommen, vertieft sich von einer sprachlichen Vision zur nächsten, von der einen mittels der anderen.

Die Verse »fallgerecht in dir, / fluggerecht in dir« (»Fahlstimmig«, II, 307) in einem Gedicht aus *Lichtzwang* sind die Umformung und Neuformulierung einer Sequenz im vorhergehenden Gedichtband *Fadensonnen*: »die Ängste, eisgerecht, / flugklar« (»Die fleißigen«, II, 151). Die Thematik knüpft unmittelbar an »Engführung« an. Die Sprache hat ihren bleibenden Ort in den Lagern, die sie begründeten.

Die Sprache schreibt sich einer Kontinuität ein. Sie stützt sich auf sich selbst, in der Schwingung von der »Stunde« eines Gedichts zu einer anderen »Stunde«. So werden die Okkurrenzen zu rekursiven Einheiten.

Die Gedichte sind aus anderen Gedichten gemacht, aus den seinen nicht weniger als aus den fremden; die Kontinuität verleiht ihnen ihre Stringenz. Eine Kontingenz ist daneben nicht weniger präsent. Die akzidentiellsten Elemente werden erst im System und seinem Beziehungsreichtum sinnhaft. Die Begegnung, in höchstem Maße vom Zufall bestimmt, wird in der vorgeprägten Konfiguration zur größten Ausdruckskraft getrieben.

Jedes Gedicht könnte in einer idealen Lektüre mit allen anderen zusammen gelesen werden, wie in einem einzigen internen Referenzgeflecht. Die dichterische Materie wird von einem Ende zum anderen strukturiert; das semantische Netz bekräftigt sich, indem es sich konstituiert; es bleibt dasselbe, gehorcht bis zum Schluß denselben Baugesetzen und vervollkommnet sich doch, durch alle Variationen hinweg.

Die Sprache der Gedichte entsteht gleichzeitig mit dem Werk, Stein um Stein; auch sie ist auf ihre Weise ein Werk. Das dichterische Œuvre setzt sich zusammen, indem es sich auf das Œuvre der Sprache stützt. Die Gedichte werden in der Sprache geschrieben, die sie selbst schaffen. Es ist eine Gedichtsprache. Die Sprache konnte sich gegen die Gemeinsprache nur herausbilden, weil sie sich im Gedicht erfüllt.

Es ist wesentlich, sich an die Kohärenz eines Texts zu halten, doch kommt ein Kombinieren und Isolieren der Elemente nicht zum Ziel, da sie alle auch aus großer Ferne miteinander verschränkt sind. Es ist jeweils ein Ganzes und ein Teil des größeren Ganzen. Da nichts von dem, was gesagt wird, nicht ein Spiel mit bereits Gesagtem, mit einem früher von ihm selbst oder einem anderen Gesagten ist, zeichnet sich etwas Neues als ein alter Sinn in die unterschiedliche Konstruktion ein. Das System gewinnt den Status eines in steter Entwicklung begriffenen umfassenden referentiellen Bezugs.

Die Toten kommen in einem Liebesakt aus den Schründen hervor; einer von ihnen legt ein Zeugnis ab

> irgendein Toter, ganz bei sich,
> setzt Lee über Luv.
> (»Ich schreite«, II, 401)

Es ist wieder eines der Geschöpfe, die jene Welt bevölkern. Das Du lebt nur vom Wind; sein Verrat findet von weitem in einem denaturierten Verhalten seine Bestätigung. So liest man in der vorletzten Strophe: »du wirst sichtbar«, wie schon auf der vorhergehenden Seite, wo es sich um ein Insekt handelt: »da sah ich einen [...]«. Es ist der Dialog des Dichters mit seinen Gestalten, die aus dem Eigenleben der Welt Celans heraustreten. Er ruft sie als Zeugen an, als Garanten der Gemäßheit des später Geschriebenen. Sie sind die Zeugen einer Treue zu sich selbst.

Die Arbeit an der Materie stellt sich als solche dar, darin liegt ihre kritische Dimension: Die Distanzierung wird bis auf den Grund einer Verzweiflung vorangetrieben. Diese konzentriert sich immer mehr. Die saturnische Inspiration wird von der sie tragenden Schwärze bedroht. Sie gestaltet sich undurchdringlich.

Die um sich selbst besorgte Sprache

Die progressive Erläuterung nimmt in den internen Bezügen Gestalt an. Die Sprache ist auf der Suche nach sich selbst, erfindet und bestätigt sich neu. Der von den einzelnen Bewegungen in die Matrix eingeprägte Abdruck hält die Spuren einer geradezu vorsprachlichen Struktur in der Sprache fest.

Die Virtuosität liegt oft in den Wiederholungen und in der Variation. Immer wieder »Auge«, immer wieder »Stein«. Das Thema wird aufgenommen, es nimmt seinen Platz – einen neuen, je verschiedenen Platz – ein und steckt einen Horizont ab, in dem das sprachliche Experimentieren sich entfalten kann.

Da die Texte chiffriert sind und es keinen Schlüssel für sie gibt, sind sie ganz von der Chiffre durchdrungen, ohne von ihr beherrscht zu sein. Die Chiffre ist gleichsam in der Materie enthalten, der sie sich zuwendet. Sie muß in den Anwendungen und partikularen Erfindungen neu entdeckt werden. Auf dieser Ebene der Re-Interpretation der Sprache ermöglicht es das schon Bekannte, ohne das man nicht in die Bewegung einsteigt, sich dem noch Unbekannten und zu Dechiffrierenden zu nähern. Die Lektüre gestaltet sich so als ein durchdachtes Ineinandergreifen. Ein Spiel der Pisten, die sich verwirren und verschließen, bewirkt, daß andere sich auftun. Das Neue muß jeweils in seiner Verschiedenheit gesagt werden können, mit Hilfe des Vorgängigen.

Gewisse Wendungen haben einen definitiven Charakter, der nicht von den in der Sprache festgelegten Bedeutungen abweicht. Das Verfahren hat seine Besonderheit. Es ist, als ob eine Kontingenz im Kontingenten selbst überwunden würde und ihm so der Status einer Notwendigkeit zukäme. Das Glück des Erfindens macht sich souverän, es setzt sich durch; so ist es zu verstehen, wenn Celan sagt, daß sich die Dichtung »exponiert«.[78] Ihr Imposantes überdauert als ein Negativum und behauptet sich gegen alle von den kulturellen Impositionen hervorgebrachten Tragödien. Nur von hier, von dieser Erfahrung aus, ist für ihn ein Sprechen wieder möglich.

Der kontinuierliche Dialog mit der Dichtung hat eine unbegrenzte explorative Potenz, bei allen Hindernissen, die sich ihm entgegenstellen. Alle Zwischenpositionen zwischen der Tabuisierung und der härtesten und kühnsten Refektion finden darin ihren Ort, von der Fluchtbewegung bis zur Lähmung, vom unerhörten Gelingen bis zur klar bewußten und sorgfältig registrierten Konstatierung einer Ohnmacht.

Das ganze Werk

Das Werk produziert den internen Dialog, der es belebt. Ein Gedicht setzt ihn mit anderen fort, mit denen, die vor ihm geschrieben wurden, und sogar mit den noch ungeschriebenen, in dem sich hinziehenden Selbstgespräch, in dem alle Aktualisierungen eine erste, ursprüngliche weiter ausbilden.

An einer der ersten Studien über Celans Poetik wurden die »besonnenen und überlegten Einzelinterpretationen« lobend bemerkt.[79] Nun wird man aber in dem gesamten für seine Präzision gepriesenen Buch keine einzige Gedichtinterpretation finden, die als Grundlage – oder, wenn man so will, als Schlußstein – für eine ästhetische Einschätzung dienen könnte.

Jede Gedichteinheit schließt auch das zu dechiffrierende Ganze ein, so offen dieses auch sein mag. Wenn das Verständnis des Texts ein nur teilweises ist, so hat man den Gegenstand und seinen Horizont verlassen. Man ist dann auch fast gezwungen, anzudeuten, daß der fragmentarische Charakter des Verständnisses, zu dem man gelangt ist, mit dem Objekt selbst untrennbar verbunden ist, und rechtfertigt so theoretisch den Rekurs auf willkürlich herausgelöste Sätze. Ansonsten wären es wirklich Stücke, die nach Belieben von einer tatsächlich fragmentierten Sprache abgetrennt werden können.

Die programmatischen Texte

Man kann unter den programmatischen Texten die Gedichte unterscheiden, die einen Grundstein legen. »Engführung« (I, 197–204) gehört zu ihnen. Sie dienen in einem strengeren Sinn als Referenzpol und bilden die Wegmarken für die aufeinanderfolgenden Konstellationen. Andere – etwa »Auf Reisen«[80] – kennzeichnen eher eine Etappe; sie führen Protokoll über den Fortgang und entwerfen eine Orientierung.

Die Sequenz »wahr- und wahrer- / geschundenes« (»… rauscht der Brunnen«, I, 237) ist nicht eigentlich als ein Paradox zu verstehen. Sie bringt den ursprünglichen Widerspruch zum Ausdruck. Es ist nicht so, daß eine Wahrheit weiterhin thematisiert würde, obwohl sie »enttarnt und aufgegeben« wurde.[81] Das »Geschundensein« steht nicht für das Nichteintreten einer Verheißung, sondern im Gegenteil gerade für ihre Erfüllung in einer Progression von Gedicht zu Gedicht. Die programmatischen Antithesen in »Kristall« wurden völlig gegen den Sinn verstanden, indem man die Wahrheit zu einem eschatologischen Zielpunkt machte.[82] Sie gilt aber allgemein und betrifft die Gemäßheit der Sprache. Die Verbrechen werden wahr, wenn sie nicht geleugnet werden. Das »Geschundensein« ist »täglich wahrer«, es ist der in jeder neuen Konstruktion neu aufgewühlte Schmerz.

Perioden

Kein Versuch einer Periodisierung wird über die Unterscheidung eines vorbereitenden Stadiums hinauskommen, in dem sich die Sprache eigentlich gebildet hat; es läßt sich nicht genau eingrenzen. Die Meisterschaft über die Sprache führt zu einer immer größeren Beschränkung und Bloßlegung. Die eine wie die andere Tendenz erhalten rasch die Oberhand, in einer sich gleichzeitig ausdifferenzierenden und einengenden kathartischen Kunst. Das Gespräch mit sich selbst nimmt immer mehr Raum ein, das reflexive Moment gewinnt einen privaten und intimen Charakter.

Die kurze Form der Notiz, der täglichen Aufzeichnung, des Bulletins, der aphoristischen Gedankens weisen auf eine konstante Rückbesinnung auf das Werk, in der Konfrontation mit sich und dem Gegenstand. In den überhandnehmenden Kontraktionen meinte man eine Ermattung und Erschlaffung oder ein Zeichen der Krankheit wahrzunehmen. Manche jedoch zeugen von einem verstärkten dichterischen Vermögen und neu gefundenen Formen. Sie führen Buch über Schwächen und bekennen sich zur Widerstandskraft, das eine wie das andere. Der Kampf setzt sich auch in der Erfahrung des Scheiterns oder Mißlingens fort.

Man hat versucht, Einteilungen vorzunehmen. Die Kriterien bleiben unbefriedigend. Ein Beispiel mag die Schematisierung kennzeichnen. So nimmt man zunächst den ersten Gedichtband aus, als hätte er mit der gewählten Problematik nichts zu tun, und unterscheidet dann diverse Aspekte in der »Intention auf die Sprache«, nach dem von Peter Szondi bei Walter Benjamin entlehnten Begriff.[83] In einer ersten Periode, die sich bis zur *Niemandsrose* erstreckt, sei die semantische Reflexion, wenn nicht abwesend, so doch noch unausgereift gewesen (A); im Laufe einer zweiten Periode, von *Atemwende* bis *Lichtzwang*, habe sich der autonom-selbstreflexive Gebrauch des Materials entwickelt (B); in den posthumen Gedichtbänden würde dann (später erst!) die eigentliche »Negativität geschichtlicher Erfahrung« stärker »realisiert«. Man findet zur Ausweglosigkeit einer Bedeutungspotenz, zu ihrer zwanghaften Ausflucht in ein Unbezeichenbares und Unverstehbares (C). Alles wird auf diese Weise entpersönlicht.

Die Verwendung der Zeichen einer metapoetischen Struktur bleibt, wenn nicht unverändert, so doch stets in einem identischen Rahmen entzifferbar, der sich vom ersten Gedichtband bis *Atemwende* (1967) entwickelt hat. Es läßt sich also nicht behaupten, daß Celans Lyrik mit *Atemwende* »die Gewißheit, das sprachliche Zeichen repräsentiere anderes, verloren [habe], eine Gewißheit, die das Frühwerk noch teilt [...]«[84]. Die Unterscheidung ist willkürlich, läuft doch alles stets auf etwas hin, das erreicht wird. Der Wortbestand bildet sich schon sehr bald heraus, noch vor *Mohn und Gedächtnis*, mit seinen singulären Veränderungen und neuen Ausrichtungen, ohne etwas anderes zu »benennen« als das, was der benennende Akt hervorruft, ohne unmittelbaren Verweis auf die empirische Realität. Die sprachliche Transzendenz ist früh, wenn nicht schon von Anfang an erkennbar, sie wird seit den ersten Gedichten vorbereitet und umrissen; sie sucht sich zunächst und bleibt unterschwellig, doch behauptet sie sich auch; die Differenzen schaffen die Identität der Sprache. Man sieht, wie der Übergang sich vollzieht und die autonome, abgelöste Wirklichkeit in Erscheinung tritt. Das Spiel der Reprisen stützt sich sehr früh schon auf die Entfaltung des Vorhandenen. Es bildet bald ein Geflecht von fixierten Sinnregionen.

Das Verständnis von »entmündigte Lippe« (»Singbarer Rest«, II, 36) setzt die schon transferierte Bedeutung des einzelnen Wortes, von »Lippe« und von »Mund«, voraus. Die Antithese im programmatischen Gedicht »Kristall« (I, 52) zeugte davon. Das Wort »entmündigt« wird analysiert und etymologisiert, das heißt auf sein Etymon »Mund« zurückgeführt, so daß man zu verstehen hat: »des Mundes beraubt«. Es ist eine Lippe ohne Mund. Ohne die Reinterpretation des Kompositums versteht man weder diese Strophe noch das Pronomen im letzten Vers: »unweit von dir«.

Das Gedicht hat die Abwesenheit des Autors – des Du – zum Gegenstand. Man liest in der ersten Strophe die Erzählung von einer Flucht. Der Andere ist ausgebrochen und hält sich nun abseits auf, am »Schneeort«. Er hat sich einen Weg durch die Buchstabenwelt, die Sichel-Typographie einer reinen, noch lautlosen Schrift gebahnt. Die »Sichel« ist das Mähwerkzeug des Schnitters; doch hat man aus dem Wort auch den Bezug auf »sich« herauszuhören, auf das »Sich« als Ursprung und Garanten der Aktion. Nach seinem Fortgang bleiben noch Umrisse; was übrigbleibt, wird »singbar«.

Die Verdoppelung, in der das Du, der Autor, von seinen sprachlichen Mitteln unterschieden wird, schafft die Bedingungen einer Reduktion, in der die Elemente der Kunst sich von selbst, von sich aus analysieren, aus eigener Kraft. Sie verzahnen sich, greifen ineinander wie das Räderwerk einer astralen Choreographie. Die Bewegung konzentriert sich im Umkreis einer perfekten Involution. Die Wörter treten zu Haufen zusammen; sie ballen sich und blicken unter ihren »Kometenbrauen« hervor. Ein winziger »Herztrabant« nähert sich ihnen. Das Gedächtnis kehrt zu seinen Schatten zurück; es wird von einem Funken bewegt, der seinen Antrieb von seiner Exteriorität her bezieht, von einem Draußen. Eine Absenz steht im Zentrum der Wortmechanik.

In der Pointe des Gedichts versammeln sich nun die Absenzen zu einer gemeinsamen Mitteilung. Die Meldung wird von einem Nichts zum anderen weitergegeben. Die »Lippe« des Verstummten – man kennt sie schon – soll ohne den »Mund« eine Nachricht übermitteln. Wie sollte sie aber sprechen, nach dem Verschwinden des Dichters, durch den die Sprache erst auflebt? Das Verschwinden spricht an seiner Statt. »Etwas« geschieht, das ebenso bestimmt in der Unbestimmtheit ist wie die Geschichte. Eine Meldung wird den Verschollenen trotz allem erreichen. Die Gleichung ist perfekt. Die expressiven Ansätze haben sich insgesamt aus einer Ferne auf die zentralisierte Absenz abgestimmt.

Mit der Botschaft, daß »etwas geschieht«, wird zweifellos auf eine beschriebene Vision verwiesen; die Wendung hat auch eine interne Funktion. Ob man nun den Akzent auf »etwas« oder auf »geschieht« legt, man befindet sich vor einer Anteriorität; sie gehört dem Bereich der historischen Erfahrung an. Es ist eine strikt determinierte, an die Sprache und den Augenblick gekoppelte Einheit (ein Äquivalent des unbestimmten *ti* in der griechischen Philosophie); die Bestimmung kann immer dieselbe sein, sich unaufhörlich wiederholen; das anvisierte Objekt bleibt dasselbe. Etwas ereignet sich, mit den Mitteln der Poesie, auf einer Stufe noch vor ihrer Aktualisierung, die das Du einzuleiten versteht. Dieses ist hier abwesend, da es sich ja an seinen »Schneeort« geflüchtet hatte, und ist durch seine Absenz zugleich näher geworden, durch all die standfesten Strukturen, die es dort geschaffen hat. Es ist die Meldung, die das Ich in der beschriebenen Situation von sich selbst verlangt, indem es sich dem Umstand entsprechend neu definiert: als eine des Mundes verlustig gegangene Lippe, als reine Skizzierung stummer Wörter, *in absentia* »unter Vormundschaft« gestellt. Die Pointe ist ironisch: abwesender wird das Du »unweit« sein, da doch die Absenz hier das angestrebte Ziel ist. »Von dir«, die Pronominalergänzung der Trennung, wird auf bemerkenswerte Weise gesetzt: sie verweist sowohl auf das angesprochene Subjekt, die Lippe, als auch auf den Empfänger der Botschaft. Der Zusammenhang klärt sich im Sinn auf, der ihn als Syntax konstruiert.

Die Partie wird hier zu viert gespielt. Das Ich ist zurückgeblieben, als ein Zeuge und Beobachter. Es sieht zu. Der andere, das Du, ist ausgebrochen, indem er durch die »Sicheln« einer Schrift schlüpfte, um zu einer reinen, leeren Distanz zu gelangen. Die Kompaktheit konstituiert sich in der Ferne und agiert von daher. Die lyrische Rede läßt ihren unerschöpflichen, zu einer »Blickmasse« geballten Fundus entfallen. Es sind die Gedichttexte als die zunächst noch ungeschiedene Quelle der Flugversuche und der ausstehenden Semantisierungen. Aus einem Draußen, wo er sich gezündet hat, aus dem Bereich, in den das Du sich zurückzog, tritt als ein winziger Punkt der um das Gedächtnis kreisende Satellit hervor und findet den Weg zum Ziel. Die Struktur des Gedichts resultiert selbst aus einer einzigen, aus der besonderen Erfahrung. Die Tatsache, daß sie durch den Augenblick hervorgebracht wird, verleiht ihr einen außerordentlich experimentellen Charakter. Nichts geschieht dieses Mal, die differenzierende Kraft der Sprache hat sich selbst besonnen, sich die eigene Potenz vor Augen geführt, im Raum der gleichförmigen Differenz. In einer interstellaren Projektion lassen sich, von einem kosmischen Laboratorium aus, die Wirkungen beobachten, die die absolute Reduktion in einer Distanz gezeitigt hat.

Das Feld der »Konter-Determination«, von der Weinrich spricht,[85] indem er einem erwarteten Sinn seine unerwartete Neudefinition in einem bestimmten Kontext gegenüberstellt, erstreckt sich tatsächlich auf die Struktur der idiomatischen Sprache, auf ihre Totalität in einem selbständigen System. Die neue Analyse des Wortes setzt diese Totalisierung voraus. Die Abfolge der Kontexte bewirkt, daß man, unabhängig von dem Kontext, fortschreitend die Fixierungen und deren Variationen wahrnimmt. Mit ihrer Hilfe gelingt es dann, Neologismen zu analysieren und den Stellenwert der Elemente in den Lehnwörtern einer bereits umgeformten Sprache festzulegen.

Die letzten Gedichtbände sind – aufgrund der gekürzten Form – noch persönlicher gestaltet worden. Die Kontraktionen kommen der Tagebuchnotiz nahe. Die Reflexion wird aphoristisch; die Bezugnahme auf das bereits vorliegende Œuvre nimmt überhand.

Die Leser sind von der wachsenden Hermetisierung der Sprache frappiert. Der Eindruck rührt von den Verständnisschwierigkeiten her, die sich aus der Kontraktion und dem vertraulichen Selbstgespräch einer schon ausgebildeten Sprache ergeben. Die Reduktion zeugt auch von einer gesteigerten Freiheit in der Improvisation. Man muß sich davor hüten, eine Progression zu konstruieren, in der die Grundlage der sprachlichen Hermetik, die Klarheit schafft, eliminiert wird. Man stellt der Hermetik eine Hermetik entgegen.

Manche Gedichte, vielleicht die meisten, sind für erfahrene Kenner geschrieben: sie sind mit den vorher etablierten Bedeutungen gemacht. Die Erfahrung des Lesers und die Vertrautheit des Autors mit einer besonderen künstlerischen Gestaltungsweise konvergieren. Das Gesagte wird neu gesagt, mit vielleicht freier aufgelösten Konnexionen und zahlreicheren Pausen. Die Kohärenz bleibt jedoch dieselbe; das alte Prinzip der Kristallisation macht die Gedichteinheiten von ihrer Konstitution her lesbar und erkennbar. Man könnte ihren Sinn nicht bestimmen, wenn man nicht mit der Gewöhnung an die Schemata, mit der Erinnerung an das Gelesene, mit dem Referenzhorizont und dem festen Rahmen der Lektüre an sie heranginge. Die Schemata lösen sich auf, sie rücken immer weiter ab, doch wenn sie sich mit aller Macht wieder behaupten, wird ihre Beständigkeit begrüßt. So etwa angesichts der Geräte und Apparate in der dritten Strophe von »Playtime«, das schon im Titel eine Hommage an den Film von Jacques Tati kenntlich macht:

gestärkt
hält die Stunde inne bei dir,
du sprichst,
du stehst,
den vergleichnisten Boten
aufs härteste über
an Stimme
an Stoff.
(II, 386)

In den letzten Gedichtbänden begegnet zusammen mit einer Bitternis der Abstraktion auch eine schärfere Angemessenheit. Aus einer Differenz im Spiel mit den Tonalitäten der Verzweiflung läßt sich die alte, unfehlbare Sicherheit heraushören.

Die Einheit des Gedichts

Wenn der Sinn der Wörter durch den Ort bestimmt ist, den sie in dem Netz einer semantischen Einheit einnehmen, dann kann keine den Sinn betreffende Demonstration sich auf einen einzelnen, herausgelösten Satz stützen, als ob er einen Gedanken resümierte, noch auf einen Textteil, es sei, man beziehe die Erläuterung des Ganzen doch indirekt ein. So unerläßlich auch die Kenntnis des Idioms sein mag, der *besondere* Stellenwert eines Worts kann sich von einer Okkurrenz zur anderen mehr oder weniger anreichern oder verändern. Den Bedeutungen mancher Wörter kommt eine große Stabilität zu. Doch auch durch die ausführlichsten Erhebungen des Vokabulars kommt man zu keinem definitiven Schluß. Man muß sich davon überzeugen, daß eine Hypothese sich immer auf frühere Lektüren, das heißt andere Hypothesen stützt. Die Entzifferung eines Gedichts kann auf sie nicht verzichten. Sie werden stets entweder bestätigt oder korrigiert, in Anbetracht einer besonderen, neuen Korrektur des geschaffenen Sprachgebrauchs selbst.

Der Meridian ist ein sehr elaborierter Text,[86] er stellt ausführlicher die Bedingungen der Kunstausübung heraus. Die Versuchung ist groß, sich zunächst einmal auf ihn zu berufen. Manche Sätze werden regelmäßig in Stichworten zitiert, oft verkürzend und sinnentstellend; sie werden mit einer Intention beladen, die den reflektierten Kontext und die Steuerung durch eine kunstreiche Komposition und Progression nicht genügend beachtet.

Man könnte sich überhaupt fragen, ob man es nicht vermeiden sollte, einzelne Verse oder Satzfragmente zu zitieren. Man treibt viel Mißbrauch mit ihnen. Sie dienen als Abkürzungen. Oft werden sie als Maximen hingestellt. Manchmal macht man daraus bekenntnishafte Sprüche. Zum Beispiel der Vers: »sag, daß Jerusalem ist« (»Die Pole«, III, 105). Man könnte auch das Gedicht »Unlesbarkeit dieser Welt«[87] anführen, dessen Titel oft dazu herhalten muß, die Lektüreverweigerung und das »Nichtlesen« zu rechtfertigen.

Das Verfahren hat nicht die geringste hermeneutische Legitimität, wenn das Zitat aus seinem Kontext gerissen wird (er mag dabei in Erinnerung gerufen werden oder nicht).[88] Die irreduzible Singularität bildet den konstitutiven Sinnhorizont, so daß jede Äußerung, sie mag noch so reduziert sein, in diesem Gefüge steht und von daher thematisiert und problematisiert wird. Sie lebt nur vor diesem intellektuellen und oft ironischen Hintergrund einer alles begleitenden Reflexion, die oft dazu noch die Befragung ihrer Legitimität mit einem »Nein«, einem »Immerhin« oder einem »Trotzdem« begleitet. Durch diese besondere Optik ist der abgelöste Satz nicht vereinnehmbar, da er in den geschlossenen und unveräußerlichen Gesamtzusammenhang gehört.

Eine Zukunft für das Œuvre

Paul Celan wußte wohl, daß er nicht verstanden wurde, wie sehr seine Bücher auch gelesen und gekauft wurden und obwohl er früh Anerkennung fand. Er litt darunter, so wie man unter einer Kraft leiden kann. Sie ermutigte ihn und riß ihn mit sich fort. Er fand darin auch wieder einen Trost, indem er sich bewußt war, daß er am Ende zwangsweise anders gelesen werden würde, in der Logik der unerhörten Präzision, die in den Texten steckte und mit der er arbeitete. Es ist dies wohl das stärkste Argument zugunsten des esoterischen Bereichs, der so hartnäckig ignoriert und so heftig bestritten wurde. Er hätte sonst nicht so lesen und schreiben können, wie er es tat. Das sollte man sich gesagt sein lassen.

ANMERKUNGEN

I. ICH UND DU (S. 15–43)

1 So Celans Antwort auf das Referat einer Hannoveraner Studentin. Hans Mayer, »Erinnerung an Paul Celan« (1970). In: H. M., *Augenblicke. Ein Lesebuch*. Frankfurt am Main: Suhrkamp, 1987, S. 99–116; hier S. 104.

2 Antwort auf eine Umfrage im Almanach der Buchhandlung Flinker (Paris), III, 167–168. Das Ich vereint in diesem Kommentar die *beiden* Rollen in sich.

3 Otto Pöggeler, *Spur des Worts. Zur Lyrik Paul Celans*. Freiburg: Alber, 1986, S. 92. Pöggeler, lange Zeit Leiter des Hegel-Archivs an der Universität Bochum, steht in großer Nähe zu Heidegger. Vgl. sein Buch *Der Denkweg Martin Heideggers*. Pfullingen: Neske, 1963 ([2]1983).

4 Wörtlich: »Man läßt den Gedichten die Offenheit nur dann, wenn man sie dadurch in die Deutlichkeit ihres Bedeutens stellt, daß man die angesprochene Lebensproblematik – auch und gerade die eigene – in sie einträgt.« Ebenda.

5 Matthäus 12, 30.

6 Mayer (1987, zuerst 1970), S. 104.

7 Ebenda.

8 Wie dies etwa Peter Paul Schwarz (*Totengedächtnis und dialogische Polarität in der Lyrik Paul Celans*. Düsseldorf: Schwann, 1966) versucht hat.

9 Rainer Maria Rilke, *Werke*. Hg. von Ernst Zinn. Frankfurt am Main 1956. Bd. 2, S. 508. Das Gedicht ist zum ersten Mal 1953 veröffentlicht worden. Celans Rilke-Lektüre, die in den dreißiger Jahren einsetzte, war für die Herausbildung seiner dichterischen Sprache von entscheidender Bedeutung. Vgl. Jean Bollack, »Rilke in Celans Dichtung«. In: *Celan-Jahrbuch* 7 (1997/1998), S. 177–196.

10 Jan Knopf, »Kosmischer Dialog«. In: *Frankfurter Anthologie*. Gedichte und Interpretationen. Hg. von Marcel Reich-Ranicki. Bd. 19. Frankfurt am Main 1996, S. 112–114. Die Interpretation des Brecht-Herausgebers erschien zuerst in der FAZ vom 28. Oktober 1995.

11 »Werk des Gesichts ist getan, / tue nun Herz-Werk«. Rilke, a.a.O., Bd. 2, S. 83.

12 An diesem Punkt einer luziden erzählerischen Ironie wird eine regelrechte Geschichte erkennbar (»blieben«, staunten«, »Verständigung«). Die Metaphysik, die Knopf heranträgt (»Hier findet eine metaphysische Verständigung statt«) blockiert jedoch das Verständnis.

13 Vgl. »Mit zeitroten Lippen« (I, 136–137). Siehe unten, S. 168–169.

14 Sie sind später wieder eingeführt worden. Vgl. die von Marlies Janz (*Vom Engagement absoluter Poesie. Zur Lyrik und Ästhetik Paul Celans*. Frankfurt am Main: Syndikat, 1976) vertretenen Thesen, die bezeichnend für die Assimilation Celans an Positionen der politischen und feministischen Befreiungsbewegungen sind.

15 Das Gedicht wird nicht direkt zu einem »Gespräch«. Man würde damit der Beziehung auf die Sprache im Wort »Gespräch« nicht wirklich gerecht. Das Gespräch hat nicht erst durch die Erinnerung an das Datum des 20. Jänner einen authentischen Mittelpunkt gefunden und auf dem Umweg über diesen Bezug zustande kommen können, wie Gerhard Buhr (*Celans Poetik*. Göttingen: Vandenhoeck & Ruprecht, 1976, S. 115) dies meint. Die Begegnung wird zunächst *verfehlt* – und dann wird das Versäumen interpretiert.

16 Hermann Lenz, »Erinnerungen an Paul Celan«, In: Hamacher / Menninghaus, *Paul Celan. Materialien*. Frankfurt am Main: Suhrkamp, 1987, S. 316. Zu Celans Beziehungen zur Gruppe 47 vgl. Klaus Briegleb, »Ingeborg Bachmann, Paul Celan. Ihr (Nicht-) Ort in der Gruppe 47 (1952–1964/65)«. In: Bernhard Böschenstein / Sigrid Weigel (Hg.), *Ingeborg Bachmann und Paul Celan. Poetische Korrespondenzen*. Frankfurt am Main: Suhrkamp 1997, S. 29–81.

17 Vgl. »Ein Krieger«, III, 16.

18 »Kleide die Worthöhlen aus«, II, 198. Siehe unten, S. 314.

19 Thomas Sparr, *Poetik des hermetischen Gedichts. Zur Lyrik Paul Celans*. Heidelberg: Winter, 1989. Jan Mukařovský (1891–1975), ein Vertreter des Prager Kreises, spielte gegen Ende der sechziger Jahre eine wichtige Rolle in der Rezeption der strukturalistischen Theorien in Deutschland (z. B.: J. M., *Kapitel aus der Poetik*, Frankfurt am Main: Suhrkamp, 1967).

20 Ebenda, S. 75.

21 Ebenda, S. 76.

22 Beda Allemann, Nachwort zu Paul Celan, *Ausgewählte Gedichte*. Frankfurt am Main: Suhrkamp, 1968, S. 151–163; hier: S. 162. Allemann (1926–1991), ein stark von Heidegger beeinflußter Schüler Emil Staigers, wurde nach dem Tod Celans mit der Historisch-Kritischen Ausgabe des Werks betraut.

23 »La poésie n'est-elle pas une progression vers le Réel, et qui s'opère au milieu de ce qui nous entoure et nous saisit? S'engager – n'est-ce pas,

avant tout, répondre? […] D'ailleurs, je n'ai jamais su *inventer* – j'ai bien reçu ce que j'ai écrit (et vice-versa). Je n'aime pas la Métaphore. Mais j'aime parler, j'aime t'adresser ces lignes.« Der Brief in französischer Sprache findet sich im Anhang von George Guţu, *Die Lyrik Paul Celans und der geistige Raum Rumäniens*. Bukarest 1990 (Diss. Leipzig 1977), S. 252.

24 Der Brief ist im Katalog der Johannes-Bobrowski-Ausstellung des Deutschen Literaturarchivs wiedergegeben (Reinhard Tgahr/Ute Doster, *Johannes Bobrowski oder Landschaft mit Leuten.* Eine Ausstellung des deutschen Literaturarchivs im Schiller-Nationalmuseum Marbach am Neckar. Marbach: Deutsche Schillergesellschaft, 1993, S. 425).

25 Ebenda, S. 422–431.

26 Gottfried Bermann Fischer/Brigitte Bermann Fischer, *Briefwechsel mit Autoren*. Frankfurt am Main: S. Fischer, 1990, S. 617.

27 Ebenda, S. 621

28 Ebenda, S. 641

29 Ebenda, S. 645.

30 Peter Szondi, »Durch die Enge geführt. Versuch über die Verständlichkeit des modernen Gedichts«. In: P. S., *Schriften* II. Frankfurt am Main: Suhrkamp, 1978, S. 345–389; hier S. 349. Vgl. auch S. 370 die »Erschaffung der Welt im Wort«. Peter Szondi (1928–1971), Komparatist und Literaturtheoretiker, begründete unter anderem 1965 das Institut für Vergleichende Literaturwissenschaft an der Freien Universität Berlin. Nach seinem Tod unternahm ich, zusammen mit einigen seiner Studenten, die Herausgabe der nachgelassenen Schriften. Vgl. Jean Bollack, Vorwort zu Peter Szondi, *Celan-Studien* (Frankfurt am Main: Suhrkamp, 1972, S. 7–11); dieses Buch, das die Celan-Kritik nachhaltig beeinflußt hat, vereinigt Szondis Aufsätze über die Gedichte »Engführung« und »Du liegst« und über Celans Übertragung eines Shakespeare-Sonetts.

31 Die Interpretation war ursprünglich auf französisch geschrieben worden: »Lecture de Strette. Essai sur la poésie de Paul Celan«. In: *Critique* Nr. 288, Mai 1971, S. 387–420.

32 Walter Benjamin, »Die Aufgabe des Übersetzers«. In: W. B., *Gesammelte Schriften*. Bd. IV, 1. Frankfurt am Main: Suhrkamp 1972, S. 9–21; hier S. 16.

33 Freilich begegnet sie auch auf linker Seite, wie das sich auf Adorno berufende Buch von Marlies Janz (1976) gezeigt hat.

34 Gadamer beruft sich auf Friedrich Gundolf, den Freund und Schüler Stefan Georges, der den Wörtern eine urspüngliche Kraft beimißt: »Das einfache, unzusammengesetzte Wort drängt also den Bezugs-

charakter des Wortes zugunsten seiner Kraft, Gegenwärtiges zu evozieren, zurück. In Begriffen Gundolfs gesprochen: Die Substanz der Worte tritt vor ihre Funktion [...].« Hans-Georg Gadamer, »Der Dichter Stefan George« (1968). In: H.-G. G., *Gesammelte Werke*, Bd. 9. Tübingen: Mohr, 1993, S. 210–228; hier: S. 221.

35 »A la pointe acérée«, I, 251–252. Der Gedichttitel geht auf eine Stelle aus Baudelaires Prosagedicht »Le Confiteor de l'artiste« zurück, die Celan in Hofmannsthals Tagebüchern zitiert fand. Vgl. Jürgen Lehmann / Christine Ivanović (Hg.), *Kommentar zu Paul Celans »Die Niemandsrose«*. Heidelberg: Winter, 1997, S. 209.

36 Pindar, Fragment 105 (Snell) mit Bezug auf die Interpretation des Namens »Hieron«, zitiert von Plato im *Menon* (76d) und im *Phaidros* (236d).

37 Bernhard Böschenstein, »Erste Notizen zu Celans letzten Gedichten. Zur zweiten Abteilung von *Zeitgehöft*«. In: *Text und Kritik*, H. 53/54, [2]1984 ([1]1977), S. 62–68; hier: S. 66.

38 Hans-Georg Gadamer, *Wer bin Ich und wer bist Du?* (1973/1986). In: H.-G. G., *Gesammelte Werke*, Bd. 9. Tübingen: Mohr, 1993, S. 383–451; hier: S. 433. Vgl. auch das Kapitel »Der ontologische Grund des Okkasionellen und des Dekorativen« in: H.-G. G., *Gesammelte Werke*, Bd. 1: *Wahrheit und Methode* (1960). Tübingen: Mohr, 1990, S. 149–165.

39 Peter Szondi, »Eden« (1972). In: P. S., *Schriften* II. Frankfurt am Main: Suhrkamp, 1978, S. 390–398; hier: S. 395.

40 Winfried Menninghaus, »Wissen oder Nicht-Wissen. Überlegungen zum Problem des Zitats bei Celan und in der Celan-Philologie«. In: Chaim Shoham / Bernd Witte, *Datum und Zitat bei Paul Celan*. Bern: P. Lang, 1987, S. 81–96. Siehe S. 82: »Szondis grundsätzliche Frage, die zuerst Hans-Georg Gadamer wieder aufgenommen hat [...]«.

41 Jean Daive, *La condition d'infini*. Bd. 5: *Sous la coupole*. Paris: P. O. L., 1996.

42 Georg-Michael Schulz, *Negativität in der Dichtung Paul Celans*, Tübingen: Niemeyer, 1977.

43 Jean Bollack, »Paul Celan sur sa langue«. In: Amy D. Colin (Hg.), *Argumentum e Silentio*, Berlin: de Gruyter, 1987, S. 113–153 (= Akten des *International Paul Celan Symposium*, Seattle, Oktober 1984).

44 »Hier«, I, 113. Er ist dann in seinem Beitrag (Beda Allemann, »Paul Celans Sprachgebrauch«. In: Amy D. Colin (Hg.), *Argumentum e Silentio,* a.a.O., S. 3–15; hier: S. 15) wieder auf das Beispiel zurückgekommen. Die Schlußfolgerungen, die er aus der Information zog, lassen sich in dieser Form jedoch nicht aufrechterhalten.

45 »Kirschblüte« war außerdem das Codewort für die japanischen Vernichtungslager während des Kriegs.

46 »Man muß nichts Privates und Ephemeres wissen.« Gadamer (1993, zuerst 1973/1986), S. 439.

47 Ebenda, S. 429.

48 Ebenda.

II. DER NAME (S. 44–99)

1 Thomas Sparr, *Poetik des hermetischen Gedichts. Zur Lyrik Paul Celans*. Heidelberg: Winter, 1989, S. 73–74.

2 Vgl. »Sprich auch Du«, I, 135. Siehe unten, S. 58.

3 »Je rücksichtloser die Werke Folgerungen ziehen aus dem Stand des Bewußtseins, desto dichter nähern sie sich selber der Sinnlosigkeit.« Theodor W. Adorno, *Gesammelte Schriften*. Bd. 7: *Ästhetische Theorie*. Frankfurt am Main: Suhrkamp, 1970, S. 506.

4 Hans-Georg Gadamer, »Hören – Sehen – Lesen«. In: H.-G. G., Gesam*melte Werke*, Bd. 8. Tübingen: Mohr, 1993, S. 271–278; hier: S. 275.

5 Beda Allemann, Nachwort zu Paul Celan, *Ausgewählte Gedichte*. Frankfurt am Main: Suhrkamp, S. 151–163, hier: S. 163. Vgl. Lielo Anne Pretzer, *Geschichts- und sozialkritische Dimensionen in Paul Celans Werk. Eine Untersuchung unter besonderer Berücksichtigung avantgardistisch-surrealistischer Aspekte*. Bonn: Bouvier, 1980. Die Freiheit der Assoziation wurde bisweilen mit sehr weit entfernten Begriffen in Zusammenhang gebracht, mit dem Unbewußten der Psychoanalyse oder dem Ur-Einen mancher feministischer Theorien.

6 Petre Solomon, *Paul Celan. L'adolescence d'un adieu.* Castelnau-les-Lez 1990, S. 87–104 (rumänisch zuerst 1987). Der rumänische Dichter und Übersetzer Petre Solomon (1923–1991) war mit Celan seit 1946 befreundet.

7 Vgl. Otto Pöggeler, *Spur des Werks. Zur Lyrik Paul Celans*. Freiburg – München: Alber, S. 62. Der Surrealismus wird doppelt in Verruf gebracht, einmal wegen der Rolle, die er der Kunst zuweist, und außerdem wegen des Fehlens jeglicher Bedeutung, als Nonsens.

8 »Psalm«, I, 225. Vgl. das Dossier zu diesem Gedicht in: Jean Bollack / Jean-Marie Winkler / Werner Wögerbauer (Hg.), *Sur quatre poèmes de Paul Celan. Une lecture à plusieurs*. Sondernummer der *Revue des Sciences Humaines*, H. 223, 1991, S. 171–212.

9 Walter Benjamin, *Gesammelte Schriften.* Frankfurt am Main: Suhrkamp, 1977, Bd. II. 1, S. 151.

10 Ebenda, S. 144.

11 Reingard Nethersole, »Kunstwirklichkeit, Engagement und Gespräch. Zum poetologischen Ort Paul Celans«. In: Reingard Nethersole (Hg.), *Literatur als Dialog.* Festschrift zum 50. Geburtstag von Karl Tober. Johannesburg: Ravan Press, 1979, S. 87–108; hier S. 93.

12 Valentin Nikiprowetzky, »Les accents et les cris d'une pleine musique ...« Vorwort zu Pierre Morhange, *Le sentiment lui-même.* Honfleur: Oswald, 1966, S. 14–17. Die Ausbildung eines Bewußtseins, das dem *Mangel* eigentümlich ist, wird gegen jede Bereicherung und Erfülltheit ausgepielt.

13 Zitiert in einem Porträt der Dichterin in *Le Monde des Livres*, 29. September 1995.

14 Allemann (1968), S. 160.

15 Dietlind Meinecke, die Allemann zu Beginn der Editionsarbeit assistierte, teilt in ihrem Buch eine Reihe nützlicher Informationen mit, die zum Teil von Celan selbst stammen: D. M., *Wort und Name bei Paul Celan*, Bad Homburg: Gehlen, 1970. Von Celans Ablehnung der Metapher berichtete sie auf einem Pariser Celan-Symposium am 25. September 1972, nachdem sie schon in ihrem Buch zur Vorsicht gemahnt hatte: »Der Begiff der Metapher wird selbst problematisch« (S. 141). Vgl. auch oben, S. 30, Celans Brief an Nina Cassian.

16 So spricht man etwa von einer »metaphorischen Evidenz«. Paul Sars, »Ist die Wahrheit der Lyrik zumutbar? Eine Einführung in die Lyrik und Poetik Paul Celans«. In: Hanns Ester / Guillaume von Gemert (Hg.), *Annäherungen. Studien zur deutschen Literatur und Literaturwissenschaft im 20. Jahrhundert.* Amsterdam: Rodopi, 1985, S. 65–85; hier: S. 79. Thomas Sparr (1989) widmet ein ganzes Kapitel den Metaphern in der hermetischen Dichtung. Die Problematik der Begriffswahl wird nicht wirklich erörtert.

17 Vgl. die Vorstufen zu dem Gedicht »Blume« (TCA, *Sprachgitter*, S. 32–35), mit dem Übergang von »Blind ließ ich dich sein, / so blind wie mein Stern« zu »Der Stein, in der Luft, dem ich folgte. / Wie er / ließ ich dich sein: blind«.

18 John E. Jackson, *La question du moi. Un aspect de la modernité poétique européenne: T. S. Eliot, Paul Celan, Yves Bonnefoy.* Neuchâtel: Editions de la Baconnière, 1978, S. 225.

19 Sparr (1989), S. 156.

20 Jacques Derrida, *La Dissémination*, Paris: 1972.

21 Nadine Gordimer, »The Gap between the Writer and the Reader«. In: *New York Review of Books*, Jg. 36, Nr. 14 (28. September 1989).

22 Harald Weinrich, »Linguistische Bemerkungen zur modernen Lyrik«.

In: *Akzente*, Jg. 15 (1968), S. 29–45; hier S. 39. Das Prinzip hätte freilich auch in den Textinterpretationen Anwendung finden müssen.

23 I, 188–189. Vgl. Georg-Michael Schulz, »›... fort aus Kannitverstan‹. Bemerkungen zum Zitat in der Lyrik Paul Celans«. In: *Text und Kritik*, H. 53/54, ²1984 (¹1977), S. 26–41, hier: 26: »Besagt das nicht, daß hier Wirklichkeit [...] als sprachlich vermittelt, sprachlich begriffen gemeint ist?«

24 Vgl. »Blume – ein Blindenwort. / Dein Aug und mein Aug: / sie sorgen / für Wasser«, in »Blume«, I, 164.

25 Georg-Michael Schulz, *Negativität in der Dichtung Paul Celans.* Tübingen: Niemeyer, 1977.

26 Silvio Vietta, *Sprache und Sprachreflexion in der modernen Lyrik*. Bad Homburg: Gehlen, 1970 (über Paul Celan: S. 89–131); hier S. 93.

27 Vgl. seine Interpretation von »Mit wechselndem Schlüssel«. Ebenda, S. 99–100.

28 Plato, *Phaidros*, 230d.

29 »Wann [...] blühen [...] die Septemberrosen?«, in »Huhediblu«, I, 275–277.

30 »Ah! quand refleuriront les roses de Septembre!« Paul Verlaine, *Œuvres poétiques complètes*. Hg. von Yves Le Dantec. Paris: Gallimard, 1938, S. 182.

31 Vgl. die Interpretation von »Die Posaunenstelle« (III, 104) in Stéphane Mosès, *Spuren der Schrift. Von Goethe bis Celan*. Frankfurt am Main: Jüdischer Verlag, 1987, S. 134–150.

32 Schon bei Heraklit wird die Spannung auf beiden Seiten von der Mitte losgelöst. Jean Bollack / Heinz Wismann, *Héraclite ou la séparation.* Paris: Minuit, ²1996, S. 136.

33 Renate Böschenstein-Schäfer, »Allegorische Züge in der Dichtung Paul Celans«. In: *Etudes germaniques*, Jg. 25 (1970), H. 3, S. 251–265.

34 Alexander von Bormann, »Komm, Leben, blüh.« Paul Celans gesammeltes Frühwerk. In: *Neue Zürcher Zeitung*, 30. Mai 1989.

35 Böschenstein-Schäfer (1970), S. 252.

36 Allemann (1968), S. 160.

37 Marlies Janz, *Vom Engagement absoluter Poesie. Zur Lyrik und Ästhetik Paul Celans*. Frankfurt am Main: Syndikat, 1976, S. 68–69.

38 »Das Wort zieht in die Ferne des Vergessens und spricht von dort.« Sieghild Bogumil, »Celan und Mallarmé: Kontinuität oder Wandel in der zeitgenössischen Poesie?« In: Albrecht Schöne (Hg.), *Kontroversen, alte und neue.* Akten des 7. Internationalen Germanisten-Kongresses Göttingen 1985. Tübingen: Niemeyer, 1986. Bd. 9, S. 27–34; hier: S. 27–28.

39 Vgl. den von Bogumil zitierten Satz Walter Benjamins »Nichts erneuert so wie die Vergessenheit.« Ebenda, S. 28.

40 Vgl. »Es kam eine Stille [...]«, in »Es war Erde in ihnen«, I, 211.

41 I, 52. Siehe oben, S. 19.

42 Stéphane Mallarmé, *Œuvres complètes*. Hg. von Henri Mondor. Paris: Gallimard, 1945, S. 850. (»Vous en effacez jusqu'au sens initial sacré.«)

43 »[...] si ce qu'il rapporte de *là-bas* a forme, il donne forme; si c'est informe, il donne de l'informe.« Brief an Paul Demeny, 15. Mai 1871. In: Arthur Rimbaud, *Œuvres complètes*. Hg. v. Antoine Adam. Paris: Gallimard, 1972, S. 252.

44 Pöggeler (1986), S. 95.

45 Paul Sars, »Ist die Wahrheit der Lyrik zumutbar? Eine Einführung in die Lyrik und Poetik Paul Celans«. In: Hanns Ester / Guillaume von Gemert (Hg.), *Annäherungen. Studien zur deutschen Literatur und Literaturwissenschaft im 20. Jahrhundert*. Amsterdam: Rodopi, 1985, S. 65–85, hier: S. 80.

46 Allemann (1986) S. 156.

47 Mathias Loewen etwa (»Gespräch mit dem Schweigen. Zu Paul Celans Gedicht ›Selbdritt, selbviert‹«. In: *Deutsche Vierteljahrsschrift für Literaturwissenschaft und Geistesgeschichte*, Jg. 61 (1987), S. 163–182; hier S. 181) reduziert die »Antinomien« auf eine Spannung in einer Einheit (»gegenstrebiges Ineins«).

48 Fragment Nr. 88. Vgl. oben, Anm. 32 (S. 339).

49 III, 202. Vgl. den diesbezüglichen Irrtum bei Pöggeler (1986), S. 160.

50 Ingeborg Bachmann, *Werke*. München: Piper, 1978. Bd. I, S. 128.

51 Ulla Hahn, »Schaukelbrett, tragfähig«. In: *Frankfurter Anthologie*. Gedichte und Interpretationen. Hg. von Marcel Reich-Ranicki. Bd. 16. Frankfurt am Main 1993, S. 167–170; hier: S. 169–170.

52 TCA, *Die Niemandsrose*, S. 34.

53 »La nuit sera noire et blanche.« Gérard de Nerval, *Œuvres complètes*. Bd. 3. Hg. von Jean Guillaume und Claude Pichois. Paris: Gallimard, 1993, S. XXII. Der Satz steht in Nervals letztem Brief vom 24./25. Januar 1855.

54 Heinrich Anz, *Die Bedeutung poetischer Rede. Studien zur hermeneutischen Begründung und Kritik von Poetologie*. München: Fink, 1979, S. 118.

55 Wie dies die Mehrzahl der Kritiker annimmt, z.B. Sars (1984), S. 74.

56 Vgl. »Spät und tief«, I, 35–36.

57 Sparr (1989), S. 67.

58 Jean Bollack, »Paul Celan: une histoire de la poésie«. In: *Io*. Revue internationale de psychanalyse [Toulouse]. 1992, Nr. 1, S. 15–30.

59 Sparr (1989), S. 74, nach Mukařovský.
60 Vgl. über das »wir«: Jean Bollack, »Arrêt sur le sens«. In: *L'Âne. Le Magazine freudien*, 1992, Nr. 50, S. 26.
61 Arthur Rimbaud, Brief an Paul Demeny, a. a. O., S. 251

III. DIE KUNST (S. 100–136)

1 Bernd Witte, »Eine Poetik des Todes. Celans Baudelaire-Übertragung und das Motiv des Todes in seinem Spätwerk.» In: Chaim Shoham / Bernd Witte (Hg.), *Datum und Zitat bei Paul Celan*. Bern: P. Lang, 1987, S. 229–242; hier: S. 236.
2 Friedrich Nietzsche, *Kritische Studienausgabe*, Bd. 11: *Nachgelassene Fragmente* 1882–1884. Hg. von Giorgio Colli und Mazzino Montinari. Berlin: de Gruyter, 1980, S. 84.
3 Theodor W. Adorno, *Gesammelte Schriften*. Bd. 7: *Ästhetische Theorie*. Frankfurt am Main: Suhrkamp, 1970, S. 340.
4 Gabriele Sevenich, *Sprache in Person. Versuche authentischen Sprechens am Beispiel Paul Celans*. Düsseldorf (Diss.) 1985, S. 32 und passim.
5 Theodor W. Adorno, »Rede über Lyrik und Gesellschaft«. In: Theodor W. Adorno, *Gesammelte Schriften*. Bd. 11: *Noten zur Literatur*. Frankfurt am Main: Suhrkamp, 1974, S. 58.
6 »Die Selbstvergessenheit des Subjekts, das der Sprache als einem Objektiven sich anheimgibt, und die Unmittelbarkeit und Unwillkürlichkeit seines Ausdrucks sind dasselbe: so vermittelt die Sprache Lyrik und Gesellschaft im Innersten.« Ebenda, S. 56.
7 Sevenich (1985, S. 36) hebt bei Adorno den universellen Charakter der gesellschaftlichen Vermittlung und das Aufgehen des Subjekts in der Sprache hervor. So gesehen steht Adornos Denken ganz offensichtlich in Widerspruch zu Grundgegebenheiten von Celans Dichtung. Die Kritik erfaßt jedoch nicht die wahre Relation zwischen dem dichterischen Idiom und der von ihm umgeformten »objektiven« Sprache.
8 Sevenich, ebenda.
9 Otto Pöggeler, *Spur des Worts. Zur Lyrik Paul Celans*. Freiburg – München: Alber, 1986, S. 122.
10 Ebenda, S. 126.
11 Ebenda, S. 122.
12 II, 114. Vgl. dort in Zeile 3 den »Maikäfertraum«, im Anschluß an den »Käfertraum« bei Freud. Sigmund Freud, *Studienausgabe*. Bd. II: *Die Traumdeutung*. Frankfurt am Main: Fischer, 1977, S. 291–293.
13 Vgl. »Die Winzer«, I, 140, und »...rauscht der Brunnen«, I, 237.

14 Es könnte gut sein, daß man im »Tal« das englische »tale« zu lesen hätte.

15 Albert Béguin, *Gérard de Nerval.* Paris: Corti, 1986 ([1]1937), S. 62, nach dem Modell von Novalis.

16 Vgl. in *Deutschland. Ein Wintermärchen* die ausdrückliche Hommage an Aristophanes: Heinrich Heine, *Sämtliche Schriften*. Hg. von Klaus Briegleb. München: dtv, 1997. Bd. 4, S. 642–643.

17 Ebenda, S. 580.

18 Ebenda, S. 628.

19 Heinrich Heine, *Sämtliche Schriften*, a. a. O., Bd. 2, S. 601.

20 Walter Benjamin, »Die Aufgabe des Übersetzers«. In: W. B., *Gesammelte Schriften*. Bd. IV, 1. Frankfurt am Main: Suhrkamp, 1972, S. 9–21.

21 Arthur Rimbaud: *Une saison en enfer*. In: A. R., *Œuvres complètes*. Hg. v. Antoine Adam. Paris: Gallimard, 1972, S. 96 (»le ciel bleu et le travail fleuri de la campagne«).

22 »Kristall«, I, 52. Siehe oben, S. 19.

23 »Huhediblu«, I, 275–277. Siehe oben, S. 65.

24 Alfred Kelletat, »Hermeneutica zu Celan, anläßlich seines ›Psalms‹«. In: *Abhandlungen aus der Pädagogischen Hochschule Berlin*, Bd. 1. Berlin: Colloquium Verlag, 1974, S. 267–302; hier: S. 292.

25 Richard Exner, »Celans Stimme und Celans Schweigen: Kritische und selbstkritische Bemerkungen«. In: Peter Michael Lützeler (Hg.), *Zeitgenossenschaft. Zur deutschsprachigen Literatur im 20. Jahrhundert.* Frankfurt am Main: Athenäum, 1987, S. 241–251; hier S. 242. Der sich sonst auch als Lyriker gebende Kritiker vertraut diesmal auf die »Wissenschaft«: »Nicht umsonst kommen ein paar der renommiertesten Celan-Interpreten von Rilke her« (S. 246).

26 Die Kritik hatte diese Eigenschaft bisweilen auch Rilke zugeschrieben – im Vergleich mit Celan wohl zu Unrecht. So etwa Jean-François Angelloz im Vorwort zu seiner Übersetzung der Duineser Elegien: »Seine Hermetik erfordert einen Kommentar.« (Rainer Maria Rilke, *Les Elégies de Duino*. Traduites et commentées par J.-F. Angelloz. Paris: Hartmann, 1936, S. 7.)

27 Exner (1987), S. 245.

28 Stefan George, *Sämtliche Werke*. Bd. 6/7: *Der siebente Ring*. Stuttgart: Klett-Cotta, 1986, S. 111.

29 Pöggeler (1986), S. 44–45. George »bleibt im Ohr«.

30 Ingeborg Bachmann, *Werke*, Bd. IV, München: Piper, 1978, S. 182.

31 Theodor W. Adorno, *Gesammelte Schriften*. Bd. 10: *Kulturkritik und Gesellschaft*. Frankfurt am Main: Suhrkamp, 1977, S. 30.

32 Die selbst dialektische Geschichte der Verwendung dieses Satzes und

seiner Umkehrungen bis zu Adornos Tod (1969) ist sehr genau und angemessen dargestellt in: Peter Stein, »›Darum mag falsch gewesen sein, nach Auschwitz ließe kein Gedicht mehr sich schreiben‹ (Adorno). Widerruf eines Verdikts? Ein Zitat und seine Verkürzung«. In: *Weimarer Beiträge*, Jg. 4 (1996), S. 485–508. Der Aufsatz bietet einen wertvollen Aperçu von der deutschen Kulturgeschichte.

33 Die kritische Darstellung von Peter Stein gibt auch Aufschluß über die mehr als zweifelhafte Rolle Hans Magnus Enzensbergers in diesem Zusammenhang (ebenda, S. 492–495) und über die Umstände von Adornos 1966 erfolgtem Widerruf in der *Negativen Dialektik* (S. 498).

34 Vgl. auch bei Szondi (1978b), S. 383: »Engführung ist in einem sehr genauen Sinne die Widerlegung der allzu berühmt gewordenen Behauptung Adornos, daß es *nach Auschwitz [...] unmöglich ward, [...] Gedichte zu schreiben.*«

35 Gespräch mit Charles Bukowski, *Le Nouvel Observateur*, 4.–10. September 1987.

36 Max Brod, *Heinrich Heine*. Amsterdam 1934, S. 235–236. Als Beispiel für einen solchen unerträglichen Witz führt er an: »Die Thore jedoch, die ließen / mein Liebchen entwischen gar still; / ein Thor ist immer willig / wenn eine Thorin will.« Durch die Homonymie wird für Brod das Gedicht in Nichts aufgelöst.

37 Ebenda, S. 236: »Die andere Gefahr [...] liegt im süßen Wortgeklingel.«

38 Ebenda, S. 239.

39 Ebenda.

40 Ebenda, S. 236.

41 Kelletat (1974), S. 298.

42 Ebenda.

43 »Paul Celan [...] verlegt die Sprachgrenze weiter in das zumeist Unverstehbare hinaus [...].« Exner (1987), S. 246.

44 Ebenda.

45 Pöggeler (1986), S. 205.

46 Pöggeler (1986), S. 299. Pöggeler zitiert einen Satz aus einem Brief Celans vom 25. Februar 1961, in dem er seinem Korrespondenten Jürgen P. Wallmann sagt, daß die Dichtung *existiert* und in dem er das *quia absurdum* des Anselm von Canterbury auf sie überträgt. Gegen die so offenkundige Reinterpretation – die er doch auch wieder anerkennen muß – unterstellt er, Celan hätte absichtlich die theologische Definition gebraucht, um sich von der literarischen Avantgarde der Vor- und Nachkriegszeit zu distanzieren – zugunsten einer »Jenseits« genannten deutschen Transzendenz. Die Inspiration muß triumphieren.

47 Pöggeler (1986), S. 283, über »Dein Hinübersein«, I, 218.

48 Zitiert nach J. C. Kamerbeek, *Studien over Sophokles*, Amsterdam 1934, S. 82.

49 Albert Béguin, *L'âme romantique et le rêve.* Paris: Corti, 1945 ([1]1939).

50 Albert Béguin, *Gérard de Nerval*, a.a.O., S. 66.

51 Ebenda.

52 Ebenda.

53 Martin Buber, *Ich und Du.* Heidelberg: Schneider, 1958, S. 98.

54 Stéphane Mallarmé, »Prose (pour des Esseintes)«. In: S. M., *Œuvres complètes.* Hg. von Henri Mondor. Paris: Gallimard, 1945, S. 56.

55 Einige Beispiele: »Jochbein« (II, 21), »Kluftrose« (II, 28), »Rautengruben« (II, 181), »übertieft« (II, 411).

56 Klaus Demus, zitiert von Edith Silbermann, »Erinnerungen an Paul (CelanAntschel)«. In: Amy D. Colin (Hg.), *Argumentum e Silentio.* Berlin – New York: de Gruyter, 1987, S. 427–443; hier: S. 428.

57 Edith Silbermann, ebenda.

58 Vgl. Jürgen Lehmann / Christine Ivanović (Hg.), *Kommentar zu Paul Celans »Die Niemandsrose«.* Heidelberg: Winter, 1997, S. 250–254.

59 »All das / Gewölk um sie her – es war lesbar«, in »La Contrescarpe«, I, 282–283.

60 Vgl. die Vorstufe: »Ein Spruch spricht zu mir«, TCA, *Die Niemandsrose*, S. 96.

61 Siehe oben, S. 18–19.

62 Johann Peter Hebel, »Kannitverstan«. In: J. P. H., *Sämtliche Schriften*, Karlsruhe: C. F. Müller, 1990, S. 132–135.

63 Marlies Janz, *Vom Engagement absoluter Poesie. Zur Lyrik und Ästhetik Paul Celans.* Frankfurt am Main: Syndikat, 1976, S. 132–133.

64 »[...] der [...] Spruch [...] fordert eine Teilhabe, die, *individuell* realisiert, in seiner, des Spruchs Annahme Verstehen und darin gar eine Art Befreiung bedeutet.« Georg-Michayel Schulz, »... fort aus Kannitverstan. Bemerkungen zum Zitat in der Lyrik Paul Celans«. In: *Text und Kritik* H. 53/54, [2]1984, S. 32.

65 »Treckschutenzeit«, II, 326, und »Du sei wie du«, II, 327. Siehe dazu: Jean Bollack, »Sur l'interprétation de deux poèmes de Paul Celan, *Stehen* et *Treckschutenzeit*«. In: A. Gethmann-Siefert (Hg.), *Philosophie und Poesie.* Festschrift für Otto Pöggeler, Bd. 2, Stuttgart/Bad Cannstadt: Frommann-Holzboog, 1988, S. 261–280; und Jean Bollack, »La pointe en hébreu« [über »Du sei wie du«]. In: *Dédale*, 1996, Nr. 3/4, S. 533–553.

66 Friedrich Nietzsche, *Kritische Studienausgabe*, Bd. 1: *Die Geburt der Tragödie aus dem Geiste der Musik*. Hg. von Giorgio Colli und Mazzino Montinari. Berlin: de Gruyter, 1980, S. 47.

67 Ebenda, S. 51–52. Weiter oben, im selben Kapitel 6, unterschied

Nietzsche zwischen zwei poetischen Sprachen, der Homers und der Pindars, »je nachdem« sie »die Erscheinungs- und Bilderwelt oder die Musikwelt« nachahmen.

68 David Brierley, *Der Meridian. Ein Versuch zur Poetik und Dichtung Paul Celans*. Frankfurt am Main: Lang, 1984, S. 6.

69 Paul Celan / Nelly Sachs, *Briefwechsel*. Hg. von Barbara Wiedemann. Frankfurt am Main: Suhrkamp, 1993. Vgl. dazu Jean Bollack, »Paul Celan und Nelly Sachs. Geschichte eines Kampfes«. In: *Neue Rundschau*, Jg. 105 (1994), H. 4, S. 119–134.

70 Vgl. Scholems Brief an Leonard Moore Olschner (*Der feste Buchstab. Erläuterungen zu Paul Celans Gedichtübertragungen*. Göttingen: Vandenhoeck & Ruprecht, 1985, S. 42), in dem er an die Pariser Begegnung erinnert.

71 Daran ändert auch nichts, daß Celan manche Bücher Scholems nachweislich auch schon vorher gelesen hatte. Vgl. die Hinweise auf Lektürespuren aus dem Jahr 1957 in *Die Geheimnisse der Schöpfung* und aus dem Jahr 1960 in *Hauptströmungen der jüdischen Mystik* in: Elke Günzel, *Das wandernde Zitat. Paul Celan im jüdischen Kontext*. Würzburg: Königshausen & Neumann, 1995, S. 335–336.

72 Pöggeler (1986), S. 160

IV. WAHNGÄNGE (S. 137–166)

1 Platon, *Phaidros*, 244a–245c.

2 Vgl. die Passage mit den »Geschwisterkindern« auf den »Steinfliesen« in *Gespräch im Gebirg*, III, 169–173.

3 Vgl. »Schwarz [...] wühlen die Augen nach dir«, II, 57.

4 Vgl. »Muscheln red ich«, in »Talglicht«, I, 15.

5 Vgl. Grimm, *Deutsches Wörterbuch*, Bd. 11, Sp. 1197: »von dem klingenden tone, woran man ihre härte und güte erkennt«.

6 Vgl. Alfred Kelletat, »›Lila Luft‹. Eine kleine Berolinense Paul Celans«. In: *Text und Kritik*, H. 53/54, ²1984, S. 18–25; hier S. 19; daran anschließend Leonard M. Olschner, *Der feste Buchstab. Erläuterungen zu Paul Celans Gedichtübertragungen*. Göttingen: Vandenhoeck & Ruprecht, 1985, S. 70.

7 Das Gedicht aus dem Band *Sprachgitter* (1959) war zuerst unter diesem Titel in der Zeitschrift *Akzente* (1956, H. 3, S. 302) publiziert worden.

8 Vgl. Werner Wögerbauer, »Drei Skizzen zu Bildgedichten Paul Celans«. In: *Celan-Jahrbuch* VII (1997/98), S. 165–167.

9 Olschner (1985), S.70.

10 Vgl. John E. Jackson, *La Question du moi. Un aspect de la modernité poétique européenne: T. S. Eliot, Paul Celan, Yves Bonnefoy*. Neuchâtel: Editions de la Baconnière, 1978.

11 TCA, *Die Niemandsrose*, S. 116–117.

12 TCA, *Sprachgitter*, S. 74–75.

13 Vgl. das spätere Gedicht »Keine Sandkunst mehr«, II, 39.

14 »Le suicide de Celan n'est du reste pas à séparer entièrement de ces difficultés de compréhension [pour le lecteur] qui, nécessaires à l'œuvre, menaçaient d'en compromettre la lisibilité.« Jackson (1978), S. 224, Anm. 18. Vgl. auch S. 225 über das Leiden am Ausbleiben einer Fortwirkung.

15 »Hat Celan sein Künstlertum als Verrat an der jüdischen Sache empfunden?«, Hermann Burger, *Paul Celan. Auf der Suche nach der verlorenen Sprache*. Zürich: Artemis 1974, S. 32.

16 John Felstiner, »Translating Paul Celan's ›Du sei wie du‹«. In: *Prooftexts*, Johns Hopkin's University Press, Jg. 3 (1983), S. 91–108; hier: S. 95. (»But this redemptive journey had come too late.«)

17 »[...] when he took his life a few weeks later [nach der Lesung auf der Stuttgarter Tagung der Hölderlin-Gesellschaft], he had simply run out of grief and guilt at the irredeemable losses of the Holocaust«, ebenda. Vgl. dazu auch Felstiners Monographie (*Paul Celan. Eine Biographie*. München: Beck, 1997).

18 Richard Exner, »Celans Stimme und Celans Schweigen: Kritische und selbstkritische Bemerkungen«. In: Peter Mchael Lützeler (Hg.), *Zeitgenossenschaft. Zur deutschsprachigen Literatur im 20. Jahrhundert*. Frankfurt am Main: Athenäum, 1987, S. 246 (»daß Sprechen und Schreiben faktisch todbringend sein kann«).

19 Die umgeformte Spache: »ein Instrument [...], mit Hilfe dessen er sich *erinnern* kann«, ebenda, S. 245; »er« – als ob das Gedächtnis ihn allein beträfe.

20 Ebenda, S. 243.

21 Exner (ebenda, S. 241) unterscheidet in seiner eigenen Person den »als praktizierender Lyriker« Schreibenden und den Theoretiker, der nicht zur poetischen Zunft gehört (»als außenstehender Literaturwissenschaftler«).

22 Vgl. das Gedicht »Einkanter«, II, 392.

23 Vgl. Jean Bollack, »Paul Celan über die Sprache. Das Gedicht *Sprachgitter* und seine Interpretationen«. In: Werner Hamacher und Winfried Menninghaus (Hg.), *Paul Celan*, Frankfurt am Main: Suhrkamp. 1988, S. 272–308.

24 Zum Vergleich der einzelnen Fassungen siehe TCA, *Sprachgitter*, S. 48–49.

25 Eine ähnliche Konstellation ergab sich aus der Begegnung zwischen Paul Celan und Ingeborg Bachmann. Sie stand im Zentrum eines Vortrags, den ich 1994 im Rahmen eines Zürcher Symposiums hielt und der den Akzent auf die Funktion der dichterischen Sprache in der Liebesbeziehung legte.

26 Vgl. »Du darfst mich getrost / mit Schnee bewirten«, II, 11.

27 Siehe oben den Vers »gewittert und blüht«.

28 »Nah, im Aortenbogen«, II, 202; vgl. Paul Celan / Nelly Sachs, *Briefwechsel.* Hg. von Barbara Wiedemann, Frankfurt am Main: Suhrkamp, 1993, S. 47.

29 Klaus Voswinckel, *Paul Celan. Verweigerte Poetisierung der Welt. Versuch einer Deutung.* Heidelberg: Lothar Stiehm, 1974, S. 208–209.

30 Vgl. »durchgründet vom Nichts« in »Wirk nicht voraus«, II, 328.

31 »Der individuelle Anspruch, die Selbstbehauptung des Ich wird vn außen langsam abgebaut [...]. Voswinckel (1974), S, 210.

V. EINE GESCHICHTE SEINER ZEIT (S. 167–213)

1 In Celans Übertragung: »Das Schuppengold der Welle, den Goldfisch, der da singt« (IV, 104–105).

2 Siehe unten, S. 207.

3 Otto Schily, *Vom Zustand der Republik*, Berlin: Wagenbach, 1986, S. 12. Der heutige Innenminister war damals noch einfacher Abgeordneter. Es ließen sich noch zahllose andere Beispiele einer solchen Vergesellschaftung des Verses anführen. Zur Funktion der kulturellen Tradition der »Todesfuge« vgl. meine Interpretation des Gedichts: Jean Bollack, »Fugue de la mort«. In: Jean Gilibert / Perel Wilgowicz (Hg.), *L'ange exterminateur.* Brüssel: Editions de l'Université de Bruxelles, 1995, S. 129–152.

4 Vgl. *Historikerstreit. Dokumentation der Kontroverse um die Einzigartigkeit der Judenvernichtung.* Texte von Rudolf Augstein *et al.* München: Piper, 1987.

5 *Le Monde*, 3. September 1987.

6 Otto Pöggeler, *Spur des Worts. Zur Lyrik Paul Celans.* Freiburg – München: Alber, 1986, S. 205.

7 George Steiner, *Martin Heidegger*. München: Hanser, 1989 (englisch zuerst 1978), S. 58.

8 Matthias Loewen, »Gespräch mit dem Schweigen. Zu Paul Celans Gedicht ›Selbdritt, selbviert‹. In: *Deutsche Vierteljahrsschrift für Literaturwissenschaft und Geistesgeschichte*, Jg. 61 (1987), S. 163–182, hier: S. 176.

9 Ebenda, S.177

10 Jean Bollack, »Paul Celan und Nelly Sachs. Geschichte eines Kampfes«. In: *Neue Rundschau*, Jg. 105 (1994), H. 4, S. 119–134.

11 Loewen (1987), S. 178.

12 Heinrich Heine, *Sämtliche Schriften.* Hg. von Klaus Briegleb, München: dtv, 1997, Bd. 6/1, S. 186.

13 Vgl. »Das Wort vom Zur-Tiefe-Gehn«, I, 212, oder auch den Vers »ihr Uhren tief in uns«, in »Köln, Am Hof«, I, 177.

14 Vgl. Marlies Janz, *Vom Engagement absoluter Poesie. Zur Lyrik und Ästhetik Paul Celans.* Frankfurt am Main: Syndikat, 1976.

15 I, 130. Vgl. meine Interpretation des Gedichts in: Jean Bollack, »Le bleu de l'œuil«. In: Sylvain Auroux / Simone Delesalle / Henri Meschonnic (Hg.), *Histoire et grammaire du sens.* Hommage à Jean-Claude Chevalier. Paris: Armand Colin, 1996, S. 211–221.

16 In einem ergreifenden Zeitdokument (*Libération*, 3. Februar 1997) erzählt das neunzehn Jahre lang im Gulag internierte ehemalige Parteimitglied Jacques Rossi, daß er einmal im Radio seiner Baracke eine Rede von Louis Aragon gehört hatte: »Das hat uns völlig demoralisiert, mehr noch als die Arbeit, die doch furchtbar war.« Die Zukunft liegt hinter ihm.

17 So Pöggeler (1986), S. 338

18 Vgl. die Übersetzung von »Nous avons fait la nuit«, IV, 812–813. Dazu Jean Bollack, »Arrêt sur le sens«, In: *L'Âne. Le Magazine freudien*, 1992, Nr. 50, S. 40–46.

19 II, 255–256. Vgl. meine Interpretation des Gedichts in: Jean Bollack, »Vor dem Gericht der Toten. Celans Begegnung mit Heidegger«. In: *Neue Rundschau*, Jg. 109 (1998), H. 1, S. 127–156.

20 *Le Monde*, 15. Juli 1988.

21 *Frankfurter Allgemeine Zeitung*, 16. Juli 1988.

22 Vgl. den peinlichen Rechtfertigungsversuch in *Le Monde*, 6. Oktober 1996.

23 Gottfried Wagner, *Wer nicht mit dem Wolf heult. Autobiographische Aufzeichnungen eines Wagner-Urenkels.* Köln: Kiepenheuer & Witsch, 1997.

24 Daniel Jonah Goldhagen, *Hitlers willige Vollstrecker. Ganz gewöhnliche Deutsche und der Holokaust.* Berlin: Siedler, 1996.

25 Gerhard R. Koch, »Die Abrechnung. Gottfried Wagners Autobiographie«. In: *Frankfurter Allgemeine Zeitung*, 15. März 1997.

26 *Frankfurter Allgemeine Zeitung*, 14. März 1997.

27 Vgl. den Leserbrief in der *Frankfurter Allgemeinen Zeitung*, 21. März 1997.

28 Marina Dmitrieva-Einhorn, »Wo ich mit meinen Gedanken bin«. In:

Die Zeit, 27. Oktober 1995. Vgl. auch: M. D.-E., »›Einhorn: du weißt um die Steine ...‹ Zum Briefwechsel Paul Celans mit Erich Einhorn«. In: *Celan-Jahrbuch* 7 (1997/98), S. 7–22.

29 »Paul Celan – Erich Einhorn: Briefe«. Hg. von Marina Dmitrieva-Einhorn. In: *Celan-Jahrbuch* 7 (1997/1998), S. 23–49; hier: S. 31.

30 Seine Tochter erinnert in der *Zeit* an ihre gemeinsame Begeisterung für die Sache der Republikaner im Spanischen Bürgerkrieg. Sie liest das Gedicht als einen Ausdruck des Verlangens, den alten Freund wiederzusehen. Sie deutet den Namen nämlich als den Eigennamen und erkennt also weder das sinn- und situationsgemäße, angemessene Wort, das »Name« genannt wird, noch die Erinnerung an eine andere, radikalere Verbundenheit.

31 Das griechische *doxa* bezeichnet eine Konstruktion. Vgl. in »Engführung«: »Orkane, von je, / Partikelgestöber, das andre, / du / weißts ja, wir / lasens im Buche, war / Meinung« (I, 200). Das Zitat wird neu gelesen, und der Sinn, wie es dem Dichter entspricht, neu festgelegt.

32 »Paul Celan – Erich Einhorn: Briefe«, a. a. O., S. 33.

33 Paul Celan, *Briefwechsel mit Franz Wurm.* Hg. von Barbara Wiedemann in Verbindung mit Franz Wurm, Frankfurt am Main: Suhrkamp, 1995.

34 Vgl. die Briefe vom 7. und 25. August 1967 (ebenda, Nr. 56, S. 87–88 und Nr. 59, S. 92–93). Heidegger habe sich »auf das freudigste überrascht« gezeigt. Ich vernehme darin eine – im Kontext – doppelte Ironie. Das zweite Mal fügt er hinzu: »gleich übermittelt« – sofort nach seiner Ankunft.

35 Ebenda, Nr. 56, S. 88.

36 Ebenda, Nr. 57, S. 88–89.

37 Ebenda, Nr. 91, S. 130–131.

38 Barbara Wiedemann, die Herausgeberin der Korrespondenz, kommentiert (ebenda, S. 347): »Das Treffen [...] endete für diesen [für den so »bedauernswerten« Celan, J. B.] enttäuschend, weil er ihn zu einem Widerruf seiner NS-Sympathien nicht hatte bewegen können.« Es handelte sich aber nicht darum. Celan hat vor ihm das Eingeständnis bewirken wollen, vor seiner eigenen Person, und hat es erreicht.

39 Ebenda, Nr. 91, S. 131.

40 Ebenda, Nr. 59, S. 93. Vgl. Gerhard Neumann, »Die ›absolute Metapher‹. Ein Abgrenzungsversuch am Beispiel Stéphane Mallarmés und Paul Celans«. In: *Poetica*, Jg. 3 (1970), H. 1–2, S. 188–224. Gerhard Neumann, heute Professor an der Universität München, hatte beim Besuch Celans in Todtnauberg den Wagen chauffiert.

41 Paul Celan, *Briefwechsel mit Franz Wurm*, a. a. O., Nr. 190, S. 241–242.

42 Ebenda, Nr. 190, S. 242.

43 Ebenda, Nr. 109, S. 148.

44 Jean Bollack, »Rilke in Celans Dichtung«. In: *Celan-Jahrbuch* 7 (1997/1998), S. 177–196.

45 Paul Celan, *Briefwechsel mit Franz Wurm*, a. a. O., Nr. 96, S. 135.

46 Theodor W. Adorno, »Die beschworene Sprache. Zur Lyrik Rudolf Borchardts«. In: Th. W. Adorno, *Gesammelte Schriften*. Bd. 11: *Noten zur Literatur.* Frankfurt am Main: Suhrkamp, 1974, S. 536–555.

47 Es ist das Wort Luciles im *Meridian*: »das Gegenwort, es ist das Wort, das den ›Draht‹ zerreißt« (III, 189).

48 Schalom Ben-Chorin, *Zwischen neuen und verlorenen Orten*, München: dtv, 1988, S. 15.

49 Max Brod, *Heinrich Heine*. Amsterdam 1934.

50 Vgl. den Bericht von dem Kongreß in: Friedrich Niewöhner, »Rückkehr der Söhne. Soma Morgenstern und die wiederentdeckte Orthodoxie«, *Frankfurter Allgemeine Zeitung*, 5. Februar 1997. Isaac Breuer und Soma Morgenstern verfaßten nach diesem Kongreß divergierende Romane.

51 Vgl. »Die / Geschlechterkette, / die hier bestattet liegt [...]«, in »Les Globes«, I, 274.

52 »Der Taufzettel ist das Entreebillet zur europäischen Kultur«, in: Heinrich Heine, *Sämtliche Schriften*, Bd. 6/2, S. 618.

53 Vgl. Edith Lutz, *Der »Verein für Cultur und Wissenschaft der Juden« und sein Mitglied Heinrich Heine*. Stuttgart: Metzler, 1997.

54 Heinrich Heine, *Sämtliche Schriften*, Bd. 2, S. 601.

55 Hans-Ulrich Treichel, »Immerwährender Exodus«. In: *Frankfurter Anthologie*. Gedichte und Interpretationen. Hg. von Marcel Reich-Ranicki. Bd. 19. Frankfurt am Main 1996, S. 212–214.

56 Für Treichel ist sie »unheimlich«, aber nur in der erträglichen Dosis: »ein wenig«; der Reisende wird davongetragen, aber er sträubt sich und widersteht, da er sich seines Auftrags und seines Exilorts erinnert.

57 Vgl. die Postkarte mit der Abschrift des Gedichts, die am 28. Juni 1948 in Innsbruck geschrieben und am 10. September, mehrere Wochen nach der Ankunft in Paris, an Alfred Margul-Sperber in Bukarest gesandt wurde, in: Ernest Wichner / Herbert Wiesner (Hg.), *In der Sprache der Mörder. Eine Literatur aus Czernowitz, Bukowina*. Berlin: Literaturhaus, 1993, S. 266–267.

58 »Alle Dichter sind Juden.« Paul Celan, *La rose de personne*. Übersetzung von Martine Broda, Paris: Le Nouveau Commerce, 1979, S. 147.

59 Die Zwetajewa-Übersetzung von Eve Malleret (Marina Tsvétaïeva, *Tentative de jalousie*. Paris: La Découverte, 1986, S. 142: »En ce monde-ci hyperchrétien / les poètes sont des Juifs.«) enthält denselben Fehler. Das Schimpfwort bezeichnet gerade die Verfolgten, in den

Pogromen dem Haß Ausgelieferten. Die Bedeutung wurde bereits von Dietlind Meinecke (1970, S. 167) korrekt notiert und kommentiert.

60 Vgl. »Petropolis, der / Unvergessenen Wanderstadt lag / auch dir toskanisch zu Herzen«, in »In eins«, I, 270.

61 »Und mit dem Buch aus Tarussa« führt auf dieses Wort zu (I, 289).

62 Henri Meschonnic, *Pour la poétique* II, Paris: Gallimard, 1973, S. 369–405.

63 Ebenda, S. 377

64 »C'est ce *nous* que le vers mis en épigraphe, de Marina Tsvetaeva, rend sans frontières.« Ebenda.

65 Martine Broda, *Dans la main de personne.* Paris: Cerf, 1986, S. 88.

66 Jacques Derrida, *Schibboleth pour Paul Celan.* Paris: Galilée, 1986, S. 100.

67 Ossip Mandelstamm, *Gedichte.* Frankfurt am Main: S. Fischer, 1959, S. 65–66.

68 Martine Broda (1986), S. 88.

69 Hans Magnus Enzensberger, *Blindenschrift* [1964]. Frankfurt am Main: Suhrkamp, 1999 (zuerst 1964), S. 11.

70 *Akzente*, 1967, Nr. 6, S. 485–486.

71 Vgl. Peter Horst Neumann, *Zur Lyrik Paul Celans.* Göttingen: Vandenhoeck & Ruprecht, 1968, S. 68–70.

72 Vgl. »Wir brachen auf [...]« in Stefan Georges Gedicht »Goethe-Tag« (*Sämtliche Werke*. Bd. 6/7: *Der siebente Ring*, a.a.O., S. 10–11.

73 TCA, *Sprachgitter*, S. 54–55.

74 III, 201. Siehe weiter oben, S. 24–25.

75 Janz (1976), S. 227, Anm. 132.

76 Ebenda, S. 229, Anm. 148.

77 Pöggeler (1986), S. 251–259. »Todtnauberg« kommt in seinem Kommentar gleich nach dem *Gespräch*, als würde dieses zwingend zu der Begegnung mit Heidegger führen.

78 Ebenda, S. 156–157.

79 Martin Heidegger, *Nietzsche.* Pfullingen: Neske, 1961, S. 292.

80 Ebenda, S. 300–301 : »[...] die gewöhnliche Ansicht denkt, man werde in der Einsamkeit ›nicht mehr gestört‹. Doch in der einsamsten Einsamkeit wird gerade das Schlimmste und Gefährlichste auf unsere Aufgabe und auf uns selbst losgelassen, und dies kann nicht an anderen Dingen und Menschen ausgelassen werden; es muß durch uns hindurch, nicht um beseitigt, sondern um aus dem eigentlichen Wissen der höchsten Klugheit als zugehörig gewußt werden. Gerade dieses Wissen ist das Schwerste; allzu leicht fliegt es davon und schleicht sich weg in Ausrede und Ausreden, in die Torheit.« Die Passage ist

in Celans Exemplar angezeichnet und trägt das Lektüredatum des 31. August 1961.

81 Pöggeler (1986), S. 145. Siehe auch oben die Diskussion des Zwetajewa-Zitats, S. 199–202.

82 Janz (1976), S. 105.

83 Pöggeler (1986), S. 145–146.

VI. REDEN OHNE VERSTEHEN (S. 214–249)

1 Thomas Sparr, *Poetik des hermetischen Gedichts. Zur Lyrik Paul Celans.* Heidelberg: Winter, 1989, S. 118, über das Gedicht »Es stand« (III, 96).

2 Winfried Menninghaus, *Paul Celan. Magie der Form.* Frankfurt am Main: Suhrkamp 1980, S. 232.

3 Klaus Voswinckel, *Paul Celan. Verweigerte Poetisierung der Welt. Versuch einer Deutung.* Heidelberg: Lothar Stiehm, 1974, S. 208.

4 Ebenda, S. 221.

5 Jean Bollack, *Pierre de Cœur.* Périgueux: Fanlac, 1991 (deutsch: *Herzstein.* München: Hanser 1993). Die Diskussion wurde am 2. Januar 1992 von *France Culture* gesendet.

6 Antoine Berman, *L'épreuve de l'étranger.* Paris: Gallimard, 1984, S. 288.

7 Richard Exner, »Celans Stimme und Celans Schweigen: Kritische und selbstkritische Bemerkungen«. In: Peter Michael Lützeler (Hg.), *Zeitgenossenschaft. Zur deutschsprachigen Literatur im 20. Jahrhundert.* Frankfurt am Main: Athenäum, 1987, S. 241–251, hier: S. 246.

8 Ebenda.

9 Ebenda, S. 244.

10 Ebenda.

11 Winfried Menninghaus, »Wissen oder Nicht-Wissen. Überlegungen zum Problem des Zitats bei Celan und in der Celan-Philologie«. In: Chaim Shoham / Bernd Witte, *Datum und Zitat bei Paul Celan.* Bern: P. Lang, 1987, S. 81–96, hier: S. 92.

12 Hans-Georg Gadamer, »Hölderlin und George« (1971). In: H.-G. G., *Gesammelte Werke*, Bd. 9. Tübingen: Mohr, 1993, S. 229–244; hier: S. 229.

13 Menninghaus (1987), S. 92.

14 Ebenda. Auch Derrida (*Schibboleth pour Paul Celan.* Paruis: Galilée, 1986) betont das »Rätsel des Datums« (S. 17). Er macht daraus eine Kontingenz, durch die das Gedicht endgültig opak wird. Eine »innere Datierung« (S. 36) versperrt den Weg zum Verständnis.

15 Menninghaus (1987), S. 92.

16 Ebenda.

17 Bernhard Böschenstein, »Erste Notizen zu Celans letzten Gedichten. Zur zweiten Abteilung von *Zeitgehöft*.« In: *Text und Kritik*, H. 53/54 (²1984), S. 66 (über »Das Leuchten«, III, 100).

18 Otto Pöggeler (*Spur des Worts. Zur Lyrik Paul Celans*. Freiburg: Alber, 1986, S. 411, Anm. 25) stellt Celan im Kommentar von »In eins« (I, 270) als einen »Dichter aus dem einstigen Kronland Bukowina« vor.

19 Vgl. »das dreizehn-/lötige Nichts« in »Eingewohnt-entwohnt« (II, 156).

20 Peter Szondi, »Über philologische Erkenntnis«. In: P. S., *Schriften* I, Frankfurt am Main: Suhrkamp, 1978, S. 263–286; hier: S. 277–280.

21 Ein gutes Beispiel liefert seine Paraphrase des Gedichts »Der Eine« (I, 171), ein zwischen Ohnmacht und Aneignung schwankendes Herumtasten.

22 Vgl. Exner (1987), S. 242: »[...] die ideologisch akzentuierte Brecht-Nachfolge, die ja bis jetzt ideologisch nie über das Vorbild hinausgekommen ist«.

23 Hans Egon Holthusen, *Der späte Rilke*. Zürich: Arche, 1949, S. 15.

24 Ebenda. Der Begriff kehrt bei Holthusen immer wieder: »aus der fortzeugenden Kraft des deutschen Sprachgeistes heraus« und »nicht durch ein inbrünstig glaubendes Individuum« (S. 26); »in inniger Verständigung mit dem deutschen Sprachgeist« (S. 44). Der Neologismus »säglich« wird als konform erachtet: »eine legitime Zeugung im Schoß der deutschen Sprache« (S. 44).

25 Die subjektive Dimension sei »monistisch«, doch das »mythische« Schaffen geht daraus hervor (S. 40), woraus erkenntlich wird, daß an die Stelle des lyrischen Ich die Bestimmung einer universellen menschlichen Existenz getreten ist (S. 23), »ein personloses Allgefühl« (S. 37). Vgl. auch S. 35, S. 37, S. 58f. und *passim*. Das Gesagte wird so überwunden.

26 Vgl. Holthusen, S. 21–22.

27 Hans-Georg Gadamer, »Wer bin Ich und wer bist Du?« (1973/1986). In. H.-G. G., Gesammelte Werke, Bd. 9, Tübingen: Mohr, 1993.

28 Ebenda, S. 429.

29 Ebenda.

30 »Genèse d'André du Bouchet«. In: *Le Monde des Livres*, 20. April 1990.

31 Hans-Georg Gadamer, *Hermeneutik – Ästhetik – praktische Philosophie. Hans-Georg Gadamer im Gespräch*. Hg. von Carsten Dutt. Heidelberg: Winter, 1993. Vgl. auch: Dénis Thouard, »Une lecture appliquée. Gadamer lecteur de Celan«. In: *Ateliers*, 1996, Nr. 7, S. 41–58.

32 Gadamer (1993, zuerst 1973/1986), S. 428.

33 Ebenda.

34 Man vergleiche eine Formulierung wie »das beklemmende Scheitern des Dichters im *kryptisch werdenden* Wort«. Ebenda, S. 427. Die Hervorhebung ist von mir: das Übel verschlimmert sich.

35 Ebenda, S. 444.

36 »[...] bei einem so traditionsbewußten Dichter«. Ebenda S. 428.

37 Vgl. Jean Bollack, »›Eden‹ nach Szondi«. In: *Celan-Jahrbuch* 2 (1988), S. 81–105.

38 »Wo der [...] Wortlaut [...] im Einen das Andere, im Gesagten es gar nicht und im ›Nicht‹ gleichwohl nichts Anderes ›meint‹«, Gadamer (1993, zuerst 1973/1986), S. 430.

39 Hans-Georg Gadamer, »Sinn und Sinnverhüllung bei Paul Celan« (1975). In: H.-G. G., *Gesammelte Werke*, Bd. 9. Tübingen: Mohr, 1993, S. 452–460; hier S. 454.

40 Ursula Baltz, »Eucharistie im Gedicht. Zu religiöser Sprache in zwei Gedichten von Paul Celan und Gottfried Benn.« In: Hansjacob Becker / Reiner Kacynski (Hg.), *Liturgie und Dichtung*, Bd. 2: *Interdisziplinäre Reflexionen*. St. Ottilien: Eos, 1983, S. 902–922; hier: S. 910.

41 Gadamer (1993, zuerst 1975), S. 458.

42 Götz Wienold, »Paul Celans Hölderlin-Widerruf«. In: *Poetica*, Jg. 2 (1968), H. 2, S. 216–228; hier: S. 220.

43 I, 52. Siehe weiter oben, S. 19.

44 Wilhelm Höck, »Von welchem Gott ist die Rede«. In: Dietlind Meinecke (Hg.), *Über Paul Celan*. Frankfurt am Main: Suhrkamp, 1970, S. 265–276; hier: S. 267: »[...] volle Wirklichkeit (man kann sie Wahrheit nennen) [...] in einem Bereich jenseits der Sieben, der Weltzeit«, »[...] etwas strikt Messianisches, Jenseitiges«.

45 Böschenstein (1984), S. 62.

46 Für einen Autor wie John Felstiner ist sie zu spät eingetreten. Siehe oben, S. 148.

47 Böschenstein (1984), S. 63.

48 Höck (1970), S. 270.

49 Ebenda.

50 Georg Heym, *Dichtungen und Schriften*. Bd. 1: *Lyrik*. Hamburg – München: Ellermann, 1964, S. 346–347.

51 Vgl. G. Dammann, K. L. Schneider, J. Schöberl, *Georg Heyms Gedicht »Der Krieg«. Handschriften und Dokumente. Untersuchungen zur Entstehungsgeschichte und Rezeption*. Heidelberg 1977.

52 Fritz Martini, »Georg Heym: ›Der Krieg‹«. In: Benno v. Wiese (Hg.), *Die deutsche Lyrik. Form und Geschichte.* Interpretationen. Düssel-

dorf: Bagel, 1962, S. 425–449; hier: S. 449. Vgl. auch im Nachwort Harald Hartungs zu seiner Auswahl (Georg Heym, *Gedichte*. München: Piper, 1996) das Kapitel »Am Ende eines Welttags« (S. 104–107).

53 Vgl. Heinrich Anz, Die Bedeutung poetischer Rede. Studien zur hermeneutischen Begründung und Kritik von Poetologie. München: Fink, 1979, S. 114.

54 Ebenda.

VII. DIE ENTZIFFERUNG (S. 250–231)

1 Plato, *Theätet*, 175 b–176 a.

2 Stéphane Mallarmé, *Œeuvres complètes*. Hg. von Henri Mondor, Paris: Gallimard, 1945, S. 366.

3 Ebenda. Vgl. die Diskussion der für Mallarmés »Autre éventail« vorgeschlagenen Interpretationen in: Gerhard Regn, *Konflikt der Interpretationen. Sinnrätsel und Suggestion in der Lyrik Mallarmés*. München: Fink, 1978, S. 149–168.

4 Vgl. oben, Anm. 34 (S. 335).

5 Hans-Georg Gadamer, *Wer bin Ich und wer bist Du?* (1973/1986). In: H.-G. G., *Gesammelte Werke*, Bd. 9, Tübingen: Mohr, 1993, S. 441: »Das Eingeständnis des Nichtverstehens ist Celans Werk gegenüber in den meisten Fällen ein Gebot wissenschaftlicher Redlichkeit.« Im hermeneutischen Prozeß kann man das Nichtverstehen, anstatt es als das Zeichen einer grundsätzlichen Unverständlichkeit abzutun, als eine notwendige Etappe auf dem Weg zum Verständnis ansehen.

6 »Abruch der Mitteilung zumindest in einem Teil der Gedichte« (in den späteren Gedichtbänden): Marlies Janz, *Vom Engagement absoluter Poesie. Zur Lyrik und Ästhetik Paul Celans*. Frankfurt am Main: Syndikat, 1976, S. 186.

7 Thomas Sparr, *Poetik des hermetischen Gedichts. Zur Lyrik Paul Celans*. Heidelberg: Winter: 1989, S. 88, nach Bernhard Böschenstein, »Die notwendige Unauflöslichkeit. Reflexionen über die Dunkelheit in der deutschen und französischen Dichtung (von Hölderlin bis Celan)«. In: *Zeitwende*, 1975, S. 329–344.

8 Peter Horst Neumann, *Zur Lyrik Paul Celans*. Göttingen: Vandenhoeck & Ruprecht, 1968, S. 50, in seinem Kommentar zu »Einem der vor der Tür stand« (I, 242–243).

9 Georg-Michael Schulz, »...fort aus Kannitverstan. Bemerkungen zu Zitat in der Lyrik Paul Celans«. In: *Text und Kritik*, H. 53/54 ([2]1984), S. 26.

10 Zitats bei Celan und in der Celan-Philologie«. In: Chaim Shoham/

Bernd Witte, *Datum und Zitat bei Paul Celan*. Bern: P. Lang, 1987, S. 89.

11 Vgl. meine Darstellung der Kontroverse zwischen Peter Szondi und Hans Egon Holthusen in: Jean Bollack, *Herzstein. Über ein unveröffentlichtes Gedicht von Paul Celan*. München: Hanser, 1993 (zuerst französisch: Pierre de Cœur. Périgueux: Fanlac, 1991), S. 13–18.

12 Vgl. Jean Bollack, »La redite. Sur un poème de Paul Celan«. In: *Revue Germanique Internationale* 4/1995, S. 147–156.

13 »Hier«, I, 113. Siehe oben, S. 42.

14 Als Beispiel könnte die Studie von Alfred Kelletat über »Psalm« dienen (»Hermeneutica zu Celan, anläßlich seines ›Psalms‹. In: Abhandlungen aus der Pädagogischen Hochschule Berlin, Bd. 1. Berlin: Colloquium Verlag, 1974, S. 267–302).

15 Ich notiere diese Zeilen nach einer Lektüre von Gerhard Rademacher, »Auf der Suche nach der ›urbs abscondita‹. Zu zwei Köln-Gedichten von Heinrich Böll und Paul Celan«. In: G. R. (Hg.), *Heinrich Böll als Lyriker. Eine Einführung in Aufsätzen, Rezensionen und Gedichtproben*. Frankfurt am Main: Lang, 1985, S. 79–91.

16 Hans-Georg Gadamer, »Hermeneutik«. In: *Historisches Wörterbuch der Philosophie*. Hg. von Joachim Ritter. Bd. 3, Sp. 1061.

17 Gadamer (1993, zuerst 1973/1986), S. 443.

18 F. D. E. Schleiermacher, *Aphorismen 1805 zur Hermeneutik*. Heidelberg: Winter, 1959, S. 38.

19 Die folgenden Beispiele sind einer Interpretation von »Levkojen« (II, 374) entnommen: Hans-Michael Speier, »Zum Verhältnis von Ästhetik, Geschichtlichkeit und Sprachsetzung im Spätwerk Celans«. In: Chaim Shoham / Bernd Witte [Hg.], *Datum und Zitat bei Paul Celan*, a.a.O., S. 97–121; hier S. 100: »damit mögen die in Form und Farbe an Katzenschnauzen erinnernden Blütenstände der Levkojen gemeint sein [...]«; »die Abendszene (Parkgitter, Mondsichel)«; »gleichzeitige Abbildung [sic] sowohl des Gegenstands der Betrachtung wie des Organs seiner Wahrnehmung«; dazu die Assoziation des Parkgitters mit dem Gitter eines Gefängnisses ohne Berücksichtigung der in den früheren Gedichten fixierten Wortbedeutung. Vgl. ebenda, S. 103 »das sehende Auge [ist] in das Bild selbst verlagert« (S. 103).

20 Ebenda, S. 101: »Das Du [...] als ein allgemeinerer Vernichtung entronnenes«; »Celan, als einem dem Holocaust Entkommenen [...], deutet sich die Geschichte durch die persönliche Erfahrung neu«; »die Entdeckung der eigenen hebräischen Wurzeln«; »Selbstbegegnung als Begegnung mit der eigenen Geschichte«.

21 Ebenda, S. 100, im Hinblick auf Vers 5–13: »[...] als das Erinnern vehement ausbricht –, so offensichtlich, daß in einem Sog das syntak-

tische Gefüge in Bewegung gerät und die Rede dem Gedanken davonzulaufen droht«.

22 Ebenda, S. 104: »Die Transzendenz im Hiesigen, die als denkbar, wenn nicht sogar als existent anzuerkennen ist [...]«; S. 101: »Der *Knochen* wird so zur Offenbarung der Todes [...]«; S. 103: »[...] vor dem Horizont der geschichtlichen Erfahrung, einer memoria passionis et mortis [...]«; S. 104: »[...] die in der christlichen Tradition stehende Vorstellung des Jenseits, des Lebens nach dem Tode«; »das [...] Doppelmoment von [...] Hiesigem und Jenseitigem«.

23 Vgl. Speier (1987), S. 99. Das Manuskript ist auf den 31. Mai 1968 datiert und trägt die Ortsangabe »Allée de l'Observatoire«.

24 Schulz (1984), S. 27.

25 Menninghaus (1987), S. 88.

26 Ebenda, S. 89.

27 Siehe oben, S. 39–40.

28 Menninghaus (1987), S. 89.

29 Schulz (1984), S. 27.

30 Sparr (1989), S. 73.

31 Siehe oben, S. 111–112.

32 Das Gedicht »In Ägypten« (I, 46) könnte als erstes nach seiner Ankunft in Paris entstanden sein; es ist in der Auswahl von Klaus Wagenbach auf 1949 datiert.

33 Peter Szondi, »Eden« (1972). In: P. S., *Schriften* II. Frankfurt am Main: Suhrkamp, 1978.

34 Gershom Scholem, *Von der mystischen Gestalt der Gottheit*, Zürich: Rhein, 1962. Vgl. Elke Günzel (1995), S. 336–338.

35 Ebenda, S. 34.

36 Ebenda, S. 35.

37 Ebenda S. 128.

38 Ebenda, S. 129.

39 Ebenda.

40 Siehe oben, S. 281.

41 Menninghaus (1987), S. 92–93.

42 Jean Bollack, *Herzstein*, S. 11.

43 »Je devins un opéra fabuleux.« Arthur Rimbaud, *Œuvres complètes.* Hg. von Antoine Adam, Paris: Gallimard, 1972, S. 110.

44 René Wellek / Austin Warren, *Theorie der Literatur.* Frankfurt am Main: Athenäum, 1971 (englisch zuerst 1949), S. 119.

45 Vgl. Ulrich Konietzny, *Sinneinheit und Sinnkohärenz des Gedichts bei Paul Celan.* Bas Honnef: Bock+Herchen, 1985, S. 12–13: »Die Arten der betreffenden Vorlagen sind so mannigfaltig, daß sich nur schwerlich eine adäquate übergreifende Bezeichnung finden läßt.«

Der Konstat genügt nicht, man muß ihn auch auf seine Ursachen zurückführen.

46 Matthias Loewen, »Gespräch mit dem Schweigen. Zu Paul Celans Gedicht ›Selbdritt, selbviert‹. In: *Deutsche Vierteljahrsschrift für Literaturwissenschaft und Geistesgeschichte*, Jg. 61 (1987), S. 163–182. Vgl. *Briefe der Nelly Sachs.* Hg. von Ruth Dinesen und Helmut Müssener. Frankfurt am Main: Suhrkamp, 1984; auch: Paul Celan / Nelly Sachs, *Briefwechsel.* Hg. von Barbara Wiedemann. Frankfurt am Main: Suhrkamp, 1993.

47 Nelly Sachs, *Fahrt ins Staublose*, Frankfurt am Main: Suhrkamp, 1961, S. 218.

48 Die Worte fallen nicht mit dem Schweigen zusammen, noch mit der Weigerung, der sie Ausdruck geben, wie Loewen (1987, S. 177–178) das meint: »Verweigerung der Worte«, ein »Schweigen mit ›Worten, die sich weigern‹«. Die Hypothese ist in sich nicht stimmig, wenn man die Mitglieder dieser Heiligen Familie unterscheidet.

49 Der Bezug prägt den obligaten Sinn. Loewen (ebenda, S. 177) geht bis auf die (theologische) Diskussion von Sauls Bestrafung zurück, die er, in diesem Gedicht, in Frage gestellt sieht.

50 Ebenda, S. 176–177. Daraus spricht der Grundsatz einer gemeinsamen und gemeinschaftlichen »Erfahrung«.

51 Ebenda, S. 177.

52 Loewen (1987), S. 169.

53 Nelly Sachs an Ilse und Moses Pergament, 26. Mai 1960. In: *Briefe der Nelly Sachs*, a. a. O., S. 247.

54 Loewen (1987), S. 173.

55 Vgl. Thomas Sparr (1989), S. 144: »ganz verschlüsselte Bezüge«.

56 Der Bezugsrahmen wurde zuerst beschrieben in: Paul Requadt, »Zu Celans Gedicht ›Lichtenbergs zwölf‹«. In: P. R., *Bildlichkeit der Dichtung. Aufsätze zur deutschen Literatur vom 18. bis 20. Jahrhundert.* München: Fink, 1974, S. 245–258. Die »Mundtücher«, der »Stadtwall« und der »weiße Komet« beziehen sich auf verschiedene Momente im Leben Lichtenbergs, von denen er in seinen Briefen oder in seinem Tagebuch spricht: die Erbschaft nach dem Tod seiner Mutter und seine Liebe zu einem Mädchen, dem er auf dem Göttinger Stadtwall begegnet war und das er in seinen Aufzeichnungen *the white comet* nannte.

57 II, 114. Siehe oben, S. 279–280.

58 Goethe, *Werke*. Hamburger Ausgabe. Hamburg: Wegner: 1960, Bd. 6, S. 368.

59 Sparr (151), S. 151.

60 Paul Ricoeur, »Qu'est-ce qu'un texte? Expliquer et comprendre«. In:

Rüdiger Bubner/Konrad Kramer/Reiner Wiehl, *Hermeneutik und Dialektik*. Aufsätze II. Tübingen: Mohr, 1970, 181–200; hier: S. 182.

61 Peter Szondi, »Durch die Enge geführt. Versuch über die Verständlichkeit des modernen Gedichts«. In: P. S., *Schriften* II. Frankfurt am Main: Suhrkamp, 1978, Bd. II, S. 345–389, hier: S. 348.

62 Gabriele Sevenich, *Sprache in Person. Versuche authentischen Sprechens am Beispiel Paul Celans.* Düsseldorf (Diss.) 1985, S. 25.

63 II, 17. Siehe oben, S. 97–99.

64 Sparr (1989), S. 75–76.

65 Israel Chalfen, *Paul Celan. Eine Biographie seiner Jugend.* Frankfurt am Main: Insel, 1979, S. 7.

66 Vgl. Dietlind Meinecke, *Wort und Name bei Paul Celan*, Bad Homburg–Berlin–Zürich: Gehlen, 1970, S. 220 et *passim*.

67 So die Devise eines Mainzer Bischofs. *Frankfurter Allgemeine Zeitung*, 23. September 1987.

68 Pöggeler (1986), S. 279–280.

69 Ebenda, S. 280.

70 II, 114. Siehe oben, S. 279–280.

71 »Tenebrae«, I, 163. Vgl. das Dossier zu diesem Gedicht in: Jean Bollack/Jean-Marie Winkler/Werner Wögerbauer (Hg.), *Sur quatre poèmes de Paul Celan. Une lecture à plusieurs.* Sondernummer der *Revue des Sciences Humaines*, H. 223, 1991, S. 125–153.

72 Maurice Blanchot, *Le dernier à parler. Tal Coat.* Paris: Fata Morgana, 1984, S. 45 (zuerst: *La Revue des Belles-Lettres*, Genf, 1972).

73 Gadamer (1993, zuerst 1975), S. 458.

74 Er sieht »Elemente des Christlichen noch im Entzug und Ausbleiben«. Ebenda.

75 »J'ai heurté, savez-vous, d'incroyables Florides / Mêlant aux fleurs des yeux de panthère à peaux d'hommes.« IV, 104–05.

76 Meschonnic (1973), S. 375.

77 Ebenda, S. 376.

78 »La poésie ne s'impose plus, elle s'expose.« III, 181.

79 Pöggeler (1986), S. 123, über Klaus Voswinckel (1974).

80 I, 45. Siehe oben, S. 197–198.

81 Sars (1985), S. 80

82 I, 52. Siehe oben, S. 238.

83 Sparr (1989), S. 60–70. Vgl. Szondi (1978), S. 325, Anm. 5.

84 Ebenda, S. 65.

85 Harald Weinrich, »Semantik der Metapher«. In: *Folia Linguistica*, Jg. 1 (1967), S. 6.

86 Vgl. die Darstellung des umfangreichen Materials in TCA, *Der Meridian*, 1999.

[87] II, 338. Ein Beispiel unter vielen liefert Manfred Frank, »Vom unausdeutbaren zum undeutbaren Text. Zwei Vorlesungen zum Verhältnis von Hermeneutik und Poetik bei Derrida«. In: M. F., *Was ist Neostrukturalismus?*, Frankfurt am Main: Suhrkamp, 1986, S. 590

[88] Vgl. Jacob Allerhand, »Paul Celan – Aspekte seines Judentums«. In: *Literatur und Kritik*, H. 171/172, 1983, S. 511–523; hier S. 21: "I

LITERATUR

TEXTAUSGABEN

Paul Celan, *Gesammelte Werke in fünf Bänden*. Hg. von Beda Allemann und Stefan Reichert. Frankfurt am Main: Suhrkamp, 1983. (In den Anmerkungen und im Text abgekürzt mit römischer Bandziffer.)

Inhalt der einzelnen Bände:

I: *Mohn und Gedächtnis* [1952], *Von Schwelle zu Schwelle* [1955], *Sprachgitter* [1959], *Die Niemandsrose* [1963].
II: *Atemwende* [1967], *Fadensonnen* [1968], *Lichtzwang* [1970], *Schneepart* [1971].
III: *Der Sand aus den Urnen* [1948], *Zeitgehöft* [1976], *Gespräch im Gebirg* [1959], *Der Meridian* [1960] u.a.
IV: Übertragungen aus dem Französischen.
V: Übertragungen aus anderen Sprachen.

Paul Celan, *Das Frühwerk*. Hg. von Barbara Wiedemann. Franfurt am Main: Suhrkamp, 1989.

Paul Celan, *Die Gedichte aus dem Nachlaß*. Hg. von Bertrand Badiou, Jean-Claude Rambach und Barbara Wiedemann. Frankfurt am Main: Suhrkamp, 1997.

Werke. Historisch-kritische Ausgabe. Begründet von Beda Allemann. Hg. v. Rolf Bücher, Axel Gellhaus *et al.* Frankfurt/M.: Suhrkamp. Bisher erschienen :
Bd. 7: Atemwende. 1990.
Bd. 8: Fadensonnen. 1991.
Bd. 9: Lichtzwang. 1997.
Bd. 10: Schneepart. 1994.

Tübinger Celan-Ausgabe (abgekürzt TCA) :

Paul Celan, *Sprachgitter.* Vorstufen, Textgenese, Endfassung. Hg. von Jürgen Wertheimer und Heino Schmull. Frankfurt am Main: Suhrkamp, 1996.

Paul Celan, *Die Niemandsrose*. Vorstufen, Textgenese, Endfassung. Hg.

von Jürgen Wertheimer und Heino Schmull. Frankfurt am Main: Suhrkamp, 1996.

Paul Celan, *Der Meridian.* Vorstufen, Textgenese, Endfassung. Hg. von Bernhard Böschenstein und Heino Schmull. Frankfurt am Main: Suhrkamp, 1999.

Paul Celan, *Gedichte.* Auswahl und Anmerkungen von Klaus Wagenbach, unter Mitarbeit des Autors. Frankfurt am Main: S. Fischer, 1962.

Paul Celan, »Notiz«. In: Ossip Mandelstamm, *Gedichte.* Aus dem Russischen übertragen von Paul Celan. Frankfurt am Main: S. Fischer, 1959, S. 65–66.

Paul Celan, *La Rose de personne.* Ins Französische übersetzt von Martine Broda. Paris: Le Nouveau Commerce, 1979.

BRIEFE

Paul Celan / Nelly Sachs, *Briefwechsel.* Hg. von Barbara Wiedemann. Frankfurt am Main: Suhrkamp, 1993.

Paul Celan, *Briefwechsel mit Franz Wurm.* Hg. von Barbara Wiedemann in Verbindung mit Franz Wurm. Frankfurt am Main: Suhrkamp, 1995.

Gottfried Bermann Fischer / Brigitte Bermann Fischer, *Briefwechsel mit Autoren.* Frankfurt am Main: S. Fischer, 1990, S. 615–659.

»Paul Celan – Erich Einhorn: Briefe«. Hg. von Marina Dmitrieva-Einhorn. In: *Celan-Jahrbuch* 7 (1997/1998), S. 23–49.

Brief Paul Celans an Nina Cassian. In: George Guţu, *Die Lyrik Paul Celans und der geistige Raum Rumäniens.* Bukarest 1990 (Diss. Leipzig 1977), S. 252.

Brief Paul Celan an Johannes Bobrowski. In: Reinhard Tgahrt / Ute Doste, *Johannes Bobrowski oder Landschaft mit Leuten.* Eine Ausstellung des deutschen Literaturarchivs im Schiller-Nationalmuseum Marbach am Neckar. Marbach: Deutsche Schillergesellschaft, 1993, S. 425.

BIBLIOGRAPHIEN

Christiane Bohrer, *Paul Celan-Bibliographie.* Frankfurt am Main: Lang, 1989.

Jerry Glenn, *Paul Celan. Eine Bibliographie.* Wiesbaden: Harrassowitz, 1989. (Eine Fortsetzung dieser Bibliographie bis einschließlich 1995 ist über Internet abrufbar.)

LITERATUR ÜBER CELAN

Beda Allemann, Nachwort zu: Paul Celan, *Ausgewählte Gedichte*. Frankfurt am Main: Suhrkamp, 1968, S. 151–163.

Beda Allemann, »Paul Celans Sprachgebrauch«. In: Amy D. Colin (Hg.), *Argumentum e Silentio*. International Paul Celan Symposium (Seattle, Oktober 1984). Berlin: de Gruyter, 1987, S. 3–15.

Jacob Allerhand, »Paul Celan – Aspekte seines Judentums«. In: *Literatur und Kritik*, H. 171/172, 1983, S. 511–523.

Ursula Baltz, »Eucharistie im Gedicht. Zu religiöser Sprache in zwei Gedichten von Paul Celan und Gottfried Benn«. In: Hansjacob Becker / Reiner Kacynski (Hg.), *Liturgie und Dichtung*. Bd. 2: Interdisziplinäre Reflexionen. St. Ottilien: Eos, 1983, S. 902–922.

Maurice Blanchot, *Le dernier à parler. Tal Coat*. Paris: Fata Morgana, 1984 (zuerst in: *La Revue des Belles-Lettres*, Genf 1972).

Sieghild Bogumil, »Celan und Mallarmé: Kontinuität oder Wandel in der zeitgenössischen Poesie?«. In: Albrecht Schöne (Hg.), *Kontroversen, alte und neue*. Akten des 7. Internationalen Germanisten-Kongresses Göttingen 1985. Tübingen: Niemeyer, 1986. Bd. 9, S. 27–34.

Jean Bollack, Vorwort zu: Peter Szondi, *Celan-Studien*. Frankfurt am Main: Suhrkamp, 1972, S. 7–11.

Jean Bollack, »Paul Celan sur sa langue«. In: Amy D. Colin (Hg.), *Argumentum e Silentio*. Berlin: de Gruyter, 1987, S. 113–153.

Jean Bollack [1988 a], »›Eden‹ nach Szondi«. In: *Celan-Jahrbuch* 2 (1988), S. 81–105.

Jean Bollack [1988b], »Paul Celan über die Sprache. Das Gedicht ›Sprachgitter‹ und seine Interpretationen«. In: Werner Hamacher und Winfried Menninghaus (Hg.), *Paul Celan*. Frankfurt am Main. In: Suhrkamp 1988, S. 272–308 (französisch zuerst in: *Contre-jour. Etudes sur Paul Celan*. Hg. von Martine Broda. Paris: Cerf, 1986, S. 84–115).

Jean Bollack [1988 c], »Sur l'interprétation de deux poèmes de Paul Celan, ›Stehen‹ et ›Treckschutenzeit‹«. In: A. Gethmann-Siefert (Hg.), *Philosophie und Poesie*. Festschrift für Otto Pöggeler, Bd. 2. Stuttgart/Bad Cannstadt: Frommann-Holzboog, 1988, S. 261–280.

Jean Bollack [1992 a], »Paul Celan: une histoire de la poésie«. In: *Io*. Revue internationale de psychanalyse [Toulouse], 1992, Nr. 1, S. 15–30.

Jean Bollack [1992 b], »Arrêt sur le sens«. In: *L'Âne. Le Magazine freudien*, 1992, Nr. 50, S. 40–46.

Jean Bollack, *Herzstein. Über ein unveröffentlichtes Gedicht von Paul Celan*. München: Hanser 1993. (Zuerst französisch: Pierre de Cœur. Périgueux: Fanlac, 1991.)

Jean Bollack, »Paul Celan und Nelly Sachs. Geschichte eines Kampfes«. In: *Neue Rundschau*, Jg. 105 (1994), H. 4, S. 119–134 (französisch zuerst in: *Lignes*, 1994, Nr. 21, S. 205–220).
Jean Bollack [1995 a], »La redite. Sur un poème de Paul Celan«. In: *Revue Germanique Internationale*, 4/1995, S. 147–156.
Jean Bollack [1995 b], »Fugue de la mort«. In: Jean Gilibert / Perel Wilgowicz (Hg.), *L'ange exterminateur*. Brüssel: Editions de l'Université de Bruxelles, 1995, S. 129–152.
Jean Bollack [1996 a], »Le bleu de l'œuil«. In: Sylvain Auroux / Simone Delesalle / Henri Meschonnic (Hg.), *Histoire et grammaire du sens. Hommage à Jean-Claude Chevalier*. Paris: Armand Colin, 1996, S. 211–221.
Jean Bollack [1996 b], »La pointe en hébreu«. In: *Dédale*, 1996, Nr. 3/4, S. 533–553.
Jean Bollack, »Vor dem Gericht der Toten. Celans Begegnung mit Heidegger«. In: *Neue Rundschau*, Jg. 109 (1998), H. 1, S. 127–156 (französisch zuerst in: *Lignes*, 1996, Nr. 29, S. 159–188).
Jean Bollack, »Rilke in Celans Dichtung«. In: Celan-Jahrbuch 7 (1997/1998), S. 177–196.
Jean Bollack / Jean-Marie Winkler / Werner Wögerbauer (Hg.), »Sur quatre poèmes de Paul Celan. Une lecture à plusieurs«. Sondernummer der *Revue des Sciences Humaines*, H. 223, 1991.
Alexander von Bormann, »Komm, Leben, blüh. Paul Celans gesammeltes Frühwerk«. In: *Neue Zürcher Zeitung*, 30. Mai 1989.
Bernhard Böschenstein, »Die notwendige Unauflöslichkeit. Reflexionen über die Dunkelheit in der deutschen und französischen Dichtung (von Hölderlin bis Celan)«. In: *Zeitwende*, 1975, S. 329–344.
Bernhard Böschenstein, »Erste Notizen zu Celans letzten Gedichten. Zur zweiten Abteilung von Zeitgehöft«. In: *Text und Kritik*, H. 53/54, [2]1984 ([1]1977), S. 62–68.
Renate Böschenstein-Schäfer, »Allegorische Züge in der Dichtung Paul Celans«. In: *Etudes germaniques*, Jg. 25 (1970), H. 3, S. 251–265.
Klaus Briegleb, »Ingeborg Bachmann, Paul Celan. Ihr (Nicht-)Ort in der Gruppe 47 (1952–1964/65)«. In: Bernhard Böschenstein / Sigrid Weigel (Hg.), *Ingeborg Bachmann und Paul Celan. Poetische Korrespondenzen*. Frankfurt am Main: Suhrkamp, 1997, S. 29–81.
David Brierley, *Der Meridian. Ein Versuch zur Poetik und Dichtung Paul Celans*. Frankfurt am Main: Lang, 1984.
Martine Broda, *Dans la main de personne*. Paris: Cerf, 1986.
Gerhard Buhr, *Celans Poetik*. Göttingen: Vandenhoeck & Ruprecht, 1976.
Hermann Burger, *Paul Celan. Auf der Suche nach der verlorenen Sprache*. Zürich–München: Artemis 1974.

Israel Chalfen, *Paul Celan. Eine Biographie seiner Jugend.* Frankfurt am Main: Insel, 1979.

Jean Daive, *La condition d'infini.* Bd. 5: Sous la coupole. Paris: P. O. L., 1996.

Jacques Derrida, *Schibboleth pour Paul Celan.* Paris: Galilée, 1986.

Marina Dmitrieva-Einhorn, »Wo ich mit meinen Gedanken bin«. In: *Die Zeit*, 27. Oktober 1995.

Marina Dmitrieva-Einhorn, »›Einhorn: du weißt um die Steine ...‹ Zum Briefwechsel Paul Celans mit Erich Einhorn«. In: *Celan-Jahrbuch* 7 (1997/98), S. 7–22.

Richard Exner, »Celans Stimme und Celans Schweigen: Kritische und selbstkritische Bemerkungen«. In: Peter Michael Lützeler (Hg.), *Zeitgenossenschaft. Zur deutschsprachigen Literatur im 20. Jahrhundert.* Frankfurt am Main: Athenäum, 1987, S. 241–251.

John Felstiner, »Translating Paul Celan's ›Du sei wie du‹«. In: *Prooftexts*, Johns Hopkin's University Press, Jg. 3 (1983), S. 91–108.

John Felstiner, *Paul Celan. Eine Biographie.* München: Beck, 1997 (zuerst englisch: *Paul Celan. Poet, Survivor, Jew.* New Haven: Yale University Press, 1995).

Hans-Georg Gadamer, »Wer bin Ich und wer bist Du?« (1973/1986). In: H.-G. G., *Gesammelte Werke*, Bd. 9. Tübingen: Mohr, 1993, S. 383–451.

Hans-Georg Gadamer, »Sinn und Sinnverhüllung bei Paul Celan« (1975). In: H.-G. G., *Gesammelte Werke*, Bd. 9. Tübingen: Mohr, 1993, S. 452–460.

Elke Günzel, *Das wandernde Zitat. Paul Celan im jüdischen Kontext.* Würzburg: Königshausen & Neumann, 1995.

Wilhelm Höck, »Von welchem Gott ist die Rede?«. In: Dietlind Meinecke (Hg.), *Über Paul Celan.* Frankfurt am Main: Suhrkamp, 1970, S. 265–276.

John E. Jackson, *La Question du moi. Un aspect de la modernité poétique européenne: T. S. Eliot, Paul Celan, Yves Bonnefoy.* Neuchâtel: Editions de la Baconnière, 1978.

Marlies Janz, *Vom Engagement absoluter Poesie. Zur Lyrik und Ästhetik Paul Celans.* Frankfurt am Main: Syndikat, 1976 (Zweite Auflage: Königstein/Ts.: Athenäum, 1984).

Alfred Kelletat, »Hermeneutica zu Celan, anläßlich seines ›Psalms‹«. In: *Abhandlungen aus der Pädagogischen Hochschule Berlin*, Bd. 1. Berlin: Colloquium Verlag, 1974, S. 267–302.

Alfred Kelletat, »›Lila Luft‹. Eine kleine Berolinense Paul Celans«. In: *Text und Kritik*, H. 53/54, ²1984, S. 18–25.

Ulrich Konietzny, *Sinneinheit und Sinnkohärenz des Gedichts bei Paul Celan.* Bad Honnef: Bock+Herchen, 1985.

Jürgen Lehmann / Christine Ivanović (Hg.), *Kommentar zu Paul Celans »Die Niemandsrose«*. Heidelberg: Winter, 1997.

Hermann Lenz, »Erinnerungen an Paul Celan«, In: Hamacher / Menninghaus, *Paul Celan. Materialien*. Frankfurt am Main: Suhrkamp, 1987, S. 315–318.

Mathias Loewen, »Gespräch mit dem Schweigen. Zu Paul Celans Gedicht ›Selbdritt, selbviert‹«. In: *Deutsche Vierteljahrsschrift für Literaturwissenschaft und Geistesgeschichte*, Jg. 61 (1987), S. 163–182.

Hans Mayer, »Erinnerung an Paul Celan« (1970). In: H. M., *Augenblicke. Ein Lesebuch*. Frankfurt am Main: Suhrkamp, 1987, S. 99–116.

Dietlind Meinecke, *Wort und Name bei Paul Celan*. Bad Homburg: Gehlen, 1970.

Winfried Menninghaus, *Paul Celan. Magie der Form*. Frankfurt am Main: Suhrkamp 1980.

Winfried Menninghaus, »Wissen oder Nicht-Wissen. Überlegungen zum Problem des Zitats bei Celan und in der Celan-Philologie«. In: Chaim Shoham / Bernd Witte, *Datum und Zitat bei Paul Celan*. Bern: P. Lang, 1987, S. 81–96.

Henri Meschonnic, »On appelle cela traduire Celan« (1972). In: H. M., *Pour la poétique* II. Paris: Gallimard, 1973, S. 369–405.

Stéphane Mosès, *Spuren der Schrift. Von Goethe bis Celan*. Frankfurt am Main: Jüdischer Verlag, 1987, S. 134–150.

Reingard Nethersole, »Kunstwirklichkeit, Engagement und Gespräch. Zum poetologischen Ort Paul Celans«. In: Reingard Nethersole (Hg.), *Literatur als Dialog*. Festschrift zum 50. Geburtstag von Karl Tober. Johannesburg: Ravan Press, 1979, S. 87–108.

Gerhard Neumann, *»Die ›absolute Metapher‹. Ein Abgrenzungsversuch am Beispiel Stéphane Mallarmés und Paul Celans«*. In: *Poetica*, Jg. 3 (1970), H. 1–2, S. 188–224.

Peter Horst Neumann, *Zur Lyrik Paul Celans*. Göttingen: Vandenhoeck & Ruprecht, 1968.

Leonard Moore Olschner, *Der feste Buchstab. Erläuterungen zu Paul Celans Gedichtübertragungen*. Göttingen: Vandenhoeck & Ruprecht, 1985.

Otto Pöggeler, *Spur des Worts. Zur Lyrik Paul Celans*. Freiburg: Alber, 1986.

Lielo Anne Pretzer, *Geschichts- und sozialkritische Dimensionen in Paul Celans Werk. Eine Untersuchung unter besonderer Berücksichtigung avantgardistisch-surrealistischer Aspekte*. Bonn: Bouvier, 1980.

Gerhard Rademacher, »Auf der Suche nach der ›urbs abscondita‹. Zu zwei Köln-Gedichten von Heinrich Böll und Paul Celan«. In: G. R. (Hg.), *Heinrich Böll als Lyriker. Eine Einführung in Aufsätzen,*

Rezensionen und Gedichtproben. Frankfurt am Main: Lang, 1985, S. 79–91.
Paul Requadt, »Zu Celans Gedicht ›Lichtenbergs zwölf‹«. In: P. R., *Bildlichkeit der Dichtung. Aufsätze zur deutschen Literatur vom 18. bis 20. Jahrhundert.* München: Fink, 1974, S. 245–258.
Paul Sars, »Ist die Wahrheit der Lyrik zumutbar? Eine Einführung in die Lyrik und Poetik Paul Celans«. In: Hanns Ester / Guillaume von Gemert (Hg.), *Annäherungen. Studien zur deutschen Literatur und Literaturwissenschaft im 20. Jahrhundert.* Amsterdam: Rodopi, 1985, S. 65–85.
Georg-Michael Schulz, *Negativität in der Dichtung Paul Celans.* Tübingen: Niemeyer, 1977.
Georg-Michael Schulz, »›... fort aus Kannitverstan‹. Bemerkungen zum Zitat in der Lyrik Paul Celans«. In: *Text und Kritik*, H. 53/54, [2]1984 ([1]1977), S. 26–41.
Peter Paul Schwarz, *Totengedächtnis und dialogische Polarität in der Lyrik Paul Celans.* Düsseldorf: Schwann, 1966.
Gabriele Sevenich, *Sprache in Person. Versuche authentischen Sprechens am Beispiel Paul Celans.* Düsseldorf (Diss.) 1985.
Edith Silbermann, »Erinnerungen an Paul (Celan-Antschel)«. In: Amy D. Colin (Hg.), *Argumentum e Silentio.* Berlin: de Gruyter, 1987, S. 427–443.
Petre Solomon, *Paul Celan. L'adolescence d'un adieu.* Castelnau-les-Lez: Climats, 1990, S. 87–104 (Rumänisch: *Paul Celan. Dimensiunea românească.* Bukarest: Kriterion, 1987).
Thomas Sparr, *Poetik des hermetischen Gedichts. Zur Lyrik Paul Celans.* Heidelberg: Winter, 1989.
Hans-Michael Speier, »Zum Verhältnis von Ästhetik, Geschichtlichkeit und Sprachsetzung im Spätwerk Celans«. In: Chaim Shoham / Bernd Witte (Hg.), *Datum und Zitat bei Paul Celan.* Bern: Lang, 1987, S. 97–121.
Peter Szondi [1978a], »Poetry of Constancy – Poetik der Beständigkeit. Celans Übertragung von Shakespeares Sonett 105« (1971). In: P. S., *Schriften* II. Frankfurt am Main: Suhrkamp, 1978, S. 321–344.
Peter Szondi [1978b], »Durch die Enge geführt. Versuch über die Verständlichkeit des modernen Gedichts« (1972). In: P. S., *Schriften* II. Frankfurt am Main: Suhrkamp, 1978, S. 345–389. Zuerst französisch unter dem Titel »Lecture de Strette. Essai sur la poésie de Paul Celan«. In: *Critique* Nr. 288, Mai 1971, S. 387–420.
Peter Szondi [1978c], »Eden« (1972). In: P. S., *Schriften* II. Frankfurt am Main: Suhrkamp, 1978, S. 390–398.
Hans-Ulrich Treichel, »Immerwährender Exodus«. In: *Frankfurter*

Anthologie. Gedichte und Interpretationen. Hg. von Marcel Reich-Ranicki. Bd. 19. Frankfurt am Main 1996, S. 212–214).

Silvio Vietta, *Sprache und Sprachreflexion in der modernen Lyrik.* Bad Homburg: Gehlen, 1970.

Klaus Voswinckel, *Paul Celan. Verweigerte Poetisierung der Welt. Versuch einer Deutung.* Heidelberg: Lothar Stiehm, 1974.

Harald Weinrich, »Linguistische Bemerkungen zur modernen Lyrik«. In: *Akzente,* Jg. 15 (1968), S. 29–45.

Ernest Wichner / Herbert Wiesner (Hg.), *In der Sprache der Mörder. Eine Literatur aus Czernowitz, Bukowina.* Berlin: Literaturhaus, 1993, S. 266–267.

Götz Wienold, »Paul Celans Hölderlin-Widerruf«. In: *Poetica,* Jg. 2 (1968), H. 2, S. 216–228.

Bernd Witte, »Eine Poetik des Todes. Celans Baudelaire-Übertragung und das Motiv des Todes in seinem Spätwerk«. In: Chaim Shoham / Bernd Witte (Hg.), *Datum und Zitat bei Paul Celan.* Bern: P. Lang, 1987, S. 229–242.

Werner Wögerbauer, »Drei Skizzen zu Bildgedichten Paul Celans«. In: *Celan-Jahrbuch* 7 (1997/98), S. 165–175.

ANDERE LITERATURHINWEISE

Theodor W. Adorno, *Gesammelte Schriften.* Bd. 7: Ästhetische Theorie. Frankfurt am Main: Suhrkamp, 1970.

Theodor W. Adorno, *Gesammelte Schriften.* Bd. 10: Kulturkritik und Gesellschaft. Frankfurt am Main: Suhrkamp, 1977.

Theodor W. Adorno, *Gesammelte Schriften.* Bd. 11: Noten zur Literatur, Frankfurt am Main: Suhrkamp, 1974.

Heinrich Anz, *Die Bedeutung poetischer Rede. Studien zur hermeneutischen Begründung und Kritik von Poetologie.* München: Fink, 1979.

Ingeborg Bachmann, *Werke.* Hg. von Christine Kosschel und Inge von Weidenbaum. München: Piper, 1978.

Albert Béguin, *Gérard de Nerval.* Paris: Corti, 1986 (zuerst 1937).

Albert Béguin, *L'âme romantique et le rêve.* Paris: Corti, 1945 (zuerst 1939).

Schalom Ben-Chorin, *Zwischen neuen und verlorenen Orten.* München: dtv, 1988.

Walter Benjamin, »Die Aufgabe des Übersetzers«. In: W. B., *Gesammelte Schriften,* Bd. IV, 1. Frankfurt am Main: Suhrkamp 1972, S. 9–21.

Walter Benjamin, »Über Sprache überhaupt und über die Sprache des

Menschen«. In: W. B., *Gesammelte Schriften*, Bd II. 1. Frankfurt am Main: Suhrkamp 1977, S. 140–157.
Antoine Berman, *L'épreuve de l'étranger*. Paris: Gallimard, 1984.
Jean Bollack / Heinz Wismann, *Héraclite ou la séparation*. Paris: Minuit, [2]1996 ([1]1972).
Max Brod, *Heinrich Heine*. Amsterdam 1934.
Martin Buber, *Ich und Du*. Heidelberg: Schneider, 1958.
Günter Dammann / Karl Ludwig Schneider / Joachim Schöberl, *Georg Heyms Gedicht »Der Krieg«. Handschriften und Dokumente. Untersuchungen zur Entstehungsgeschichte und Rezeption*. Heidelberg: Winter, 1977.
Jacques Derrida, *La Dissémination*. Paris: Seuil, 1972.
Hans Magnus Enzensberger, *Blindenschrift*. Frankfurt am Main: Suhrkamp, 1999 (zuerst 1964).
Manfred Frank, »Vom unausdeutbaren zum undeutbaren Text. Zwei Vorlesungen zum Verhältnis von Hermeneutik und Poetik bei Derrida«. In : *Was ist Neostrukturalismus?* Frankfurt am Main: Suhrkamp, 1986.
Sigmund Freud, *Studienausgabe*. Bd. II: Die Traumdeutung. Frankfurt am Main: S. Fischer, 1977.
Hans-Georg Gadamer, *Gesammelte Werke*, Bd. 1: Wahrheit und Methode (1960). Tübingen: Mohr, 1990.
Hans-Georg Gadamer, »Hermeneutik«. In: *Historisches Wörterbuch der Philosophie*. Hg. von Joachim Ritter. Bd. 3 (1974), Sp. 1061–1073.
Hans-Georg Gadamer, »Hören – Sehen – Lesen« (1984). In: H.-G. G., *Gesammelte Werke*, Bd. 8. Tübingen: Mohr, 1993, S. 271–278.
Hans-Georg Gadamer, »Der Dichter Stefan George« (1968). In: H.-G. G., *Gesammelte Werke*, Bd. 9. Tübingen: Mohr, 1993, S. 210–228.
Hans-Georg Gadamer, »Hölderlin und George« (1971). In: H.-G. G., *Gesammelte Werke*, Bd. 9. Tübingen: Mohr, 1993, S. 229–244.
Hans-Georg Gadamer, *Hermeneutik – Ästhetik – praktische Philosophie. Hans-Georg Gadamer im Gespräch*. Hg. von Carsten Dutt. Heidelberg: Winter, 1993
Stefan George, *Sämtliche Werke*. Stuttgart: Klett-Cotta, 1982ff.
Goethe, *Werke*. Hg. von Erich Trunz. Hamburg: Wegner: 1948.
Daniel Jonah Goldhagen, *Hitlers willige Vollstrecker. Ganz gewöhnliche Deutsche und der Holokaust*. Berlin: Siedler, 1996.
Nadine Gordimer, »The Gap between the Writer and the Reader«. In: *The New York Review of Books*, Jg. 36, Nr. 14 (28. September 1989).
Ulla Hahn, »Schaukelbrett, tragfähig«. In: *Frankfurter Anthologie. Gedichte und Interpretationen*. Hg. von Marcel Reich-Ranicki. Bd. 16. Frankfurt am Main 1993, S. 167–170.

Johann Peter Hebel, »Kannitverstan«. In: J. P. H., *Sämtliche Schriften*, Karlsruhe: C. F. Müller, 1990, S. 132–135.

Martin Heidegger, *Nietzsche*. Pfullingen: Neske, 1961.

Heinrich Heine, *Sämtliche Schriften*. Hg. von Klaus Briegleb. München: dtv, 1997.

Georg Heym, *Dichtungen und Schriften*, Bd. 1: Lyrik. Hamburg–München: Ellermann, 1964.

Georg Heym, *Gedichte*. Ausgewählt und mit einem Nachwort versehen von Harald Hartung. München: Piper, 1986.

Historikerstreit. Dokumentation der Kontroverse um die Einzigartigkeit der Judenvernichtung. Texte von Rudolf Augstein et al. München: Piper, 1987.

Hans Egon Holthusen, *Der späte Rilke*, Zürich: Arche, 1949.

Jan C. Kamerbeek, *Studien over Sophokles*. Amsterdam 1934.

Jan Knopf, »Kosmischer Dialog«. In: *Frankfurter Anthologie. Gedichte und Interpretationen*. Hg. von Marcel Reich-Ranicki. Bd. 19. Frankfurt am Main 1996, S. 112–114.

Edith Lutz, *Der »Verein für Cultur und Wissenschaft der Juden« und sein Mitglied Heinrich Heine*. Stuttgart: Metzler, 1997.

Stéphane Mallarmé, *Œuvres complètes*. Hg. von Henri Mondor. Paris: Gallimard, 1945.

Fritz Martini, »Georg Heym: ›Der Krieg‹«. In: Benno v. Wiese (Hg.), *Die deutsche Lyrik. Form und Geschichte. Interpretationen*. Düsseldorf: Bagel, 1962, S. 425–449.

Jan Mukařovský, *Kapitel aus der Poetik*. Frankfurt am Main: Suhrkamp, 1967.

Gérard de Nerval, *Œuvres complètes*. Hg. von Jean Guillaume und Claude Pichois. Paris: Gallimard, 1993.

Friedrich Nietzsche, *Kritische Studienausgabe*. Hg. von Giorgio Colli und Mazzino Montinari. Berlin: de Gruyter, 1980.

Valentin Nikiprowetzky, »Les accents et les cris d'une pleine musique …« Vorwort zu Pierre Morhange, *Le sentiment lui-même*. Honfleur: Oswald, 1966, S. 14–17.

Gerhard Regn, *Konflikt der Interpretationen. Sinnrätsel und Suggestion in der Lyrik Mallarmés*. München: Fink, 1978, S. 149–168.

Paul Ricoeur, »Qu'est-ce qu'un texte? Expliquer et comprendre«. In: Rüdiger Bubner / Konrad Kramer / Reiner Wiehl, *Hermeneutik und Dialektik*. Aufsätze II. Tübingen: Mohr, 1970, S. 181–200.

Rainer Maria Rilke, *Werke*. Hg. von Ernst Zinn. Frankfurt am Main: Insel, 1956.

Rainer Maria Rilke, *Les Elégies de Duino*. Französische Übersetzung und Kommentar von J.-F. Angelloz. Paris, 1936.

Arthur Rimbaud, *Œuvres complètes*. Hg. v. Antoine Adam. Paris: Gallimard, 1972.
Briefe der Nelly Sachs. Hg. von Ruth Dinesen und Helmut Müssener. Frankfurt am Main: Suhrkamp, 1984.
Nelly Sachs, *Fahrt ins Staublose*. Frankfurt am Main: Suhrkamp, 1961.
Otto Schily, *Vom Zustand der Republik*, Berlin: Wagenbach, 1986.
Friedrich D. E. Schleiermacher, *Hermeneutik*. Hg. von Heinz Kimmerle. Heidelberg: Winter, 1959.
Gershom Scholem, *Von der mystischen Gestalt der Gottheit*. Zürich: Rhein, 1962.
Peter Stein, »›Darum mag falsch gewesen sein, nach Auschwitz ließe kein Gedicht mehr sich schreiben‹ (Adorno). Widerruf eines Verdikts? Ein Zitat und seine Verkürzung«. In: *Weimarer Beiträge*, Jg. 4 (1996), S. 485–508.
George Steiner, *Martin Heidegger*. München: Hanser, 1989 (englisch zuerst 1978).
Peter Szondi, »Über philologische Erkenntnis«. In: P. S., *Schriften* I, Frankfurt am Main: Suhrkamp, 1978, S. 279–280.
Denis Thouard, »Une lecture appliquée. Gadamer lecteur de Celan«. In: *Ateliers*, 1996, Nr. 7, S. 41–58.
Marina Tsvétaïeva, *Tentative de jalousie. Trad.* par Eve Malleret. Paris: La Découverte, 1986.
Paul Verlaine, *Œuvres poétiques complètes*. Hg. von Yves Le Dantec. Paris: Gallimard, 1938.
Gottfried Wagner, W*er nicht mit dem Wolf heult. Autobiographische Aufzeichnungen eines Wagner-Urenkels*. Köln: Kiepenheuer & Witsch, 1997.
Harald Weinrich, »Semantik der Metapher«. In: *Folia Linguistica*, Jg. 1 (1967), S. 3–17.
René Wellek / Austin Warren, *Theorie der Literatur*. Frankfurt am Main: Athenäum, 1971 (englisch zuerst 1949).

VERZEICHNIS DER ZITIERTEN GEDICHTE

Als Farben (II, 215) 142
Am letzten Tor (III, 27) 26
Auch mich (II, 311) 152f.
Auf Reisen (I, 45) 197f., 307, 323
Auf überregneter Fährte (II, 145) 22f.
Bei Glüh- und Mühwein (II, 172) 141
Bei Tag (I, 262) 25–27
Blume (I, 164) 59, 64–66, 92, 305, 308
Das angebrochene Jahr (II, 337) 151f.
Das Leuchten (III, 100) 226
Das Stundenglas (II, 50) 142–144
Dein Haar überm Meer (I, 18) 139, 154
Deine Augen im Arm (II, 123) 294, 300f.
Denk dir (II, 227) 204–207
Der Meridian (III, 187–202) 18f., 24f., 79, 101, 132, 191, 208–210, 212f., 254, 330
Die feste Burg (I, 60) 76
Die fleißigen (II, 151) 91f., 217f., 319
Die mir hinterlassne (II, 289) 165f.
Die Pole (III, 105) 330
Die Rauchschwalbe (II, 216) 92, 95
Die Wahrheit (II, 138) 105f.
Die Winzer (I, 140) 89
Die Zahlen (II, 17) 97–99, 300, 305
Drüben (III, 11) 275
Du liegst (II, 334) 39f., 94, 221, 235, 276, 281
Du wirfst mir (III, 82) 23f.
Dunkles Aug im September (I, 26) 78
Ein Dröhnen (II, 89) 59, 106, 113f.
Eine Hand (I, 181) 205
Einem Bruder in Asien (II, 259) 203–205
Einem, der vor der Tür stand (I, 242) 291
Einiges Handähnliche (I, 236) 56
Einmal (II, 107) 161f.
Einmal (II, 249) 162
Engführung (I, 197–204) 32f., 185 274, 295f., 319, 323
Fadensonnen (II, 26) 121f., 306
Fahlstimmig (II, 307) 319
Frankfurt, September (II, 114) 106, 279f., 293, 308
Gespräch im Gebirg (III, 169–173) 24f., 208–211
Halbe Nacht (I, 17) 61f.
Harnischstriemen (II, 28) 268, 317
Heute und morgen (I, 158) 308
Hier (I, 113) 42
Hörreste, Sehreste (II, 233) 124, 163–165
Huhediblu (I, 275–277) 65, 111f., 144
Hüttenfenster (I, 278–279) 83, 226
Ich hörte sagen (I, 85) 282
Ich kenne dich (II, 30) 84, 157–159
Ich schreite (II, 401) 311f., 320
In Ägypten (I, 46) 280
In den Flüssen (II, 14) 93f.
In eins (I, 270) 95, 226f., 319
In memoriam Paul Eluard (I, 130) 176f., 185, 204
Kermorvan (I, 263) 126, 128f., 284, 317

Kleide die Worthöhlen aus (II, 198) 314
Köln, Am Hof (I, 177) 207f.
Kristall (I, 52) 19, 72f., 111, 238, 319, 323, 325
Krokus (III, 122) 126f.
La Contrescarpe (I, 283) 275
Landschaft (II, 59) 138–140
Le Menhir (I, 260) 53f.
Les Globes (I, 274) 72
Levkojen (II, 374) 272–275
Lichtenbergs zwölf (II, 91–92) 292f.
Mandorla (I, 244) 282
Matière de Bretagne (I, 171–172) 155–157
Mit Brief und Uhr (I, 154) 51
Mit zeitroten Lippen (I, 136–137) 168f.
Muschelhaufen (I, 235) 142
Nacht (I, 170) 106
Nah, im Aortenbogn (II, 202) 162
Oben, geräuschlos (I, 188–189) 63, 145
Playtime (II, 386) 329
Psalm (I, 225) 50f., 88, 120
… rauscht der Brunnen (I, 237) 73, 77, 319, 323
Riesiges (II, 157) 87
Schibboleth (I, 131–132) 185, 319
Schuttkahn (I, 273) 88
Schwarz (II, 57) 83–85, 150
Schwarze Flocken (III, 25) 199
Seelenblind (II, 183) 67
Selbdritt, selbviert (I, 216) 288–291
Singbarer Rest (II, 36) 325
Sprachgitter (I, 167) 268, 271
Sprich auch du (I, 235) 58
Steinschlag (I, 400) 311f., 321
Stimmen (I, 147) 91
Tenebrae (I, 163) 207, 237f., 310f.
Todesfuge (I, 41–42) 169
Todtnauberg (I, 255–256) 177f. 187f.
Und Kraft und Schmerz (I, 398) 89
Und mit dem Buch aus Tarussa (I, 287–289) 186, 199–202
Unlesbarkeit dieser Welt (II, 338) 330
Unter die Haut (II, 49) 159f.
Unter ein Bild (I, 155) 144
Üppige Durchsage (II, 192) 140f.
Wahngänger-Augen (II, 319) 150f.
Was geschah? (I, 269) 53, 77
Was uns (II, 246) 317
Weggebeizt (II, 31) 127
Weiß (II, 217) 78, 92
Wer pflügt nichts um (II, 373) 309
Wer sein Herz (I, 51) 61
Wirf das Sonnenjahr (II, 203) 85f.
Wirk nicht voraus (II, 328) 80f.
Zu beiden Händen (I, 219) 19

PERSONENREGISTER

Adorno, Theodor W. 25, 44f., 103, 117f., 133, 186, 190, 208–212
Aischylos 222, 265, 316
Allemann, Beda 29, 40f., 47
Apollinaire, Guillaume 121, 139, 145
Aragon, Louis 177
Archilochos 37, 131

Baron-Supervielle, Silvia 56
Bachmann, Ingeborg 86, 116
Barthes, Roland 63, 265
Baudelaire, Charles 36, 111, 145, 198, 252
Béguin, Albert 123
Benjamin, Walter 53, 109, 324
Benn, Gottfried 113, 136, 154, 269
Block, Alexander 184
Bobrowski, Johannes 30
Borchardt, Rudolf 190
Böschenstein, Bernhard 38, 41f., 227, 252
Brecht, Bertolt 204
Breton, André 48, 180
Brod, Max 119, 193
Broda, Martine 201
Buber, Martin 124f., 132f., 283
Büchner, Georg 18, 212
Bukowski, Charles 119

Camus, Albert 119
Cassian, Nina 30
Celan-Lestrange, Gisèle 157f., 226, 280
Chagall, Marc 226
Cioran 180

Daive, Jean 40
de Man, Paul 180
Demokrit 185
Derrida, Jacques 28, 32, 46, 60, 69, 136, 201, 234, 246
Dmitrieva-Einhorn, Marina 184f.
du Bouchet, André 232, 317

Einhorn, Erich 184f.
Eliade, Mircea 180
Eluard, Paul 176–178, 180
Empedokles 221
Enzensberger, Hans Magnus 204

Ficker, Ludwig von 307
Fischer, Brigitte Bermann 31
Fischer, Gottfried Bermann 31
Flavius Josephus 206
France, Anatole 122
Freud, Sigmund 309

Gadamer, Hans-Georg 32, 38f., 42f., 46, 222, 231–233, 235, 237, 244f., 249, 252f., 269f., 310
George, Stefan 113, 135, 205, 222
Gide, André 105
Goethe, Johann Wolfgang von 103, 158, 219
Goldhagen, Daniel 181
Gordimer, Nadine 63

Hebel, Johann Peter 129
Heidegger, Martin 16, 21, 40, 69, 101, 109f., 121, 172, 176f., 178, 180, 187–190, 209–212, 218, 224, 228, 230–232, 249, 252, 265
Heine, Heinrich 37, 102f., 106–108, 115, 119, 174, 195–197, 287
Hellingrath, Norbert von 222
Heraklit 77, 285

Heym, Georg 239f.
Hofmannsthal, Hugo von 195, 229
Hölderlin, Friedrich 37, 94, 115, 136, 148, 195, 218f., 222, 286, 307
Holthusen, Hans Egon 230
Homer 107, 131, 195, 222, 250, 265
Horkheimer, Max 186

Jankélévitch, Vladimir 173
Janz, Marlies 209
Jarry, Alfred 112
Jauß, Hans Robert 180
Jünger, Ernst 136

Kafka, Franz 119, 286, 309, 311
Kleist, Heinrich von 148
Kristeva, Julia 136

Lacoue-Labarthe, Philippe 248
Lenz, Jakob Michael Reinhold 18, 24, 212
Lichtenberg, Georg Christoph 292
Liebknecht, Karl 40, 94
Lipiner, Siegfried 102
Loewen, Mathias 291
Luxemburg, Rosa 40, 94, 231

Mallarmé, Stéphane 57, 69, 75, 112f., 124, 135, 238, 250f.
Mandelstam, Ossip 144f., 200–202, 211, 286
Marlowe, Christopher 274
Marx, Karl 189
Mayer, Hans 17
Meinecke, Dietlind 58
Meister Eckhart 130
Mendelssohn, Moses 192
Meschonnic, Henri 200f. 317f.
Morhange, Pierre 55
Mukařovský, Jan 28
Nerval, Gérard de 88, 123
Neumann, Gerhard 188
Nietzsche, Friedrich 102f., 131f., 211
Nolte, Ernst 202

Ovid 291

Pascal 254
Pindar 37, 316
Plato 37, 137
Pöggeler, Otto 16, 76, 114, 120, 210–212, 226f., 231, 235, 248, 307f.
Pound, Ezra 136

Richter, Hans Werner 25
Ricoeur, Paul 295
Rilke, Rainer Maria 21, 94, 113, 189f., 195, 229f.
Rimbaud, Arthur 75, 97, 111, 121, 284, 314
Rolland de Renéville, René 55

Sachs, Nelly 132, 162, 173, 289–291
Sartre, Jean-Paul 193
Schiller, Friedrich 84, 307
Schily, Otto 169
Schleiermacher, Friedrich 270
Scholem, Gershom 132f., 211, 282
Schulz, Georg-Michael 64
Solomon, Petre 48
Sophokles 195 285
Sparr, Thomas 28
Spengler, Oswald 229
Steiner, George 172
Strindberg, August 112
Swedenborg, Emanuel 174
Szondi, Peter 32f., 39f., 127, 133, 148–150, 209, 227, 235, 276, 281, 295, 324

Tati, Jacques 329
Trakl, Georg 307

Valéry, Paul 229
Verlaine, Paul 65, 111, 291
Vietta, Silvio 64
Voswinckel, Klaus 217

Wagner, Gottfried 181f.
Wagner, Wolfgang 181

Weber, Werner 187
Weinrich, Harald 328
Wellek, René 285
Wilamowitz-Möllendorff, Ulrich von 298
Wittgenstein, Ludwig 187, 189
Wurm, Franz 187–190

Zweig, Arnold 145
Zwetajewa, Marina 199–201

RECHTENACHWEIS